투자의 모험

What It Takes:
Lessons in the Pursuit of Excellence
by Stephen A. Schwarzman
Originally Published by Avid Reader Press,
an imprint of Simon & Schuster, Inc., New York

세계 최대 사모펀드 블랙스톤 CEO 스티븐 슈워츠먼의 25가지 원칙

투자의 모험

스티븐 슈워츠먼 지음 **ㅣ** **이경식** 옮김

STEPHEN A. SCHWARZMAN

비즈니스북스

옮긴이 **이경식**

서울대학교 경영학과, 경희대학교 대학원 국문학과를 졸업했다. 옮긴 책으로는 《유스퀘이크, 청년의 반란: 밀레니얼 경제학》, 《댄 애리얼리 부의 감각》, 《언락》, 《조지 길더 구글의 종말》, 《플랫폼 제국의 미래》, 《신호와 소음》, 《소셜 애니멀》, 《승자의 뇌》, 《스노볼 1, 2》, 《살아 있는 역사, 버냉키와 금융전쟁》 외 다수가 있다. 영화 〈개 같은 날의 오후〉, 〈나에게 오라〉, TV 드라마 〈선감도〉, 연극 〈동팔이의 꿈〉, 〈춤추는 시간 여행〉, 칸타타 〈칸타타 금강〉 등의 대본을 썼고 지은 책으로 《1960년생 이경식》, 《청춘아 세상을 욕해라》, 《미쳐서 살고 정신 들어 죽다》, 《대한민국 깡통경제학》, 《이건희 스토리》 등이 있다.

투자의 모험

1판 1쇄 발행   2020년 8월 19일
1판 8쇄 발행   2024년 8월 29일

지은이 | 스티븐 슈워츠먼
옮긴이 | 이경식
발행인 | 홍영태
편집인 | 김미란
발행처 | (주)비즈니스북스
등 록 | 제2000-000225호(2000년 2월 28일)
주 소 | 03991 서울시 마포구 월드컵북로6길 3 이노베이스빌딩 7층
전 화 | (02)338-9449
팩 스 | (02)338-6543
대표메일 | bb@businessbooks.co.kr
홈페이지 | http://www.businessbooks.co.kr
블로그 | http://blog.naver.com/biz_books
페이스북 | thebizbooks
ISBN 979-11-6254-158-6   03320

비즈니스북스는 독자 여러분의 소중한 아이디어와 원고 투고를 기다리고 있습니다.
원고가 있으신 분은 ms1@businessbooks.co.kr로 간단한 개요와 취지, 연락처 등을 보내 주세요.

이 책에 쏟아진 찬사

"꿈을 실현해낸 위대한 경영인의 진솔한 이야기."

레이 달리오 브리지워터 어소시에이츠 창업자 겸 공동 회장

"이 책은 지난 30년 동안 가장 위대한 성공을 거둔 기업, 블랙스톤의 성장 비결을 담은 필독서다. 스티븐 슈워츠먼은 자신과 블랙스톤이 세계 금융계의 정상에 오른 과정을 복기해 전해준다. 학생에서부터 CEO에 이르는 모든 사람이 자기의 것으로 녹일 수 있는 신선한 통찰과 개인적인 경험들로 가득 차 있다."

잭 웰치 전 GE CEO 겸 회장

"모든 사람이 읽으면 좋겠다! 스티븐 슈워츠먼은 블랙스톤을 최고의 글로벌 자산운용회사로 키워냈으며 자신만의 노하우와 비전을 밑거름 삼아 대담한 자선 활동 프로그램들을 만들어냈다. 또한 전 세계 정치 지도자들에게 조언이 될 만한 에피소드들을 영감 넘치게 풀어냈다."

재닛 옐런 전 연방준비제도이사회 의장

"금융계와 정치계 그리고 교육계에 굵은 발자취를 남긴 저자의 비범한 인생에서 뽑아낸 사려 깊은 성찰로 가득 차 있다. 간결하고도 통찰력이 넘치는 이 책은 어떤 분야에서든 탁월함의 경지에 오르려면 반드시 필요한 핵심적인 덕목들을 알려준다. 지칠 줄 모르는 호기심, 위험을 감수하는 담대함, 소박한 디테일을 포착하는 안목 등이 그것이다."

헨리 키신저 전 미국 국무부 장관·국가안보좌관

"스티븐 슈워츠먼은 아메리칸드림을 실현한 인생을 살았다. 자기 분야에서 자수성가했으며 나중에는 자선활동가로 변신했다. 또한 창의성과 비전을 가지고 사람과 사람, 나라와 나라 사이의 관계를 튼튼하게 연결했다. 이 책은 회고록이자 성공의 가이드북이기도 하다. 스티븐 슈워츠먼이 자기 인생 여정 속 성공의 비밀을 세밀한 부분까지 독자에게 알려주기 때문이다. 그는 우리에게 필요한 지혜와 재능을 경험에 따라 하나씩 소박하고 솔직하며 재미있고 생동감 넘치게 설명한다."

존 케리 전 미국 국무부 장관·매사추세츠주 상원의원

"아버지 가게에서 기업가로서의 삶을 시작했던 스티븐 슈워츠먼은 금융계를 비롯해 미국과 중국의 외교 문제 그리고 인공지능 분야 연구에 대한 막대한 투자를 포함한 컴퓨터 산업에 눈부신 기여를 해왔다. 그는 늘 장기적인 전망으로 세상을 바라보며 최대의 보상을 안겨주는 방향으로 우리를 인도했다. 이 책은 그가 어떻게 여러 분야에서 그토록 대단한 업적을 쌓을 수 있었는지 낱낱이 보여준다."

에릭 슈미트 전 구글 CEO 겸 알파벳 회장

"스티븐 슈워츠먼이 알려주는 교훈들은 더 크게 생각하고 더 빠르게 움직이라고 응원

한다. 그의 통찰은 일과 개인적인 삶 모두에 적용할 만하며 그의 리더십은 언제나 옳은 선택을 한다는 원칙을 일관되게 실천해야 한다는 것을 보여준다. 그는 우리 모두에게 더 나은 리더, 더 나은 시민, 더 나은 사람이 되라고 북돋아준다."

메리 바라 GM CEO 겸 회장

"스티븐 슈워츠먼은 시대를 초월하는 사업과 인생의 교훈들을 제시한다. 또한 원하는 바를 성취하는 데 무엇이 필요한지 전한다. 무엇보다 차세대 기업가들을 인도할 소중한 가치들이 이 책 속에 있다."

마크 카니 전 영국 중앙은행 총재

"그는 사람들을 연결시키는 독특한 재능을 가지고 있으며 전 세계의 지도자들 및 기관들과 매우 강력한 네트워크를 구축해서 원대한 발상을 실현해왔다. 사업과 자선 활동에 대한 슈워츠먼의 이런 노력은 전 세계에 커다란 영향을 미칠 것이다. 그가 전하는 교훈들은 학생부터 직장인에 이르기까지 모든 사람에게 큰 힘이 될 것이다."

클라우스 슈밥 세계경제포럼 창립자 겸 회장

"블랙스톤 창업자 스티븐 슈워츠먼의 책에서는 모든 페이지마다 탁월함을 찾을 수 있다. 월스트리트에 관심이 있는 사람이라면 이 책을 끝까지 읽지 않고는 못 배길 것이다."

제임스 패터슨 《알렉스 크로스》 시리즈 등 3억 부 판매 베스트셀러 작가

"마음먹은 대로 쉽게 성공하는 사람은 없다. 슈워츠먼의 이야기는 특히나 굴곡이 많고 극적이다. 그와 같은 성공은 모든 사람이 따라 할 수 있는 것이 아니지만, 그가 솔직하게

전하는 경험과 교훈은 모든 사람에게 유익할 것이다."

마윈 알리바바 창업자

"월스트리트의 대표적 투자기업인 블랙스톤을 이끌어온 스티브 슈워츠먼 회장의 인내와 끈기, 도전과 성공의 발자취가 이 책에 담겨 있다. 삶과 일 속에서 마주하는 여러 난관을 새로운 기회로 바꿔낼 탁월한 통찰력을 얻고자 하는 모든 이에게 일독을 권한다."

서경배 아모레퍼시픽그룹 대표이사 겸 회장

"《투자의 모험》은 슈워츠먼 회장이 자기 분야에서 최고가 되기 위해 어떤 꿈을 꾸었고, 어떻게 실패에서 교훈을 배웠는지 그리고 어떻게 기회를 놓치지 않고 노력해왔는지 흥미롭게 전해준다. 큰 꿈을 가진 독자들에게 이 책을 강력히 추천한다."

한승수 전 국무총리, 제56차 UN총회 의장

"스티브 슈워츠먼 회장의 삶을 생생히 담은 글로벌 베스트셀러. 또한 현대 금융사를 새로 쓴 세계 최대 사모펀드 블랙스톤이 미래를 위한 혁신경영, 실패를 이겨내는 기업가정신, 사회적 책임 실천에 앞장선 윤리경영의 롤모델임을 보여준다. 탁월한 리더십을 추구하는 모든 사람들의 필독서다."

전광우 전 국민연금공단 이사장

비즈니스북스 출판사가 내 책《투자의 모험》을 번역출간한다는 소식을 듣고 얼마나 기뻤는지 모른다. 지난 10년 동안 나는 한국을 적어도 1년에 한 번씩은 방문했고 2015년에는 3일 간격으로 두 차례나 다녀왔다. 블랙스톤에게 한국은 지난 15년 동안 중요한 투자 대상이었고 지금도 그렇다. 지금까지 우리는 한국에서 수십억 달러의 투자자금을 51곳으로부터 조달했다. 이들 가운데 많은 사람과 기관이 한국의 경제 발전을 주도해 왔으며 한국의 국부를 알차게 축적했고 또 금융 산업에도 핵심적인 기여를 했다. 나는 블랙스톤을 통해서 한국의 고위공직자들뿐만 아니라 성공한 기업가들을 많이 만났고 꾸준히 연락을 주고받고 있다. 그들과 맺은 우정 덕분에 한국을 한층 잘 이해하게 되었다. 또 그 연장선에서 한국이 세계에서 유례를 찾아보기 어려울 정도로 남다른 발전을 이룩해온 사실을 높이 평가하고 있다.

2017년에 문재인 대통령은 뉴욕에서 250명의 금융·경제 분야 고위 인사들과 함께하는 오찬 모임을 열었는데 그때 나도 영광스럽게 초대를 받아 문 대통령 바로 옆자리에 앉았다. 덕분에 우리 두 사람은 많은 이야기를 나누었다. 그때 우리는 한국이 1950년 초의 개발도상국에서 현재 세계에서 열두 번째로 꼽히는 경제 대국으로 성장한, 놀라운 발전 동력에 대해 주로 이야기했다. 한국이 이룩한 '한강의 기적'은 20세기의 위대한 성장 스토리 중 하나로, 빠른 경제 발전을 이끈 세 가지 핵심 요소가 있었다. 바로 국민들의 근면 성실함, 창의적인 사고방식 그리고 성공하고 말겠다는 불굴의 의지다. 이런 면에서 볼 때 블랙스톤은 한국 및 한국 국민과 닮은 점이 많다.

한국과 블랙스톤 간의 투자 활동은 2005년으로 거슬러 올라간다. 그때 한국의 국민연금공단이 처음 우리에게 투자했다. 국민연금공단은 세계에서 세 번째로 큰 연금펀드이며 한국에서는 가장 큰 투자자다. 그리고 몇 년 뒤에는 블랙스톤과 한국투자공사(정부가 보유한 외환보유액을 효율적으로 운용·관리하기 위해 출범한 대형 투자기관)가 협력 관계를 시작했다. 또한 우리는 한국에서 다수의 사모펀드와 부동산 투자를 했는데 독자들도 잘 알 만한 곳들이다. 예를 들면 한국에서 두 번째로 큰 쇼핑몰인 스타필드 하남, 한국에서 가장 큰 의약품 유통업체 지오영, 세계적인 명품 핸드백 제조업체 시몬느액세서리가 있다. 블랙스톤은 한국을 매력적인 투자처로 만드는, 고등 교육을 받은 노동력과 혁신 정신이 결합된 한국 경제에 강한 확신을 가지고 있다.

나는 1985년에 블랙스톤을 창립했고 현재 회사는 사모펀드, 부동산, 헤지펀드 그리고 크레디트 등을 포함하는 대체자산 분야에서 세계 최대의 투자기관으로 성장했다. 우리는 전 세계 최고의 기관투자자들 및 개인투자자들이 투자한 돈(예를 들면 국부펀드, 보험사, 수천만 명 은퇴자의 연금펀드 등)을 관리·운용하며 우리의 목적은 우리에게 투자한 사람들과 우리가 속해 있는 공동체를 위해서 장기적인 가치를 실현하는 것이다. 한국의 여러 위대한 기업들과 마찬가지로 블랙스톤은 뚜렷하게 구별되는 우리 회사만의 기업 문화를 만듦으로써 금융투자업계에서 리더로 우뚝 섰다. 블랙스톤 기업 문화의 핵심은 능력주의, 기업가정신에 입각한 혁신, 성실함, 규율 그리고 평생 학습이다. 블랙스톤의 직원들은 이런 핵심 가치를 늘 염두에 두고 창립 이후 지금까지 연평균 성장률 50퍼센트를 줄곧 달성해왔다. 이로써 블랙스톤은 5,000억 달러가 넘는 자산을 운용하고 있다.

블랙스톤을 세울 때 내 나이는 서른여덟이었다. 나는 꿈을 크게 꾸는 법을 알았던 것 같다. 그러나 많은 청년 기업가가 그런 것처럼 위대한 기업을 만드는 방법, 개인적인 영향력을 지속적으로 발휘하는 방법, 리스크를 평가하는 방법, 탁월한 인재를 채용하는 방법 그리고 탁월함이라는 기업 문화를 일구는 방법 등에 대해서 혼자서 어렵게 배워야 했다. 이 책을 쓰기로 마음먹은 것은 내가 배우고 익힌 것을 주변에 나눠주고 싶었기 때문에, 또 내가 걸었던 길과 같은 경로를 걸어가면서 시행착오를 겪고 있을 사람들에게 지침이 될 만한 것들을 주고 싶어서였다.

이제까지 내가 가장 자주 받은 질문은 '블랙스톤의 기업 문화를 일구고 또 이에 대해서 직원들에게 가르치는 데 무엇이 필요한가'인 것 같다. 사람들은 어떤 기업 조직을 상상하고 출범시키며 또 키워나가는 과정에 매료된다. 탁월한 역량을 지닌 인재를 선발하고 또 계속 보유하는 독특한 문화를 만들어내는 것이야말로 위대한 기업의 비밀임을 사람들은 잘 안다.

기업 문화는 이론적일 수 없으며 반드시 조직의 여러 핵심 구조와 프로세스에 녹아 있어야 한다는 것을 나는 경험을 통해 깨우쳤다. 예를 들어 블랙스톤에서는 회사의 모든 투자 결정을 검토할 때 적용할 시스템을 만들어냈는데 "절대로 돈을 잃지 마라!"라는 단순한 개념에 뿌리를 두고 있다. 이 시스템은 의사결정 프로세스를 개인이 아니라 조직 차원에서 접근해서 어떤 투자 아이디어 속에 존재하는 주요 리스크들을 파악하고 분석하는 데 철저하게 초점을 맞춘다. 우리는 투자에 뒤따르는 리스크의 모든 차원들, 즉 가치, 타이밍, 경쟁, 운영상의 어려움, 기회 등이 용의주도하고 논리적으로 평가될 수 있도록 내부의 각 팀이 자기 투자 아이디어를 제시하고 공유하는 방식을 프로세스화 해두고 있다. 어떤 투자 결정을 내리기 위해 모일 때 우리가 지키는 한 가지 확실한 규칙이 있다. 그 자리에 둘러앉은 모든 사람이 반드시 발언해서 자기 의견을 밝히는 것이다. 모든 투자 결정이 집단적으로 이루어질 수 있도록 하기 위해서다. 이런 식으로 블랙스톤의 모든 직원은 자신이 회사의 소유주인 것처럼 생각하고 행동하는 훈련을 받으며 그 결과 우리는 투자자들에게 강력한 신뢰를 주게 되었다. 블랙스톤의 프로세스가 성공을 거듭해왔다는 사실이 바로 우리 방식이 옳았음을 증명한다.

기업 문화는 반드시 온 정성과 노력을 다해서 지켜나가야 한다. 어떤 조직이든 문화가 다음 세대로 자동적으로 전해질 거라고 생각해서는 안 된다. 기업 문화가 직원이 성공을 거두는 데 도움이 되도록 하려면 기대치과 지침을 명확하게 하고 이를 직원들과 끊임없이 공유할 필요가 있다.

그런데 기업 문화에서 또 하나 중요한 요소는 실패에 접근하는 방식이다. 성공한 기업이나 개인은 무언가 잘못됐을 때 그 과정에서 나타났던 온갖 착오를 분석한다. 실패는 몰랐던 것을 배우고 점점 나아질 크나큰 기회를 가져다준다. 정직하게 평가한다면, 실패는 어떤 기업이나 개인이 미래에 성공할 수 있도록 경로를 올바르게 바꾸어놓을 잠재력을 가진다.

나는 지난 50년 동안 전 세계 사람들을 만나고 월스트리트에서 일하면서, 또 블랙스톤을 오늘날의 세계적인 금융기관으로 성장시키면서 엄청나게 많은 것을 배웠다. 그러나 성공은 쉽게 오지 않았으며 내가 걸었던 여정은 결코 순탄하지 않았다. 이 책은 어떻게 탁월함을 획득하는지, 어떻게 영향력을 행사하는지 그리고 어떻게 유의미한 결과를 얻는지 등 그동안 내가 배웠던 가장 중요한 통찰들을 담고 있다. 또한 여러 나라에서 번역되었는데 미국은 물론 중국에서도 출간과 동시에 베스트셀러에 올랐다. 고맙게도 여러 경영인들과 기업가들, 학계 학자들 그리고 학생들이 이 책을 좋게 받아들였다. 책이 담고 있는 유용하면서도 실천적인 도움들을 높이 샀기 때문이 아닐까 싶다. 나는 사람들이 자기 자신이나 자기 조직이 보다 큰 성공을 거둘 수 있는 길로 나아가도록 (혹은 그 길을 만들 수 있도록) 돕는, 일과 인생을 위한 25가지 원칙을 책에 담았다.

이 책은 또한 위기의 순간에 발휘되어야 할 리더십에 대한 결정적인 교훈들도 담고 있다. 자신과 조직을 위한 기회를 인식하는 방법, 예상치 않았던 역풍과 실패에서 회복하는 방법, 불확실한 환경(예를 들면 코로나바이러스감염증-19COVID-19의 대유행)에서 기업을 운영하는 방법 등이 그런 것들이다. 이번 팬데믹pandemic에 대한 한국의 성공적인 대응은 효율성과 편의성을 동시에 보여준 국제적인 모범 사례로 널리 인정받았다. 그러나 '코로나바이러스감염증-19'는 한국과 중요한 경제 관계를 맺고 있는 세계 여러 나라, 특히 북아메리카와 유럽 그리고 신흥 시장의 많은 나라에 엄청난 손실과 충격을 줬다.

책에서 다룬 또 하나의 주제는 자선활동으로 내게 있어 인생의 매우 중요한 요소다. 나는 내가 했던 공적인 봉사와 자선활동의 여러 사례를 책 속에 실었다. 한국의 전통이 나눔이듯이, 자기가 가진 것을 공동체에 돌려주려고 함께 일하는 사람들이야말로 엄청난 변화와 결과를 만들어낼 수 있다고 나는 믿는다.

이 책이 나오기까지 3년 가까운 시간이 걸렸다. 블랙스톤과 나 자신에게 도움이 되었던 소중한 교훈들을 하나도 빠뜨리지 않고 싶어서였다. 나는 내가 습득한 지식과 지혜를 사람들에게 나눠주고 싶다. 그래서 사람들이 내가 저질렀던 실수를 피해서 한결 쉽게 성공의 길을 걸어갈 수 있으면 좋겠다.

시간을 들여서 이 책을 읽겠다고 마음먹은 독자에게 감사를 표한다. 재미있고, 영감을 주며, 즐거운 읽을거리가 되면 좋겠다. 그리고 인생에서 성공하는 데 조금이라도 도움이 되기를 바란다.

스티븐 슈워츠먼

➤ 최고는 타고나는 게 아니라 만들어지는 것이다

1987년 4월 MIT의 연기금 운용 팀을 만나러 보스턴으로 날아갔다. 당시 나는 블랙스톤 제1호 펀드의 투자금을 모으려고 애쓰던 중이었다. 목표는 10억 달러였다. 그렇게만 된다면 블랙스톤은 사모펀드 중에서는 가장 큰 펀드가 될 것이고 세계에서는 세 번째로 큰 펀드가 될 수 있었다. 그야말로 야심찬 목표였다. 많은 사람들이 안 될 것이라고 했지만 나는 작은 목표든 큰 목표든 달성하기 어렵기는 마찬가지라고 믿는다. 작은 목표와 큰 목표의 유일한 차이는 달성했을 때 나타나는 결과의 차이다. 누구든 결정적인 일을 할 수 있는 기회는 단 한 번뿐이므로, 정말로 그것 하나에 집중할 만한 목표를 추구하는 것이 중요하다. 성공하려면 그런 목표의식과 집중이 반드시 필요하다.

그러나 나는 수없이 많이 거부당했고 서서히 패닉 상태로 빠져들고 있었다. 1985년 피터(피트) 피터슨Peter Peterson[1]과 함께 블랙스톤을 설립했을 때만 해도 우리는 큰 꿈을 품고 있었으며 정교하게 설계한 전략을 가졌다. 그러나 기회가 다가오는 속도는 우리가 계획했던 속도에 비해 훨씬 더뎠다.

피트와 나는 리먼브라더스라는 유명한 투자은행에서 함께 일하며 월스트리트의 정점에 서본 사람들이었다. 피트는 CEO였고 나는 세계에서 가장 바쁘게 움직이는 인수합병 부서를 지휘했다. 그랬던 우리가 이제는 세상 사람들의 웃음거리가 될 위기를 맞았다. 만일 투자금을 조성하지 못하면 우리가 세운 사업 모델 전체를 재고해야 했다. 경쟁자들은 우리가 실패하길 바랐으며 나는 그들 소원대로 될까 봐 두려웠다.

미팅 하루 전에 나는 MIT의 연기금 운용 팀과의 약속을 확인했다. 그리고 피트와 함께 매사추세츠 애비뉴에 도착했을 때는 우리의 계획을 브리핑하고 확약을 받아낼 준비가 되어 있었다. 우리는 창문에 성에가 허옇게 낀, 'MIT 연기금 운용 팀'이라는 문패가 달려 있는 문 앞에 섰다. 내가 노크를 했다. 아무런 대답이 없었다. 한 번 더 노크했다. 그러나 세 번, 네 번 노크에도 대답이 없었다. 나는 일정표를 확인하고 그날 그 시각이 틀리지 않았음을 확인했다. 당시 예순한 살이었던 피트가 내 뒤에서 얼굴을 잔뜩 구기고 서 있었다.

---

1 블랙스톤의 공동 창업자로 1972~1973년 닉슨 행정부에서 상무부 장관을 지냈다. 지난 2018년에 별세했다.

지나가던 관리 직원이 우리를 보고 발걸음을 멈췄다. 우리는 그에게 대학교 연기금 운용을 책임지는 사람을 만나러 왔다고 말했다.

"아, 오늘 금요일이잖아요. 그 사람들은 이미 퇴근하고 없죠."

"오후 3시에 만나기로 약속이 되어 있는데요?"

내가 묻자 그는 모르겠다는 표정으로 말했다.

"나가는 걸 봤는데…. 아마 월요일 아침에 올 겁니다."

피트와 나는 어깨를 축 늘어뜨리고 걸어 나왔다. 비가 추적추적 내리기 시작했다. 우산을 미처 챙기기 못했기에 우리는 대학교 행정동 건물 입구에서 비가 그치길 처량하게 기다려야 했다. 20분쯤 서 있노라니 빗줄기가 더 세졌다. 마치 하늘에서 양동이로 물을 들이붓는 것 같았다.

나는 피트를 건물 입구에 남겨두고 큰길로 나가 택시를 잡으려 했다. 바깥으로 나선 지 얼마 지나지 않아 곧 물에 빠진 생쥐 꼴이 되었다. 빗물이 얼굴을 타고 줄줄 흘러내려 재킷과 셔츠를 적시고 피부까지 스며들었다. 설상가상으로 용케 택시가 내 앞에 설 때마다 다른 사람이 잡아타버렸다. 나는 번번이 절망했다.

그러다 빨간색 정지 신호를 받고 서 있는 택시의 뒷모습이 보였다. 나는 그 택시를 향해 내달렸다. 자동차의 뒷좌석 창문을 두드리며 비에 젖은 20달러짜리 지폐를 흔들었다. 그 돈이면 택시 안의 승객이 합승을 허락할 것이라고 기대했기 때문이다. 승객은 유리창을 통해 나를 물끄러미 바라봤다. 우산도 없이 폭우를 고스란히 맞고 서 있던 내 모습이 무척이나 기괴했을 게 분명했다. 그는 거절했다. 나는 같은 시도를 두 번이나 더 했지만 역시 거절당했다. 결국 돈을 30달러로 올렸고 마침내 한 승객이 내 제안을 받아들였다. 실로 몇 주 만에 처음으로 성공한 거래였다!

나는 피트에게 어서 오라고 손짓했다. 피트가 느린 걸음으로 천천히 걸어오기 시작했다. 한 걸음씩 걸어올수록 그의 옷이 비에 젖어 점점 더 무겁게 늘어졌다. 물줄기 센 샤워기 아래에 서 있기라도 한 것처럼 물에 젖은 머리카락이 그의 얼굴을 덮었다. 예전에는 늘 자동차가 미리 와서 대기했다. 비라도 올라치면 운전기사가 우산을 들고 자동차에 타는 것을 도왔다. 그러나 1년 6개월 전 회사를 새로 차리면서 그런 것들은 모두 사라져버렸다. 폭우를 고스란히 맞으며 걸어오는 피트의 표정은 그때의 결정을 후회하는 게 분명했다.

미국 기업계, 전 세계 어느 정부 인사라도 만날 수 있고 우리가 하는 말에 모두가 귀 기울였던 게 불과 얼마 전이었다. 우리 둘 다 새로 사업을 시작한다는 것이 쉬울 거라고는 상상하지 않았다. 그러나 금요일 밤에 물에 빠진 생쥐 꼴을 하고서 보스턴 로건국제공항 대기실 의자에 웅크리고 앉아 있으리라고는 더더욱 상상하지 못했다. 우리가 돈 한 푼받지 못하고 사람들의 웃음거리가 될 것이라고도.

모든 기업가는 절망의 순간에 찾아오는 그 느낌을 안다. 머릿속에 떠오르는 유일한 생각은, 지금의 자기 처지와 그동안 상상했던 인생 사이에 놓인 거대한 간극 그리고 그 간극이 불러오는 절망이다.

누군가 성공하면 사람들은 그 사람이 거둔 성공만 바라본다. 그리고 실패하면 그 실패만 바라본다. 완전히 다른 길로 들어갈 수도 있었던 갈림길, 성공과 실패의 그 갈림길을 보는 사람은 거의 없다. 그러나 사업과 인생에서 가장 중요한 교훈들은 바로 이런 갈림길에 있다.

경영자는 실수를 통해 진화한다

2010년 당시 하버드 대학교 총장이었던 드루 파우스트Drew Faust가 나를 만나러 뉴욕에 왔다. 우리는 많은 이야기를 나눴는데, 주로 거대한 조직을 운영하는 것에 대한 이야기였다. 2018년에 퇴임하면서 그녀는 8년 전 우리가 만났을 때 적어둔 두툼한 메모를 찾아 내게 보내주었다. 그 메모 중 한 부분이 눈에 띄었다.

'최고의 경영자는 만들어지는 것이지 타고나는 게 아니다. 그는 정보를 스펀지처럼 빨아들이고 자신의 경험을 연구하고 자기가 한 실수에서 교훈을 얻으며 진화해간다.'

나는 확실히 그랬다. 드루를 만나고 얼마 안 되었을 무렵 나는 재무부 장관을 역임했고 골드만삭스의 CEO였던 행크 폴슨Hank Paulson과 대화를 나누었다. 그때 폴슨은 이런 말을 했다. 옛날 달력과 일정표를 찾아 과거에 조직을 만들고 관리하면서 했던 생각들을 되짚어보고 기록해두라고 말이다. 내가 경험하고 교훈으로 깨우친 것들이 나중에 많은 사람들에게 좋은 관심거리가 될 테니 언젠가는 책으로 낼 수 있지 않겠느냐는 말이었다. 나는 그의 제안을 받아들였다.

지금 나는 학생들, 기업의 임원들, 투자자들, 정치인들 그리고 비영리기관의 활동가들을 대상으로 강연을 한다. 강연을 하면서 가장 많이 받는 질문이 블랙스톤을 어떻게 일구었으며 관리했느냐는 것이다.

사람들은 조직을 구상하고 출범시키고 키워가는 과정, 재능이 넘치는 사람들을 끌어들이는 기업 문화를 만들어내는 과정에 매혹되는 것 같다. 그리고 어떤 사람들이 그런 도전을 하는지, 그들은 어떤 특성과 가치관과 습관을 가지고 있는지 알고 싶어 한다.

내 인생의 일대기, 내가 살아온 모든 순간을 돌아보는 회고록을 쓰고 싶다고 생각해본 적은 한 번도 없었다. 또 그럴 정도로 내가 중요한 사람이라고도 결코 생각하지 않는다. 그래서 세상에 대해, 그 속에서 내가 겪은 일에 대해 중요한 교훈을 깨우쳤던 사건과 일화들만 모아보기로 마음먹었다. 이 책은 지금의 나를 있게 해준 내 인생의 몇몇 변곡점들과 그 변곡점들이 가르쳐준 교훈들을 모은 것이다. 이 교훈들이 사람들에게 도움이 되길 바라는 마음뿐이다.

'부족함'을 인정하고 끊임없이 배워라

나는 필라델피아 교외의 중산층 가정에서 진실함과 솔직함, 근면 성실함을 핵심으로 하는 1950년대의 가치관을 빨아들이며 성장했다. 부모님은 용돈 이외의 돈은 한 푼도 주지 않았다. 나와 형제들은 자기가 쓸 돈은 직접 벌어야 했다. 나는 가족이 운영하는 포목점에서 일했고 집집마다 돌아다니면서 캔디바와 전구를 팔았다. 또 아르바이트생 두 명과 함께 이웃집 잔디를 깎아주는 사업을 벌이기도 했다. 그 두 아르바이트생은 바로 쌍둥이 동생들이었다. 동생들은 직접 일하는 대가로 수입의 절반을 가져갔고 나는 고객을 유치하는 대가로 나머지 절반을 가져갔다. 이 사업은 꼬박 3년 동안 이어졌지만 나중에 아르바이트생들이 파업을 하면서 결국 사업을 접고 말았다.

지금 나의 일정표에는 예전엔 상상도 못 했던 기회들로 가득 차 있다. 국가 정상들, 기업의 임원들, 셀럽들, 금융가들, 의원들, 언론인들, 대학 총장들 그리고 여러 문화기관 수장들과의 만남이 일정표에 빼곡하게 표시되어 있다. 어떻게 내가 여기까지 오게 되었을까?

우선 나를 여기까지 이끌어준 훌륭한 스승들이 있었다. 부모님은 정직함과 상식적인 예절, 성취라는 가치관을 물려주었고 사람들에게 관대한 것이 얼마나 중요한지 가르쳐주었다. 고등학교 시절 육상 코치였던 잭 암스트롱은 고통을 참을 수 있는 인내심과 준비성을 갖추도록 도와주었다. 이는 기업가라면 반드시 가지고 있어야 할 덕목이다. 그리고 당시 가장 친하게 지내던 친구 바비 브라이언트와 운동장 트랙을 함께 달리면서 충실하다는 게 무슨 의미인지, 팀의 구성원이 되기 위해 그게 왜 중요한지 알게 되었다.

대학에 진학해서는 열심히 공부했고 모험을 시도하면서 내가 속한 공동체에 도움이 되는 여러 프로젝트를 시작했다. 다른 사람이 하는 말에 귀를 기울이는 법, 그들이 비록 말로 표현하지는 않아도 마음속으로 바라고 필요로 하는 것에 관심을 기울이는 법, 어려운 문제에 부딪힐 때 생기는 두려움을 이기는 법을 배웠다.

그러나 장차 사업가가 될 것이라는 상상은 한 번도 해보지 않았다. 대학 시절 나는 경제학 분야의 강의는 단 하나도 듣지 않았으며 지금까지도 마찬가지다. 도널드슨 러프킨 앤드 젠레트Donaldson, Lufkin & Jenrette(이하 DLJ)라는 증권회사에 취직하면서 월스트리트에서 경력을 쌓기 시작할 때 나는 심지어 증권이 무엇인지도 몰랐으며 수학적인 능력은 아무리 높게 쳐도 평범한 수준이었다. 당시 쌍둥이 동생들은 깜짝 놀라서 이렇게 말했다.

"뭐? 형이? 금융회사에 취직했다고?"

한마디로 나는 경제학 기본 지식이 부족했다. 그렇지만 다른 장점으로 그 부족함을 메우려고 노력했다. 내게는 패턴을 포착하고 새로운 해법과 패러다임을 개발하는 능력이 있었고 머릿속 발상을 어떻게든 현실로 만들겠다는 확고한 의지가 있었다. 결과적으로 보면 내게 금융은 세상을 배우고 인간관계를 형성하며 의미 있는 도전을 시도하고 야망을 펼치는 수단이었다. 또한 금융 덕분에 나는 결정적인 두세 개의 변수들에만 집중함으로써 복잡한 문제들을 단순화하는 능력을 정교하게 다듬을 수 있었다.

무모하고 충격적인 도전을 하라

블랙스톤 창업은 내 생애 가장 큰 도전이었다. 피트와 내가 MIT 교정에서 비를 쫄딱 맞은 이후 지금까지 블랙스톤은 오랜 세월을 헤쳐왔으며 지금은 세계에서 가장 큰 대체자산alternative assets 운용회사로 성장했다. 현금과 주식과 채권으로 이야기되는 전통적인 자산과 달리 대체자산의 '대체'라는 말에는 거의 모든 것이 포함된다.

우리는 기업과 부동산을 만들고, 사고, 구조조정하고, 판다. 우리가 투자하는 회사들이 고용하는 직원만 해도 50만 명이 넘는다. 그렇기에 블랙스톤과 이 회사의 자산으로 분류되는 회사들은 미국 및 전 세계에서 굴지의 기업이라고 말할 수 있다. 우리는 최고의 헤지펀드 매니저들을 발굴해서 그들에게 투자 운용을 맡긴다. 또한 기업들에게 돈을 빌려주며 고정수익증권fixed-income security[2]에 투자한다.

우리의 고객은 대형 기관 투자자들, 연금펀드들, 정부의 투자펀드들, 대학교의 연기금들, 보험사들, 개인투자자들이다. 우리의 목적은 우리에게 투자한 사람들, 우리가 투자한 기업들과 자산들, 우리가 속한 공동체에 돌아갈 장기적인 가치를 창조하는 것이다.

블랙스톤이 놀라운 성공을 거둘 수 있었던 열쇠는 블랙스톤이라는 기업이 가진 문화에 있다. 우리는 능력주의meritocracy와 탁월함 excellence, 개방성openness, 성실함integrity을 신봉한다. 그리고 이런 믿음을 가진 사람들만 채용하려고 노력한다. 우리는 리스크를 관리하고 돈을 잃지 않는 데 집착하며 혁신과 성장을 강력하게 신봉한다. 그렇기에 우리는 어떻게 하면 떠밀려서가 아니라 주도적으로 진화하고 바뀔 수 있는지 끊임없이 질문한다.

금융 분야에는 특허가 없다. 오늘 높은 수익을 올리는 사업도 내일이면 수익이 형편없는 사업이 될 수 있다. 경쟁과 파괴가 일상이기 때문에 단 하나의 사업만 가지고서 어떻게 해보겠다는 회사가 있다면 끝까지 살아남지 못한다. 우리는 예외적일 정도로 비범한 팀, 어떤 사업을 하든 세계 최고가 되겠다는 공동 과제를 머리에 새긴 팀을 블랙스톤에 구축해왔다. 이런 기준이 있었기에 우리는 우리가 서 있는 위치를 측정

─────── 2 채권이나 우선주, 양도성 정기예금과 같이 고정수익을 지급하는 증권.

하는 게 늘 쉬웠다.

블랙스톤이 성장하면서 사업 이외에 다른 기회들 또한 접할 수 있었다. 기업가로서, 거래의 해결사로서 일하고 배웠던 교훈들 덕분에 훗날 워싱턴DC에 있는 케네디 예술센터 이사장으로 일하게 된다든지, 중국에서 '슈워츠먼 장학제도'라고 하는 대학 졸업생 대상의 일류 펠로십 프로그램까지 맡게 될 것이라고는 생각조차 못했다.[3]

나는 내가 사업에 적용하는 원칙, 즉 창의적이고 사려 깊은 해법을 개발해 복잡한 도전 과제들을 극복하는 과정을 여기에도 적용할 수 있어서 다행이라고 생각한다. 예일 대학교에 최첨단 문화센터를 마련하는 것이든, MIT를 최초의 인공지능 대학교로 만들기 위한 전문대학(칼리지)을 만드는 것이든, 옥스퍼드 대학교에 인문학센터를 만들어 21세기에 대비하는 계획을 세우는 것이든 내가 지금 하는 이 프로젝트들은 모두 돈을 벌기 위해서가 아니다. 사람들의 삶에 중요한 영향력을 행사하도록 기존의 패러다임을 바꾸는 데 내가 동원할 수 있는 자원들을 집중하기 위함이다. 그렇기에 투입되는 돈이나 나보다 훨씬 더 큰 영향력을 행사하고 오래 살아남을 혁신적인 프로젝트를 위해 10억 달러 넘는 돈을 내놓은 것은 내가 누릴 수 있는 특전이다.

나는 또한 중요한 과제들에 직면한 전 세계의 고위 관료들과 통화하고 또 직접 만나서 이야기를 나누는 데도 많은 시간을 할애했다. 지금도 나는 세계의 어떤 지도자가 국내외적으로 중요한 문제에 대해 내가

---

3 저자는 중국 칭화 대학교 경제경영대학 자문위원이기도 하다.

어떤 관점을 가지고 있는지 궁금해한다는 말을 듣곤 한다. 그럴 때마다 내가 할 수 있는 범위에서 최대의 도움을 주고자 노력한다.

이 책을 읽는 독자가 학생이든, 기업가든, 관리자든, 조직을 개선하려고 애쓰는 팀원이든, 자신의 잠재력을 극대화할 길을 모색하는 개인이든 그 모두에게 이 책에 담긴 교훈들이 도움이 되면 좋겠다.

내 경우 인생의 가장 큰 보상은 뭔가 새롭고 아무도 예상하지 못했던 충격적인 것을 창조했을 때 뒤따랐다. 사람들이 내게 어떻게 성공할 수 있었느냐고 물을 때마다 나는 이렇게 말한다. '남다른 기회를 발견하면 내가 가진 모든 것을 던져 그 기회를 잡는다. 그리고 결코 포기하지 않는다.'

일러두기

1. 본문의 각주는 원서의 주와 독자의 이해를 돕기 위해 추가한 옮긴이의 주로, 원서의 주는 문장 끝에 '(원주)'를 넣어 구분했고 그 외의 것은 옮긴이의 주다.

2. 장의 마지막 쪽에 실린 글은 성공적인 일과 인생을 위한 저자의 25가지 원칙이다.

3. 본문 중 인물을 애칭이나 약칭으로 부르는 경우는 원래 이름 옆에 함께 표기했다.

차례

제1부 **성장의 원칙**
방향을 정하고 장애물을 뛰어넘다

경영의 원칙

제3부
한 손은 기회를 움켜쥐고
한 손은 위험을 막아내다

제1부

성장의 원칙

방향을 정하고
장애물을 뛰어넘다

제1장

크게 생각하라
그리고
포기하지 마라

> 성공은
얼마나 원하느냐의 문제다

아버지가 운영하던 포목점 슈워츠먼스 커튼 앤드 리넨Schwarzman's Curtains and Linens은 필라델피아에서도 중산층이 거주하던 프랭크퍼드 지구에 있었다. 가게 위로는 고가 철도가 지나갔다. 가게에서는 포목류와 침구류 및 생활용품 등을 팔았다. 가게는 바빴고 물건은 좋았으며 가격도 적당했고 고객들은 충성심이 높았다. 할아버지로부터 가게를 물려받은 아버지는 박학다식했고 붙임성이 좋았다. 아버지는 그 가게를 운영하는 게 즐겁고 행복했다. 성실하고 똑똑한 분이었지만 사업을 확장하겠다는 야심은 전혀 없었다.

열 살 때부터 나는 가게에서 일하기 시작했다. 보수는 한 시간에 10센트였다. 얼마 후 할아버지에게 시급을 25센트로 올려달라고 말했지만 단칼에 거절당했다.

"네가 시급 25센트를 받을 만큼 일을 한다고 생각하니?"

내가 생각해봐도 분명 그렇지 않았다. 어떤 손님이 자기 집 창문의 치수를 적어와서 커튼을 만들려고 하는데 천이 얼마나 드는지 알고 싶어 할 때, 나는 계산을 어떻게 하는지 전혀 알지 못했고 무슨 말을 어떻게 해야 할지도 몰랐다. 게다가 그런 것들을 배우고 싶은 마음도 없었다.

정신없이 바쁜 크리스마스 시즌에는 금요일 밤과 토요일마다 노부인들에게 리넨 손수건을 파는 일을 했다. 손님이 손수건에 대해 물으면 나는 가격이 1달러도 되지 않는 거의 똑같이 생긴 손수건 상자를 일일이 열어야 했다. 그리고 손님이 손수건을 사거나 사지 않거나 다시 그 많은 손수건 상자를 포장해야 했다. 심지어 이 일은 5분이나 10분마다 똑같이 반복되었다. 그것도 몇 시간 동안이나. 정말이지 시간 낭비라고 생각했다.

가게에서 일한 지 4년차에 접어들었을 때 나는 성격이 고약한 어린 아이에서 논리적으로 따지기 좋아하는 10대 소년으로 성장해 있었다. 나는 이 일자리가 나의 사회적인 삶에 주는 불이익에 특히 화가 났다. 미식축구를 하러 가거나 학교 댄스파티에도 가지 못했다. 내가 속하고 싶었던 세상으로부터 차단된 채 가게에 처박혀 있어야 한다는 사실이 불만스러웠다.

그러나 나는 선물 상자 포장 기술은 끝내 완벽하게 익히지 못했지만 우리 가게의 성장 잠재력이 무엇인지는 알 수 있었다. 당시 '가장 위대한 세대[1]라 불렀던 이들이 전쟁터에서 돌아왔다. 우리는 예외적일 정도로 평화롭고 풍요로운 시대를 살게 되었다. 주택이 들어서고 교외가 확장되고 있었으며 출생률이 치솟았다. 즉 침대와 욕실 수요가 늘어나고 그만큼 리넨 수요가 늘어났다는 말이다.

'필라델피아에서 가게 하나만 가지고 무엇을 하겠는가? 미국인이 리넨을 생각할 때면 '슈워츠먼스 커튼 앤드 리넨'이 무조건 자동적으로 떠오르게 만들어야 한다!'

지금의 베드 배스 앤드 비욘드Bed Bath & Beyond가 그렇듯이, 나는 우리 가게가 대서양에서 태평양에 이르는 세계 각지에서 호황을 누리는 상상을 했다. 그것은 지루함을 참으면서 손수건을 접을 수 있게 해주었던 꿈이었다. 그러나 아버지는 이 생각에 반대했고 나는 목표를 조금 낮췄다.

"그럼 펜실베이니아 안에서만이라도 확장할 수 있잖아요."

"아니, 나는 그럴 생각이 없어."

"그럼 필라델피아만이라도요. 그건 어렵지도 않잖아요!"

"나는 정말 아무 관심이 없어."

"어떻게 관심이 없을 수가 있어요? 가게에 손님들이 끊임없이 들어오잖아요. 우리도 시어스처럼 될 수 있다고요!"

당시 시어스 백화점은 도처에 있었고 제일 유명했다.

"아버지는 왜 하고 싶지 않다는 거예요?"

---

1 20세기 초에 태어나 대공황과 제2차 세계대전을 겪은 세대를 가리킨다.

"사람들이 우리 금전등록기에서 돈을 훔쳐 갈 거야."

"아버지, 사람들이 돈을 왜 훔쳐 가요? 시어스 매장은 전국에 다 있 잖아요. 성공할 게 확실하다니까요! 왜 확장하는 걸 원하지 않으세요? 우리도 얼마든지 커질 수 있어요!"

"스티브(스티븐의 애칭), 나는 지금도 아주 행복해. 좋은 집을 가지고 있고 자동차도 두 대나 있어. 너와 네 동생들을 대학에 보낼 돈도 충분 히 있지. 이런데 뭐가 더 필요하겠니?"

"필요한 게 있고 없고의 문제가 아니라 하고 싶으냐 아니냐의 문제 잖아요."

"그래, 난 그렇게 하고 싶지 않아. 그렇게 하면 나는 행복하지 않을 거야."

"정말 이해가 안 돼요. 성공할 게 확실한데!"

지금에야 나는 그때의 아버지를 이해한다. 관리자가 되는 방법은 누 구나 배울 수 있다. 지도자가 되는 방법도 누구나 배울 수 있다. 그러나 기업가가 되는 방법은 배울 수 있는 게 아니다.

반면에 어머니는 조금도 가만히 있지 않을 정도로 부지런하고 야망 이 있었다. 이런 어머니가 아버지를 훌륭히 보완하는 역할을 했다. 어 머니는 우리 가족의 이름을 세상에 알린 분이다. 어느 날 요트 항해법 을 배우겠다고 결심하고 6미터짜리 요트를 사서 항해법을 배우고는 우리를 요트 경주에 데리고 나갔다(내 생각에 어머니는 우리 가족을 케네 디 대통령의 출생지이자 휴양지로 유명한 하이애니스포트의 짠내 나는 바닷바 람에 머리카락을 휘날리는 케네디 집안 사람들 정도로 상상했던 것 같다). 이

때 어머니가 키를 잡았고 아버지는 어머니의 지시를 따랐다. 그리고 어머니는 많은 트로피를 땄다. 쌍둥이 동생들과 나는 늘 어머니의 승부욕을 우러러봤다. 시대를 잘 만났더라면 어머니는 분명 대기업의 CEO가 되었을 것이다.

우리는 필라델피아에서 거의 유대인 마을이라고 할 수 있는 옥스퍼드 서클에서 벽돌과 석재로 만든 집에서 살았다. 나는 깨진 유리조각들이 나뒹구는 운동장에서 놀며 자랐고 주변에는 담배를 피우는 아이들이 많았다. 가장 친한 친구 한 명은 우리가 살던 곳의 길 건너편에 살았는데, 아버지가 마피아에게 살해되었다. 캐스터 애비뉴에 줄지어 늘어서 있던 볼링장에서는 검은색 가죽 재킷을 입은 아이들이 늘 죽치고 있었다. 어머니는 내가 이런 아이들과 어울리는 걸 싫어해서 좀 더 생활수준이 높은 동네로 이사 간다는 결정을 내렸다. 내가 중학교에 진학하고 얼마 지나지 않았을 때였다.

헌팅던 밸리에서는 유대인이 전체 인구의 1퍼센트밖에 되지 않을 정도로 드물었다. 대부분 백인이었고 성공회 신도거나 기독교인이었다. 이들은 자기들이 사는 동네를 세상에서 가장 행복한 곳으로 여겼다. 나로서는 그곳에서의 생활이 믿을 수 없을 정도로 평온했다. 나를 해코지하는 사람도, 위협하는 사람도 없었다. 나는 학교에서 성적이 좋았고 주 선수권대회에 출전하는 육상부에서 주장을 맡았다.

1960년대에 미국은 경제적·사회적으로 미국이 세계의 중심이라고 여겼다. 베트남 전쟁에 관여하는 비중이 점점 커지고 있었고 성性과 관련된 시민권에서 전쟁에 대한 태도에 이르기까지 모든 것이 바뀌고 있었다. 나는 대통령이 텔레비전에 나오는 것을 보며 성장한 미국의 첫 번째 세대였다. 우리의 지도자는 신화에서나 봄직한 그런 인물들이 아니었다. 그들은 우리처럼 언제든 가까이 다가갈 수 있는 사람들이었다.

애빙턴 고등학교도 내가 2학년 때 이런 변화의 물결에 휩쓸렸다. 펜실베이니아 주법에 따라 우리는 아침마다 학교에서 성경에 나오는 구절을 들었으며 주기도문을 외웠다. 나는 전혀 개의치 않았지만 엘러리 셈프Ellery Schempp의 집안에서는 그렇지 않았던 모양이다. 그들은 유니테리언 교도였는데, 기독교를 강조하는 학교 방침이 헌법 수정조항 1조와 14조에 규정된 권리를 침해한다고 여겼다. 그래서 소송을 제기했고 미국 대법원에서는 8 대 1로 펜실베이니아 주법이 정한 기도 조항은 헌법에 위배된다는 판결을 내렸다. 이 사건으로 애빙턴 고등학교는 전국적인 관심을 받았다. 많은 기독교인들은 이 사건이 공립학교에서 종교 종말이 시작되는 시발점이라고 주장한다.[2]

---

2 이 사건 이후로 미국의 모든 공립학교에서는 종교 자체는 물론 종교와 관련된 이론, 예를 들어 창조론과 천동설도 가르치지 못하게 되었다.

달릴 수 있을 때까지는
계속 달려라

고등학교 2학년 때 학생회장으로 선출되면서 나는 처음으로 혁신가가 된다는 것이 무엇을 의미하는지 경험했다. 아버지의 가게를 최초의 '베드 배스 앤드 비욘드'로 바꾸자는 내 의견은 좌절되었다. 그러나 학생회장이 되어서는 뭔가를 책임지고 내 의지로 바꾸거나 밀어붙일 수 있었다.

2학년에서 3학년으로 올라가기 전 여름에 우리는 캘리포니아로 여행을 떠났다.[3] 어머니가 운전을 했고 나는 뒷자리에 앉아 따뜻한 바람이 얼굴을 간질이는 걸 느끼면서 학생회장이라는 지위와 권력을 가지고 내가 만들어낼 수 있는 것을 상상했다. 다른 학생회장들과 별반 다를 게 없는 그저 그런 학생회장으로 이름을 남기고 싶지 않았다. 아무도 하지 않았던 것, 심지어 할 생각조차 하지 않았던 것을 하고 싶었다. 너무도 신나는 일이라 학교 전체가 발칵 뒤집힐 그런 계획을 내놓고 싶었다.

자동차가 해안을 따라 달리고 또 달릴 때 그리고 다시 그렇게 달려 집으로 돌아오는 동안, 나는 문득문득 떠오르는 생각들을 엽서에 적어 휴게소에 들를 때마다 학생회의 다른 임원들에게 부쳤다. 그 친구들은

---

3 미국 학제에서는 여름방학이 끝난 뒤에 다음 학년의 1학기가 시작된다.

모두 집에서 빈둥거리다가 내가 보낸 엽서를 받았을 것이다. 그러나 나는 그 시간에도 위대한 발상을 줄기차게 탐색했다.

마침내 그 위대한 발상이 떠올랐다. 차를 타고 이동하고 있을 때였다. 딕 클라크가 진행하는 10대 청소년의 음악 및 춤 공연 텔레비전 프로그램 〈아메리칸 밴드스탠드〉American Bandstand를 송출하는 곳이 바로 필라델피아였다.

필라델피아에는 미국 최고의 아프리카계 미국인 라디오 방송국으로 꼽히는 WDAS를 비롯해 정말 멋진 라디오 방송국들이 많았다. 당시 나는 음악에 미치다시피 해서 정말로 많이 들었다. 1950년대의 위대한 두왑doo-wop(흑인 음악인 리듬 앤드 블루스의 코러스 중 한 가지) 연주자들인 제임스 브라운부터 모타운까지 모두 섭렵했으며 나중에는 비틀스와 롤링스톤스에 심취했다.

학교에서는 복도를 걸어가든, 화장실에 가든 울림이 좋은 곳이면 어디서나 학생 록그룹들이 노래를 부르며 연습하는 소리가 들렸다. 이들이 즐겨 부르던 노래 중 하나가 리틀 앤서니 앤드 임페리얼스가 부른 〈티어스 온 마이 필로〉Tears on My Pillow였다. 이 노래는 당시 우리들의 소리이자 감성이었다.

눈물은 내 베개에, 고통은 내 가슴에Tears on my pillow, pain in my heart.

만일 리틀 앤서니 앤드 임페리얼스를 초대해 학교 체육관에서 공연을 한다면 얼마나 멋질까 하는 상상을 했다. 전혀 가망이 없어 보였다.

그들은 브루클린에 살았으며 당시 미국에서 가장 인기 있는 그룹이었다. 결정적으로 우리는 그들에게 줄 공연비가 없었다.

그렇지만 밑져봐야 본전이라는 생각이 들었다. 성사만 된다면 정말 대단한 사건이 될 게 분명했다. 모든 사람이 다 좋아할 것이었다. 어쩌면 방법이 있을지도 모른다는 생각이 들었고 그 방법을 어떻게든 알아내고 싶었다. 그것이 내가 해야 할 일이었다.

50년도 더 된 일이라 자세한 내용은 잘 기억이 나지 않는다. 하지만 많은 사람들이 전화기를 붙잡고 씨름을 했다. 친구들의 아버지들의 아는 사람들의 아는 사람들이 동원되었고 마침내 리틀 앤서니 앤드 임페리얼스가 애빙턴 고등학교에 왔다. 지금도 그 순간을 잊을 수 없다. 마치 현실처럼 생생하게 느껴진다. 그들의 음악을 들으며, 그들이 무대에서 움직이는 걸 보며, 모든 사람이 신나는 시간을 보냈다. 뭔가를 정말 간절히 바라면 결국에는 해결책을 찾아낼 수 있다. 무에서 유를 창조할 수 있다. 어느 순간엔가 소망하던 것이 이뤄진다.

그러나 뭔가를 바라는 것만으로는 충분하지 않다. 어려운 목표를 추구하고 있다면 때론 그 목표에 도달하지 못한다. 이는 야망을 품은 대가이기도 하다.

학교에서 나는 육상부 주장이기도 했다. 당시 코치였던 잭 암스트롱은 중간 정도 키에 체격도 중간쯤 되었으며 회색 머리카락을 귀 뒤로 단정하게 빗어 넘긴 헤어스타일을 하고 있었다. 그는 매일 똑같은 갈색 추리닝에 바람막이 점퍼를 입고 초시계를 목걸이처럼 걸고 있었다. 그리고 매일 똑같이 긍정적이고 쾌활한 모습으로 우리를 대했다. 그는 단

한 번도 고함을 지르거나 화를 낸 적이 없었다. 자기가 하는 말을 강조하고 싶을 때 목소리 톤을 조금 높이거나 낮추거나 억양을 약간 바꾸는 게 전부였다.

"저 친구들이 방금 한 거, 잘 봐. 너희들은 열심히 하는 척만 하고 있잖아!"

훈련을 마치고 나면 완전히 녹초가 되었다. 너무 힘들어서 토하지 않은 날이 하루도 없었다. 잭은 단거리 선수들에게 약 1.6킬로미터를 달리게 한 적도 있었다. 그건 생각보다 훨씬 힘든 훈련이었다. 우리는 종종 우리의 생각을 잭에게 말하기도 했지만, 이미 우리는 잭이라 불리는 천재의 손바닥 안에 있었고 그를 기쁘게 하려고 노력했다.

심지어 겨울에도 그의 훈련 강도는 누그러들지 않았다. 잭은 학교 주차장 둘레를 도는 코스를 몇 바퀴나 계속 돌게 했으며, 언덕 위에 우리를 일렬로 언덕 위에 세워두고 매서운 바람과 정면으로 보게 했다. 그는 두툼한 코트를 입고 모자를 쓰고 장갑을 끼고서 미소를 지으며 우리의 어깨와 등을 두드리며 독려했다. 우리 학교에는 동계훈련에 필요한 부대시설이 없었다. 다른 학교 팀들이 겨울에 아무것도 하지 않고 노는 동안 우리는 혹독한 훈련을 했다. 그리고 봄이 왔을 때, 우리는 더할 나위 없이 준비되어 있었다. 다른 팀과 붙어서 질 리가 없었다. 우리는 한 번도 지지 않았다.

잭은 미래의 올림픽 선수를 가르치든, 지나가던 동네 아이를 가르치든 자신이 짜놓은 훈련 일정이 요구하는 수준에 도달할 수 있도록 훈련시켰다. 그가 선수들에게 던지는 메시지는 언제나 똑같았다.

"달릴 수 있을 때까지 계속 달려라."

그는 선수들을 공포에 질리게 만들지도 않았고 일부러 사기를 북돋우려 하지도 않았다. 우리가 원하는 것이 무엇인지 우리 스스로 파악하게 했다. 그의 전체 코치 경력에서 그의 팀이 진 적은 딱 네 번이었다. 통합 전적 186승 4패!

1963년 우리는 펜실베이니아주 선수권대회 마일 릴레이mile relay[4] 종목에 출전했는데, 이 경기는 뉴욕 168번가 아머리에서 특별 이벤트로 치러졌다. 그곳으로 가는 버스에서 나는 여느 때처럼 가장 친한 친구 바비 브라이언트 옆자리에 앉았다(훗날 바비는 185센티미터의 키로 아프리카계 미국인 출신의 미식축구 스타가 되었다).

바비는 정말로 마음이 따뜻하고 친절한 친구였다. 그는 학교 식당에 가면 자리를 잡고 앉을 때까지 조금 과장해서 한 시간은 걸렸다. 모든 자리마다 멈춰 서서 아이들과 인사를 하고 농담을 했으니 그럴 수밖에. 공부만 따지자면 학교는 그에게 힘든 투쟁의 현장이었지만 운동장에서 그는 완전히 딴사람이 되었다. 그의 가족은 경제적으로 넉넉한 적이 한 번도 없었다. 나는 내가 벌어서 모은 돈으로 그에게 아디다스 스파이크를 한 켤레 사주었다. 우정의 증표였지만 사실은 그 이상이었다. 멋진 운동화를 신고 달리는 바비의 모습은 우리 모두를 행복하게 해주었기 때문이다.

6개 팀이 결승전에 올랐다. 나는 언제나 1번 주자였다. 그때까지만

---

4 육상 경기 종목으로 각 구간이 400미터 거리인 총 4구간 릴레이 경주다.

하더라도 나는 늘 1등으로 달려서 2번 주자에게 배턴을 넘겨주었다. 총성이 울렸고 나는 선두로 치고 나갔다. 그런데 첫 번째 곡선 코스를 돌 때 오른쪽 햄스트링에 이상이 느껴졌다. 갑자기 극심한 고통이 밀려왔다. 그 순간 나는 선택을 해야 했다. 하나는 경기를 포기하는 것이다. 내 몸을 생각하면 가장 합리적인 선택이었다. 다른 선택은 고통을 참고 끝까지 달려서 우리 팀이 우승할 가능성을 조금이라도 남겨주는 것이었다.

나는 다른 선수들이 앞질러 가도록 내가 달리던 트랙에서 비켜나며 길을 터주었다. 선수들이 나를 추월해서 앞으로 휙휙 달려나갔다. 나는 이를 악물고 고통을 참으며 나머지 구간을 절뚝거리며 달려 배턴을 2번 주자에게 넘겨주었다. 선두와는 약 18미터나 뒤처져 있었다. 배턴을 넘겨준 뒤 나는 트랙 안쪽으로 들어가 토했다. 할 수 있는 최선을 다했지만 우리 팀이 선두와의 격차를 따라잡을 가망은 없었다. 우리는 우승을 꿈꿨고 정말 열심히 훈련했다. 매서운 추위와 혹독하고 외로운 훈련을 견뎌냈다. 그런데 이제 우승을 눈앞에서 놓치게 되었다.

그렇게 생각하며 무릎을 짚고 일어나는 순간, 갑자기 벽돌담이 흔들릴 듯한 커다란 함성이 일었다. 2번 주자가 간격을 좁히고 있었던 것이다. 그리고 3번 주자가 간격을 한층 더 좁혔다. 관중들은 신발을 벗어서 트랙을 따라 쳐진 금속제 패널을 두드리기 시작했다.

3번 주자가 배턴을 넘겨받은 뒤로는 간격이 약 11미터로 줄어들어 있었다. 많이 줄어들긴 했지만 역전을 하기에는 여전히 먼 거리였다. 게다가 브루클린 보이스 고등학교의 마지막 주자 올리 헌터는 그 도시에서도 가장 빠른 선수였다. 머리를 빡빡 깎은 올리가 배턴을 받을 준비를 하고 있었다. 딱 벌어진 어깨에 190센티미터의 키, 잘록한 허리에 유난히 긴 다리는 육상선수로서는 최상의 신체 조건이었다. 그는 어떤 경주에서도 진 적이 없었다. 우리의 마지막 주자는 바비였다.

나는 바비가 박차고 나가는 것을 보았다. 그의 시선은 집중 그 자체였다. 오로지 헌터의 등만 바라보고 있었다. 한 걸음씩 떼놓을 때마다 그는 헌터를 따라잡고 있었다. 나는 누구보다도 바비를 잘 안다고 자부했지만 그때는 그런 집중력과 에너지가 대체 어디서 나오는지 알 수 없을 정도였다.

마침내 결승 테이프를 코앞에 두고 바비는 헌터를 제쳤다. 바비가 해냈다! 관중은 흥분해서 천둥 같은 함성을 질러댔다. 도대체 어떻게 그런 일이 일어날 수 있었을까? 그야말로 초인적인 힘이었다. 나중에 바비가 내 곁으로 다가와서는 커다란 두 팔로 나를 힘껏 끌어안았다. 그리고 이렇게 말했다.

"스티브, 너를 위해서 달렸어. 네가 울고 있는 꼴은 절대로 보고 싶지 않았거든."

함께 훈련하고 경쟁하면서 우리는 서로를 더 나은 인간으로 성장시키고 있었다.

배움은 생각하는 훈련이다

3학년 때 나는 하버드 대학교가 아이비리그에서 가장 유명한 대학이라는 것을 알았다. 그리고 내 성적이면 충분히 입학 허가를 받을 수 있을 거라고 생각했다. 나중에 밝혀진 사실이지만, 그런 내 생각에 하버드 대학교 측은 동의하지 않았다. 나는 예비합격자 명단에 올랐을 뿐이었다.

잭 코치는 입학 허가를 받은 프린스턴 대학교로 가서 육상선수 생활을 계속하는 것이 어떠냐고 제안했다. 나는 심통 사나운 10대처럼 싫다고 했다. 프린스턴 대학교는 오로지 운동 능력만을 보고서 나를 받아들인다고 생각했기 때문이다. 예일 대학교에서도 입학 허가를 받았지만 나는 하버드에 집착했다. 하버드는 내가 품었던 꿈의 한 부분이었기 때문이다.

나는 하버드 대학교의 입학처 책임자와 전화 통화를 해서 설득해야겠다고 마음먹었다. 입학처 책임자의 이름을 확인한 다음 25센트짜리 동전을 수북하게 준비해서 학교의 공중전화 부스로 들어갔다. 내가 통화하는 내용이 부모님의 귀에 들어가게 하고 싶진 않았다. 자식으로서 최소한으로나마 지켜야 하는 행동이라고 생각했다. 동전 투입구에 동전을 밀어 넣으며 나는 정체를 알 수 없는 두려움으로 덜덜 떨었다.

"여보세요! 저는 스티븐 슈워츠먼이고 펜실베이니아에 있는 애빙턴 고등학교의 학생입니다. 저는 예일 대학교로부터 입학 허가를 받았습니다만 하버드 대학교의 예비합격자 명단에 이름이 올라 있습니다. 전 정말 꼭 하버드에 가고 싶습니다."

그러자 입학처장이라는 사람이 이렇게 말했다.

"제게는 전화를 어떻게 했나요? 전 학생이나 학부모와는 절대로 따로 얘기를 하지 않는데…."

"부탁을 드렸거든요. 교수님과 꼭 통화하고 싶다고요. 그랬더니 연결되었습니다."

"미안하지만 예비합격자 명단에 이름이 올라 있는 학생과는 접촉할 수 없게 되어 있어요. 그리고 현재 신입생 정원은 다 찼어요."

"정말 실수하시는 거예요! 저는 크게 성공할 겁니다. 그러면 교수님도 저를 하버드에 받아주신 걸 무척 잘했다고 여기실 거예요!"

"학생이 성공할 거라고 저도 확신해요. 그렇지만 예일 대학교는 정말 좋은 학교이고 학생도 그곳에서 정말 좋은 경험을 할 거예요."

"저도 그렇게 생각합니다만…. 그렇지만 제가 전화를 드리는 건 하버드에 가고 싶기 때문이에요."

"무슨 말인지 알겠지만 저로서는 학생을 도와줄 수 없군요."

결국 그렇게 통화가 끝났다. 송수화기를 내려놓으면서 나는 무너져 내렸다. 입학처장을 설득할 수 있다고 스스로를 과대평가했던 것이다. 나는 거부당했다는 사실을 받아들이고 예일에 가기로 했다.

학생회장으로서 했던 마지막 연설에서 나는 교육에 대한 내 나름의 철학에 대해 이야기했다.

저는 교육은 훈련이라고 믿습니다. 이 훈련의 목적은 생각하는 방법을 배우는 것입니다. 이 과정을 거치고 나면 우리는 생각하는 방법을 사용해서 자기 소명이 무엇인지 깨닫거나 예술을 감상하거나 책을 읽을 수 있습니다. 교육을 통해 비로소 우리는 신의 손으로 빚어진 끊임없이 변화하는 드라마, 즉 인생을 생각할 수 있게 됩니다.

교육은 우리가 교실을 떠날 때도 계속 이어집니다. 친구들과 어울리거나 클럽 활동에 참여하는 것 같은 모든 일이 우리 지식의 창고를 크게 키워줍니다. 사실 우리는 죽을 때까지 배움을 멈추지 않습니다. 학생회 임원들과 저는 여러분 모두가 교육의 목적을 잘 인식하고서 앞으로 인생을 살아가면서도 질문하고 생각해야 한다는 교육의 기본을 계속해서 실천해나가길 바랍니다.

그해 여름 나는 여름 캠프 보조교사로 활동했다. 캠프가 끝난 뒤에 아버지가 데리러 왔는데, 집으로 돌아오면서 아버지는 당신이 아무것도 아는 게 없는 세상 속으로 내가 막 진입하고 있다고 말했다. 아버지는 예일 대학교에 아는 사람이 없었고 그 학교에 다녔던 사람들 중에서도 아는 사람이 한 명도 없었다. 그 새로운 세상에서 아버지가 내게 줄 수 있었던 도움이라고는 나를 사랑하는 것, 힘들 때면 언제든 집으로 돌아와도 된다는 사실을 일깨워준 것뿐이었다. 그 외에 내가 가진 것이라고는 아무것도 없었다.

성장하기 위해 필요한 것

대학교 1학년 때 나는 룸메이트 두 명과 함께 침실 두 개와 공부방 하나를 썼다. 운이 좋게도 나는 독방을 썼다. 볼티모어의 사립학교 출신인 룸메이트 한 명이 나치 깃발을 거실 벽에 걸고 유리 장식장 안에는 나치 메달, 제3제국(1933~1945년 동안 히틀러 치하의 독일) 관련 물품들을 넣어두고 있었다. 밤마다 우리는 〈행군하는 히틀러 군대〉Hitler's Marching Army라는 제목의 음반에서 나오는 음악을 들으며 잠자리에 들었다. 다른 룸메이트는 1학기가 끝날 때까지 속옷을 갈아입지 않았다. 대학 생활에 적응하는 것은 쉽지 않은 현실이었다.

예일 대학교의 식당 건물은 벽돌로 지어졌으며 교정 한가운데 우뚝 솟아 있었다. 커먼스Commons라는 이름의 이 건물은 1901년 예일 대학교 200주년을 기념해서 지어졌다. 건물은 마치 수백 명이 한꺼번에 식사를 하고 떠나는 기차역처럼 보였다. 수도 없이 많은 접시, 포크와 나이프, 쟁반 등이 딸그락거리며 시끄러운 소리를 냈고 의자란 의자는 모두 바닥에 끌리는 날카로운 소리를 냈다. 식당에 처음 들어가던 순간 나는 발을 멈추고 생각했다.

'뭔가 끔찍하게 잘못되었어….'

애빙턴 고등학교 식당에서 듣던 소리와 전혀 달랐다. 그 모든 것을 깨닫기까지는 잠깐의 시간이 필요했다. 고등학교에 다닐 때 나는 모든 학생을 다 알았었다. 그런데 1965년 가을 예일 대학교에는 1만 명의 학생이 있었고 그중 4,000명이 학부생이었다. 그 가운데 내가 아는 사람은 단 한 명도 없었다. 정확하게 말하면 미치광이 룸메이트 두 명밖에 몰랐다. 게다가 여자는 한 명도 없었다. 그 외로움은 참담한 것이었다. 모든 것이, 모든 사람이 내게는 위협이었다.

잭 코치에게 나는 단순히 운동을 하려고 프린스턴에 가고 싶지 않다고 말했었지만 역설적이게도 내가 예일에 간 것은 달리기 실력 덕분이었다. 나는 펜실베이니아에서 100미터 달리기 최고 기록 보유자 중 한 명이었다. 주 선수권대회에서는 애빙턴 고등학교 소속으로 400미터와 800미터 계주 경기에서 1번 주자로 뛰었으며 이때의 성적은 미국에서 네 번째였다. 물론 SAT 성적도 잘 받았다. 그러나 예일은 운동 실력을 보고 입학을 허락했다.

당시 예일 대학교에는 로버트 지겐객이라는 유명한 감독이 있었다. 그는 1년 전 미국의 올림픽 대표팀 감독을 맡았던 지도자였다. 신입 육상부원들도 연습에 돌입했다. 우리는 일상적인 개인 일정을 자세하게 적어놓은 시간표를 적은 카드를 가지고서 각자 달렸다. 개인별로 최대치의 역량을 이끌어내던 잭 코치 같은 사람은 없었다. 함께 웃으며 농담을 주고받을 팀 동료도 없었다. 누군가를 위해 구토를 할 때까지 달려줄 친구가 없었다.

이곳에서 내가 이룰 수 있는 최선의 성취는 아이비리그 단거리 경주 타이틀을 거머쥐는 것뿐임을 곧 깨달았다. 그러나 그렇게 하려면 흐리멍덩하기만 한 감독과 내게 신경도 써주지 않는 팀을 위해 달려야만 했다. 결국 나는 평소의 나답지 않게 그만두었다. 내가 원하는 것이 무엇인지 확신이 가지 않았기 때문이다. 그러나 내 인생의 커다란 부분이었던 운동장이 더 이상 의미가 없는 것 같다는 생각만큼은 분명했다.

그리고 학과 공부에서 내가 제대로 준비되어 있지 않다는 사실도 깨달았다. 나는 '문화와 행동'이라는 특이한 과목을 전공하기로 선택했다. 심리학, 사회학, 생물학, 인류학을 결합해 1960년대에 새롭게 생겨난 학과였다. 이 과목을 전공으로 선택한 것은 어딘지 모르게 그 이름이 매력적으로 들렸기 때문이다. 인간 존재를 포괄적으로 연구한다는 이 과목을 공부하면 사람들의 목적과 동기부여를 이해하는 데 도움이 될 것이라고 막연하게 생각했다.

그러나 나는 기초가 부족했고, 기초를 닦기까지는 먼 길을 가야만 했다. 이 과목을 듣는 학생은 여덟 명뿐이었으며 우리에게 배정된 교수는 네 명이었다. 같은 과 학생들은 대부분 미국에서도 내로라하는 예비학교 출신들이었다.[5] 그들은 서로 잘 아는 것 같았을 뿐만 아니라 그 과목에 대해서도 잘 알고 있었다.

내가 본 첫 영어 시험은 허먼 멜빌의 《필경사 바틀비》였다. 68점을 받았다. 두 번째 시험에선 66점을 받았다. 그렇게 하다간 낙제할 게 분명했다. 지도교수인 앨리스테어 우드 교수가 작은 다락방 같은 연구실로 나를 불렀다. 젊은 사람이었는데, 꼭 노교수처럼 트위드 스웨터에 팔꿈치 부분을 다른 천으로 덧댄 클래식한 스포츠 재킷을 입고 있었다.

---

5   미국의 예비학교는 특정한 대학 진학을 목표로 하는 학생을 대상으로 예비교육을 해주는 사립학교다.

"슈워츠먼, 시험 성적 때문에 얘기를 나눠보려고 불렀다네."

"거기에 대해서는 얘기를 나누실 게 하나도 없습니다."

"왜?"

"아, 제가 말씀드릴 게 하나도 없다는 뜻입니다. 말을 잘못했습니다."

"오, 자네는 어리석지 않군. 나라도 그보다 더 잘 표현할 수는 없었을 거야. 그러니까 말인데, 자네에게 글 쓰는 법을 가르쳐야겠어. 그다음에는 생각하는 법을 가르칠 거고. 자네가 이 두 가지를 동시에 배울 수는 없으니까, 먼저 여러 에세이들에 대한 해답을 자네에게 준 뒤에 함께 글쓰기에 집중해보세. 그다음에는 생각하기에 집중해보고."

그는 내가 잠재력을 가지고 있음을 알아봤다. 내가 필요한 것을 스스로 갖출 수 있도록 체계적으로 이끌어주었다. 그 과정에서 나는 가르친다는 것은 단순히 지식을 나눠 주는 일 이상이라는 사실을 깨달았다. 지식을 전하는 것을 넘어 목표를 향하는 길에 놓인 장애물들도 제거해야 한다. 내 경우 그 장애물은 나와 학생들 사이에 가로놓인 수학 능력의 격차였다. 그해에 나는 낙제 명단에서 벗어났을 뿐만 아니라 반에서 최고 성적을 받았다.

때론 모험으로 일상을 새롭게 하라

1학년 과정이 끝난 뒤 나는 모험을 하기로 마음먹었다. 여름방학이면 늘 하는 그런 통상적인 것과는 다른 뭔가가 필요했다. 나는 이국적인 항구들을 다니며 바다에서 여름을 보내는 경험이야말로 남학생뿐인 학교에서 보내는 생활에 꼭 필요한 처방이 될 것이라고 생각했다.

먼저 뉴욕에 있는 여러 부두에 내가 할 만한 아르바이트 자리가 있는지 알아보기 시작했다. 당시 갱단이 장악하고 있었던 부두노동조합은 자기들과 아무런 상관이 없는 대학생 '꼬마'에게 일자리를 주려 하지 않았다. 정 일자리를 구하고 싶으면 브루클린에 있는 스칸디나비아 선원조합을 찾아가보라고 했다. 돈은 많이 못 받겠지만 적어도 일자리는 있을 것이라고 했다.

스칸디나비아 선원조합 사무실에 가보니, 일과를 끝내고 막 문을 닫으려 하고 있었다. 조합 사무실 벽에는 3×5인치 크기의 구인 쪽지들이 다닥다닥 붙어 있었다. 구인 쪽지들을 살펴보니 내가 자격이 있는 일자리는 하나도 없었다. 그러나 접수 담당자는 조합에 가입하기만 하면 바로 잠잘 곳을 제공받을 수 있고 다음 날 일자리를 구할 수 있을지도 모른다고 말했다. 나는 조합에 가입했다. 그리고 그날 밤 거구의 스칸디나비아 선원 때문에 잠을 완전히 설쳤다. 그가 내 침대로 기어오르려 했기 때문이었다. 나는 기겁해서 도망쳐 나와 길거리에서 잠을 잤다. 날이 밝은 뒤, 길 건너편에 있던 한 침례교회에 가서 아침 예배를 보고 다시 조합 사무실로 가서 문이 열리길 기다렸다.

구인 쪽지들은 새롭게 정리되어 있었다. 그중 '행선지 미정'이라고 쓰여 있는 쪽지가 보였다. 그게 무슨 뜻인지 접수 담당자에게 물어봤더니, 배에 실을 화물에 따라 행선지가 달라질 수 있다는 뜻이라고 말해주었다. 뉴욕 브루클린과 스태튼섬을 연결하는 베라자노내로스교 아래를 지나갈 때 비로소 행선지를 알 수 있는데, 만일 배가 왼쪽으로 가면 캐나다로 가는 것이고 오른쪽으로 가면 카리브해나 라틴아메리카로 가는 것이며, 똑바로 가면 유럽으로 가는 것이라고 했다.

그 배에서 내가 유일하게 할 수 있는 일은 기관실 청소였다. 기관실 청소부는 노르웨이 국적의 거대한 화물선에 타고 있는 전체 선원 중에서도 직급이 가장 낮았다. 나는 그 일을 하겠다고 나섰다. 내가 해야 할 일은 기관실에서 윤활유를 닦아내서 기관실을 깨끗하게 유지하는 것이었다. 내가 탄 배는 문제의 그 다리 아래로 지나간 뒤에 오른쪽으로 방향을 틀었다. 트리니다드토바고로 가는 배였던 것이다.

우리가 먹고 마시는 것이라고는 훈제 생선과 끔찍하기 짝이 없는 치즈, 노르웨이에서 가장 흔한 링네스 맥주뿐이었다. 기관실은 얼마나 더웠는지 맥주를 마시기라도 하면 그 맥주가 피부의 땀구멍을 통해 곧바로 스며나오는 게 보일 정도였다. 일을 하지 않을 때는 목제 상자에 넣어서 들여왔던 프로이트의 저작들을 읽었다. 그렇게 해서 나는 프로이트의 책을 모조리 다 읽었다.

노르웨이 선원들과는 말을 그다지 많이 나누지 않았다. 그러나 꼭 필요할 때면 그들은 언제나 필요한 곳에 있었다. 트리니다드의 어떤 술집에서 나는 말을 걸지 말았어야 할 여자에게 말을 건넸고 그 바람에 시비가 붙었다. 곧 술집은 주먹과 의자가 날아다니는 난장판이 되고 말았다. 선원 동료들이 내 편을 들고 나섰기 때문이다. 그날 그 싸움은 옛날 서부영화의 술집 싸움 장면과 흡사했다.

우리 배는 북쪽으로 로드아일랜드의 프로비던스까지 올라갔고, 나는 다른 일거리를 찾으려고 버스를 타고 브루클린으로 돌아왔다. 새로 탄 배는 끝부분만 파란색이고 나머지는 흰색으로 깔끔하게 도장된 한결 쾌적한 화물선인 덴마크 국적의 키르스텐 스코Kirsten Skou 호였다. 내 직무는 이등요리사였다. 나는 오전 4시 정각에 일어나서 빵을 굽고 아침을 준비했다. 나는 그 일이 무척 마음에 들었다.

우리는 예의 그 다리 아래에서 왼쪽으로 방향을 잡아 캐나다로 향했고, 주류와 목재를 싣고 바나나를 실으러 콜롬비아로 향했다. 배가 항구에 정박할 때마다 화물은 그물을 이용해 내려가기도 하고 올라오기도 했다. 당시에는 컨테이너가 없었기에 모든 하역 과정에는 사나흘씩 걸렸고, 나는 여기저기 돌아다니면서 호기심을 채울 수 있었다.

콜롬비아 마그달레나주의 산타마르타에서는 크리스마스 전구가 켜진 해변 술집에서 저녁 시간을 꼬박 보내기도 했다. 그곳에서 내 인생 처음이자 마지막으로 술이 취해서 필름이 끊어진 경험을 했다. 누군가가 나를 부두에다 던져두고 갔는데, 나는 이틀이 지난 뒤에 배에서 잠이 깼고 온몸이 상처투성이였다. 강도를 당하고 두들겨 맞았던 게 분명했다. 선원들은 내가 정신을 차릴 때까지 번갈아가면서 지켜주었다. 내가 의식을 되찾았을 때 우리 배는 이미 항해 중이었고 나는 가까스로 걸음을 떼놓을 정도였다. 우리는 카르타헤나로 곧장 향했고 파나마운 하를 거쳐서 부에나벤투라로 갔다. 거기에서 나는 학교로 돌아와야만 했다. 새 학기가 시작되기 때문이었다.

석 달 동안 바다에 있다가 생기라고는 찾아볼 수도 없는 예일 대학교로 돌아와 보니 그곳에 있다는 것 자체가 내게는 충격이었다. 어느 날 〈예일 데일리 뉴스〉Yale Daily News 1면에 우울감을 느끼는 사람은 학교 보건부의 정신과 의사와 상담을 하라는 광고가 실려 있었다. 그 광고를 보는 순간 한번 가봐야겠다는 생각이 들었다. 의사는 나비넥타이를 매고 파이프를 물고 있었다. 나는 의사에게 배들이며, 여자들이며, 항구들 등 여름에 있었던 일들을 이야기했다. 그리고 학교로 돌아오기가 그토록 싫을 수 없었다는 말도 했다.

"물론 그랬겠죠. 그런데 학생은 정신과 치료를 받을 필요가 없어요. 그저 그 일을 그만둔 것에 따른 후유증일 뿐이니까. 그냥 몇 달만 그러려니 하고 참고 견디면 괜찮아질 겁니다."

의사 말이 맞았다. 나를 우울하게 만들었던 건 프로이트나 술집들, 여자들이었을 수도 있었다. 어쩌면 모험을 시도해서 살아남았다는 사실일 수도 있었다. 다른 친구들이 테니스를 치거나 사무실에서 일하면서 여름을 보내는 동안 나는 기관실에서 땀범벅이 되도록 일했고 콜롬비아의 이런저런 술집에서 주먹을 피하기도 하고 맞기도 하면서 보냈으니까. 그러나 이미 나는 나만의 방식으로 대학 생활을 해나갈 준비가 되어 있었다. 나도 모르는 사이에.

▶ 모두 원하지만 아무나 해낼 수 없는 일에 도전하라

나는 예일 대학교 기숙사들 중 하나인 데이븐포트로 옮겼다. 그곳에는 나중에 제43대 미국 대통령이 되는 조지 워커 부시가 나보다 한 학년 선배로 있었다. 기숙사 식당은 본교 식당에 비해 훨씬 작고 아담했다. 그래서 점심이나 저녁을 먹은 뒤에 곧바로 공부하러 내 방이나 도서관에 가지 않고 다른 학생들과 뭉개고 앉아서 대화를 나누곤 했다. 그리고 용돈을 벌기 위해 대학교 구내에서 문구류를 판매하는 영업권을 넘겨받고 대학 건물 전체를 돌아다니면서 개인 이름이 박힌 편지지를 팔았다. 그렇게 번 돈으로 스테레오를 샀다. 음악을 듣는 걸 너무도 좋아했기 때문이다.

그러다 이른바 '상류사회'라는 것에 눈길이 갔다. 학교에서 가장 유명한 학생들, 즉 스포츠 팀의 주장들, 교지 편집장들, 아카펠라 그룹의 리더들이 회원인 클럽들 말이다. 어쩐지 비밀스러워 보이는 이 클럽들은 '해골과 뼈'Skull and Bones, '두루마리와 열쇠'Scroll and Key, '늑대 머리'Wolf's Head, '책과 뱀'Book and Snake 같은 이름을 내걸고 있었다. 이런 클럽에 가입하려면 우선 그 클럽의 닫힌 문 안에서 일어나는 모든 것에 대해 발설하지 않겠다는 서약부터 해야 한다. 특히 '해골과 뼈'는 가장 배타적인 클럽이었다. 나는 3학년이 되기 전에 이 클럽 회원들의 관심을 끌고 싶었다.

나는 학교의 여러 기숙사들 중에서도 가장 작은 기숙사인 브랜퍼드의 뜰에 있는 벤치에 자주 앉아 있곤 했는데, 여기서는 고딕 양식의 시계탑인 하크니스 타워에서 울리는 종소리를 들으며 사색을 할 수 있었다.

'이 학교의 모든 학생을 열광시킬 수 있는 게 뭐가 있을까? 아주 독창적이고 특별한 뭔가가 없을까?'

그때까지 내가 해낸, 눈에 띌 만한 일들 중 하나는 체육시험 때 제자리높이뛰기에서 107센티미터를 뛰면서 학교의 이 부문 기록을 갈아치운 것이었다. 그러나 내가 할 수 있는 건 그보다 더 많았다. 게다가 고등학교 때 리틀 앤서니 앤드 임페리얼스를 섭외했던 경험은 평생 기억해야 할 소중한 교훈을 가르쳐주지 않았던가. 뭔가를 이루고자 할 때 그것이 큰일이든 작은 일이든 똑같이 어렵거나 똑같이 쉽다는 교훈 말이다. 그러니 큰일이나 작은 일 모두 시간과 노력을 잡아먹는 것은 마찬가지이므로 목표를 추구하는 노력의 값어치에 걸맞게 충분히 커다란 포부를 품어야 한다.

당시 학생들 사이에서 가장 절박했던 것은 이성 교제였다. 네오고딕 양식의 건물들에 갇혀 있는 수천 명의 남자들은 연애를 하기는커녕 여자 구경도 하지 못했다. 반드시 해결되어야 할 문제였으나 아무도 해결하려는 시도를 하지 않았다. 그래서 나는 그 모든 것을 바꿔놓기로 마음먹었다.

열여섯 살 때 부모님은 내게 발레 공연을 보여주었다. 루돌프 누레예프와 마고트 폰테인이 나온 공연이었는데, 그들이 보여준 우아함과 절도 있는 동작에 매료되었다. 나중에 어깨가 탈골되어 일어나 한 달 동안 거의 꼼짝도 못 했을 때는 고전음악을 듣고 또 들었다. 그레고리오 성가에서 차이콥스키의 위대한 발레곡에 이르기까지 하루에 10시간씩 음악을 들었다. 대학에 들어와서는 태프트 대통령의 손자이자 학장 호레이스 태프트의 부인 메리 제인 밴크로프가 내가 발레에 관심이 있다는 사실을 알고는 책을 빌려주고 이것저것 가르쳐주기도 했다. 그때 나는 이런 생각을 했다.

'만일 내가 발레에 재미를 붙여서 내가 품은 야망과 발레를 결합한다면, 그래서 발레단을 이끌고 와서 예일 남학생들 앞에서 공연을 한다면 어떨까? 아마도 나라는 존재가 두드러져 보이겠지?'

내게는 조직이 필요했다. 그래서 나는 데이븐포트 발레회Davenport Ballet Society라는 이름의 동아리를 만들었다. 그런 다음 '세븐 시스터스', 즉 미국 북동부 지역의 명문 여자대학 일곱 곳의 무용학과 학생들에게 전화해서 데이븐포트 발레회가 주최하는 댄스 페스티벌에 와서 공연을 해달라고 부탁했다. 그 결과 다섯 명이 와주겠다고 약속했다. 나는 저명한 무용 비평가이자 저널리스트인 월터 테리에게 전화해서 이 페스티벌을 기사화해달라고 설득했다.

아무것도 없는 상황에서 무용가들과 비평가, 관객을 하나로 묶은 것이다. 예일 남학생들에 대한 내 직감은 적중했다. 우리는 많은 사람들을 끌어모았으며 나는 대학 교정에서 새로운 역사가 시작되도록 만들었다.

다른 대학에서 무용가들을 불러올 수 있다면 전문 무용가들을 불러

오지 말란 법도 없었다. 당시 세계에서 가장 위대한 발레단은 뉴욕 시립발레단이었고 조지 발란신이 예술감독을 맡고 있었다. 나는 기차를 타고 뉴욕으로 가서 그가 출연하는 극장의 출입구 앞에서 서성이며 보안요원이 빈틈을 보이길 기다렸다. 마침내 기회가 왔고, 나는 몰래 들어가 여기저기 묻고 다닌 끝에 책임자를 만났다.

"당신, 누군데 여기까지 들어와서 뭐하는 거요?"

"저는 예일 대학교 발레회에서 왔습니다. 뉴욕 시립발레단이 뉴헤이븐에 와서 공연을 해주셨으면 해서 초대하려고 합니다."

이어서 나는 그 제안과 관련된 설명을 했다.

"우리 학생들은 초청 공연비를 마련할 돈이 없습니다만 미래의 관객이자 후원자들입니다."

나는 계속 설득했고 결국 그 책임자는 무너졌다.

"좋아요. 하지만 발레단 전체가 갈 수는 없고 소그룹을 보내죠."

이렇게 해서 뉴욕 시립발레단 소속의 공연단이 학교에 와서 공연을 하게 됐다. 이것만 해도 엄청난 성과임은 말할 것도 없었다. 하지만 뉴욕 시립발레단과 관계를 맺은 뒤 나는 한 걸음 더 나아갔다. 그 책임자에게 이렇게 말했던 것이다.

"우리는 가난한 대학생들입니다. 수많은 대학생들이 발레를 사랑하는데, 뉴욕 시립발레단의 정식 공연을 공짜로 볼 수 있게 해주실 수는 없을까요? 대학생은 가난해서 뉴욕 시립발레단에서 하는 훌륭한 공연의 티켓을 살 만한 여유가 없거든요."

"그럴 수는 없어요. 티켓을 팔아야 발레단이 운영되니까요. 그렇지만

드레스 리허설을 할 때는 얼마든지 학생들을 데리고 와도 됩니다. 〈호두까기 인형〉의 드레스 리허설을 보러 오겠다면 편의를 봐주지요."

이렇게 해서 〈호두까기 인형〉의 드레스 리허설 때 극장에는 예일 대학교 남학생들과 세븐 시스터스 여학생들로 가득 찼다. 공연이 끝나갈 무렵 나는 학생 발레 기획자가 되어 있었다. 말하자면 예일의 솔 후록 Sol Hurok(음악 공연의 전설적인 기획자)이 되어 있었던 것이다.

❯ 사람과 기회를 잇는 법을 깨우치다

그 무렵 나는 도심지 출신 학생들을 보다 더 많이 끌어들이려던 예일 대학교의 노력이 제대로 성과를 거두지 못하고 있다는 사실을 알았다. 사실 그런 어려움은 예일뿐만 아니라 다른 아이비리그 대학들도 겪던 문제였다. 그런데 이런 문제를 해결할 아이디어가 하나 떠올랐다. 나는 곧장 입학처의 책임자를 찾아갔다.

당시 예일은 좋은 인재의 필요성을 충분히 인식했지만 미국 각지를 아우를 정도로 많은 입학처 인력을 가지고 있지 않았다. 예일 직원이 뉴헤이븐 바깥의 다른 도시나 마을, 시골 지역까지 모두 찾아다니면서 설명하지 않는다면 학교의 교육 시스템이 어떤지, 학생들에게 무엇을 제공하는지 알릴 방법이 없었다. 그래서 많은 인재들이 경제적인 여유가 있고 없고를 떠나 예일 대학교에 자신이 잘 맞을지 알 수 없었기 때문에 아예 지원조차 하지 않았다.

이런 사정을 감안해 예일 대학교 학생들로 소규모 입학 설명단을 여러 개 조직한 다음, 각 지역으로 이들을 파견해서 입학 의사가 있는 학생들이 대학을 방문하도록 유도하자는 게 내가 떠올린 아이디어였다. 물론 비용은 대학에서 부담하는 조건이었다. 말하자면 대학이 고등학생들을 찾아가는 게 아니라 고등학생들이 대학으로 찾아오게 만들자는 것이었다. 이들이 교정을 둘러보는 동안 대학에서는 학교가 제공하는 풍성한 경제적 지원 프로그램을 설명할 수도 있었다. 누구도 경제적 요인이 문제가 되어 퇴짜를 맞는 경우는 없다고 말이다.

입학처 책임자는 내 생각에 흡족해했다. 그래서 일차적으로 내 고향인 필라델피아에 설명단을 시범적으로 파견하기로 했다. 이는 예일이라는 일류 대학에서 시도하는 첫 대학생 입학 설명단이었다. 첫 방문지는 사우스필라델피아 고등학교였다. 이 학교에서 나는 카이로에서 태어났다는 이유만으로 유대인이라는 낙인이 찍혀 추방되었다는 학생을 만났다. 그는 프랑스로 갔다가 이탈리아를 거쳐서 미국까지 왔다고 했다. 그게 5년 전의 일이었다. 이 학생의 SAT 점수는 매우 높았으며 아랍어, 프랑스어, 영어 외에 히브리어도 할 줄 알았다. 그는 도심 지역에서 살고 있었고 훌륭한 인재였지만 예일 대학교에 대해 한 번도 들어본 적이 없다고 했다.

방문할 고등학생 대부분이 유럽 이민자 2세대이거나 아프리카계 미국인이었다. 이들이 혹시 사립학교 출신의 이기적인 대학생들에게 배척이라도 받지 않을까 걱정했던 우리는 이런 일이 일어나지 않도록 최대한 주의해서 학생들의 방문 날짜를 정했다. 첫 방문단은 총 80명이었는데, 이들을 각자의 관심사에 따라 두세 집단으로 나누고 각 집단에 인솔 대학생을 한 명씩 붙여서 실험실이나 학내 방송국을 견학하도록 했다. 그다음에는 입학처 사무실에서 등록금을 어떻게 마련할 것인지 토의하는 일정으로 계획을 잡았다.

방문 과정은 순조롭게 진행되었다. 그런데 정작 고등학교에서 우리가 학생들을 이용하는 게 아닌가 하고 의심했다. 우리는 이 입학 경로라고 해서 결코 쉬운 게 아님을 학생들이 확실하게 알도록 했다. 지원자들끼리 경쟁해야 하며 다른 대학교에도 얼마든지 지원할 수 있음을 확실하게 주지시켰다. 우리로서는 그 학생들이 지원하는 학교 범위에 예일 대학교도 포함시키는 것이 중요했다. 카이로에서 태어났다는 학생은 결국 예일에 입학했다. 대학생 입학 설명단 제도는 내가 졸업한 뒤에도 계속 이어지며 성과를 올렸다.

❯ 똑똑한 혼자보다 함께하는 여럿이 낫다

4학년 때 나는 예일 대학교 학생 모두가 가장 큰 쟁점이라고 여기는 문제를 본격적으로 다루기로 마음먹었다. 여자가 교내 기숙사에서는 밤을 보낼 수 없도록 정한, 무려 268년이나 된 낡은 규칙을 바꾸기로 결심한 것이다. 당시 나는 어떤 여자와 사귀고 있었기 때문에 이 문제는 예일 대학교 학생뿐만 아니라 개인적인 차원에서도 시급한 것이었다.

전통적인 방식의 접근법은 학교 관계자와 협의해서 '이성 방문자에 관한 기숙사 규칙'을 바꾸는 것이었다. 그러나 그렇게 해서 어떤 결과가 나올지는 너무나 잘 알고 있었다. 블레이저에 나비넥타이를 맨 관계자는 여자란 주의를 산만하게 하므로 면학 분위기를 해칠 뿐이라고 말할 게 뻔했다. 젊은 남자에게 여자는 학업에 방해만 될 뿐이라고, 기숙사 분위기를 흐린다고 할 것이다. 그는 나 같은 젊은 남자로서는 도무지 이해할 수 없는 온갖 이유들을 줄줄이 읊어댈 게 뻔했다. 그러고는 미소를 지으며 절대로 규칙을 바꿀 수 없다고 할 것이다. 270년 가까운 세월 동안 그래왔던 것처럼.

다른 접근 방법이 필요했다. 나는 학생들과 함께 투쟁을 시작했다. 학교 당국이 반대 이유로 내세울 근거의 목록을 작성한 다음 이것을 토대로 설문지를 만들었다. '당신은 이 규칙이 바뀔 때 학업을 중단할 것이라고 생각합니까?', '여자가 주변에 많이 있으면 산만해서 공부를 할 수 없을 것이라고 생각합니까?' 등이다. 그런 다음 대학 내 11개 기숙사를 하나씩 맡아줄 학생 11명을 모아 점심시간에 각 기숙사 식당에서 학생들에게 설문지를 나눠 주게 했다. 우리는 예일 대학생 전원으로부터 설문을 받았고 응답률은 100퍼센트에 가까웠다. 이 설문 조사 결과를 〈예일 데일리 뉴스〉의 부편집장이었던 친구 리드 훈트에게 보냈다(훗날 그는 클린턴 정부의 연방통신위원회 위원장이 되었다).

"리드, 기숙사 규칙 변경 관련 설문 조사 결과야. 폭탄이니까, 잘 요리해봐."

사흘 뒤 문제의 그 규칙은 역사의 뒤안길로 사라졌다. 내 이름은 교지 1면을 장식했다. 기사의 제목은 "슈워츠먼 주도의 설문 조사, '이성 방문자에 관한 기숙사 규칙' 철폐를 원해"였다. 학교는 싸움을 원하지 않았다. 이 일을 통해서 나는 언론의 힘에 대한 첫 번째 교훈을 얻었다. '해골과 뼈'는 내게 회원 가입을 제안했고 나는 다가오는 6월에 있을 졸업 기념행사의 책임을 맡았다. 이는 내가 예일 대학교 졸업식의 공식적인 얼굴이 된다는 뜻이었다.

처음 학교 식당에서 혼자 밥을 먹었을 때와 비교하면 엄청나게 많은 것이 달라져 있었다. 그만큼 길고 긴 여행을 했다는 뜻이기도 했다.

1

큰일을 하는 것도
작은 일을 하는 것만큼이나 쉽다.
그러니 당신이 추구할 가치가 있는
원대한 목표를 설정하고 노력을 다하면
거기에 상응하는 보상이
뒤따르기 마련이다.

제2장

모든 것은
연결되어 있다

꿈을 현실로 만들기 위한
첫 번째 재료

대학교 졸업 직전에 취업 면접장에서 나중에 어떤 사람이 되고 싶으냐는 질문을 받았다. 나는 누구나 할 수 있는 뻔한 대답은 하고 싶지 않았다.

"저는 전화교환기가 되고 싶습니다. 수없이 많은 곳에서 날아오는 정보를 취합하고 분류한 다음 세상 속으로 돌려보내는 전화교환기 말입니다."

그러자 면접관은 나를 '미친놈' 보듯 바라봤다. 그러나 그 말은 진심이었다. 뿐만 아니라 4학년 말에 있었던 어떤 만남 이후로 그 마음은 한층 강렬해졌다. 당시 나는 장차 무엇을 할 것인지 고민하고 있었고 답을 구하기 위해 애버럴 해리먼Averell Harriman에게 편지를 썼다. 해리먼은 1913년 예일 대학교 졸업생으로 '해골과 뼈' 회원이었으며 미국 외교가의 '현자들' 중 한 명이었고 뉴욕 주지사를 역임했었다. 해리먼은 답장을 보내 자기 집으로 찾아오라고 했다. 처음에는 오후 3시로 약속 시간을 잡았다가 나중에는 점심을 같이 먹자고 했다.

나는 서둘러 수제 양복점 제이프레스에서 인생 첫 양복을 맞췄다. 흰색의 가는 세로줄 무늬가 있는 회색 양복이었다. 해리먼의 집은 81번가 16이스트에 있었는데, 메트로폴리탄 박물관에서 반 블록밖에 떨어져 있지 않았다. 흰색 재킷에 검은색 넥타이를 맨 관리인이 나를 거실로 안내했다. 거실에는 인상주의 그림들이 나란히 걸려 있었다. 옆방에서 뉴욕 시장을 역임했던 로버트 와그너의 목소리가 들려왔다.

마침내 내 차례가 되었다. 해리먼은 안락의자에 앉아 있었다. 그는 여든 살 가까운 나이였지만 의자에서 일어나 나를 맞았고, 왼쪽 귀가 잘 들리지 않는다며 자기 오른쪽에 앉으라고 했다. 벽난로 위에는 케네디 대통령의 동생인 로버트 케네디의 흉상이 놓여 있었다. 1년 전에 암살되었던 그는 해리먼의 친구였다. 내가 정계에 발을 들여놓을 가능성에 대해 잠시 얘기를 나눈 뒤 해리먼이 불쑥 이렇게 물었다.

"젊은이, 자네는 독립을 할 수 있을 정도로 돈이 충분히 많은가?"

"아닙니다. 그렇지 않습니다."

"그렇군. 그 조건이 자네 인생에서는 매우 중요한 것이네. 자네에게 충고하는데 말이야. 정치에 관심이 조금이라도 있다면 일단 세상에 나가서 최대한 돈을 많이 벌게. 그 돈이 자네를 독립적인 존재로 만들어줄 거야. 정치를 하겠다는 결정은 그때 가서도 얼마든지 내릴 수 있다네.

만일 내 부친이 유니언 퍼시픽 철도Union Pacific Railroad의 사장이 아니었다면 자네는 지금 나와 이렇게 얘기를 나누고 있지 않을 걸세."

그러면서 온통 모험의 연속이었던 자신의 이야기를 들려주었다. 그는 예일 대학교에 있었던 그로턴 보딩스쿨에 다녔는데, 그때 아버지에게서 받은 돈을 술과 폴로게임에 쏠어 넣었다고 했다. 학교를 졸업한 뒤에는 기업계에서 경력을 쌓았다. 아버지의 지원과 인맥 덕분에 1917년 러시아혁명 이후의 러시아로 여행을 갔으며 새로 탄생한 소련에 대한 미국인 투자를 주도했다. 그리고 레닌과 트로츠키, 스탈린을 알게 되었다. 그런데 소련 공산당의 볼셰비키들이 미국 투자 자산들을 대부분 몰수해버렸고 그 뒤 미국으로 돌아와 스위스에 있는 생모리츠를 본뜬 스키 리조트를 아이다호에 건설하겠다는 아이디어를 떠올렸다. 그는 이것을 '선밸리'Sun Valley라고 불렀다.

제2차 세계대전 때는 아버지 친구이자 대통령이었던 프랭클린 루스벨트가 그를 미국 대사로 임명해서 모스크바로 갔다. 1955년에는 뉴욕 주지사가 되었으며 나중에는 그의 집안과 친구로 지내던 케네디에게 발탁되어 국무부 장관이 되었다. 그리고 우리가 만났던 1969년 초에 그는 베트남 전쟁 종결을 협상하기 위한 파리 평화회담에서 미국 측 대표단을 이끄는 수석 협상가로 있었다. 그가 이런 이야기를 하는 동안 전화벨이 계속 울려댔는데, 회담 대표단이 그에게 자문을 구하는 전화였다.

나는 그의 이야기에 사로잡혀 시간이 얼마나 지났는지도 몰랐다. 이야기를 마친 그는 내게 점심을 먹자고 했다.

"점심을 먹어야지. 간편하게 식판으로 먹어도 괜찮겠나?"

그때까지 나는 그가 살던 집처럼 대단한 집은 구경도 하지 못했다. 그렇지만 식판으로 먹는 것이 어떤 것인지는 알고 있었다.

그 집에서 나오자마자 나는 공중전화로 달려가 어머니와 아버지에게 그 모든 얘기를 했다. 나는 앞으로 무엇을 할 것인지 조언을 들으러 해리먼을 만나러 갔다. 그런데 그는 내 마음이 향하는 것이 무엇이든 해낼 수 있을 것이라고 했다. 인생의 어떤 시점에서 자기가 어떤 사람인지 깨달아야 한다고 그는 말했다. 이 시점이 빠르면 빠를수록, 잘 깨달으면 깨달을수록 다른 사람들이 조장한 헛된 꿈이 아니라 자기에게 맞는 기회들을 제대로 추구할 수 있다. 그러나 자기가 꿈꾸는 가치 있는 공상을 실제 현실로 만들어내고자 한다면, 즉 온갖 인풋input으로 가득 찬 전화교환기가 되려면 우선 자기 손 안에 충분히 많은 돈을 가지고 있어야 한다.

▶ 무엇이든 그 분야의 최고가 되는 것을 목표로 하라

월스트리트에서 첫 면접을 볼 때였다. 혹시라도 지각할까 봐 일찍 나섰는데 얼마나 일찍 나섰던지 면접장에 도착하고 보니 한 시간이나 남아 있었다. 나는 주머니 사정이 허락하는 한도 안에서 여유를 갖기로 했다. 그러나 커피 브랜드 초크 풀 오넛츠Chock Full o'Nuts에 들어가서는 커피를 홀짝이며 2분마다 시계를 바라봤다. 오전 9시가 되자, 브로드웨이 140번지 36층에 있는 DLJ 본사로 들어갔다. 검은색 머리띠와 세련된 신발을 신은 젊은 여성들, 넥타이와 셔츠 차림에 나보다 조금 더 나이 들어 보이는 젊은 남성들이 사무실을 분주하게 오가고 있었다. 생동감이 느껴졌다.

30분쯤 뒤에 직원의 안내를 받아서 빌 도널드슨을 만났다. 'DLJ' 가운데 'D'에 해당되는 사람이었다. 그런데 흔들의자에 앉아 있던(흔들의자에 앉는 것은 케네디 대통령 이후로 유행이었다) 그가 생각했던 것보다 너무 젊어서 깜짝 놀랐다.

이 만남을 주선한 사람은 예일 동문인 래리 노블이었다. 당시 그는 예일 대학교 입학처에서 근무하고 있었다. 나는 예일 대학교 50회 동창회 자리에서 가족과 함께 있던 그를 만났다. 그의 아들에게 코끼리 바바[6]를 사주었는데, 그때는 래리가 누구인지 몰랐다. 어쩌다 아이에게 친절을 베푼 덕분에 우리 둘 사이에 우정이 싹텄고 나중에 이런 면접 자리까지 이어졌던 것이다.

"DLJ에서 일하고 싶은 이유가 무엇인지 얘기해보세요."

"솔직히 DLJ가 무엇을 하는지 잘 알지는 못합니다. 그렇지만 당신이

---

6 프랑스 소설가 장 드 브루노프의 동화 《코끼리 왕 바바》 시리즈 주인공인 아기 코끼리.

여기서 이 젊은 사람들을 데리고 일하는 것을 보니 멋지다는 생각이 듭니다. 그래서 전 당신이 하는 것이면 무엇이든 다 하고 싶습니다."

빌은 빙그레 웃었다.

"다른 어떤 이유보다 좋은 이유 같군요."

잠깐 동안 이런저런 이야기를 나눈 끝에 그는 이렇게 말했다.

"회사를 둘러보고 내 파트너들을 몇 명 만나볼래요?"

나는 그렇게 했다. 그리고 퇴근 시간 무렵이 되어 다시 빌의 자리를 찾아갔다. 사람들이 다들 내게 별로 관심이 없어 보이더라고 말했다. 그러자 그가 껄껄 웃으면서 2~3일 뒤에 전화를 주겠다고 말했다. 나중에 그는 전화해서 내게 일자리를 주겠다며, 초봉은 1년에 1만 달러인데 괜찮겠냐고 물었다.

"괜찮은 정도가 아니라 최곱니다. 그런데 문제가 하나 있습니다."

"뭐죠?"

"전 1만 500달러를 받고 싶습니다."

그러자 빌이 놀란 듯 말했다.

"잠깐만…, 뭐라고요?"

"1만 500달러를 받고 싶다고요. 예일 대학교를 졸업한 다른 사람이 1만 달러를 받는다고 들었는데, 같은 해에 졸업한 사람들 중에선 연봉을 제일 많이 받고 싶거든요."

"1만 달러보다 더 많이는 지급할 수 없어요. 1만 달러입니다."

"그럼 가지 않겠습니다."

"안 오겠다고요?"

"네. 전 1만 500달러가 필요합니다. 당신에게는 별것 아닐지 몰라도 제겐 정말 중요한 문제입니다."

그러자 그가 껄껄 웃기 시작했다.

"장난치는 거죠?"

"아니요. 장난 아닙니다."

"알겠습니다. 생각 한번 해보죠."

이틀 뒤 그가 다시 전화했다.

"좋습니다. 1만 500달러!"

이렇게 해서 나는 증권업계에 발을 들여놓았다.

일에서 겪는 시행착오로 자신을 과소평가하지 마라

첫 출근을 해서 보니 시내가 내려다보이는 멋진 방이 내 사무실이었고 비서도 있었다. 잠시 후 어떤 사람이 와서 신발 및 의류 업체인 제네스코Genesco의 연차보고서를 내 책상에 두고 갔다. 그것을 분석하는 게 내 업무였다. 난생처음 보는 보고서였다. 그 보고서를 한 쪽씩 넘기면서 제네스코가 대차대조표와 손익계산서라는 것을 가지고 있다는 사실을 비로소 알았다.

대차대조표에는 우선주preferred stock[7]와 전환우선주convertible preferred stock,[8] 후순위채subordinated debt[9]와 전환후순위채convertible subordinated debt[10] 등을 언급하는 각주가 달려 있었다. 지금 다시 그 보고서를 본다면 재정 상태가 어떤지 금방 파악할 수 있겠지만, 당시 내게는 스와힐리어[11]나 다름없었다. 인터넷도 없었고 그 끔찍한 외국어 같은 용어들을 번역해줄 사람도 없었으니까. 지금도 제네스코라는 말이 들리면 등줄기에 식은땀이 난다. 누군가가 갑자기 사무실로 들어와서 자료에 대해 질문하며 내 실력을 떠볼 것만 같다.

내가 직장 생활의 첫발을 디딘 이곳은 엄청난 규모의 돈이 오가는 거래가 일상적으로 이뤄지는 놀라운 세상이었다. 그런데도 신입 직원을 훈련시키는 일을 자청하는 사람은 아무도 없었다. 내가 보기엔 정말이지 말도 안 되는 터무니없는 방식이었다.

그다음 과제는 뉴욕에 있는 여러 고급 레스토랑의 소유주인 레스토랑 어소시에이츠Restaurant Associates가 시장에 내놓은 독일식 소시지 식당 체인점을 조사하는 것이었다. 식당 체인점 줌줌Zum Zum은 뉴욕 시민에게 낙우르스트라는 독일 소시지를 팔았다. 나는 레스토랑 어소시

---

7 기업이 배당을 하거나, 기업이 해산하게 되어 잔여재산을 배분할 때 다른 주식보다 우선적 지위를 가지는 주식.
8 다른 종류의 주식으로 전환할 수 있는 권리가 부여된 우선주.
9 발행 기관이 파산했을 경우 다른 채권자들의 부채가 모두 청산된 다음에 마지막으로 상환받을 수 있는 채권.
10 채권 소유자의 재량에 따라 보통주로 교환될 수 있는 채권.
11 아프리카 남동부, 즉 탄자니아와 케냐를 중심으로 한 지역에서 공통어로서 쓰이는 언어.

에이츠 본사(이 회사는 내가 방문한 최초의 회사였다)에 가서 이사진을 포함해 여러 임직원들에게 질문을 하기 시작했다. 그들은 내게 호의적이지 않았고, 그들에게서 나는 그다지 많은 정보를 얻어내지 못했다. 회사에서 나와 지하철을 타고 사무실로 돌아왔다. 당시 내가 워낙 무능했던 터라 내 비서는 할 일이 거의 없었는데, 그날은 내게 전할 메시지를 들고 기다리고 있었다.

"젠레트 씨가 급하게 보자고 합니다."

딕 젠레트Dick Jenrette. 금융 분야에서 매력적이고 똑똑하기로 소문난 이 사람은 장차 나와 친한 친구이자 전적으로 신뢰하는 사이가 될 터였지만, 그날 오후만 해도 그는 DLJ의 대표였고 나는 일개 신입사원으로 그가 어떤 사람인지 거의 모르는 상태였다. 젠레트가 내게 말했다.

"도대체 레스토랑 어소시에이츠 사람들에게 무슨 말을 한 건가요? 우리에게 무척 화가 나 있던데…."

"그 사람들이 왜 화가 나요?"

나는 깜짝 놀라서 물었다.

"그 사람들 말로는 당신이 내부 정보를 캐려 했다던데?"

"제가 물어본 것은 앞으로 그 회사에서 어떤 일이 일어날지 우리가 예측하는 데 필요하다고 생각한 것들뿐입니다. 사업부를 몇 개나 두고 있는지, 사업부별 수익은 어떻게 되는지, 간접비용은 얼마나 지출하고 있는지…. 이런 것들을 알아야 그 회사에 대해 뭐든 파악할 수 있지 않겠습니까?"

"스티브, 그들은 그런 정보를 당신에게 대답할 이유가 없어요. 그러니 우리가 물어볼 필요도 없죠."

"그럼 그 회사에서 무슨 일이 일어날지 어떻게 알 수 있습니까? 왜 대답을 들을 수 없다는 겁니까?"

"왜냐하면 증권거래위원회SEC가 당신이 얻을 수 있는 정보와 얻을 수 없는 정보에 대한 규정을 마련해두고 있어요. 그리고 내부 정보를 외부에 발설하지 못하도록 하는 규정도 있죠. 만일 그들이 당신에게 그 정보를 말하면 다른 모든 사람에게도 똑같이 말해줘야 합니다. 다시는 그러지 마세요."

회사 직원 가운데서 이런 규정이 있다는 사실을 내게 말해준 사람은 단 한 명도 없었다.

줌줌 사건 이후 나는 대학생에게 팔 수 있는 물건이면 무엇이든 팔려고 하는 내셔널 스튜던트 마케팅National Student Marketing이라는 회사를 조사하기 시작했다. 이 회사는 내가 아는 스무 살짜리 대학생들이라면 그 누구도 가입하겠다는 생각을 해본 적이 없는 생명보험 제품과, 그 어떤 대학생도 자기 기숙사 방에 들여놓지 않을 냉장고를 팔고 있었다. 나는 막 대학교를 졸업했기에 대학생들이 가전제품을 어떻게 다루는지 잘 알았다. 대학생의 기숙사 방에 냉장고는 어울리지 않았고 생명보험 역시 그랬다. 이 회사는 그 냉장고가 6년 동안은 멀쩡하게 잘 돌아갈 것이라고 계산하고 있었다. 그러나 내가 아는 모든 대학생은 냉장고를 2년 안에 박살내곤 했다.

그 회사 사무실을 찾아갔을 때 자신을 이사라고 소개했던 사람은 자기 옆 사무실을 쓰는 사람의 이름도 알지 못했다. 그는 업무에 전혀 관심이 없어 보였다. 이 회사가 파산을 향해 일직선으로 달려가고 있음은 굳이 내부 정보를 캐낼 필요도 없이 명백했다. 나는 내 의견을 정리해서 올렸다. 그런데 당시 DLJ는 이 회사의 사모증권 발행을 준비하고 있었다.[12]

몇 년 뒤에 이 회사는 내가 예측한 대로 파산했다. DLJ는 썩을 대로 썩은 회사인 줄 알면서도 그 회사의 주식을 팔았다는 혐의로 소송을 당했다. 나는 법정을 빽빽하게 채운 변호사들 앞에서 내 의견을 방어해야 했다. DLJ는 나를 자기가 무슨 일을 하는지도 모르는 바보로 묘사했고 아무도 내 말을 들으려 하지 않았다. 반면에 소송을 제기한 사람들은 나를 고액 연봉을 받는 DLJ의 모든 전문가가 놓친 것을 포착했던 천재라고 묘사했다. 원고들이 결국 승소했다.

---

12 사모는 보험회사, 은행, 투자신탁회사 등의 기관 투자자나 특정 개인에 대한 개별적 접촉을 통해 증권을 매각하는 방식으로 공모에 비해 시간과 비용이 절약되고 기업 내용 공개를 회피할 수 있으며, 매입자 입장에서 유리한 조건으로 대량의 증권을 취득할 수 있다.

누군가는 반드시 당신의 가치를 알아본다

DLJ에서 일하는 동안 나는 전대(임대한 집을 다시 남에게 임대하는 것) 집을 전전했다. 한동안 나는 미들타운 셰이드 컴퍼니 위에 있는 49번가와 50번가 사이의 세컨드 애비뉴에 있는 집에 살았다. 집 앞의 길은 살짝 오르막길이었던 터라 밤마다 트럭들이 내는 기어 변속음을 들어야만 했다.

퇴근을 해서는 집에 단 하나밖에 없는 냄비로 토마토소스 스파게티를 직접 해 먹었다. 부엌은 따로 없었고 욕실은 복도 끝에 있었다. 어느 날 저녁 나는 어떤 여자에게 데이트를 신청해서 만났다. 그녀는 밍크코트를 입고 있었다. 식당에서 저녁을 먹을 때 그녀가 들고 있는 메뉴판만 뚫어져라 바라보면서, 애피타이저나 디저트는 함께 먹을 2인분이 아니라 자기 몫인 1인분만 주문하도록 속으로 기도했다. 내 주머니 사정으로는 그녀를 택시에 태워 집으로 보내줄 돈밖에 없었기 때문이다. 그녀와 헤어진 뒤 나는 50블록이나 걸어서 집으로 돌아왔다. 그렇게 걸으며 앞으로 내 인생이 어떻게 바뀔지 온갖 추론과 공상의 나래를 펼쳤다.

DLJ에 있던 내 나이 또래의 직원들은 모두 뉴욕 유명 인사의 자녀들이었다. 그들 가운데 내가 아는 사람은 한 명도 없었다. 내가 보기에는 그런 상태가 앞으로도 변할 것 같지 않았다. 나는 여전히 가축우리 같은 데 살면서 증권회사의 최하층에서 일할 게 분명했다. 어쩌면 나중에는 그들의 재떨이를 비우는 심부름까지 하게 될지 몰랐다.

그러나 이곳이 내게 제공할 수 있는 또 다른 것들도 있었다. 나보다 제법 나이가 많은 DLJ의 동료 로라 이스트먼은 나를 자기 아파트로 여러 번 초대해서 함께 저녁을 먹기도 했고, 79번가와 파크 애비뉴에 있던 그 건물의 지하층에서 스쿼시를 하기도 했다. 그녀의 집은 내가 방문했던 파크 애비뉴의 첫 아파트였는데, 그전에는 한 번도 그런 집을 본 적이 없었다.

그 아파트는 당시 미국에서 가장 잘나가던 실내 장식가 빌리 볼드윈의 손길이 닿아 있었다. 입구에 들어서면 곧바로 작은 도서관이 있는데, 이 공간의 벽은 베이지색 고급 모시 직물로 덮여 있으며 네덜란드 출신의 추상 화가 빌럼 데 쿠닝Willem de Kooning의 작품이 여러 점 걸려 있었다. 그림들에 대해 물어보자 로라는 그 화가가 자기 아버지의 해변 별장이 있는 곳에서 가까운 이스트 햄프턴에 거주하면서 작업을 한다고 했다. 그가 아버지에게 법률 자문을 받고 수임료로 현금 대신 그림들을 줬다는 것이다. 그런데 그가 받은 법률 자문이 얼마나 많았던지, 그의 그림은 아버지의 집뿐만 아니라 자기 집에도 많이 걸리게 되었다고 했다.

애빙턴에 있는 우리 집안 사람들에게는 절대로 일어날 수 없는 일이 뉴욕에서는 일상적으로 일어나고 있었다. 그런데 그 집에 초대를 받아서 식사를 하는 동안 나는 로라의 남편 리 이스트먼에게서 매우 강렬한 인상을 받았다. 그는 긍정적이고 극적이며 매사에 열중하고 통찰력이 넘쳤다. 내가 만약 성공한다면 꼭 살아보고 싶은 뉴욕의 삶을 그는 살아가고 있었다.

그런데 베트남 전쟁이 내 노력에 훼방을 놓았다. 나는 징병 추첨 결과를 기다리는 대신에 육군 예비군에 자원했다. 만약 추첨에 걸리기라도 하면 곧바로 전투 현장으로 보내질 게 거의 확실했기 때문이다. 예비군으로 편성된 병력은 6개월 동안 기본 전투 훈련을 받고 그 뒤로 5년 동안 지역 단위에서 한 달에 16시간씩 훈련을 받았다.

DLJ에 취직하고 여섯 달이 지났을 때 나는 훈련 소집 통보를 받았다. 그런데 빌 도널드슨은 고맙게도 훈련을 받으러 떠나기 전에 한번 보자고 했다. 나는 DLJ를 떠나기로 마음을 먹은 상태였고 빌도 그 사실을 알고 있었다. 그랬기에 일부러 나를 만나주려는 그가 더욱 고맙게 느껴졌다. 그렇게 만난 자리에서 나는 내 생각과 감정을 솔직하게 털어놓았다. 그동안 DLJ에서 보낸 시간이 힘들었다고 말이다. 나는 회사에 보탬이 되지 않는 직원이었고 아무도 내게 업무와 관련된 교육이나 훈련을 시키지 않았으며, 사람들과 어울리지 못하고 그저 주변만 빙빙 돌았다고 했다. 대학에 다니던 때와 다르게 나는 성공할 방법을 찾지 못했던 것이다.

"그때 왜 저를 채용했던 겁니까?"

내가 물었다. 우리는 작은 카페에 앉아 식판에 담긴 음식을 먹으면서 그런 대화를 나누었다.

"당신은 돈만 낭비했잖아요. 제가 제대로 한 일이 없으니 말이에요."

"그땐 어떤 예감이 있었죠."

"예감이요?"

"언젠가 당신이 우리 회사의 최고책임자가 될 것이라는 예감."

"네에?"

"난 이런 일에 관해선 정확한 육감을 가지고 있거든요."

월스트리트는 정말 미친 곳이라고 생각하면서 나는 훈련소로 향했다.

▶ 잘못된 일에는 목소리를 높여라

1970년 1월, 루이지애나에 있던 포트 폴크Fort Polk는 베트남으로 파병될 장병들을 훈련시키는 주요 전투훈련소였다. 막사는 축축하고 추웠다. 기동훈련을 받으면서 노숙할 때는 온몸이 꽁꽁 얼어붙었다. 동료 훈련병들은 웨스트버지니아와 켄터키의 작은 마을 출신이었으며 문맹자도 몇 명 있었는데, 대부분 징집영장을 받은 사람들로 훈련을 마치면 전투 현장으로 투입될 사람들이었다.

훈련소 생활은 예일 대학교와 DLJ 이후 경험했던 가장 극심한 충격이었다. 훈련 교관은 자기가 베트남에서 맡았던 보직이 땅굴 전투병이라고 했다. 베트콩과 북베트남인이 뚫어놓은 땅굴 속으로 들어가서 폭약을 장치하는 게 그의 주특기였다. 손전등 하나와 45구경 권총 한 자루만 가지고 그는 땅굴 저쪽 깜깜한 굽은 길에 누가 자기를 기다리고 있는지, 어떤 함정이 발밑에 놓여 있을지 전혀 알지 못한 채 전진해야 했다. 그는 내가 만나본 사람들 중 가장 용감했다. 머리에 금속 파편이 하나 박혀 있어 더 이상 전투를 수행할 수 없기에 훈련소에서 교관으로 복무하는 그는 종일 전쟁을 욕하고 경멸했다. 그는 우리에게 이렇게 말했다.

"전쟁에 상식이라는 건 없다. 전혀. 제로다. 고지를 탈환하려고 모든 시간을 다 보낸다. 그렇게 해서 고지를 탈환한다. 그리고 닷새 뒤에 그 고지를 포기한다. 그러면 놈들이 다시 고지를 차지한다. 그건 내가 평생 경험한 일 중 가장 멍청하고 지랄 같은 일이다. 우리는 누가 좋은 놈이고 누가 나쁜 놈인지 알지 못한다. 그 누구도 자기 말을 할 수 없다. 낮에는 친구지만 밤이 되면 서로 죽이지 못해서 안달이다. 장교들도 대부분 다 멍청이들이야."

심지어 무모한 죽음을 피하는 길이 장교를 쏘아 죽이는 것이라면 그렇게 하는 것도 진지하게 고민하는 게 옳다는 말까지 했다. 그는 정부의 최고위층이 내린 결정으로 인생이 완전히 바뀌어버린, 선하고 용감한 사람이었다. 그러나 그의 분노와 좌절은 나의 훈련소 생활에 어두운 그림자를 드리웠다. 베트남 전쟁은 정치인과 외교관, 장군들을 위한 전략 게임이나 급진주의자 학생들을 위한 이념적인 피냐타[13]를 뛰어넘는

---

13 멕시코와 중남미 국가들에서 아이의 생일 같은 기념일에 사용되는 종이 인형으로 안에 과자나 장난감 등이 들어 있다.

그 무엇이었다. 전쟁은 수많은 미국인에게 충격을 안겨주었다. 나중에 나는 미국을 비롯해 전 세계적인 의사결정에 영향력을 조금이나마 행사할 수 있는 위치에 있을 때 많은 사람들이 받았던 전쟁의 상처를 기억하려고 노력했다.

당시 나는 고등학생 때처럼 단단한 몸은 아니었지만 그래도 고된 신체 훈련의 맛을 여전히 잊지 않고 있었다. 오전 5시에 전투모를 쓰고 연병장을 달리는 고통을 즐겼으며 무기 조작법 배우는 것도 즐겼다. 그러나 어리석음을 즐기지는 않았다. 어느 날 아침에 우리는 폭우 속에서 대오를 맞추고 서서 한 시간 반 동안이나 아침 배식을 기다렸다. 우리를 책임지고 있던 하사관이 우리가 바깥에 서 있다는 사실을 깜박 잊어버렸는데, 그 누구도 대열을 이탈해서 그 하사관에게 우리가 기다리고 있음을 알릴 배짱이 없었던 것이다. 그리고 툭하면 아침 배식 도중에 음식이 떨어져서 훈련생들이 끼니를 걸러야 했다. 우리는 루이지애나에 있었지, 베트남에 있는 게 아니었다. 먹을 게 충분히 많아야 하는 게 당연했다. 그래서 나는 도대체 무슨 일이 벌어지고 있는지 직접 나서서 조사하기로 마음먹었다.

포트 폴크에 처음 갔을 때 한 대령이 우리에게 훈련소에서 혹시라도 잘못된 일이 있으면 자기에게 말하라고 했었다. 그의 말대로 하기로 마음먹었다. 훈련 때 뒤집어쓴 흙먼지 그대로 나는 대령의 사무실로 들어갔다. 서기병이 무슨 일이냐고 물었다. 나는 관등성명을 댔다.

"당장 꺼지지 못해!"

서기병이 고함을 질렀지만 나는 꼼짝도 하지 않았다. 그러자 그가 중위를 불러왔다. 나는 대령에게만 용건을 말하겠다고 했다.

"넌 대체 네가 뭐라고 생각하는 거야!"

중위가 말했다.

"여긴 군대야. 너는 명령대로만 행동하면 돼. 엉덩이 돌려서 중대로 돌아가!"

그래도 나는 고집을 꺾지 않았다. 대위가 왔고, 다시 똑같은 지시와 대답이 반복되었다. 그때 나는 우리 중대장이 문을 열고 들어와 내 멱살을 틀어쥐고 끌고 나가 진창에 처박아 넣을 것 같다는 생각을 했는데, 다행히도 그런 일은 일어나지 않았다. 대신 나는 내가 면담하고 싶었던 대령과 마주 앉아 있었다. 그는 회색 머리를 짧게 깎은 여윈 체형의 군인이었다.

나는 식량이 부족한 상황을 설명했다. 우리가 먹는 세 끼 식사가 어떤 음식들로 구성되어 있는지 말하자 대령은 충격을 받은 눈치였다. 그는 우리 중대의 훈련 성적을 상세하게 기록한 종이를 찾아 읽었다. 우리 중대의 성적은 전체 여단 가운데서 꼴찌였다. 대령은 나더러 중대로 돌아가되 그 일에 대해서는 입도 뻥긋하지 말라고 했다.

이틀 뒤 모든 장교가 훈련소를 떠났다. 나중에 안 사실이지만 장교들이 훈련생들에게 돌아갈 식품을 빼돌려서 팔았던 것이다. 대령은 나를 불러 군대 조직의 위계를 깨뜨려가면서까지 정당한 주장을 해줘서 고맙다고 했다. 훈련병 입소식 때 잘못된 일이 있으면 자기에게 말하라고 했던 것도 바로 그런 이유 때문이었는데 자기를 만나겠다고 나선 훈련병은 그동안 한 명도 없었다는 것이다.

이 일로 인해 수직적 위계 제도에 대한 의심은 한층 깊어졌고 뭔가 잘못된 일이 있을 때 거기에 맞서겠다는 자신감은 한층 단단해졌다. 그리고 포트 폴크에 있던 우리 모두가 제각기 다른 운명을 맞게 된 일은 인생에서 행운이 얼마나 중요한지 상기시켜 주었다. 아무리 잘나가거나 똑똑하거나 용감한 사람이라고 하더라도 언제든 진창에 빠져서 허우적거릴 수 있다. 사람들은 흔히 자신이 겪은 것만이 유일한 현실이라고 생각하지만, 수없이 많은 사람만큼이나 다양한 현실이 있다. 그래서 더 많은 현실을 접할수록 사람들을 더 잘 이해하게 된다.

훈련소에서 경험한 또 다른 인생 교훈은 군 복무를 수행하는 사람들의 결단과 희생은 항상 존경받아야 한다는 사실이다. 이 믿음은 그 후 오랜 세월이 지난 2016년에 네이비 실 재단Navy SEAL Foundation에 관여하게 된 계기가 되었다. 나는 임무 수행 중에 전사한 네이비 실 대원들의 가족을 지원하는 기금을 조성하는 데 블랙스톤이 앞장서도록 이끌었다. 사람들이 날마다 자유를 누릴 수 있는 환경을 마련하기 위해 자신에게 주어진 의무를 다하는 사람들에게 보답하는 것이 얼마나 중요한지 모두에게 알리는 것을 내 개인적인 과제로 설정했기 때문이다. 그 결과 미국에 있는 블랙스톤의 모든 직원이 기부를 했으며 네이비 실 재단은 930만 달러의 기금을 조성했다.

문제를 달리 보면
답도 달라진다

7월에 루이지애나의 훈련소에서 나왔다. 8월 말에는 보스턴에 있는 강의실에 앉아 있었다. 대학을 졸업하기 전에 대학원에 지원했는데, 내가 가장 선호했던 선택지는 로스쿨이었다. 하버드면 가장 좋았고 예일이나 스탠퍼드라도 상관없었다. 그러나 나를 받아준 유일한 로스쿨은 펜실베이니아 대학교였다. 나는 다시 필라델피아로 돌아갈 준비가되어 있지 않았다. 그래서 거의 즉흥적으로 하버드 비즈니스스쿨(경영대학원)에 지원했다.

당시만 해도 비즈니스스쿨은 똑똑한 아이들의 선택지가 아니었다. 대기업의 중간관리자를 위한 학교로 인식되었지, 기업가나 지적 욕구를 지닌 사람들이 갈 만한 곳은 아니었기 때문이다. 1970년에 MBA 학위를 딴다는 것은 네이팜탄 제조업체인 다우Dow나 고엽제 '에이전트 오렌지' 생산업체인 몬산토Monsanto 같은 거대 군수업체에서 일하게 된다는 뜻이었다(네이팜탄이나 고엽제 모두 베트남에서 사람들을 죽이거나 불구로 만드는 데 사용되었다). 그러나 하버드 비즈니스스쿨에서 합격 통지서가 왔을 때 나는 그곳에 가기로 마음을 먹었다. 어쩌면 이것이 애버럴 해리먼이 추천했던 바로 그 행운의 길일지도 모른다고 생각했다.

하버드에 발을 들여놓을 때 나는 예일에 처음 왔을 때와 똑같은 감정을 느꼈다. 아는 사람이라곤 한 명도 없는 외로움과 똑똑한 사람들은 모두 다른 곳에 가 있고 멍청한 사람들끼리 모여 있는 것 같은 불안감이었다. 하버드 비즈니스스쿨에 입학한 바로 그해에 빌 클린턴과 힐러리 클린턴은 예일 대학교 로스쿨에 입학했다. 미래에 지도자가 될 두 사람이 모의재판에서 지적 대결을 벌일 때 나는 부품 생산업체들을 공부했다.

내가 들은 첫 수업은 관리경제학이었다. 이 과목의 핵심은 의사결정 트리decision tree를 그리는 것이었다. 의사결정 트리는 일종의 논리 사슬인데, 관리경제학에서는 제각기 다른 행동 경로에 확률을 적용해서 자기가 예측한 결과를 토대로 최선의 행동 경로를 계산하려고 노력한다. 나는 초보적인 수준이긴 했지만 실제 기업 현장을 방문해 조사한 경험이 있었기에 그 강의가 완전히 낯설지만은 않았다.

강의에서 다룬 첫 번째 사례 연구 대상은 바다에 잠겨 있는 보물을 발굴하는 기업이었다. 해저에 가라앉은 갤리선에 실려 있을 황금의 기대가치 추정치를 전제로 할 때 이 황금을 찾는 데 필요한 잠수 활동에 얼마의 돈을 지출할 것인가 하는 문제가 우리에게 제시되었다. 제이 라이트Jay Light 교수는 우리보다 불과 조금 더 나이가 많았고 우리는 그가 가르치는 첫 학생들이었다. 강의를 시작하자 나는 손을 번쩍 들었다. 교수는 내게 곧장 발언권을 주었다.

"슈워츠먼, 우리 사례 연구의 출발을 멋있게 해볼까요?"

"네. 그런데 질문이 하나 있습니다."

"좋아요. 뭡니까?"

"이런 얘기 저도 읽은 적이 있는데⋯. 그렇지만 제가 보기에는 말이 안 되는 것 같습니다. 만일 이런 게 우리 강의에서 해야 하는 수업이라면 기본적으로 저 같은 사람들은 실제 현실에 적용할 수 없을 것 같은데요."

교수는 나를 빤히 쳐다보면서 물었다.

"왜 그렇게 생각하죠?"

"왜냐하면 기대가치를 다루는 이 사례는 황금을 찾기 위한 잠수를 무한하게 할 수 있다는 것을 전제로 하고 있습니다만, 저는 제 생애 동안 무한히 많이 잠수할 일이 없습니다. 제가 잠수를 할 때는 황금을 반드시 찾을 것이라는 100퍼센트의 확신이 있어야 합니다. 그렇지 않으면 파산하기 딱 좋으니까요. 이 사례는 잠수를 아무리 많이 해도 재정적인 부담이나 한계를 전혀 느끼지 않는 거대 기업에나 적용될 수 있을 뿐입니다. 그렇지만 대부분의 투자자가 엑손Exxon(미국 최대 정유회사)은 아니지 않습니까? 한정된 자원을 가지고 있다는 말입니다. 저는 자원이라곤 아무것도 가진 게 없습니다."

그러자 교수가 말했다.

"흠⋯. 나는 그런 식으로 생각해보진 않았네요. 좀 더 생각해볼게요. 아무튼 지금은 강의를 계속하겠습니다."[14]

---

14 제이 라이트는 그 뒤로도 계속 나의 질문 공세를 견뎌냈다. 나는 그의 수업을 망치려고 무척 애썼지만 그는 하버드 비즈니스스쿨의 학장이 되었으며 지금은 블랙스톤 이사회에서 최장수 이사로 있다. 보물선 사례 연구에 대해 무슨 생각을 했든 간에 나는 그때 이후로 그의 조언을 얻는 행운을 누리고 있다. (원주)

몇 주가 지나고 나서, 나는 하버드 비즈니스스쿨이 여러 개의 강좌를 개설해놓고 있지만 결국은 단 하나의 사상을 가르치고 있다고 결론을 내렸다. '사업의 세계에서는 모든 것이 서로 연결되어 있다'는 것이다. 어떤 기업이 성공하려면 기업을 구성하는 각 부분이 스스로도 잘 돌아가야 하지만 다른 부분과도 유기적으로 잘 돌아가야 한다. 기업은 폐쇄적이고 통합적인 시스템이며 관리자에 의해 유기적으로 조직된다.

만일 당신이 자동차회사를 운영한다고 치자. 그러면 당신은 연구 조사를 철저하게 해서 사람들이 구매하고자 하는 자동차가 어떤 것인지 알아야 하고, 좋은 제품을 생산하기 위해 좋은 디자인과 엔진 및 제조 설비를 갖춰야 하며, 인력을 선발하고 훈련시키는 효과적인 프로그램을 마련해야 한다. 또한 목표 고객의 구매 욕구를 불러일으키는 훌륭한 마케팅 활동을 해야 하며 잠재적 구매자들이 계약서에 서명하도록 유도하는 솜씨 좋은 영업사원들을 데리고 있어야 한다.

그런데 이 시스템의 어느 한 부분이 잘못되어 삐걱거릴 때 신속하게 고칠 수 없다면 당신은 투자한 돈을 잃고 결국 사업을 접어야 한다. 운이 좋거나 노력을 많이 해서 그 모든 것을 잘했다고 해도 다음에는 어떻게 할 것인가? 오늘 세 개의 사례에서 배우면 내일 또 다른 세 개의 사례에서 똑같은 것을 배운다. 그리고 다시 또 다른 세 개의 사례에서 똑같은 것을 배운다….

12월의 연휴를 맞을 무렵 나는 자퇴할 준비가 되어 있었다. 너무나도 지루했다. 보스턴은 너무나 추웠고 강의는 그저 그랬다. 대부분의 강의는 강의를 하면서 동시에 자기 진로를 모색하는 젊은 조교수들이 진행하고 있었다.

'왜 나는 여기서 인생을 낭비하고 있을까?'

나는 직장을 찾아 나서기로 했다. DLJ에서 나를 채용했던 빌 도널드 슨은 회사를 떠나 정치계에 들어가 국무부 부장관이 되어 있었다. 딕 젠레트가 빌의 뒤를 이어 DLJ의 대표가 되었다. 딕을 마지막으로 본 건 레스토랑 어소시에이츠에서 내부 정보를 캐물었다는 이유로 그에 게 질책을 받았던 때였다. 그런데 그가 하버드 비즈니스스쿨에 다녔다 는 걸 알게 되었고 나는 혹시나 하는 마음으로 그에게 조언을 구하려 고 편지를 썼다.

"여기가 지겹습니다. 여기서 듣는 얘기는 뻔하고 뻔해서 질려버렸습 니다. 그래서 자퇴를 할까 생각 중입니다. DLJ로 다시 돌아갈 수도 있 고 다른 데로 갈 수도 있습니다. 어떻게 하는 게 좋을지 조언을 주시면 감사하겠습니다."

놀랍게도 딕은 무려 여섯 장이나 되는 손 편지를 보냈고, 이 편지가 내 인생을 바꿔놓았다. 내용은 대략 다음과 같았다.

당신이 지금 무슨 생각을 하는지 정확하게 알고 있습니다. 나 역시 하버드 비즈니스스쿨에 입학해서 처음 맞이한 12월에 자퇴를 해야 겠다고 생각했습니다. 자퇴할 마음의 준비가 다 되어 있었죠. 강의 내 용은 무척이나 실망스러웠습니다. 경제학으로 전공을 바꿔 박사 학 위를 받으려고도 했죠. 하지만 계속 다녔습니다. 그리고 그것은 내 인 생 최고의 선택이었습니다. 당신도 그렇게 하는 게 옳습니다. 그만두지 마세요. 계속 다녀야 합니다.

나는 그의 조언을 받아들였다. 그리고 지금까지도 고마운 마음을 가지고 있다. 젊은 사람들이 편지나 전화로 내게 조언을 청할 때면 언제나 딕의 사려 깊은 편지를 떠올린다. 딕 역시 제이 라이트와 마찬가지로 오랜 세월 블랙스톤의 이사회에 이름을 올리고 있다.

나는 하버드 비즈니스스쿨에 계속 다니기로 마음을 고쳐먹었다. 기업 재무의 기초에서 회계와 운영, 관리에 이르기까지 DLJ에서 배우지 않았던 모든 것을 배우기 시작했다. 첫해를 마치며 우등상을 받았고 전체 72개 단위의 학생들 중에서 각 단위별로 상위 세 명씩 선발해 구성하는 센트리클럽Century Club의 회원이 되었다. 그리고 곧 클럽의 회장으로 선출되었다.

나는 고등학교와 대학교에서 그랬던 것처럼 이곳의 학생들에게도 특별하고도 훌륭한 경험을 안겨주고자 준비했다. 일단 성공한 사람들 중에서 우리보다 조금 더 나이를 먹은 사람들을 한 명씩 클럽으로 초대해 이야기를 듣는 프로그램을 시작했다. 처음 두 번의 초빙 연사는 존 케리John Kerry와 마이클 틸슨 토머스Michael Tilson Thomas였다. 존 케리는 당시 전쟁을 반대하던 베트남 참전 용사였는데, 나중에 민주당 대통령 후보로 지명받았다. 마이클 틸슨 토머스는 당시 보스턴 심포니 오케스트라의 부지휘자였으며 나중에는 런던 심포니 오케스트라와 샌프란시스코 심포니 오케스트라를 지휘하게 되었다.

2학년 때는 조교로 일하던 엘런 필립스를 만나서 결혼했다. 나는 하버드 비즈니스스쿨에서 지내는 생활을 개선해야겠다고 마음먹었다. 예일에서 기숙사 규칙을 바꿨고 포트 폴크에서 장교들의 잘못된 관행을 바로잡았던 경험을 바탕으로, 나는 하버드 비즈니스스쿨의 학장이었던 래리 포레이커를 만나 학교를 더 낫게 만들 수 있는 방안을 제시하려고 했다.

그러나 그를 만나는 것부터가 어려운 일이었다. 포레이커라는 인물이 그 자리에 앉아 있는 것 자체가 어쩌면 일종의 타협책이었다. 그는 대부분의 시간을 학교 밖에 있는 여러 기업의 이사회에서 시간을 보내던, 특별할 것도 없이 기계적이기만 한 관리자였다. 이 학교는 여전히 명성을 누리고 있었지만 여러 심각한 문제들이 곧 발생할 수 있었다. 포레이커와 면담 약속을 잡는 데만 무려 다섯 달이 걸렸다.

"교수들은 가르칠 능력이 없고 학생들은 배울 능력이 없으며 커리큘럼은 구닥다리 일색입니다. 행정은 비효율적이기 짝이 없습니다."

나는 각각의 사례를 들어서 지적했고 아울러 해결책들을 제시했다. 그러자 그는 이렇게 말했다.

"슈워츠먼, 자네는 늘 이렇게 부적응자로 살아왔는가?"

나는 아니라고 대답했다. 중고등학생 때 모두 학생회장이었으며 예일 대학교 졸업식 때는 학생 대표로 연설을 했고 지금은 하버드 비즈니스스쿨의 센트리클럽 회장이라고 말했다. 하버드 비즈니스스쿨보다 덩치가 몇 배나 더 큰 예일에서도 킹맨 브루스터 총장은 면담을 신청하는 학생이 있으면 누구를 막론하고 나흘 안으로 약속을 잡았다. 그런데 여기는 달랐다. 내가 보기엔 하버드 비즈니스스쿨이 내리막길을 걷는 이유가 너무도 명백했다. 나는 이 모든 이야기를 했다.

"저는 학장님께 현재 어떤 일이 일어나고 있는지 말씀드렸고 심지어 저 나름의 해결책까지도 말씀드렸습니다. 하지만 학장님은 전혀 관심이 없으시네요. 정말 죄송한 말씀입니다만 학장님을 도와드리겠다는 마음을 그만 접어야겠습니다."

"그러시게. 나도 충분히 많이 들었으니까."

그는 나의 그런 주장과 행동을 모욕으로 받아들였다. 나는 내가 학장보다 똑똑하다고 생각하지 않았다. 다만 학생이라는 관점에서 그와는 다른 관점을 가지고 있었을 뿐이다. 학교가 안고 있는 이런저런 문제에도 불구하고 나는 어떻게든 더 개선하려고 애썼다. 아내 엘런은 당시 조교였기에 교수나 학생들이 안고 있는 문제들에 대해 나와 비슷하게 의식하고 있었고, 내가 했던 제안에는 엘런이 생각한 부분들도 녹아들어 있었다. 그렇지만 학장이 나의 솔직한 의견을 높이 평가해줄 것이라는 헛된 믿음을 가졌던 게 실수였다. 그는 심지어 대화를 하는 것조차도 원하지 않았다.

그때 속으로 이런 다짐을 했다. 만일 내가 나중에 어떤 조직의 운영을 책임지는 자리에 오른다면 아무리 어려운 상황이라도 사람들이 쉽게 다가와 자기 생각을 말할 수 있게 할 거라고, 또 언제나 진실만을 말할 거라고 말이다. 스스로 정직하고 이성적이며 자기 생각을 설명할 능력을 갖추고 있기만 하면 누가 무슨 말을 하든 마음이 불편해질 이유는 전혀 없다. 아무리 똑똑한 사람도 혼자서 모든 문제를 해결할 수는 없는 법이다. 그러나 똑똑한 사람들이 여럿 모여서 솔직하게 자기 생각을 이야기하면 그 어떤 문제라도 해결할 수 있다. 바로 이것이 내가 래리 포레이커에게서 배운 교훈이다.

❯ 일의 노예가 아니라 주인이 되는 길을 찾아라

하버드 비즈니스스쿨에 있으면서 나는 비록 DLJ에서의 출발이 형편없긴 했지만 그래도 금융 분야가 적성에 맞다는 걸 확인했다. 우리가 공부한 사례 연구에서 나는 패턴을 포착할 수 있었고 문제가 무엇인지 알아낼 수 있었다. 또 수치에 매몰되지 않고 잠재적인 해결책을 제시할 수 있었다. 그리고 과외 활동을 통해서는 내가 사람들과 함께 어렵고 불가능한 과제들을 붙잡고 씨름하는 것을 즐긴다는 사실을 발견했다. 졸업이 다가올 무렵에는 비록 DLJ에서 매끄럽게 시작하지도 못했고 수학 실력이 그때나 지금이나 중간 정도밖에 되지 않았지만 다시 월스트리트에 도전해야겠다고 마음을 굳혔다.

당시 투자은행들은 두 가지 일을 했다. 첫째, 영업과 거래다. 이것은 채권, 주식, 옵션, 재무부 발행 증권, 금융선물, 기업어음, 양도성 예금 증서 등의 증권을 매매한다는 뜻이다. 둘째, 기업들에게 대안적 금융 기법, 자본 구조, 인수합병 등에 대한 자문을 해줬다. 이런 활동들이 다양한 사람들을 투자은행으로 불러들였다.

컴퓨터가 시장을 혁명적으로 바꿔놓기 전인 1970년대 초, 거래소는 온갖 변덕스러운 사람들이 내는 소음과 광분의 도가니였다. 자문 업무는 상대적으로 이론적이고 지적인 경향이 있었다. 길고 긴 협상과 끈질긴 인간관계 구축이 필요한 일이었기 때문이다. 나는 주요 회사들의 고위경영진이 내가 하는 말과 행동을 믿을 수 있도록 만들어야만 했고 그렇게 노력하기로 마음먹었다. 아무리 생각해도 그런 것들이라면 잘할 수 있을 것만 같았다.

나는 회사 여섯 곳에 지원했다. 사무실을 돌아다니면서 예일 대학교에서 배운 문화 및 행동 관련 과목들을 생각했다. 그때 문득 하버드 비즈니스스쿨에서 들었던 가장 중요한 강좌에 제출한 논문 주제가 떠올랐다. 바로 '이 은행들의 사무실은 각각 자기 회사의 문화에 대해서 무엇을 암시하는가?'였다. 쿤로브Kuhn, Loeb & Co.에서는 회사의 역사가 위압적으로 다가왔다. 정문에 들어서자 설립자인 제이콥 시프Jacob Schiff의 거대한 초상화가 눈에 들어왔고 회사의 역사적인 파트너들을 그린 초상화들도 작은 크기로 걸려 있었다. 파트너들은 닫힌 문 뒤에 앉아 있었으며 일반 직원들이 앉아 있는 공간의 소음 및 활동과는 완전히 차단되어 있었다. 쿤로브의 문화는 어쩐지 어둡고 폐쇄적이었다. 아무래도 적응해서 살아남기 어려울 것 같았다.

모건스탠리Morgan Stanley는 DLJ와 같은 건물에 있었지만 꼭대기 층에 있었고 햇빛을 가득 받고 있었다. 파트너들의 공간에 있는 황금색 카펫과 뚜껑이 달린 고색창연한 책상을 제외하고는 모든 것이 현대적이고 변화에 열려 있었다.

그다음에는 윌리엄가 1번지에 있는 리먼브라더스Lehman Brothers에 갔다. 회사 건물은 거대하고 화려하게 장식되어 있어서 마치 로마네스크 양식의 탑이 있는 이탈리아 궁전과도 같았다. 이 건물의 모든 층은 토끼 사육장 같은 작은 사무실로 분할되어 있었는데 수많은 음모가 진행되고 있는 중세의 성처럼 느껴졌다. 한마디로, 투명성을 찾아볼 수 없었다. 여기서 일하는 사람은 모두 성공을 위해 치열하게 싸워야 할 것 같았다. 이 회사는 잘나가긴 하겠지만 결국 내부의 암투로 망하고 말 것이라고 생각했다.

이 논문은 쓰기 쉬웠다. 수치도, 연구 조사도 필요 없었다. 교수는 이 논문이 매우 창의적이라고 평가하면서 높은 점수를 줬다.

취업 면접들은 모두 잘 풀리지 않았다. 퍼스트보스턴First Boston은 1972년에 유대인 전문가를 한 명도 두지 않고 있었는데, 아무래도 내가 그 첫 번째 인물이 될 것 같진 않았다. 골드만삭스는 나를 마음에 들어 하긴 했지만 내가 약간 자기중심적인 성향인 게 염려되었던 모양인지 그런 얘기를 솔직하게 했더니 채용하겠다는 연락을 주지 않았다.

모건스탠리는 당시 전 세계에서 가장 명성이 높은 투자은행으로 주요 기업들을 고객으로 거느리고 있었다. 이 회사에는 유대인 전문가가 한 명 있었는데, 루이스 버나드는 당시 그 회사의 파트너였다. 그를 제외하면 이 회사의 문화는 노골적인 백인 앵글로색슨-청교도 문화였다. 회사는 나를 두 번째로 불러 2차 면접을 하면서 '셰퍼드' 역할을 하는 늙은 직원을 안내자이자 감시자로 붙여서 파트너들을 만나보게 했다.

그는 나를 데리고 다니면서 계획서 초안 작성에서 정확성이 얼마나 중요한지를 놓고 많은 이야기를 했다. 이 회사는 정확성이 중요한 문화인 게 분명했다. 그러나 내게는 그게 그다지 매력적이지 않았다.

마지막으로 모건스탠리의 대표인 로버트 볼드윈을 만났다. 그는 해군 차관직을 역임했던 인물로 그의 사무실 뒤편에는 해군기와 성조기가 세워져 있었다. 모건스탠리는 그해 신입사원 일곱 명을 채용할 계획이었고 그는 내게 그중 한 명이 되어달라고 했다. 그 제안은 사실 엄청난 영광이었다. 그러나 의미심장한 조건이 하나 있었다. 나의 개성을 바꿔야 한다는 것이다. 모건스탠리는 수직적인 위계질서의 문화를 가지고 있으므로 매사에 주도적인 내 개성을 억눌러야 한다는 게 채용 조건이었다. 즉 내가 거기서 일할 수 있는 재능이 있는데 그러려면 우선 그 회사의 문화에 적응부터 해야 한다는 말이었다.

나는 고맙지만 그런 조건이라면 사양하겠다고 말했다. 그런 곳에서 일할 바에는 내 개성이 자연스럽게 녹아들 수 있는 다른 곳에서 일하고 싶었다. 로버트는 그렇다면 내게 했던 제안을 거두고 나보다 더 적절한 사람을 채용해야 하는데 그러지 않겠다고 했다. 모건스탠리가 누군가에게 채용 제안을 한다는 것은 그 사람이 어떤 결정을 하든 그에게 맡긴다는 뜻이라고 말했다. 그러면서 자기 회사는 언제든 약속을 지킬 것이라고 했다.

나는 깊은 감명을 받았다. 그 후 10년 동안 로버트는 모건스탠리의 문화를 현대적으로 바꾸면서 낡은 전통들을 털어내려고 노력했다. 하지만 여전히 선을 넘지 않는 범위 안에서, 일정한 조건을 두고 자기가 물려받은 기업 문화를 존중하면서 변화를 모색해야 했다. 그는 나를 길들일 수 있을 것이라고 보기도 했지만, 한편으로는 회사를 자기가 원하는 방향으로 이끌어나가는 데 내가 도움을 줄 것이라고 봤던 것이다.

리먼브라더스가 내게는 더 매력적으로 느껴졌다. 그곳은 MBA 공장이 아니었다. 그곳에는 흥미로운 인물들로 가득했다. 전직 CIA 요원들, 전직 군인들, 석유 산업에서 잔뼈가 굵은 사람들, 가족들, 친구들 그리고 무작위로 추출된 것 같은 온갖 사람들이 다 있었다. 이 회사의 모든 층은 제각기 다르게 설계되어 있었으며 30명의 파트너들과 30명의 일반 직원들 사이에는 층을 구분하는 어떤 물리적인 설정도 없었다. 흥미롭고도 복잡한 곳 같았다.

면접을 보던 날, 취업 지원자들은 파트너들의 거실에 있는 탁자에 둘러앉았고 파트너들은 그 뒤에 앉았다. 전혀 월스트리트 사람으로 보이지 않는, 커다란 은색 버클이 달린 카우보이 허리띠를 맨 프레더릭 얼만Frederick Ehrman 대표는 한 번에 지원자 두 사람씩 짝을 지어 파트너 두 명이 번갈아가면서 45분 동안 만나는 방식으로 면접이 진행될 것이라고 말했다.

나는 지원자 두 사람을 하나로 묶는 방식은 두 사람이 서로 자기가 돋보이고 싶어 경쟁하고 나중에 싸우기까지 하는 재앙으로 끝날 수 있다고 생각했다. 만일 내가 일곱 차례의 면접 과정을 거치면서 그 누구도 범접할 수 없을 정도로 높은 경쟁력을 보인다면 한 사람도 카펫에 피를 흘리는 일 없이 그날을 끝낼 수 있을 터였다. 그래서 나는 내 짝인 지원자에게 최대한 관대하고 우호적인 태도를 보이는 것이 최상의 접근법임을 알았다. 내 생각이 옳았다. 회사는 면접 과정에서 호승심을 보인 지원자들은 모두 퇴짜를 놓았고 협력적인 태도를 보인 사람들에게만 채용 제안을 했다.

나의 그런 결정에는 심지어 장기적인 이익까지 동반되었다. 그 면접에서 내 짝이었던 베티 이베이야르Betty Eveillard는 그 뒤로 투자은행 업계에서 길고도 성공적인 이력을 쌓아갔는데 리먼브라더스 면접 이후 우리는 일 때문에 자주 만나곤 했다. 면접이 있었던 그 배반의 날을 성공적으로 헤쳐나가고 수십 년이 지난 뒤 우리는 맨해튼의 어퍼 이스트 사이드에 있는 프릭 컬렉션Frick Collection 미술관의 이사회에 나란히 이름을 올렸다. 이 이사회의 의장이 바로 베티다. 젊은 시절의 만남과 우정은 인생을 사는 동안 늘 새롭게 반복되는 법이다.

DLJ에서는 월스트리트의 안개 속을 나 혼자 더듬더듬 걸어가야만 했다. 그러나 리먼브라더스에서는 달랐다. 업무가 주어지자마자 내게는 사수 역할을 해줄 파트너가 한 명 배치되었다. 스티브 드브룰Steve DuBrul은 하버드 비즈니스스쿨 출신이며 전직 CIA 요원이었다. 그는 연기자 알선 업체에서 회계 업무를 했던 기업 재무 전문가CF이다. 키가 큰 미남으로 짙은 색 머리카락을 한쪽 방향으로만 쓸어 넘긴 헤어스타일을 하고 있었다. 이전 회장이었던 로버트 리먼을 사수로 두었다는 그는 내게 저녁을 사주면서 회사가 어떻게 돌아가는지 자세하게 설명해주었다. 그러나 내가 리먼브라더스의 채용 제안을 받아들이고 딱 일주일이 지났을 때 그가 전화해서 이렇게 말했다.

"이 말을 듣고 놀라거나 당혹스러워하지 않으면 좋겠어요. 나는 리먼을 그만두고 라자르프레르Lazard Frères(이하 라자르)에 가기로 했어요."

"잠깐! 사수가 되어서 와인을 곁들인 저녁까지 사준 사람이 리먼을 버리고 간다고요? 그럼 전 뭐가 됩니까?"

"내가 나가는 것과 리먼브라더스의 가치와는 아무런 상관이 없어요. 당신은 리먼과 잘 맞을 겁니다. 엄청난 성공을 거둘 거예요. 그렇지만 난 여기서 그간의 경력 전부를 쌓았는데, 이제는 다른 데로 옮긴 때가 된 것 같아요. 개인적으로 미리 알려주고 싶어서 얘기한 거니까 혼자만 알고 있어주면 좋겠습니다. 회사가 마음에 들지 않아서 그런 게 아니란 걸 알아줘요. 당신은 리먼에서 즐겁게 일할 수 있을 겁니다."

"저도 같이 따라가면 안 됩니까?"

"충성심이 나를 향하면 안 돼요. 충성심은 회사를 향해야죠. 정 원한다면 라자르에 면접을 주선해줄 수는 있어요."

나는 그의 제안을 받아들였다. 그리고 기업 합병 및 기업 재무 분야에서 유명한 컨설턴트인 펠릭스 로하틴Felix Rohatyn을 만나러 뉴욕으로 날아갔다.

구겨진 양복 차림에 다소 왜소한 체구의 로하틴은 금융 세계에서 막강한 힘을 가진 인물이었다. 제2차 세계대전 발발 당시 소년이었던 그는 어머니와 함께 유럽을 탈출해서 뉴욕에 발을 들였다. 대학을 졸업한 뒤에는 곧바로 라자르에 입사해서 뉴욕의 걸출한 투자은행가로 성장한 입지전적인 인물이었다. 그가 보여준 가장 위대한 행동은 1975년에 나타났는데, 이때 그는 뉴욕시를 파산의 구렁텅이에서 구하는 데 결정적인 도움을 주었다. 나는 그의 사무실에서 그와 한 시간쯤 이야기를 나눴고 마지막에 그는 이렇게 말했다.

"스티브, 자네는 정말 흥미로운 친구로구먼. 만일 자네가 라자르에서 일하고 싶다면 바로 이 자리에서 채용 제안을 할 걸세. 그렇지만 나는 자네가 그러지 않는 게 좋겠다는 충고를 해주고 싶네."

"왜요?"

"왜냐하면 말이야. 라자르에는 두 부류의 사람이 있다네. 하나는 나처럼 주인 같은 사람들이고, 다른 하나는 노예 같은 사람들이네. 자네가 라자르에 들어온다면 노예 부류가 될 걸세. 자네는 리먼브라더스에서 일해야 해. 거기서 일을 충실하게 배운 뒤에 라자르에 주인 자격으로 오게."

보스턴으로 돌아오자 엘런은 라자르에 가서 일이 어떻게 되었는지 물었다.

"로하틴이 나를 채용하고 싶대. 그러고는 나더러 자기가 하는 채용 제안을 거절하는 게 좋을 거래. 거기 이상한 데야."

이후 나는 리먼브라더스에서 착실하게 훈련을 받았다. 월스트리트의 한가운데 앉아 전 세계에서 날아 들어오는 인풋에 둘러싸인 채 전화교환기가 될 준비를 하고 있었다.

2

존경하는 사람이 있다면
전화를 하거나 편지를 써서 만나달라고 하여
조언을 청하라.
누군가는 분명 응하는 사람이 있다.
당신은 그에게서 배움을 얻는 것만이 아니라,
그 만남이 계기가 되어 평생 서로 의지할
인맥으로 발전할 수도 있다.
인생 초반에 만난 사람과 쌓은 유대감은
이례적으로 강력하다.

제3장

상황을 주도해
자신을 드러내라

▶ 자연스럽고도 강렬한
인상을 남기는 법

재능을 정확하게 평가할 수 있는 능력은 어떤 기업가에게든 결정적으로 중요한 덕목 중 하나다. 나는 월스트리트에서 취업 면접을 보러 다니던 그 시절부터 어떻게 하면 면접장에서 잘해낼 수 있을까 하는 생각을 지금까지 줄곧 해왔다.

금융 세계는 자신의 흔적을 남기고 싶어 하는 유능하고 야심이 넘치는 사람들로 가득하다. 블랙스톤 입사 지원자들을 면접할 때 나는 그들이 과연 우리 회사의 문화에 맞을지 파악하려고 애쓴다. 그리고 우리가 꼭 하는 테스트가 있다. 이른바 '공항 테스트'다. 즉 '우리가 탈 비행기가 꽤 오랜 시간 지연되어 공항에서 꼼짝없이 기다려야 하는데, 그 긴 시간 동안 나는 과연 즐거운 마음으로 이 지원자와 기꺼이 함께 있고 싫을까?' 하는 관점에서 판단하는 테스트다.

나는 수천 번의 면접관 경험 끝에 나만의 면접 방식을 개발했다. 먼저 내가 시도하는 것에 지원자가 반응하는 방식, 즉 언어적인 단서와 비언어적인 단서 모두를 살핀다. 일정한 공식은 없지만 모든 경우에 내 목표는 지원자의 머릿속으로 들어가서 그가 어떻게 생각하는지, 그가 누구이며 과연 블랙스톤에 맞을지 평가하는 것이다.

나도 대부분의 면접관처럼 지원자의 이력서를 읽고 면접을 준비한다. 지원자가 정리한 자기 이야기 속에서 일관성을 찾고 특이한 점이 있거나 특별한 정보가 있으면 메모를 해둔다. 때로 지원자들은 내가 자기 이력서를 그토록 꼼꼼하게 읽었다는 사실에 깜짝 놀라기도 하지만, 대부분은 내가 자기에게 친숙한 주제나 관심사에 대해 질문할 수 있다는 사실에 마음을 놓는다.

내 목표는 지원자와 내가 모두 흥미롭게 여기는 것을 소재로 대화를 시작하는 것이다. 그러나 지원자와 마주 앉기 전까지는 무슨 말을 어떻게 할지 정해두지 않는다. 지원자와 마주 앉는 그 순간에 가서야 나는 직관적으로 판단을 내리고 대화를 시작한다.

때로는 이력서에서 확인한 특이한 사항으로 곧바로 들어가서 질문을 하기도 한다. 어떤 때는 지원자가 입을 열기도 전에 그의 신체 언어가 하는 말에서 단서를 얻고 대화를 풀어나가기도 한다. 행복해 보이는지 불행해 보이는지, 긴장했는지 지쳤는지, 흥분했는지 초조한지 등. 딱딱하고 형식적인 면접 분위기가 아니라 일상적인 대화 분위기가 형성될수록 면접관인 나로서는 지원자의 생각이나 반응, 변화에 대한 적응력을 더 쉽게 평가할 수 있다.

어떤 때는 지원자에게 우리 회사의 직원을 만난 경험이 재미있었는지, 우리 직원이 지원자의 기대치를 만족시켰는지, 우리 회사가 다른 회사들과는 어떻게 다른지 묻는다. 또 어떤 때는 흥미로운 일을 막 끝낸 뒤에 그 일과 관련된 이야기를 지원자에게 해서 지원자가 어떻게 반응하는지 살피기도 한다.

대부분의 지원자는 나의 세상 속으로 빠르게 이끌려 들어오지 않는다. 그러나 그들이 반응하는 방식은 내가 알고 싶어 하는 것을 말해주기도 한다. 지원자가 뒷걸음질하며 물러나는가, 아니면 적극적으로 참여할 수 있는 길을 스스로 찾아내는가? 예상하지 못했던 상황이 지원자를 초조하거나 불편하게 만드는가? 설령 그 대화의 소재가 지원자가 전혀 알 수 없는 주제나 경험이라고 해도 지원자는 나와 자기 사이에서 공통점을 찾아내고 대화를 충분히 즐기는가?

혹은 대단히 흥미롭거나 뉴스 가치가 있는 주제를 놓고 지원자에게 질문하기도 한다. 지원자가 해당 주제에 대해 잘 알고 있는 경우라면 나는 지원자가 논의에 접근하는 방식이 어떤지 살핀다. 지원자가 자기 의견을 가지고 있는가? 지원자가 내리는 평가가 논리적이고 분석적인가? 만일 지원자가 내가 말하는 내용을 모른다면 그가 이런 사실을 인정하는지, 다른 주제로 넘어갈 방법을 찾아내는지, 혹은 모르면서 아는 척하는지 살핀다.

실제로 이것은 불확실성을 다룰 수 있는지 지원자의 능력을 평가하는 테스트이자 훈련이다. 금융, 특히 투자의 세계는 새로운 정보와 새로운 사람, 새로운 상황에 언제든 재빠르게 적응해야만 하는 역동적인 세상이다. 만일 지원자가 나와의 대화에서 이야기를 엮고 풀어나가며 화제를 바꾸는 능력을 보여주지 못하면 블랙스톤 직원으로 채용될 가능성은 그만큼 멀어진다.

우리 직원들은 모두 다르긴 하지만 몇 가지 공통점은 분명히 가지고 있다. 자신감이 넘치고, 지적인 호기심을 가지고 있으며, 새로운 상황에 적응하는 능력이 있다. 또한 압박을 견딜 수 있을 정도로 정서적으로 안정되어 있고 무결점을 지향하는 정신의 소유자다. 이들은 회사가 실행하기로 선택한 모든 것에서 탁월한 성과를 내기 위해 성실하게 실천하고 흔들리지 않는 추진력이 있다.

멋진 사람, 즉 생각이 깊고 세심하며 행동이 품위 있는 사람은 회사에 해를 끼치지 않는다. 아무리 재능이 많다고 해도 멋지지 않은 사람이라면 나는 절대로 채용할 생각이 없다. 블랙스톤이 앞으로도 계속 사내 정치가 없는 회사로 남는 것 역시 내게는 중요한 관심사다. 그러므로 동료를 끌어내리고 제치는 일을 자연스럽게 할 수 있는 사람을 우리는 결코 원하지 않는다.

성공적인 면접을 위한 여덟 가지 조언

내 기준이긴 하지만 취업 지원자들이 면접에 성공할 수 있는 팁을 제공하자면 다음과 같다.

1. 시간을 잘 지켜라

시간을 잘 지켜서 지각하지 않는 것은 지원자가 면접을 얼마나 많이 생각하고 또 면접에 얼마나 많은 준비를 했는지 보여주는 기본적인 지표다.

2. 자기 모습을 있는 그대로 드러내라

면접은 서로를 평가하는 과정이라서 어떻게 보면 스피드 데이트[15]와도 비슷하다. 마음을 편안하고 자연스럽게 가질 때 자신의 진면목이 제대로 드러날 가능성이 높다. 만일 당신이 자기가 어떤 사람인지 있는 그대로 드러내고 그 결과가 채용으로 이어진다면 멋진 일이다. 그러나 결과가 그렇지 않다면 이는 회사가 당신과 맞지 않기 때문이다. 다른 곳을 찾는 게 낫다.

---

15 참가자들이 일정한 장소에서 자리를 옮겨 가며 주어진 시간 동안 여러 명의 이성들과 번갈아가며 대화를 나누면서 마음에 드는 상대를 찾는 데이트 형식을 말한다.

3. 준비를 잘 하라

지원하는 회사에 대해 공부하라. 면접관들은 자기가 처한 환경에서 일어나는 일들을 놓고 토론하는 것을 좋아한다. 그리고 자기가 일하고자 하는 회사에서 직원들이 얼마나 큰 자부심과 열정을 가지고 있는지 미리 알아두는 것도 당신에게는 좋은 준비가 된다. 무엇이 당신을 그 회사에 끌리게 만들었는지, 그 이유가 무엇인지 정리하는 것도 도움이 된다. 면접관은 당신이 그 회사에 지원하는 동기를 알고 싶어 하고 그 동기가 회사의 문화와 잘 맞아떨어질지 알고 싶어 한다.

4. 솔직하라

마음속에 있는 것을 이야기하기를 두려워하지 마라. 면접관에게 강한 인상을 심어주는 데 초점을 맞추기보다는 마음을 열고 솔직한 대화를 추구하는 데 초점을 맞춰라.

5. 자신감을 가져라

수동적으로 애걸하듯이 매달리지 말고 당신이 면접관과 대등하다는 생각을 가지고 접근하라. 대부분의 경우 회사는 상황을 주도하는 능력을 가진 사람을 찾는다. 물론 여기에는 거만한 사람이 아니어야 한다는 조건이 붙긴 한다.

6. 호기심을 드러내라

쌍방향으로 진행되는 면접이 최고의 면접이다. 면접관에게 질문하고, 조언을 구하고, 회사를 위해 일하면서 가장 즐거운 게 무엇인지 물어라. 면접관이 관심을 가지는 사항에서 벗어나지 않도록 노력하는 한편 대화가 쌍방향으로 전개되도록 노력하라. 면접관 역시 말하기를 좋아한다면 자기가 아는 것을 당신에게 공유해줄 수 있다.

7. 질문을 받지 않는 한 정치적 쟁점과 관련된 발언은 하지 마라

어떤 경우든 에둘러서 말하지 말고 직설적으로 말하라. 당신이 옳다고 믿는 것을 이유와 함께 설명하되 논쟁적인 말투는 피하라.

8. 회사에 아는 사람이 있어도 당신이 좋아하고 존경하는 사람일 경우에만 언급하라

면접관은 당신이 사람들을 어떤 안목으로 바라보는지 평가한다는 사실을 잊지 마라.

3

자기를 남에게 드러낼 때는
인상이 중요하다는 걸 명심하라.
당신이라는 전체적인 그림이
올바르게 그려져 있어야 한다.
사람들은 당신이 진정 어떤 사람인지
간파할 수 있는 단서란 단서는
모두 찾아내려 할 것이다.
그러니 시간을 잘 지키고, 진실하고,
또 늘 준비하라.

제4장
어떤 일이든
직접 해봐야
내 것이 된다

초심자의 실수는 피할 수 없다

리먼브라더스에서 내게 첫 과제를 준 사람은 허먼 칸Herman Kahn이라
는 파트너였다. 그는 멀리서 보기만 했지, 만난 적은 한 번도 없었으며
나이 많고 심술궂은 사람이었다. 그는 내게 항공기 좌석을 만드는 어떤
업체에 대한 공정성보증의견fairness opinion[16]을 분석하라고 했다.

기업들은 어떤 거래에서 지급될 가격의 객관적인 평가를 원할 때 은
행들에 공정성보증의견을 요청한다. 내가 조사할 제조업체는 3년 전
매우 높은 가격에 매각되었다. 당시는 항공기 좌석 시장이 정점에 도달

---

[16] 기업 매수와 관련해 피매수 기업의 주식에 지불한 가격이나 과반수 주주가 소액
주주들의 지분을 매입할 때 지불한 가격 등이 공정한가의 여부에 관해 증권회사
등의 전문 기관이 분석 결과에 따라 매수 또는 매도 기업의 경영진에게 제출하는
의견.

해서 뜨거웠기 때문이다. 이후 비행기 판매가 내리 하향세를 보이면서 회사의 가치도 매우 큰 폭으로 떨어져 있었다. 그래서 칸은 1969년에 지급된 가격이 공정했었는지 알아보라고 했던 것이다.

결코 쉬운 분석은 아니었다. 요즘에는 이런 작업을 할 때 필요한 조사와 계산을 컴퓨터와 데이터베이스에 의지하지만 그때는 달랐다. 회사의 지하층에 있는 자료보관실에서 수북하게 쌓여 있는 〈월스트리트 저널〉과 〈뉴욕 타임스〉를 뒤적이며 며칠을 보내야 했다. 10시간씩 신문 잉크 냄새에 파묻혀 있다가 나와서는 계산자를 가지고 지겹도록 계산했다. 너무도 지루하고 불편하기 짝이 없는 일이었지만 업무를 익히려면 반드시 거쳐야만 하는 과정이었다.

나는 68쪽에 걸쳐 그 회사의 역사를 밝히고 주가 흐름뿐만 아니라 미래 전망과 시장 추세 그리고 내가 적절하다고 판단했던 모든 것을 토대로 회사의 가치 변화를 서술했다. 보고서를 읽는 사람이 일목요연하게 볼 수 있도록 색인과 각주도 달았다. 그런 다음 나는 이 아름다운 작품을 들고 파트너들의 사무실이 있는 층으로 갔다. 허먼은 자리에 없었다. 나중에 그가 돌아오면 곧바로 볼 수 있도록 보고서를 책상 위에 놓고 나왔다. 몇 시간 뒤에 전화벨이 울렸다.

"스티브 슈워츠먼?"

허먼은 귀가 잘 안 들렸다. 그의 목소리는 크고 비음이 심해서 귀에 거슬렸다.

"네, 그렇습니다."

나는 약간 긴장했다.

"슈워츠먼! 나 허먼 칸인데! 자네 메모 봤어! 56쪽에 '오자'가 하나 있잖아!"

그러고는 전화를 끊어버렸다. 나는 56쪽을 펼쳤다. 내가 발견한 유일한 실수는 쉼표 하나의 위치가 잘못된 것뿐이었다.

'젠장, 여기가 하버드 비즈니스스쿨인가? 이 사람들은 도무지 여유가 없어. 할 수 없지 뭐. 이 사람들의 잣대에 맞춰서 살려면 이들에게 맞추는 걸 배워야지.'

그것 말고는 그 프로젝트와 관련해 허먼으로부터 따로 들은 말은 단 하나도 없었다.

▶ 설득의 기본: 상대방이 보다 쉬운 결정을 하게 하라

몇 달 뒤 나를 비롯해 거래 담당 팀들과 그 외 회사 사람들이 이사회로 소환되었다. 리먼브라더스는 샐리메이Sallie Mae[17]의 전신인 스튜던트론 마케팅 어소시에이션Student Loan Marketing Association(이하 SLMA)의 기업공개IPO 주관사였다. 우리는 당시 상당히 큰 금액인 1억 달러를

───── 17 1972년 설립된 미국의 대학 학자금 대출 전문기관.

조성하기로 되어 있었다. 그런데 그때까지 조성된 금액은 1,000만 달러밖에 되지 않았다. 수석 트레이더이자 회사의 2인자였던 루이스(루) 글룩스만Lewis Glucksman은 실적이 왜 그렇게 저조한지 알고 싶어 했다. 나는 그 팀에서 나이가 가장 어렸고 가장 신참이었으며 그 저조한 실적에 책임이 있는 사원이기도 했다. 루는 탁자에 앉아 있는 사람들을 죽 훑어보다가 마침내 내게 시선을 고정시키는가 싶더니 곧 비명을 지르듯 고함을 질렀다.

"자넨 대체 뭐 하는 사람이야? 똑바로 앉지 못하는 이유가 뭐야?"

얼굴이 뜨겁게 달아오르는 게 느껴졌다. 사람들이 모두 시선을 짐짓 다른 곳으로 두었다. 나중에 내 사무실로 돌아오는데 온몸이 덜덜 떨렸다. 잠시 뒤 사람들이 한 명씩 찾아와서 위로하며 내가 잘못한 건 하나도 없다고 안심시켜주었다.

그날 그 회의에서 나는 두 가지를 얻었다. 하나는 중요한 회의 때는 자세를 똑바로 하고 앉는 습관이다. 그때 이후 지금까지 나는 그렇게 하고 있다. 다른 하나는 루 글룩스만의 관심이었다. 나중에 그는 사람들에게 나에 대해 물어보고 좋은 이야기를 들었던 게 분명하다. 왜냐하면 그런 일이 있은 직후에 내게 전화해서 그 잘못된 기업공개 건을 바로잡는 일을 하라고 말했기 때문이다. 나는 자금을 조성한 적도 없었고 그것을 어떻게 하는지도 전혀 알지 못했다. 그러나 나 혼자서 알아내려고 할 때보다 더 많은 것을 알았다. 잘 모를 때는 다른 사람들에게 도움을 청했기 때문이다.

내 선임 사원인 스티브 펜스터Steve Fenster는 회사에서 나와 가장 친한 친구가 되었다. 금융계에 발을 들여놓기 전에는 로버트 맥나마라 Robert McNamara[18]의 '신동들'whiz kids 중 한 명이었다. '신동들'이란 맥나마라가 1960년대에 국방부를 현대화하기 위해 젊고 똑똑한 사람들로 구성한 집단이었다.

그는 진실을 캐내는 힘을 가지고 있었다. 다른 사람들이 똑같이 보면서도 파악하지 못하는 것을 알아내는 드문 재능이었다. 우리는 거의 매일 밤 이야기를 나누었다. 그는 대출 구조들, 채무 증서들, 온갖 인수합병 사례들, 금융회사 시스템 등을 예로 들어가며 기업공개와 합병이 어떻게 돌아가는지 설명해주었다.

또한 그는 회사에서 괴짜로 소문이 자자했다. 늘 짙은 색 양복에 줄무늬 넥타이 차림이었고 구두는 윙팁(앞코 부분에 'W'자 무늬가 있는 구두)만 신었는데 휴가 때는 로퍼를 신었다. 한번은 휴가를 보내다 거기서 곧바로 고객을 만나러 가야 할 일이 생겼다. 휴가를 떠나올 때 윙팁을 챙기긴 했는데 실수로 왼쪽 윙팁만 두 개를 챙겼다. 그는 업무상 사람을 만날 때 로퍼를 신는 행위는 용인할 수 없었다. 결국 그는 윙팁을 신기로 했다. 그러니까 왼쪽 발에 왼쪽 윙팁을, 오른쪽 발에도 왼쪽 윙팁을 신었던 것이다. 상대방이 이를 몰라볼 리 없었다. 이토록 특이한 인물이었지만 워낙 똑똑했기에 아무도 그런 괴짜 같은 행동에 신경 쓰지 않았다.

---

18 미국의 기업인이자 정치가. 포드자동차 사장이었으며 케네디 정부의 국방부 장관을 지냈다.

"기업공개니, 합병이니 하는 게 결코 어려운 게 아니야."

그는 나를 진정시키려고 노력하면서 내가 가장 최근에 했던 과제에 대해 말했다.

"이게 좋은 투자일 수밖에 없는 이유를 설명하는 모델 하나를 만드는 것일 뿐이야. 모든 것은 그저 차액(마진)일 뿐이라고."

회사는 다른 데서 돈을 빌린 다음에 이 돈을 자기가 빌릴 때의 이자보다 더 높은 이자를 붙여서 남에게 빌려주는 방식으로, 즉 예대마진으로 돈을 벌었다. 내가 해야 했던 일은 그저 얼마나 많은 돈을 빌릴 수 있는지 계산한 다음 이것을 기초로 회사의 잠재수익을 결정하는 것이었다.

"그다음에는 금융기관에 가서 그들이 어떤 기업의 주식을 사는 게 좋은지 설명하고 그렇게 할 마음이 들 수밖에 없는 이유를 보여주기만 하면 돼."

나는 관심을 가질 투자자들과 기관들을 파악한 다음 SLMA를 투자 포트폴리오의 한 부분으로 확보하는 게 필요하다는 내용으로 그들을 설득할 주장과 근거를 정리했다.

그런데 그 회사는 대학생을 대상으로 대출을 하는 회사였으므로 우선적으로 설득해야 할 곳이 대학교라는 결론을 내렸다. 하버드 대학교가 가장 큰 규모의 큰 연기금을 가지고 있었다. 나는 하버드에 전화해서 연기금 관리를 책임지고 있던 조지 퍼트넘George Putnam과 약속을 잡았다. 그는 거대 뮤추얼펀드 회사인 퍼트넘인베스트먼츠Putnam Investments의 책임자이자 설립자였다. 투자 설명서 달랑 하나만 들고 투자자를 만나야 하는 투자은행 1년차 직원이 퍼트넘 같은 사람을 만난다는 것은 이 업계의 신을 만나는 것이나 마찬가지였다.

나는 투자 설명서를 탁자에 놓고 표지를 넘기면서 막 설명을 하려고 했다.

"슈워츠먼 씨."

그는 나를 제지했다. 그러고는 이렇게 말했다.

"우선 그 문서를 덮어주시겠습니까?"

그가 시키는 대로 문서를 덮긴 했지만 무슨 말을 들을지 초조했다.

"슈워츠먼 씨, 'UJA'라고 들어본 적 있습니까?"

UJA는 1939년에 설립된 유대인 자선 단체 'United Jewish Appeal'의 약자였다. 그 세 글자가 조지 퍼트넘의 입에서 갑자기 나오리라고는 생각도 못 했다.

"네, 들어본 적 있습니다."

"그렇다면 '카드 콜링'card calling은요?"

카드 콜링은 UJA가 기금을 조성하는 만찬 자리에서 진행되었던 관행이었다. 의장이 잠재적인 기부자의 이름을 줄줄이 말하면서 이 사람들이 작년에 냈던 기부금 액수를 발표하면 사람들은 자기가 올해 얼마를 내야 할지 마음속으로 판단했다. 즉 기부금 기대치의 일정한 기준을 제시함으로써 일종의 또래압력peer pressure(동료 집단으로부터 받는 사회적 압력)을 실행하는 방식이었다.

"자, 그럼 시작해봅시다. 당신은 이렇게 말하면 됩니다. '퍼트넘 씨, 당신은 하버드 대학교의 회계 책임자이고 저는 지금 미국 최대 규모가 될 대학생 대출 사업을 시작하려고 합니다. 저는 당신이 이 사업에 2,000만 달러를 투자할 것이라고 예상하고 그렇게 적어뒀습니다'라고요. 자, 한번 해보세요."

나는 그가 시키는 대로 했다. 그러자 그가 말했다.

"그거 멋진 아이디어군요. 2,000만 달러 들어가겠습니다."

사실 그는 나를 만나기 전에 이미 그 회사에 대해서 알고 있었으며 내가 어떤 식으로 투자를 권유하든 내 말에 설득될 사람은 아니었다. 그는 단지 얼마를 투자할 것인지 결정하는 부분에서 나의 도움을 원했을 뿐이었다.

"그럼 이제 당신이 할 일은 일어나 기차를 타고 뉴헤이븐으로 간 다음, 예일 대학교의 회계 책임자를 만나서 '아무개 씨, 저는 지금 미국 최대 규모가 될 대학생 대출 사업을 시작하려고 합니다. 저는 예일 대학교가 이 사업에 1,500만 달러를 투자할 것이라고 예상하고 그렇게 적어뒀습니다'라고 말하는 겁니다. 그렇게 한번 해보시고 어떤 일이 일어나는지 보세요. 거기서 볼일이 끝나면 다시 기차를 타고 프린스턴 대학교에 가세요. 그리고 1,000만 달러를 요구하세요."

그렇게 대학교들을 순례하고 나자 샐리메이를 설립할 자금 1억 달러가 거의 조성되었다. 퍼트넘은 내게 투자금을 조성할 때의 교훈 하나를 일러준 것이었다. 나는 이 교훈을 평생 마음에 새겼고 블랙스톤에서 수많은 펀드의 자금을 조성할 때도 활용했다. 투자자들은 언제나 위대한 투자가 될 만한 것을 찾는다. 그들이 보다 쉬운 결정을 내릴 수 있게 해줄수록 관계된 모든 사람이 이득을 본다.

최고의 선수는
철저한 반복 훈련으로 만들어진다

펜스터와 퍼트넘은 좋은 스승이었다. 그러나 나는 실수를 통해서도 교훈을 얻었다. 1년차 말에 나보다 몇 살 더 많고 똑똑하면서 허튼짓을 용납하지 않는 전직 해군인 에릭 글리처Eric Gleacher와 함께 비행기를 타고 이동하던 중이었다. 그는 막 파트너로 승진한 리먼브라더스의 동료였다. 출장지는 세인트루이스였고 출장 목적은 어떤 식품가공업체로부터 편의점 사업부를 분리하는 일과 관련된 것이었다.

나는 여러 가지 옵션을 곁들인 재무 자료를 준비했고 프레젠테이션은 에릭이 할 예정이었다. 요즘 투자은행은 팀 규모가 크지만 당시에는 지금보다 훨씬 작았고 프레젠테이션을 여러 차례 점검하고 확인하는 부지런함도 없었다.

비행기 좌석에 자리를 잡고 앉은 뒤에 나는 내가 정리한 자료를 에릭에게 건네주었다. 그런데 그는 첫 페이지를 넘기면서 얼굴을 잔뜩 찡그렸다. 다음 페이지에서는 한층 더 기묘한 눈길로 훑어 내려갔다. 세 번째 페이지를 읽고 나서는 이렇게 말했다.

"스티브, 자네가 실수를 한 것 같은데?"

그리고 보니 숫자 하나를 잘못 썼다. 그 바람에 그 뒤에 이어진 여러 계산들이 모두 잘못되었다.

"완전히 개판이야. 그래도 프레젠테이션은 할 수 있을 것 같아. 잘못된 부분은 빼서 찢어버려. 나머지를 가지고 내가 어떻게든 해볼 테니까. 그럼 돼."

허먼 칸은 오자 하나를 두고 불같이 화를 냈었다. 그런데 지금 내가 똑같은 실수로 프레젠테이션 문서를 엉망으로 만들어버린 것이었다. 에릭은 신문으로 얼굴을 덮고 누웠고, 나는 프레젠테이션 때 나눠 줄 문서의 복사본을 모두 꺼내서 잘못된 부분을 찢어냈다. 비행기가 세인트루이스에 착륙한 다음에는 택시를 타고 회사로 갔다. 그때까지도 에릭은 아무 말도 하지 않았다. 이사회실에 자리를 잡고 앉은 뒤에 에릭이 사람들에게 문서를 나눠 주었다. 그러고는 인사말을 한 뒤 프레젠테이션에 들어갔다.

"자, 먼저 자료를 봐주십시오. 보고 계신 자료의 분석 내용을 보면…. 아, 저희가 통계 관련해서 실수를 하나 했네요. 죄송합니다."

그는 테이블 위로 손을 뻗어 이사들이 들고 있던 프레젠테이션 문서를 모두 회수했다.

"지금부터 저는 숫자는 전혀 언급하지 않고 말씀을 드리겠습니다."

알고 보니 비행기에서 내가 얼마나 당황했던지 잘못된 페이지들을 찢어낸 게 아니라 멀쩡한 페이지들을 찢어냈던 것이다. 그 사실을 알고 나니 부끄러워서 쥐구멍이라고 찾고 싶은 마음이었다. 우리는 회사에서 나와 택시를 타고 다시 공항으로 향했다. 둘 다 한마디도 하지 않았다. 비행기에 탑승하기 직전에 에릭은 나를 돌아보면서 이렇게 말했다.

"만일 한 번만 더 이런 실수를 한다면 바로 그 자리에서 해고해버릴 거야."

고통스러운 경험이긴 했지만 리먼브라더스는 내게 꼭 필요했던 학교였다. 다른 기술들이 그렇듯 재무도 배우고 익혀야만 하는 기술이다.

말콤 글래드웰이 《아웃라이어》에서 지적했듯이, 비틀즈는 아마추어 밴드에서 전설의 밴드가 되기까지 1960~1962년 동안 함부르크에서 하루 여덟 시간씩 연주하는 혹독한 훈련 과정을 거쳤다. 빌 게이츠가 최초의 개인용 컴퓨터에 들어갈 소프트웨어를 만들기까지는 10대 시절 워싱턴 대학교에 있던 컴퓨터들과 수많은 시간을 보냈다. 마찬가지로 금융 분야에서 성공한 사람들이 그야말로 달인이라는 소리를 들을 정도가 되려면 그전에 수없이 많은 반복 훈련을 해야 한다. 리먼브라더스에서 나는 일이 진행되는 모든 과정을 보고 배웠다. 그리고 그중 하나라도 잘못되면 전체가 무너질 수 있는 모든 세부적인 사항들에 대해 철저하게 훈련받았다.

법률이나 언론 같은 다른 분야에 종사하다가 금융계로 자리를 옮긴 사람들도 있다. 그러나 내가 일을 함께 해본 경험을 놓고 따지자면 그래도 최고의 선수라고 꼽을 수 있는 사람들은 처음부터 금융계에 들어와 밑바닥에서부터 배운 이들이었다.

일을 배울 때는
잭 웰치처럼

리먼브라더스에서 2년차가 되었을 때 새로운 회장 겸 CEO가 왔다. 피트 피터슨이었다. 그는 미디어 설비 제조업체인 벨 앤드 하월Bell and Howell의 CEO였으며 리먼브라더스에 오기 직전에는 닉슨 정부의 통상부 장관으로 재직했다. 그는 많은 CEO들을 알고 있었고 재계와 정부 인사들로부터 존경을 받았다.

그런데 리먼브라더스에 와서 그는 회사가 재무 관련 문제를 안고 있음을 깨달았다. 심지어 그게 다가 아니었다. 내가 하버드 비즈니스스쿨 시절에 썼던 논문에서 회사를 망하게 만들 수도 있다고 예측했던 내부 암투의 분위기가 무르익었던 것이다.

다행히 피트에게는 그와 뜻을 같이하는 사람이 있었다. 케네디 정부와 존슨 정부에서 국무부 부장관을 역임했으며 나중에는 UN 대사직까지 맡았던 파트너 조지 볼George Ball이었다. 두 사람은 국제적인 인맥을 동원해 이탈리아 상업은행Banca Commerciale Italiana을 설득했고 마침내 이 은행에서 회사의 생존을 보장받을 수 있는 자금을 제공받기로 했다.

리먼브라더스가 기운을 회복해서 마침내 산소호흡기를 뗐을 때 피트는 전 직원을 상대로 아이디어를 구했다. 나도 입사한 지 1년이 지났을 때라 재무 관리와 투자은행업을 아우르는 전략적인 계획을 작성할 능력은 충분했다. 일주일 뒤에 나는 계획서를 만들어 제출했고 피트가 전화를 해서 보자고 했다. 그렇게 만난 자리가 끝나갈 무렵 그가 이렇게 말했다.

"자네는 유능한 청년인 것 같으니까, 앞으로 자네와 나는 함께 일을 해야만 하네."

피트가 했던 말의 요지는 자기가 비록 똑똑한 사람이긴 하지만 금융이나 투자은행업에는 아무런 경험도 없다는 것이었다. 그는 누구에게든 질문을 다섯 번씩 해댔고 사람들은 그와 함께 있는 것을 질려 했다. 그는 거침없이 많은 질문을 하고 다녀서 회사가 안고 있던 문제의 핵심을 알 수 있었지만 그 과정은 험난했다.

피트의 말에 나는 이렇게 대답했다. 만일 그가 정말로 이 업에 대해 잘 모르고 나는 여전히 배울 것이 너무 많은데 둘이 함께 일한다면, 그것은 눈이 하나밖에 없는 사람이 눈이 먼 사람을 이끌고 가는 것이나 마찬가지 아니냐고 말이다. 그래서 나는 내 실력이 더 좋아질 때까지 기다려 달라고 제안했다.

피트는 나의 솔직함을 좋은 뜻으로 받아들였다. 그런데 2년쯤 지난 뒤에 그가 다시 불렀다. 그는 자기 팀의 일원이 되어달라고 했고 나는 그렇게 했다. 우리는 서로에게 잘 맞는 짝이었다. 나는 피트가 놓친 것이 뭔지 알았고 그의 방식대로 하지 않을 만큼 젊었다.

어느 날 그는 제너럴일렉트릭General Electric(이하 GE)의 CEO 레지날드(레그) 존스Reginald Jones와 점심을 먹는 자리에 나를 불렀다. 두 사람은 제너럴푸드General Foods 이사회에 함께 이름을 올리고 있었으며 오래전부터 친구 사이였다. 레그는 자기가 아끼며 훈련시키고 있는 젊은 이사를 피트가 만나보면 좋을 것 같아 데리고 나왔다면서 내게도 소개해주었다.

"인사하게. 이 친구가 잭 웰치야."

"스티브, 만나서 반가워요."[19]

그의 목소리는 고음으로 카랑카랑했고 보스턴 억양이 강했다. 이어서 피트가 말했다.

"레그가 잭을 이 자리에 데리고 온 건 잭이 GE의 차기 CEO이기 때문이네. 물론 이건 현재로서는 보안 사항이야. 레그는 우리가 잭에게 금융에 대해 여러 가지를 가르쳐줬으면 하는데, 그 일을 자네가 해주면 좋겠네."

"알겠습니다."

멈칫거리긴 했지만 나로서는 그렇게 대답할 수밖에 없었다.

"네, 네, 네! 정말 좋습니다!"

'"네, 네, 네!"를 입에 달고 다니는 카랑카랑한 목소리의 이 사람이 GE의 CEO가 된다고?'

그렇다면 그는 정말 천재거나, 아니면 레그가 헛다리를 짚은 게 분명했다. 그러나 잭이 금융을 배우러 왔을 때 나는 1분도 지나지 않아서 레그가 헛다리를 짚은 게 아님을 알았다. 잭은 대단한 인물이었다. 그에게 뭔가를 가르쳐본 사람이라면 그가 마치 진공청소기처럼 지식을

---

19 1935년생의 잭 웰치는 슈워츠먼보다 열두 살 더 많다.

빠르고 완벽하게 흡수한다는 사실을 알 것이다. 이런 사람을 나는 그 전에도, 그 후에도 본 적이 없다. 그는 끊임없이 질문했으며 폭포수처럼 무자비한 질문 공세를 단 한 번도 멈추지 않았다. 또한 한 개념과 다른 개념 사이의 연결성을 즉각적으로 파악했다. 심지어 난생처음 듣는 개념들이라고 해도 그랬다. 그는 마치 타잔처럼 이 나무에서 저 나무로 빠르게 옮겨 가면서도 결코 넝쿨을 놓치는 법이 없었다. 그렇게 그는 내가 가르치는 속도보다 더 빠른 속도로 학습했다.

잭을 알게 되면서, 그가 실천하는 모습을 바라보면서 사업에 가장 중요한 자산은 정보라는 나의 믿음은 한층 더 단단해졌다. 많은 것을 알면 알수록 그만큼 더 폭넓은 눈을 가지게 되고 더 많은 연결점들을 만들어낼 수 있는데, 이 눈과 연결점들이 있기 때문에 장차 어떤 쟁점들이 부각될지 예상할 수 있다.

잭은 1981년에 GE의 회장이 되었고 미국 역사상 가장 위대한 CEO로서의 여정을 시작했다. 피트의 소개 덕분에 나는 오랫동안 잭과 우정을 나누게 되었다. 수십 년이 지난 지금도 잭을 생각하면 놀라울 뿐이다. 잭을 만났다는 사실 자체가 나에게는 큰 선물이었다.

월스트리트와 재계는 좁은 세상이다. 좋은 학교나 큰 회사에서 출발해 또래에서 최고인 사람들과 함께 우여곡절을 겪으며 걸어가다 보면 어느 사이엔가 그들을 만나게 된다. 예일 대학교, 하버드 비즈니스 스쿨, 예비군, 사회 초년생 시절 월스트리트에서 만났던 많은 친구들이 지금도 여전히 친구로 남아 있다. 그들과 맺었던 관계는 상상도 못 했던 온갖 방식으로 내 인생을 풍성하게 만들어주었다.

4

젊을 때는 많은 것을 배울 수 있고
고강도의 훈련을 받을 수 있는 일을 선택하라.
첫 일자리는 경력에 주춧돌이 되기에
매우 중요하다.
그러니 단순히 업계 일류라거나
남들에게 그럴듯하게 보인다는 이유만으로
직장이나 일자리를 선택하지 마라.

제5장

리스크 없는
거래란 없다

〉 게임에서 이기려면 멘탈부터 관리하라

투자은행가가 하는 일은 변화를 다루는 일이다. 그것도 스트레스가 가득 차서 터질 듯이 팽팽한 상황을 다룬다. 투자은행가는 기업 인수를 제안하기도 하고 사업부 매각을 제안하기도 한다. 이 과정에서 인수 대상 기업을 물색하며 매각할 사업부나 기업을 인수할 투자자 또는 기업을 물색한다. 또 어떤 회사에게 사업을 확장할 자금을 조성하기 위해 부채를 늘리라고 제안하기도 하고, 자사의 주가가 낮을 때 자사주를 매입하라고 제안하기도 한다. 그런 변화를 어떻게 주도하고 관리하느냐에 따라 투자은행가의 성공과 실패가 갈린다.

1978년 말, 내가 리먼브라더스에 입사한 지 6년 되었을 때였다. 내 책임은 훌쩍 커져 있었고 내 이름은 파트너 승진 후보자 명단에 올라 있었다. 어느 금요일이었다. 나는 시카고에 출장 가 있었는데 오렌지주스 회사인 트로피카나Tropicana의 CEO 켄 바너비Ken Barnebey가 전화했다. 그해에 나는 플로리다주 브레이든턴에 있는 트로피카나 본사에서 그를 만나 금융과 관련된 여러 가지 제안을 했었다. 비록 조금 더 친해지고 싶다는 의미의 일상적인 만남이었지만 언젠가 그가 사업과 관련된 제안을 해오면 좋겠다는 기대는 당연히 했었다.

"우리가 지금 매우 민감한 상황에 놓여 있는데 이 문제와 관련해 당신과 상의를 하고 싶습니다. 어떤 회사가 우리를 인수합병하려고 움직이고 있습니다. 이럴 때 어떻게 대처하는 게 좋을지 이런저런 생각을 하고 있는 중이거든요."

다른 문제가 없다면 브레이든턴에 와서 이사회에 참석해 얘기를 좀 해달라고 했다. 이사회는 오전 8시 30분에 열릴 예정이라고 했다. 동료 테디 루스벨트가 일정을 포함해서 그 밖의 다른 문제가 없는지 확인해주었다. 만일 리먼브라더스의 다른 사업부나 팀이 트로피카나와 관련이 있는 거래를 진행하고 있다면 내가 끼어들어서는 안 되었기 때문이다. 다행히 아무런 문제가 없다는 게 확인되었다.

나는 켄에게 다시 전화했고 켄은 인수합병하겠다는 측에서 제시한 조건을 상세하게 설명했다. 가격은 원칙적으로 이미 합의된 상태였고 인수자는 매각자가 매각 대금으로 받게 될 현금 및 증권의 조합을 세 가지로 제시했다. 내가 할 일은 이사회 측 입장에서 각각을 평가하고 그중 하나를 추천하는 것이었다.

시카고에선 눈보라가 거세게 몰아치고 있었다. 새러소타-브레이든턴 공항으로 가는 모든 비행기가 지연됐다. 마침내 비행기에 탑승했을 때는 밤늦은 시각이었고 좌석은 거의 비어 있었다. 비행기가 눈보라를 뚫고 남쪽으로 향하는 동안 트로피카나가 제안받은 거래를 최대한 빨리 이해할 수 있는 방법은 《스톡 가이드》Stock Guide를 뒤적이는 것뿐이었다. 상장기업의 기본적인 재무 상태를 담고 있는 책이었다.

나는 트로피카나를 찾아 수익 관련 지표 및 그 밖의 다른 지표 몇 가지를 확인했다. 얼마나 많은 돈을 벌고 있는지, 수익률은 얼마나 되는지, 대차대조표상의 부채와 자본은 얼마나 되는지를 봤다. 이것들은 기업의 재무 건전성을 확인할 수 있는 가장 기본적인 수치다. 나는 동종 업계에 속한 다른 식품회사들의 재무 상황도 함께 살피면서 트로피카나가 이들과 비교해 어느 정도 수준의 재무 건전성을 확보하고 있는지 살펴봤다. 그러나 1973년에 있었던 주식시장 붕괴 이후로 이 부문에서는 인수합병 움직임이 거의 없었기에 그 거래와 관련해서 내가 참고할 만한 최근 사례는 거의 없었다.

우리를 태운 비행기는 오전 4시에 공항에 착륙했고 택시를 잡아타고 모텔까지 다시 한 시간 반이 더 걸렸다. 나는 침대에 잠깐 누웠다가 샤워를 했다. 출장지였던 시카고에서 곧바로 뉴욕으로 돌아갈 계획이었는데 갑자기 브레이든턴으로 날아왔던 터라 갈아입을 속옷과 셔츠가 없었다. 어쩔 수 없이 입었던 옷을 그대로 입어야만 했다. 그래도 머리는 최대한 깔끔하게 보이려고 노력했다. 오전 7시 30분에 트로피카나 본사에 도착했다. 켄이 나를 보자마자 말했다.

"지금 우리는 매우 급합니다. 이미 거래를 원칙적으로 승인한 상태라서 말입니다. 인수자인 비어트리스Beatrice도 거래를 승인했고요. 월요일에 시장이 문을 열 때 우리는 거래와 관련된 사항을 공시해야 합니다. 그러니까 그때까지 모든 걸 말끔하게 해결해야 한다는 뜻이죠. 비어트리스는 인수 대금을 지급할 방법을 세 가지로 제시하고 있습니다. 하나는 보통주와 일반적인 우선주의 조합이고, 그다음은 보통주와 전환우선주의 조합이며, 마지막은 보통주와 현금의 조합입니다. 이 셋 중에 어떤 것을 선택하는 게 좋을지 판단해서 얘기해주면 됩니다. 이사회가 시작되기까지는 앞으로 한 시간이 남았네요."

나는 잠을 전혀 자지 못한 상태였으며 내 옆에는 나를 도와줄 파트너도 없었다. 파트너는커녕 일반 사원도 없이 나 혼자였다. 게다가 나는 여태까지 합병을 다뤄본 적이 한 번도 없었다. 나는 나 자신에게 속으로 이렇게 말했다.

'넌 지금 심각하게 곤란한 상황에 놓였어. 이제 대체 어쩔 거야?'

처음 월스트리트에 발을 들여놓았을 때는 업무 스트레스에 무방비 상태였다. 협상의 모든 조건이 승자와 패자가 명백하게 갈리는 싸움이었다. 이 업계에 몸담은 사람들은 맛있는 파이를 모든 사람이 사이좋게 나눠 먹는 데는 관심이 없었다. 그들은 모두 파이를 오로지 자기 혼자만 먹길 바랐다. 이런 분위기에서 내가 어떤 의사결정을 내리는 위치에 있고 내 주변의 온갖 목소리들이 자기주장을 하면서 점점 커질 때면 나는 심장박동이 빨라지고 호흡이 얕아지곤 했다. 그 때문에 효율적으로 행동하지 못하고 인지반응을 통제하는 힘도 한층 무력해졌다.

이런 상태를 제어하는 방법은 호흡에 집중하면서 감정을 차분하게 내려놓고 어깨에 힘을 빼는 것이다. 그러다 보면 호흡이 한층 길어지고 깊어진다. 다행히도 머리가 다시 맑아졌다. 내가 그 게임에서 승자가 되려면 무엇이 필요한지 보다 객관적이고 이성적으로 바라볼 수 있었다.

▶ 선택과 집중으로 승률을 높여라

브레이든턴에서 맞은 그날 아침에도 나는 호흡을 가다듬었다. 그 상황이 내게 아무런 스트레스도 주지 않는 것처럼 모든 사람을 대하고 모든 쟁점을 명료하게 파악할 수 있을 때까지 그렇게 했다.

상대적으로 짧은 경력이지만 나는 거래라는 것이 결국에는 양측 당사자들이 가장 중요하게 여기는 몇 가지 핵심 사항들로 압축된다는 사실을 깨달았다. 다른 모든 것을 치워버리고 핵심 사항들에만 집중할 수 있다면 승률이 높은 협상자가 될 수 있다는 말이다. 모든 목소리와 서류들, 마감 시한에 압도되어서는 안 된다. 켄과 이사회가 내게 원하는 것은 명료한 생각이었다.

만일 트로피카나의 주주들이 자기 몫의 50퍼센트 이상을 비어트리스 주식으로 받는다면 세 가지 방안의 조합 구조에서 주식이 차지하는 비율은 면세 대상에 포함된다. 가장 단순한 구조는 보통주와 현금 조합이다. 비어트리스가 트로피카나의 주주들에게 4억 8,800만 달러라는 인수 대금의 51퍼센트를 자기 주식으로 지급하고 나머지를 현금으로 지급하는 방식이다. 다른 두 가지 지급 방식은 비어트리스와 트로피카나가 합병한 이후 회사 미래를 어떻게 전망하느냐에 따라 선택 여부가 달라진다. 만일 그 미래를 매우 긍정적으로 확신한다면 우선주 방식을 택할 수 있다. 의결권을 갖지는 않지만 보통주 주주들에게 배당금이 지급되기 전에 보장된 배당금을 우선적으로 받을 수 있기 때문이다. 만일 그 거래가 정말 좋은 것이라고 느낀다면 일반 우선주가 아니라 전환우선주를 선택하면 된다. 비록 배당금은 적겠지만 언제든 보통주로 바꿀 수 있기 때문이다. 그래서 합병된 이후의 회사 주가가 오를 때는 상한선 없이 그 혜택을 몽땅 누릴 수 있다는 말이다.

그렇지만 회사가 미래에 어떻게 될지 나 혼자서는 도저히 알아낼 수 없는 노릇이었다. 피곤에 절었고 눈도 흐릿했던 터라 조언이 필요했다. 만일 그 거래가 잘못되기라도 할 경우 나를 막아줄 방어막도 필요했다. 나는 피트에게 전화했다.

"한 시간 뒤에 트로피카나 이사회에 참석해서 의견을 제시해야 하는데 어떻게 하면 좋을까요?"

그러자 피트는 루 글룩스만에게 먼저 전화를 해보고 수석 뱅킹 파트너인 로버트(밥) 루빈에게 전화해보라고 했다. 나는 루에게 전화했다. 그는 잠을 자고 있다가 전화를 받았다.

"루, 《스톡 가이드》에 따르면 수치들이 이렇고 저렇고 합니다."

"그렇다면 내 생각에는 그 가격이 적당한데 뭘."

그러면서 루는 세 가지 조합 가운데 하나를 추천했다. 이어서 나는 밥 루빈에게 전화했다.

"지금 여기 트로피카나인데 루와 통화했고 피트와 통화했습니다. 지금 상황이 이렇고 저렇고 한데 제가 어떻게 해야 할까요?"

"가격이 괜찮아 보이는데…. 대금 제시 방식은 취향에 따라 달라질 수 있지 않을까?"

이사회에 참석할 이사 다섯 명이 도착했을 때 나는 적어도 조금은 더 자신감을 가질 수 있었다. 그런데 회의실에 속기사 한 명과 녹음기 두 대가 있는 게 눈에 들어왔다. 내가 하는 모든 말이 기록되고 녹음된다는 뜻이었다. 이사회 의장인 앤서니 로시Anthony Rossi는 영화 〈대부〉에서 토마토 농장에서 무릎을 꿇고 죽기 직전에 손자와 장난을 치면서 놀던 말론 브란도처럼 생겼는데 심지어 목소리까지 비슷했다.

"어서 오세요. 슈워츠먼 씨."

그는 자기 옆자리를 손으로 가리키며 말했다.

"'여기' 앉아요. 내 옆자리에."

그는 청년이었을 때 시칠리아에서 미국으로 이민 왔다. 플로리다에 도착해서는 잡화점을 열었고 나중에 감귤류 사업에 뛰어들어 트로피카나를 설립했다. 그가 이 회사를 얼마나 빡빡하게 운영했던지 일을 하는 동안 주의가 산만해진다는 이유로 어떤 직원도 창문이 있는 사무실을 가질 수 없게 했을 정도다. 오로지 자기 사무실에만 창문을 두었다. 이 창문을 통해 그는 트럭들이 오렌지를 싣고 드나드는 것을 지켜보면서 아무도 도둑질을 할 수 없도록 철저하게 단속했다.

그는 침례교 신자였으며 자기가 번 돈을 종교 재단에 기부하겠다는 계획을 가지고 있었다. 금융 전문가는 아니었지만 튼튼한 회사를 일궈 나갈 만큼 충분히 명석하고 빈틈이 없는 인물이었다. 그랬기에 그를 대하는 순간 내 머리는 한층 더 맑아질 수 있었다.

"자, 그럼 우리에게 말해주세요. 우리에게 제시할 당신의 조언은 뭔가요?"

스트레스를 관리하는 또 다른 방법은 바로 잠시 뜸을 들이는 것이다. 내가 그렇게 뜸을 들이는 순간을 사람들은 언제나 좋아했다. 심지어 그런 행위가 사람들을 안심시키는 것 같았다. 내가 뜸을 들이면 사람들은 곧 내 입에서 나올 말을 듣고 싶어서 더욱 조바심을 냈다. 나는 로시의 말을 듣고 잠시 뜸을 들인 뒤에 입을 열었다.

"…첫 번째로 드릴 말씀은, 여러분은 회사를 매각할 필요가 없다는 것입니다."

로시가 내 말을 듣고 있다는 사실이 중요했다. 그가 여전히 통제력을 가지고 있다고 느끼는 사실이 중요했던 것이다.

"그러나 여러분이 이미 그 결정을 했으므로 그다음에 해야 할 일은 제시받은 가격이 매력적인지 아닌지 파악하는 겁니다. 여러분이 이미 그 가격에 만족하고 있다고 알고 있습니다. 제 의견도 같습니다."

나는 비어트리스의 재무 상태를 고려할 때 이 회사에 대해서는 마음을 놓아도 된다고 말했다. 그런 다음 각각의 대금 지급 방식에 대해 상세한 내용을, 특히 세금과 타이밍 등의 여러 쟁점들을 루와 밥이 전화로 일러줬던 통찰에 의지해서 설명했다. 그리고 로시에게 합병 후 이 회사의 주가가 뛴다면 전환우선주가 얼마나 이익을 안겨다줄지 설명했다. 한 시간 반에 걸친 논의 끝에 이사회는 전환우선주와 현금 조합 방식을 선택했고, 내게는 비어트리스의 인수합병 주관 은행인 라자르와의 거래 조건을 매듭지어달라고 요청했다.

회의가 끝난 뒤 나는 엘런에게 전화를 걸었다. 그렇지 않아도 그녀는 내 전화를 무척 기다리고 있었다. 예정대로라면 나는 전날 밤에 집에 도착해 있어야 했기 때문이다.

"여보, 미안해."

"지금 어디야?"

"플로리다주 브레이든턴. 방금 끝내주는 거래 하나를 내 손으로 처리했어."

그 사실은 나 자신도 믿을 수 없는 것이었다.

"무슨 뚱딴지같은 소리야? 오늘 저녁에 디너파티 가기로 했잖아. 언제 와?"

"난 거기 제시간에 못 갈 것 같아. 지금 내가 얼마나 엄청난 스트레스를 받고 있는지 당신은 몰라. 지금 진행하는 일을 매듭지어야 해서, 나중에 연락할게."

루이스(루) 펄머터Louis Perlmutter는 라자르의 '주인'들 중 한 명인 수석 파트너로 인수합병 분야의 전문가였다. 분명 그는 내가 이 분야에 경험이 없다는 사실을 이용하려 할 수 있었다. 그는 이렇게 말했다.

"스티브, 이 거래는 어차피 체결되게 되어 있어. 내가 표준적이고 평균적인 제안을 할 테니까 그냥 오케이 해주면 돼. 밤을 새워가면서까지 협상하고 싶지는 않거든. 만일 그랬다가는 거래 자체가 엉망이 되어버릴지도 몰라."

루는 트로피카나에 관심을 가진 회사가 비어트리스만이 아님을 알고 있었다. 다른 회사들도 상황을 주시하면서 주변에서 빙빙 맴돌고 있었다. 그는 재무 분야에 관해 어리바리한 트로피카나의 이사진 그리고 이들이 내세운 젊은 은행원을 상대로 협상을 길게 끌고 싶은 마음이 없었다. 그는 내가 이사회를 빠르게 설득해주길 원했고 거래를 얼른 마무리하고 집으로 돌아가는 것이 목표였다.

루는 나를 오래 붙잡아두고 있으면 나나 리먼브라더스의 다른 누군가가 여러 가지 다른 사항들을 물고 늘어지고, 그러면 협상이 늦춰질 거라는 사실을 잘 알고 있었다. 그래서 최대한 쉽고 빠르게 처리하고자 했던 것이다. 우리는 그날 나머지 시간을 함께 머리를 맞대고 일했고, 그렇게 모든 일을 처리했다.

❯ 세상에 완벽한 승리란 없다

전날 밤 시카고를 덮쳤던 눈보라 때문에 뉴욕으로 돌아오는 비행기 편도 쉽지 않았다. 집에 도착하니 대략 오전 4시 30분쯤 되었다. 무척 피곤했지만 내 손으로 해치운 거래를 머리에 떠올리려고 애썼다. 4억

8,800만 달러라니! 그해 전 세계에서 체결된 인수합병 거래 중 두 번째로 큰 건이었다.

집에 도착한 시각으로 따지면 나는 48시간 동안 꼬박 한숨도 자지 못했다. 그럼에도 침대에 누워서 자고 싶은 마음이 들지 않았다. 거실 벽난로에 통나무 몇 개를 집어넣고 불을 피웠다. 술을 거의 마시지 않음에도 쿠브와지에(꼬냑 브랜드)를 잔에 따르고 비지스의 〈토요일 밤의 열기〉Saturday Night Fever 앨범을 틀었다. 그리고 안락의자에 편안하게 기대앉아 존 트라볼타가 디스코장을 누비는 모습을 상상했다.

'4억 8,800만 달러…. 내가 대체 뭘 해낸 거지?'

오전 7시 정각, 전화벨이 울렸다. 펠릭스 로하틴이었다. 그는 루 펄머터에게서 얘기를 들었다고 했다. 펠릭스가 말을 하는 중에도 내 머릿속은 쿠브와지에와 피곤함과 〈토요일 밤의 열기〉로 가득 차 있었다.

"트로피카나 거래에 대해서 방금 들었네. 첫째, 축하하네. 정말 멋졌어. 둘째, 나이가 이제 서른 살인데 엄청난 일을 해낸 걸세. 그것도 혼자서. 파트너나 다른 누구의 힘도 빌리지 않고 말이야. 그러니까 이건 자네 경력에서 엄청나게 거대한 사건이라는 뜻이지. 많은 사람들이 자네를 미워할 거야. 그래도 걱정하지 말게. 자네는 그 사람들과는 다르니까 말이야. 그 사람들이 자네를 성가시게 하도록 내버려두지 말게! 셋째, 이제 자네는 대중 앞에서 말해야 하는 의무가 생겼어. 장차 어떤 잘못된 일을 보게 되면 자네는 그 일을 사람들 앞에서 말해야 한다는 뜻일세. 그렇게 하는 걸 두려워하지 말게. 왜냐하면 어떤 사람들에게는 그렇게 하는 것이 자기가 속한 사회에 책임을 다하는 것이거든. 나도 그런 사람들에 속하고 이제 자네도 그런 사람들에 속하게 된 걸세."

펠릭스는 은행가들이 사회에 기여할 수 있는 것들에 대해 특별한 전망을 가지고 있었다. 그러나 나로서는 누군가가 나를 미워할 것이라는 이야기만 머릿속에 가득했다. 전화벨이 다시 울렸다. 이번에는 리먼브라더스의 부회장 피터 솔로몬Peter Solomon이었다.

"자네는 도대체! 트로피카나를 팔았다고? 필립모리스가 그 회사를 사려고 해서 내가 그 작업을 뒤에서 하고 있었단 말이야! 우리가 막 적절한 제안을 하려고 하던 참인데 자네가 그 회사를 팔아버려? 필립모리스가 우리 회사의 가장 큰 고객인데 자네가 가로채? 월요일 이사회에서 자네를 해고할 거야!"

"테디 루스벨트가 여쭤본 걸로 압니다만…. 테디에게는 트로피카나에 대해 아무 말씀도 안 하셨잖아요."

"월요일 아침에 보자고. 월요일 아침이면 자넨 아웃이야!"

꽝! 그렇게 피터는 전화를 끊었다.

나는 곧장 피트에게 전화했다. 그리고 테디가 분명 그 건에 내가 나서도 괜찮을지 확인했음에도 불구하고, 피터는 필립모리스가 트로피카나에 관심을 가지고 있다는 사실을 한마디도 하지 않았다고 피트에게 말했다.

"말도 안 되는 얘기구먼. 아무 걱정 하지 말게."

월요일, 이사회에서 피터는 길길이 날뛰면서 내가 필립모리스 건을 망쳤다고 이야기했다. 나는 자칼들에 둘러싸여 있었다. 그러나 감사하게도 내게는 피트가 있었다. 그는 나를 노리는 자칼이 전혀 아니었다.

5

준비가 되어 있을 때 의사결정을 내려라.
압박감 속에서 떠밀리듯이 하지는 마라.
사람들은 언제나 자기 이익과 목적,
사내 정치 혹은 외부적인 필요성 때문에
당신에게 결정을 내리라고 밀어붙일 것이다.
그러나 당신은 항상 "이 문제를 생각할 시간이
조금 더 필요하다. 생각이 정리되면
결정한 내용을 말하겠다."라고 해야 한다.
이 방법은 지극히 어렵고 까다로운 상황에서도
매우 효과적이다.

제6장

인생의
가장 큰 교훈은
인내와 고통 속에
있다

❯ 상대방이 원하는 것에
  귀를 기울여라

트로피카나 거래 체결로 나의 파트너 승진이 확정되었다. 나는 내 사무실을 새롭게 단장하는 것으로써 자축했다. 하루에 12시간을 보내는 그 장소가 영국식 저택의 아름다운 거실이나 도서관처럼 일과 관련된 모든 스트레스로부터 나를 보호해주는 안락한 공간이 되기를 바랐다. 사무실 벽 일부를 붉은빛이 도는 고동색으로 칠하고 나머지는 리와 로라 이스트먼 부부의 집에서 봤던 고급 모시 직물로 덮었다. 초콜릿 색깔의 카펫을 깔았고 화려한 꽃무늬 패브릭 커버를 씌운 의자를 놓았으며 1890년대부터 파트너들만이 애용했던 브랜드의 책상을 놓았다.

　이렇게 해서 내 사무실은 강렬하고도 아름다운 공간이 되었다. 리먼 브라더스에서 그때까지 누구도 하지 않았던 짓을 한 것이다. 사람들이 직장의 업무 공간에 절대로 하지 않는 짓이었다. 하지만 나는 그곳에서 일을 한다고 생각하지 않았다. 이 공간은 내게 또 하나의 집이나 마찬가지였다. 그랬기에 아름답고 안락하며 시각적으로 흥미롭기를 바랐다.

1969년 DLJ에 취직했을 때 나는 상상으로만 접했던 성공한 인생을 유리창 밖에서 얼굴을 바싹 대고 들여다봤었다. 10년이 흐른 뒤 나는 그 유리창 안에서 살고 있었다. 1979년의 어느 날, 어떤 거래를 막 체결한 뒤였다. 파트너 한 사람이 내 사무실 문을 열고 고개를 쑥 내밀고는 자기가 이집트에 갈 건데 엘런과 나도 함께 가지 않겠느냐고 물었다. 바로 내일, 피라미드 바로 옆에서 저녁을 먹자고 했다. 우리 고객 하나가 그 행사를 후원했는데 리먼브라더스는 식탁에 앉을 사람을 모으기만 하면 된다고 했다.

다음 날 우리는 다른 게스트 100명과 함께 팬암 비행기를 탔다. 급유를 하려고 파리에 기항했을 때 문이 열리고 미녀 50명이 비행기에 탔다. 내 평생 그렇게 아름다운 여자들은 처음 봤다. 우리를 위해 마련된 패션쇼에 설 모델들이라고 했다. 카이로에서 세관을 통과하고 오토바이가 한 대가 우리 자동차를 에스코트해서 스핑크스 바로 옆에 있는 호텔까지 길을 열어주었다.

그날 밤 우리는 디자이너 피에르 발망의 패션쇼에 참석했다. 다음 날 오후에는 이집트 대통령 안와르 사다트와 영부인 제한과 함께 차를 마셨다. 사다트는 이스라엘과 평화 협상을 이끌어낸 공로로 1978년에 노벨 평화상을 받은 지도자였다. 마지막 날 저녁에는 피라미드 앞의 모래밭에서 500명의 사람들과 함께 저녁을 먹었다. 그때 나는 사다트 대통령 바로 옆 식탁에 앉았다. 그날 밤은 프랭크 시나트라가 〈뉴욕, 뉴욕〉을 부르는 것으로 끝났다. 내 인생에서 가장 기억에 남는 밤이었다.

돌아오는 비행기에서는 거의 모든 사람이 아메바성 이질에 시달렸다. 나도 예외는 아니었다. 그렇지만 아메바성 이질도 그 특별한 여행의 빛을 흐리지는 못했다. 언젠가는 꼭 한번 해보고 싶었던 경험이었다. 그리고 더 멋진 경험이 나를 기다리고 있었다.

1980년에 〈뉴욕 타임스〉는 '선데이 비즈니스 섹션' 1면에 커다란 사진과 함께 나를 리먼브라더스의 '합병 제조기'Merger Maker라고 소개했다. 그 기사는 나를 다음과 같이 묘사했다.

성공을 추구하는 투지와 강력한 끈기(그는 과거에 크로스컨트리 경기 도중에 발이 접질려서 발목이 부러졌음에도 불구하고 그 상태에서 완주를 했던 적이 있다) 그리고 모든 사람이 함께 일하고 싶게 만드는, 전염성이 강한 활력을 가진 사람이다.

그 크로스컨트리 경기는 9학년 때 있었던 일이고 그때 나는 급히 병원으로 이송되었다. 기사는 다음과 같이 이어졌다.

슈워츠먼은 '입장을 바꿔서 생각하면 나는 무엇을 원할까?'라는 질문을 스스로에게 던지는 방식으로 문제에 접근한다고 말한다. 그렇기 때문에 사람들과 쉽게 친해진다고 한다. 그는 지금도 여전히 배우는 학생의 자세로 사람들이 하는 말을 경청한다. 어떤 말이든 그 말이 입 밖으로 나온 데는 그만한 이유가 있기 때문이라는 믿음을 가지고 있다. 이 경청의 기술 덕분에 그의 기억력은 비범하다.

이 기사는 당시의 나를 꽤 정확하게 묘사했다. 나는 사람들이 하는 말을 경청하고자 애썼고 바로 이런 모습이 월스트리트에서 두드러져 보인 이유였다. 나는 내가 설명하고 팔아야 했던 게 무엇이든 무조건 팔려고만 하지 않았고 사람들이 하는 말에 귀를 기울였다. 사람들이 원하는 것이 무엇인지, 그들이 무엇을 마음에 담고 있는지 들을 때까지 기다린 다음에 그 일이 일어나도록 했다.

나는 사람들과 만날 때 메모를 거의 하지 않는다. 상대방이 하는 말과 그 말을 하는 방식에 극도의 주의력을 집중한다. 그래서 가능하다면 업무 차원의 만남을 개인적인 차원의 만남으로 전환해줄 공동의 관심사나 경험 또는 공통점, 즉 우리 사이의 연결점을 찾으려고 노력한다. 당연한 말처럼 들리지만 실제 현실에서 이렇게 하는 사람은 뜻밖에도 드물다.

경청이 가져오는 효과 중 하나는 어떤 사건이나 대화를 세세한 부분까지 기억할 수 있게 해준다는 점이다. 마치 내가 들은 이야기들이 나의 뇌에 각인되고 차곡차곡 저장되는 것 같다. 많은 사람들이 이렇게 하지 못하는데, 그 이유는 자기의 관심사를 기준으로 놓고 출발하기 때문이다. '이것이 내게는 어떤 의미가 있을까?' 이렇게 접근하는 사람들은 정말 흥미진진하면서도 보상이 따르는 일을 결코 하지 못한다.

다른 사람이 하는 말에 귀를 기울이고 눈으로는 그가 말하는 방식을 지켜볼 때 비로소 내가 나 자신에게 묻는 질문, 즉 '어떻게 하면 내가 이 사람을 도울 수 있을까?'에 다가갈 수 있다. 내가 어떤 사람을 도와서 그와 친구가 될 수 있다면 나머지 문제는 모두 저절로 풀리게 되어 있다.

어떤 사람이든 자기가 안고 있는 문제보다 더 중요하고 흥미를 끄는 것은 없다. 만일 당신이 그들이 어떤 사람인지 알아내고 그들이 가지고 있는 문제의 해결책을 생각해낼 수 있다면, 그들은 아무리 지위나 신분이 높다고 하더라도 모든 것을 내려놓고 당신과 대화를 나누고 싶어 할 것이다. 문제가 어려울수록, 해결책이 희소할수록 당신이 제시하는 조언의 가치는 더 커진다. 뿌옇게 긴 안개가 걷히고 가장 커다란 기회가 기다리는 곳은 바로 모두가 사람들의 눈을 피해 걸어가고 있는 곳이다.

1980년대 초는 내게 좋기만 했던 시절이 아니었다. 리먼브라더스는 5년 연속 기록적인 수익을 달성했다. 우리 회사는 자기자본수익률 Return On common Equity, ROE[20] 지표에서 모든 경쟁자를 따돌렸다. 나는 인수합병을 맡고 있는 사업부의 책임자로 승진해서 우리 회사의 최대 고객들 몇몇에게 자문을 제공했다. 뉴욕 맨해튼의 워터스트리트에 있던 리먼브라더스 사무실에서는 시간이 충분한 날이 단 하루도 없었다. 그만큼 우리는 바쁘게 돌아갔다. 우리 사업부가 거래 규모 면에서 골드

───── 20 순이익을 자기자본으로 나눈 비율.

만삭스에 이어 2위였지만 거래량에서는 골드만삭스뿐만 아니라 월스트리트의 다른 경쟁자들을 모두 앞섰다.

그 무렵 피트는 리먼브라더스의 CEO이자 회장으로 10년이라는 세월을 함께하면서 결국은 구렁텅이에 빠져 있던 회사를 살려냈다. 비록 금융을 잘 알지는 못했지만 정계와 재계에 뻗어 있는 폭넓은 인맥이 그의 강력한 힘의 원천이 되어주었다. 그는 통화를 하고 싶은 사람이 있으면 누구와도 통화할 수 있었다.

피트는 나보다 스물한 살이나 많았지만 우리 둘 사이에는 업무상 밀접한 관계가 구축되어 있었다. 우리는 서로를 보완했다. 그는 사람들을 하나로 묶어내고 인간관계를 강화했고, 나는 거래의 싹을 찾아내서 키우고 끝내는 성사시켰다. 그는 관대한 포용성과 깊은 생각을 가진 사상가였던 반면 나는 필요할 때면 언제든 상대방에게 반발하고 대립했다. 피트가 거래에 불을 지피면 내가 달려가서 거래를 이끌고 결국 체결까지 했던 사례가 수도 없이 많았다. 회사 주변에서는 피트와 나를 한 팀으로 여겼다. 우리는 암묵적으로 서로를 신뢰했다. 그러나 리먼브라더스라는 암투의 성에 있는 사람들을 지나치게 신뢰했던 피트의 성격이 결국 그를 구렁텅이 속으로 밀어 넣어버렸다.

돈이 모든 상황을 치료하지는 못한다

1980년대 초 리먼브라더스의 트레이더[21]들은 상승장에서 엄청난 수익을 쌓아 올리고 있었다. 이들을 이끄는 리더는 트로피카나 거래 때 내게 도움을 주었던 루 글룩스만이었다. 그러나 안타깝게도 그의 정서는 시장만큼이나 변동성이 컸다. 그의 감정 사전에는 자제력이라는 단어가 없었다. 그는 구겨진 양복을 입거나 셔츠 차림으로(이때 셔츠 자락은 바깥으로 흘러나와 펄럭거리곤 했다!) 불을 붙이지 않은 시가를 윗니와 아랫니 사이에 끼운 채(입술은 시가에 닿지도 않았다!) 거래소의 객장을 어슬렁거리면서 돌아다녔다.

한번은 그가 얼마나 화가 났던지 벽에 붙어 있던 전화기를 떼어내어 강화 판유리로 된 창문에 있는 힘껏 던져서 박살을 내버렸다. 또 한번은 얼마나 신이 나서 흥분했던지 입고 있던 셔츠를 두 손으로 잡아당겨 단추를 다 뜯어내면서 벗어던지고는 맨가슴으로 발을 쿵쿵 구르며 춤을 췄다.

1983년 루는 피트에게 가서 승진을 요구했다. 피트는 그 요구를 받아들였고 그를 사장으로 임명했다. 피트는 그렇게 하는 게 옳고 공정하

---

21 증권시장에서 주식이나 채권을 자신이 직접 거래하거나 고객 간의 거래를 중개하는 사람.

다고 생각했다. 하지만 피트는 루 글룩스만 같은 사람들을 제대로 이해하진 못했다. 사장으로 승진하고 몇 달이 지난 후 루는 피트의 사무실로 찾아가 사장 승진은 바나나 한 개에 지나지 않으니 바나나 한 송이 모두를 달라고 했다. 피트와 함께 공동 CEO가 되고 싶었던 것이다. 피트는 루와 싸우고 싶지 않아서 그렇게 해줬다. 그런데 두 달이 지난 뒤에 루가 또다시 찾아왔다.

"아무래도 내가 단독 CEO가 되어야 할 것 같으니까, 당신은 나가줬으면 좋겠네요."

그는 트레이딩 파트너들과 함께 쿠데타를 모의했던 것이다. 피트는 결국 물러났고, 그때서야 비로소 루가 자기에게 던졌던 최후통첩 이야기를 내게 해주었다. 나는 깜짝 놀랐다.

"왜 맞붙어서 싸우지 않으셨습니까? 회장님이 가진 모든 자원을 동원했으면 그 사람을 얼마든지 깔아뭉개버릴 수도 있었잖습니까! 파트너들이 회장님을 얼마나 많이 지지하는데요! 적어도 제게는 말씀하셨어야죠. 왜 그러셨습니까?"

"자네가 어떤 조언을 해줄지는 나도 알고 있었지. 자네는 그 친구를 제거해버리자고 했을 거야. 난 자네를 잘 알아. 그렇지만 나는 자네와 달라. 내가 이 자리에 있은 지 벌써 10년이나 되었잖아. 그동안 회사를 제대로 돌려놓았고…. 예전에는 우리 회사가 당장 어떻게 될지 모를 정도로 위기를 맞고 있었지만 지금은 돈 잘 벌고 있잖아. 이런 회사를 내 손으로 어떻게 망가뜨리고 싶겠나? 피를 흘리며 싸울 가치가 없는 싸움이니까 싸우지 않은 것뿐이야. 나는 트레이딩에 대해서는 아무것도 몰라. 만일 내가 글룩스만을 쫓아낸다면…."

그러고는 잠시 말을 끊었다가 다시 이었다.

"트레이딩 사업부에서 어떤 일이 일어나겠나?"

"회장님은 트레이딩이 뭔지 알 필요가 없죠. 골드만삭스나 JP모건 같은 데서 최고의 선수를 뽑아서 맡기면 되잖아요."

"그러면 이 회사가 쪼개지고 말 거야."

"만일 누군가가 회장님에게 도전하면 회사를 쪼개버릴 준비를 하셔야죠. 그런 다음에 다시 회복시키면 되잖아요."

"아니야, 그렇지 않아. 그건 자네가 하는 방식이고 내 방식은 아니야. 나는 여기서 10년 동안이나 싸워왔어. 이제는 싸우는 것도 신물이 나."

피트는 그렇게 말하면서 가버렸다. 피트는 쉰일곱 살이었다. 게다가 악성 뇌종양 제거 수술까지 받았다. 3년 뒤 피트가 예순 살이 되면 회사는 그에게 회사 지분을 팔라고 할 터였다. 회사와 원만하게 합의하고 나갈 수만 있다면 이것이 그나 그의 가족에게는 최상의 선택일 수 있었다.

나는 앞으로 회사가 좋은 방향으로 나아가지 않을 것임을 알았다. 아닌 게 아니라 피트가 떠나고 몇 달 지나지 않아 리먼브라더스는 심각한 위기를 맞았다. 루와 런던 지사에 있던 그의 추종자 몇 명이 아무런 담보도 없이 엄청난 액수의 기업어음 거래를 했던 것이다. 만일 대출자가 부도를 내기라도 하면 어음은 그야말로 휴지조각이 될 수 있었다. 이 대출은 차입금을 적절하게 동원하고 또 단기 대출(30일이나 60일 혹은 90일의)이라면, 즉 그다지 리스크가 크지 않다면 수익을 내줄 수 있다. 통상적으로 볼 때 기업어음은 단기간에 상환될 것이라고 확신해도 된다.

루와 그의 팀은 호황장에서 욕심을 한껏 많이 내서 5년 만기 증권들을 사들였는데 이 경우에는 이자율이 한층 높아서 제대로만 된다면 훨씬 더 많은 돈을 벌어다줄 수 있었다. 그러나 시장의 흐름은 그들의 기대를 저버리는 쪽으로 흘러갔고 증권들의 가치는 폭락했다. 이렇게 해서 발생한 손실 규모가 회사의 순자산보다 많았다. 리먼브라더스는 다시 벼랑 끝에 섰다.

그런데 이 거래들이 비밀리에 진행됐음에도 소문이 돌기 시작했다. 처음에는 런던에서 이야기가 나오기 시작했고 곧 뉴욕에도 소문이 퍼졌다. 나는 런던 지사에 있는 친구 스티브 버샤드Steve Bershad로부터 어떤 일이 벌어지고 있는지 들을 수 있었다. 그는 리먼브라더스의 기업 재무 사업부를 구축하는 임무를 맡고 런던에 파견 나가 있었다.

"큰일 났어. 회사 자산이 없어. 완전 깡통 됐다고!"

루가 회의를 소집했다. 회사 파트너들을 전부 불렀다. 70명이 넘는 파트너들이 모인 자리에서 루가 말했다.

"런던에서 이러쿵저러쿵하는 소문이 돈다는 거 나도 알고 있습니다. 완전히 헛소문이고 우리는 아무런 문제가 없어요. 누구든 헛소문을 입에 올리는 사람은 즉각 잘라버릴 테니까 그렇게 아세요!"

루는 문제를 공유하고 도움을 요청하는 대신 거짓말을 하는 쪽을 선택했다. 나는 고위경영진에 해당하는 수석 파트너들 중 누군가가 나서서 루와 맞설 것이라고 예상했다. 하지만 내 예상은 빗나갔다. 수석 파트너들은 말없이 듣기만 하고는 자기들끼리 뭐라고 수군거리면서 회의장을 빠져나갔다. 그들의 얼굴에서 두려움과 혼란스러움을 읽을 수 있었다. 루의 리더십이 회사에 독이 되었음이 입증되었고 임직원들은 어떻게 하면 회사가 파산하기 전에 자기 몫을 챙길까에만 골몰했다.

셸던 고든Sheldon Gordon은 리먼브라더스의 부회장이자 투자은행 사업부의 책임자였다. 그는 루 곁에서 트레이더로 일해온 인물이었다. 사람들은 셸던이 루의 가장 가까운 측근이라고 여겼다. 그러나 나는 그가 똑똑하고 품위를 갖춘 사람임을 알고 있었다. 또한 그가 다른 고위경영진과 함께 대안들을 탐색하고 있다는 말을 들었다. 나는 셸던을 만나 이렇게 말했다.

"조만간에 폭탄이 터진다는 거, 알고 계시죠? 루가 거짓말하고 있다는 걸 아는 사람이 정말 많습니다. 회사의 순자산이 바닥났다는 건 저도 알고 부회장님도 아십니다. 그런데 회사 밖에서 이런 사실을 안다면 우리는 곧장 무너지고 말 겁니다. 파트너들은 루에게 따지지 못합니다. 잘릴까봐 겁이 나서죠. 만일 우리가 그 사업부를 매각하지 않는다면, 누군가가 이런 사실을 알기라도 하면 우리는 죽은 목숨 아닙니까?"

"맞아, 우리는 끝장나겠지."

그도 내 말에 동의했다.

"부회장님은 회사를 팔길 원하십니까?"

인수합병 사업부의 책임자로서 나는 우리보다 한층 강력한 회사가 개입해서 우리를 구조해주는 길을 찾아내는 일이 불가능하지만은 않다고 생각했다. 비록 많은 문제를 안고 있긴 하지만 리먼브라더스는 여전히 세계적인 명성과 유능한 인력을 갖춘 거대한 기업이었기 때문이다.

"원하고말고! 이 소문이 밖으로 새나갔다간 우리는 죽은 목숨이야. 만일 자네가 그렇게 하겠다면 그 모든 일을 이틀 안에 해치워버려야 하네. 우리에게는 시간이 너무 없어."

그가 이런 말을 하는 동안 나는 이미 잠재적 인수자로 적당한 대상이 누구일지 생각하고 있었다. 맨 먼저 떠오른 이름은 피터 코헨Peter Cohen이었다. 아메리칸익스프레스American Express의 시어슨Shearson 투자 사업부 CEO인 그는 월스트리트에서 가장 젊은 축으로 꼽히는 CEO였다.[22] 아메리칸익스프레스라면 리먼브라더스를 인수할 돈이 있을 것이고, 피터가 시어슨의 덩치를 불려 투자은행 사업으로 진출하려고 몸이 달아 있다는 걸 잘 알고 있었다. 그는 햄프턴에 살아서 나와는 이웃사촌이기도 했다. 개인적으로 아는 사이였기에 일을 은밀하게 처리하기도 쉬웠다. 나는 금요일 밤에 전화를 했고 다음 날 아침에 그를 만나러 갔다. 우리는 그의 집 차고 앞에서 대화를 나누었다.

"우리가 엄청나게 큰 투자 손실을 입었는데…. 지금 당장 회사를 매각하겠다는 건 아니지만 아무래도 그래야만 할 것 같아서 말이야. 만일 관심이 있으면 지금이 다시 오지 않을 특별한 기회일 거야. 며칠 안에 행동을 취할 수 있다면 말이지."

주말 동안 피터는 아메리칸익스프레스의 CEO 제임스 로빈슨James Robinson과 대화를 나누었다. 그리고 월요일에 내게 전화해서 거래 의

---

22 1946년생인 코헨은 슈워츠먼보다 한 살 많다.

향이 있다고 말했다. 그가 제시한 금액은 3억 6,000만 달러였다. 그보다 2년 전 살로몬브라더스Salomon Brothers가 4억 4,000만 달러에 매각된 일이 있었다. 그러나 살로몬브라더스는 훨씬 더 큰 트레이딩 사업부를 가지고 있었고 파산의 벼랑 끝에 서 있지도 않았었다. 우리에게 주어진 시간이 많지 않다는 제약을 전제로 할 때 우리가 받을 수 있는 최상의 제안이었다.

나는 이 내용을 셸던에게 전했고, 셸던은 파트너들에게 매각이 성사되면 배당금을 풍성하게 챙길 수 있겠지만 때를 놓치면 한 푼도 받지 못할 것이라고 말했다. 이들은 루를 논의에서 배제했는데 루의 최측근이었던 단 한 명을 제외하고 모든 파트너가 동의했다.

이틀 뒤 이 거래는 〈뉴욕 타임스〉 1면에 발표되었다. 아직은 협상해야 할 세부적인 문제들이 남아 있었고 매각이 최종적으로 무산될 위험도 있었다. 하지만 이런 방식으로 언론을 활용하고 아메리칸익스프레스가 딴마음을 먹을 경우를 대비해 회사를 공개적으로 시장에 내놓는다는 의미도 있었다. 발표가 있던 날 투자자들과 기자들은 세부 정보를 알려고 난리를 쳤다. 1850년에 설립된 이후 125년 넘게 월스트리트를 지켜온 리먼브라더스가 매각된다는 소식은 그 자체로 충격이었다.

그런데 그날 아침에야 나는 그 내용을 루에게 아직 말하지 않았다는 사실을 깨달았다. 셸던과 파트너들이 루를 기습적으로 공격했고 루는 회사가 매각되는 것을 모든 상황이 끝난 다음에야 알았다. 루가 CEO로서 실패했다는 것은 기정사실이 되고 말았다. 나는 그의 사무실로 내려갔다. 예전에 피트가 쓰던 사무실이었다. 사무실에는 불이 꺼져 있었다. 그가 집에 가고 없다고 생각하면서도, 조금 열려 있는 문에 노크를 해봤다.

"안에 계십니까?"

그러자 작은 목소리가 들려왔다. 루는 벽에 붙여놓은 소파의 한쪽 끝에 앉아 있었다.

"왜 불을 안 켜고 계십니까?"

부끄러워서 그런다고 했다. 자기가 사랑하는 회사를 망쳐놔서 부끄럽다고 말이다.

"나는 지금 내 머리를 날려버릴까 생각하고 있었어."

앉아도 되느냐고 묻자 그는 손짓으로 앉으라고 했다.

"루, 일부러 망치려고 그랬던 건 아니잖아요. 때로는 전혀 의도하지 않았던 일이 일어나기도 하니까요."

"나도 알아. 하지만 내 책임이지. 내가 잘못한 거야. 내 의도가 무엇이었든 간에."

"좋은 일을 하려고 노력했는데 결과가 나쁜 것뿐이잖아요. 지금 시점에서 보면 치명적일 정도로 끔찍한 결과지만 사람들은 계속 자기 인생을 살아가야 하고 또 살아갈 겁니다. 그래봐야 바뀌는 건 아무것도 없을 거예요. 회장님도 스스로를 죽이는 일을 하지는 않으실 거잖아요. 만에 하나 그렇게 하신다면 그것은 또 다른 비극을 보태는 일일 겁니다. 게다가 회장님은 아직 충분히 젊으시잖아요. 미래가 어떻게 될지 아무도 모르는 일이고요. 어떤 식으로든 새로운 모습을 보여주실 수 있을 겁니다."

그렇게 대략 30분쯤 대화를 나눈 뒤에 나는 사무실로 돌아왔다. 나는 서른여섯 살이었고 내 손으로 리먼브라더스를 매각했다. 이제 나는 고르고 또 골라 선택했던 회사에서 자유롭게 떠날 수 있었다. 마음이 가벼웠고 어쩐지 들뜬 기분이었다. 그러나 바로 그 시각에 루 글룩스만은 자살을 놓고 고민하고 있었고 만일 자살한다면 딸이 어떤 충격을 받을지 걱정하고 있었다. 그는 회사를 사랑한다고 자기 입으로 말했다. 그 말이 진심이었다는 사실이 비극이었다.

❯ 고통을 기꺼이 받아들일 때 가장 큰 보상이 따른다

내가 바라는 건 최대한 빨리 리먼브라더스에서 빠져나가는 것이었다. 피터 코헨과 협상을 할 때 나는 리먼브라더스의 파트너들이 루를 해고하겠다고 나서지 않아서 정나미가 뚝 떨어졌고 모든 신뢰가 사라졌다고 일찌감치 말했다. 피터도 내가 회사를 떠날 수 있다는 사실에 동의했다. 그런데 협상이 진행되는 동안 그가 내게 전화해서 거취 결정을 멈춰달라고 요청했다. 리먼브라더스의 모든 파트너는 회사를 떠날 경우 3년 안에는 경쟁사에 취직하지 않겠다는 서약서에 서명을 해야 한다는 것이었다. 나는 그런 서약과는 상관이 없다고 말했다. 어찌 되든 간에 회사를 떠나고 싶었고 그도 내가 그렇다는 걸 알았다.

"그런데 문제는 아메리칸익스프레스 이사회 회의가 어제 열렸다는 거야. 피트 피터슨이 떠나고 루 글룩스만도 저렇게 되었는데, 이사회 구성원들에게 가장 많이 알려진 사람이 바로 너란 말이야. 어제 회의에서 사람들이 한 말을 요약하면 우리가 인수한 것은 건물이나 돈이 아니라 똑똑한 사람들인데, 우리가 그들을 데려가지 못한다면 굳이 리먼브라더스를 인수할 이유가 없다는 거야. 네가 똑똑한 사람의 능력이 어떤 것인지 생생하게 보여주잖아. 그래서 그런 서약서를 요구하는 거야. 이건 거래야. 만일 네가 그 거래를 하고 싶지 않다면 하지 않아도 돼."

"거래는 체결하기로 이미 발표됐잖아."

"발표가 된 건 나도 알지. 그렇지만 네가 그 서약서에 서명을 하지 않으면 우리는 거래를 포기할 거야. 그러면 회사는 파산하겠지. 이렇게 되든지 저렇게 되든지 난 상관 안 해. 결정은 네가 해야지."

"농담하는 거야 지금? 우리 둘이서 이미 끝낸 얘기잖아!"

파트너들 중 그 서약서에 서명을 하지 않은 사람은 내가 유일했다. 그 거래가 내 발목을 잡고 놓아주지 않고 있었다. 만일 끝까지 거부하면 거래는 무산되고 회사는 파산하고 말 터였다. 그러나 한시라도 빨리 떠나고 싶은 내게 3년이라는 족쇄는 너무도 비싼 비용이었다. 엘런은 3년이라고 해봐야 금방 지나갈 것이고 그런 사실은 잘 알지 않았느냐고 말했다. 심지어 부모님까지 나서서 회사에 협조하는 게 좋지 않겠느냐고 했다. 리먼브라더스에 첫 출근을 한 날 파트너 한 사람이 내게 이런 말을 했었다.

"리먼브라더스에서는 그 누구도 자네를 등 뒤에서 찌르지 않을 걸세. 자네를 찌르겠다는 사람은 자네 앞으로 걸어와서 자네를 정면에서 찌를 거야."

회사는 경쟁이 치열했고 모든 사람이 자신을 위해 움직였다. 이런 사실은 하버드 비즈니스스쿨 시절 본사 건물의 건축 설계와 인테리어에서 풍기는 기업 문화를 통해서 이미 파악했고 그 내용을 논문으로도 썼었다. 리먼브라더스 내부의 암투에 대해서는 온갖 기분 나쁜 농담들이 돌아다녔으며 그중 하나는 내가 직접 하기도 했다. 친구인 브루스 와서스타인Bruce Wasserstein이 퍼스트보스턴에서 인수합병 사업부를 이끌 때 에릭 글리처와 내게 이렇게 말했다.

"리먼브라더스에 있는 사람들은 왜들 그렇게 서로를 미워하는지 도무지 모르겠어. 나는 이렇게 내 앞에 있는 두 사람과 사이좋게 지내는데 말이야."

나는 그에게 이렇게 말해줬다.

"만일 네가 리먼브라더스에 있었다면 우리 두 사람 모두 너를 미워했을 거야."

그러나 피트가 떠나고 회사도 매각되고 나자 나는 회사를 떠나고 싶었다. 돈은 마음만 먹으면 언제든 벌 수 있다고 믿었다. 생각할 공간이 필요했다. 그래서 리츠칼튼 호텔에 방을 잡았다. 인근의 센트럴파크 공원에서 산책을 길게 하면서 이런저런 생각을 했다. 그리고 마침내 하나의 타협책을 생각해냈다. 곧바로 피터 코헨에게 전화해서 3년이 아니라 1년 동안 더 근무한 뒤에 회사를 나가겠다고, 경쟁사에 취직하지 않을 테니 회사를 설립할 수 있게 해달라고 했다. 그는 동의했다. 말로는 거래를 취소할 것이니 어쩌니 했지만 사실 그도 나만큼이나 그 거래가 체결되길 간절하게 바라고 있었기 때문이다.

거래가 최종 체결된 뒤에 아메리칸익스프레스의 CEO 제임스 로빈슨이 나를 만나고 싶다고 했다.

"우리가 생산적인 관계를 계속 이어가면 좋겠다고 기대했는데, 듣자 하니 당신은 썩 행복해하지 않다면서요?"

"제가 어떻게 행복할 수 있겠습니까? 지금 저는 일하고 싶지 않은 곳에서 일하고 있는데 말입니다."

그러자 그는 내가 피터와 어떤 협상을 했는지 전혀 모른다고 했다.

"우리가 당신에게 어떻게 보면 끔찍할 수도 있는 짓을 했네요. 이렇게 하면 어떻겠소? 여기로 와서 내 사무실 바로 옆에 있는 사무실에서 일을 하면요? 내 사무실과 루 거스너Lou Gerstner의 사무실 사이에 있는 곳인데…."

거스너는 당시 아메리칸익스프레스의 여행 및 신용카드 사업부의 책임자였으며 장차 아메리칸익스프레스의 사장 및 RJR나비스코RJR Nabisco의 사장을 거쳐 IBM의 사장이 될 인물이었다.

"아메리칸익스프레스가 추진하는 인수합병 거래에 힘을 보태주면서 거스너에게 금융에 대해 이런저런 것들을 가르치는 건 어떻소? 그 친구는 운영 분야는 잘 알지만 금융은 아는 게 없거든."

차라리 그게 리먼브라더스에서 뭉개고 있는 것보다 나을 것 같았다. 나는 그 제안을 받아들였고 두 개의 사무실을 갖게 되었다. 그때부터 제임스 곁에서 많은 시간을 보냈다. 그런 제안이 나로서는 무척 고마웠다. 그러나 그는 내가 얼마나 달아나고 싶어 하는지 금방 알아차렸고, 내게 정계에 일자리를 잡고서 경쟁사 취업 금지 기간을 보내는 게 어떠냐고 제안했다. 심지어 당시 레이건 대통령의 수석 보좌관인 제임스 베이커James Baker와의 면접을 주선해주기까지 했다.

워싱턴에서 시간을 보낼 수 있다는 기회가 매력적으로 느껴졌다. 금융 세계에서 그동안 해왔던 일을 하지 않아도 되었고 재계에 끼치는 정계의 영향력을 부러운 눈으로 바라보지 않아도 되었다. 일찍이 애버럴 해리먼과 펠릭스 로하틴은 너무도 자주 뜻이 엇갈리는 비즈니스와 정치가 교차하는 지점에서 이 두 세상을 연결하며 살아보는 삶이 얼마나 매력적인지 주장한 바 있었다.

1982년에 나는 백악관에서 제임스 베이커를 만났다. 경제 상황을 시뮬레이션하는 한 회의 자리에서였다. 시뮬레이션에 따르면 아무리 등급이 높은 기업이라고 하더라도 차입비용(대출금에서 발생하는 이자 부담)의 이자율은 무려 16퍼센트나 되었다. 회의실에는 약 20명이 있었는데, 미국 경제가 다시 성장 가도에 올라설 수 없다는 사실에 충격을 받고 두려움에 떨던 그들의 표정이 지금도 생생하게 기억난다. 그러나 전투적인 정치의 세계에서 베이커는 그런 식으로 인상적이고 매끄러우며 효과적인 태도를 취했다.

베이커와의 만남은 잘 진행되었다. 우리는 내가 백악관에서 '넘버 4'가 되는 것을 놓고 논의했다. 그런데 갑자기 베이커가 재무부 장관이 되었다. 베이커의 곁에서 내가 차지할 수 있던 유일한 일자리는 정부

부채 조달을 책임지는 것이었다. 그 자리는 벌써 2년째 공석으로 남아 있던 것이었고 나는 베이커에게 그 일자리는 꼭 필요한 자리가 아니라고 말했다. 나로서는 시기가 맞지 않았던 셈이다.

자유로운 몸으로 풀려나기까지는 아직도 여섯 달이라는 시간이 남아 있었다. 그러나 나는 조금이라도 일찍 빠져나가기 위한 협상을 시작했다. 결코 쉽지 않을 것이라는 생각이 들었다. 피터 코헨은 나를 붙잡은 자세한 과정을 이사회에 투명하게 알리지 않았다. 내게는 변호사가 필요했지만 내가 상대해야 할 시어슨 아메리칸익스프레스의 규모를 생각한다면 선뜻 나설 변호사가 없을 터였다. 하지만 마침내 그런 용감한 변호사를 만났다.

국제적인 로펌 셔먼 앤드 스털링Shearman & Sterling의 인수합병 분야 수석 변호사인 스티브 볼크Steve Volk였다. 그는 나중에 시티 은행의 부회장이 되었는데, 그의 휘하에 있던 (파트너 변호사가 아닌) 일반 변호사 필립 다우먼Philippe Dauman은 나중에 미디어 대기업인 비아콤Viacom에 들어가서 2006년에는 CEO 자리까지 올라갔다. 두 사람은 내 이야기를 듣고는 나를 대신해 싸우겠다고 약속했다.

피터에 대해 내가 가지고 있던 직감이 틀리지 않았음이 확인되었다. 그는 내게 온갖 약속을 했지만 실제로는 나를 떠나보낼 생각이 없었다. 그는 내가 고객들을 데리고 나갈지도 모른다고 걱정했다. 그리고 내가 특별한 대우를 받았다는 일이 알려지기라도 하면 다른 파트너들도 나와 동일한 조건을 제시하며 들고 일어날까 봐 겁을 냈다. 시어슨은 내가 나중에 리먼브라더스의 어떤 고객과도 거래를 하지 말아야 하며, 다른 고객들과 거래를 할 때는 수수료의 일정 비율을 내놔야 한다고 주장했다. 우리의 협상은 길고 치열했다. 그러나 나는 어떻게 하든 리먼 브라더스의 손길에서 벗어나 내 인생을 꾸려가고 싶었다.

피트가 개입해서 최종 합의안이 나오도록 도와주었다. 그런데 피터와 그의 팀은 한 번도 아니고 두 번씩이나 합의서에 서명을 하러 나타나지 않았다. 그때마다 나는 우리가 맺었던 계약과 관련된 온갖 관련 수치들이 담긴 문건을 앞에 둔 채 텅 빈 회의실에서 몇 시간이고 기다렸다. 마침내 최종적으로 합의를 했는데, 그때 내 마음속에는 분노와 억울함이 커다랗게 쌓여 있었다. 위대한 여정의 끔찍한 결말이었으며 동시에 새로운 출발의 시작이기도 했다.

이때까지 나는 나 자신에 대해 엄청나게 많은 것을 배웠다. 고등학교 시절부터 예일 대학교와 하버드 비즈니스스쿨, 리먼브라더스에 이르는 긴 세월 동안 나는 어떤 상황을 만나더라도 오뚝이처럼 일어나고 살아남을 수 있음을 입증해왔다. 나는 이룩할 가치가 있는 꿈들을 만들어내고 이를 현실에서 이뤄냈다. 고등학생 때는 끈기를 발휘하는 것과 남들보다 조금 더 노력하는 것, 열심히 일하는 것을 꾸준하게 이어나가는 게 얼마나 큰 가치를 발휘하는지 잭 암스트롱 코치에게서 배웠다. 또한 내 경력을 발전시키려면 그런 것들에 어떻게 투자해야 하는지 잘 알았다. 월스트리트 초기에 했던 실수들, 즉 오자와 계산 실수, 여기에 뒤따랐던 당혹스러움을 통해서는 매사에 철두철미해야 하는 것과 리스크를 미리 제거하는 것, 필요할 때는 망설이지 말고 사람들에게 도움을 청하는 것이 얼마나 중요한지 배웠다.

지금 월스트리트에서는 과거에 우리가 일일이 손으로 했던 계산들을 자판을 두들기기만 하면 되는 컴퓨터로 해치운다. 그러나 나는 내 방식으로 거래들이 구조화될 수 있는 여러 가지 복잡한 방법들은 물론 반드시 협상을 거쳐야만 하는 미묘한 세부 사항들까지 함께 배우면서 깨우쳤다. 이런 것들에 통달하려면 경험과 인내와 고통을 기꺼이 받아들이겠다는 넓은 마음이 필요하다. 그럴 때 가장 큰 보상이 뒤따른다.

　트로피카나 거래는 엄청난 압박감 속에서도 내가 상상했던 것보다 훨씬 커다란 능력을 발휘할 수 있음을 입증했다. 그리고 피트는 위대한 멘토이자 동반자의 가치가 얼마나 큰지 보여주었다. 나는 정말 멋진 사람들(리먼브라더스의 동료들과 내 경력의 여정 속에서 필요할 때마다 나타나 주었던 잭 웰치 같은 경영자들)과 보물 같은 인간관계를 만들고 단단하게 유지하려고 노력했다. 나는 월스트리트의 가장 치열한 부분을 경험했다. 복잡한 거래를 만들어나가면서 짜릿한 쾌감을 느끼기도 했고 우주의 중심에 서 있는 기분도 느껴봤으며 세계에서 가장 흥미로운 사람들과 정보를 교환하기도 했다.

　마침내 리먼브라더스에게서 벗어나는 과정을 통해서는 월스트리트의 바닥을 보았다. 리먼브라더스의 파트너들이 루 글룩스만을 제지하지 못했을 때 도덕성과 윤리가 공포와 탐욕 아래 어떻게 무너지는지 생생하게 목격했다. 또 어떤 사람들은 기본적으로 복수심과 질투심이 강하다는 것도 알았다. 내 의지와 달리 회사에 머물게 되면서는 좋은 변호사의 가치가 얼마나 큰지도 알았다. 그리고 돈은 나쁜 상황을 치료하기에는 너무도 변변찮은 처방에 지나지 않는다는 사실도 깨달았다.

6

어떤 사람이든 자기가 안고 있는 문제에
가장 큰 관심을 기울인다.
그러니 다른 사람들이 어떤 문제와
씨름하는지에 대해 생각하고
그에게 도움이 될 만한 아이디어를
떠올리려고 노력하라.
아무리 지위가 높거나 중요한 사람이라고 해도
대부분은 당신이 제시하는 아이디어가
통찰력 있는 것이라면 잘 받아들일 것이다.

제2부

투자의 원칙

실패하지 않는
시나리오를 짜다

제1장

경쟁은 적고
기회는 많은 영역을
찾아라

큰 회사든 작은 회사든
창업은 원래 어렵다

리먼브라더스에서 자유의 몸이 되어 다시 함께 일할 수 있게 된 피트와 나는 창업에 대한 이야기를 진지하게 하기 시작했다. 이 이야기를 맨 처음 한 것은 이스트 햄프턴에 있던 피트의 집에서였고 그 자리에는 아내들도 함께 있었다.

"나는 예전처럼 다시 한번 대기업들을 상대로 일하고 싶어."

피트가 말했다. 리먼브라더스를 떠난 뒤 그는 작은 회사를 만들어서 소소한 거래들만 하고 있었기 때문이다. 피트가 그 말을 했을 때 나는 이렇게 받았다.

"전 당신과 함께 일할 수만 있으면 다른 건 아무런 상관이 없습니다."

나는 서른여덟 살이었고 리먼브라더스에서 번 돈으로 가족을 부양해왔다. 내게는 아이가 둘 있었다. 지비와 테디 모두 건강했고 좋은 학교에 다닐 예정이었다. 나는 도심과 해변 가까운 곳에 아파트와 주택을 가지고 있었으며 창업을 해서 내 회사를 운영하고 싶었다. 회사를 창업한다면 틀림없이 성공할 것이라고 생각했다. 그동안 많은 걸 배웠고 개인적으로나 직업적으로나 많은 경험을 했다고 느꼈다.

리먼브라더스에서 마지막 1년을 얼마나 힘겹게 보냈는지 이를 지켜본 엘런도 내가 행복해지면 좋겠다고 말했다. 피트의 아내 조앤은 어린이 텔레비전 프로그램 〈세서미 스트리트〉Sesame Street를 기획하고 제작했는데 그녀는 빅버드(〈세서미 스트리트〉에 등장하는 크고 노란 새)조차도 쉽게 이해할 만한 아주 단순한 목표를 가지고 있었다.

"전 헬리콥터를 한 대 가지고 싶어요."

나는 말했다.

"알겠습니다. 우리는 모두가 원하는 게 무엇인지 알죠. 자, 시작해보자고요."

휴렛팩커드에서 애플에 이르기까지 실리콘밸리에서 성공한 많은 기업은 차고에서 시작되었다. 그러나 우리는 뉴욕에서 아침을 먹는 것으로 시작했다. 1985년 4월, 피트와 나는 이스트 69번가와 파크 애비뉴에 있는 메이페어 호텔에 있는 식당에서 날마다 만났다. 우리는 언제나 맨 먼저 왔다가 맨 마지막에 나가는 손님이었다. 그렇게 우리는 오랜 시간 얘기를 나누면서 그동안 걸어왔던 경력을 돌아보며 우리가 무엇을 할 수 있을지 생각했다.

우리가 가진 주된 자산은 전문적인 기술과 경험 그리고 명성이었다.

피트는 최고 우등 졸업생이었고 아이비리그 우등생 출신들의 모임인 파이 베타 카파Phi Beta Kappa 회원이었다. 그는 과정을 중시하고 분석적인 사람이었다. 어떤 방법론이나 논리를 동원하든 간에 그가 파악할 수 없는 것은 아무것도 없었다. 그는 뉴욕 그리고 정계와 재계에서 내로라하는 사람은 모두 알고 있었으며 그 모든 사람과 힘들지 않게 일상적으로 접촉할 수 있었다. 반면에 나는 직감이 강하고 신속하게 사람들을 파악하는 능력을 가졌다고 자부했다. 어떤 것이든 간에 신속하게 결정을 내리고 실행할 수 있었으며 인수합병 분야의 전문가로 꽤 알려져 있었다.

우리가 각자 가지고 있는 전문적인 기술과 개성은 달랐지만 이 다름은 상대방을 보완해주는 것이었다. 우리는 서로에게 좋은 파트너가 될 것이고 사람들은 우리가 제공하는 서비스를 받으려고 안달할 것이라고 확신했다. 설령 대부분의 신생 기업이 실패로 돌아간다고 하더라도 우리가 세운 회사만큼은 그렇지 않을 것이라고 믿었다.

어릴 적부터 봐왔던 아버지의 가게에서부터 금융 전문가 자격으로 자문을 해줬던 모든 기업 및 기업가들을 관찰한 끝에 나는 회사를 창업하는 것에 대해 중요한 결론 하나를 내렸다. 바로 큰 회사를 창업하는 것이나 작은 회사를 창업하는 것이나 힘들고 어렵기는 마찬가지라는 사실이다. 그리고 회사가 뿌리를 내리고 살아남기까지 재정적으로나 심리적으로 동일한 양의 고통을 겪어야 한다는 사실이다. 투자 자금을 모으는 일이나 회사에 딱 맞는 인재를 찾는 일 역시 어렵기는 마찬가지다. 그러므로 어차피 창업을 해서 인생을 바치기로 했다면(아닌 게

아니라 인생을 바치겠다는 생각을 하지 않으면 신생 기업을 성공시킬 수 없다)
무엇보다도 잠재성이 큰 것을 붙잡고 시작해야 한다.

리먼브라더스의 신입사원 시절, 나이 많은 선배 직원에게 질문했던
적이 있다. 은행이 돈을 빌릴 때는 왜 비슷한 규모의 제조업체에 비해
더 높은 이자를 부담해야 하느냐고 말이다. 그때 그 선배는 이렇게 말
했다.

"금융기관은 하루아침에 파산하거든. 제조업 부문의 회사가 시장에
서 점유율을 잃어가고 결국 파산 선고를 받기까지는 여러 해가 걸리지
만 금융기관은 그 시간이 딱 하루밖에 걸리지 않아서 그래."

실제로 리먼브라더스에서 그런 일이 일어날 뻔했던 것을 직접 목격
하기도 했다. 거래 하나, 투자 하나가 잘못되면 투자은행 전체가 하루
아침에 날아갈 수 있었다. 이런 험난한 항해를 우리는 쪽배를 타고 할
생각은 없었다. 우리는 용감함이 아닌 탁월함이라는 명성을 차곡차곡
쌓아나가고 싶었다.

창업을 이야기하면서 피트와 나는 소유주나 CEO가 여러 세대에 걸
쳐 굳건하게 이어갈 그런 강력한 생존력을 지닌 금융회사를 만들자고
했다. 쉽게 회사를 만들어 돈을 좀 벌다가 어려워지면 문을 닫고 다시
다른 회사를 만드는 월스트리트의 수많은 개인 혹은 집단이 되고 싶지
않았다. 우리는 우리가 업계에서 가장 위대한 인물들이었다고, 모두가
아무런 망설임도 없이 내리는 평판을 받고 싶었다.

새로운 부의 영역, LBO 투자에 눈을 뜨다

우리가 가장 잘 아는 일은 인수합병 작업이었다. 당시 인수합병은 여전히 거대 투자은행들만의 영역이었다. 그러나 규모가 작긴 해도 최고급 서비스를 제공하는 새로운 유형의 자문회사들, 즉 부티크 회사boutique firm[1]에 대한 수요가 생길 것이라고 우리는 믿었다. 우리에게는 명성도 있었고 실적도 있었다. 인수합병 작업에는 땀과 노력이 필요하지, 자본이 필요하지 않았다. 또 이 분야의 작업은 우리가 다른 분야의 서비스를 개시하기 전까지 일정한 소득을 보장해줄 것이었다.

나는 인수합병 추세가 꺾이는 시점의 순환 주기가 다가올 것을 걱정했으며, 따라서 인수합병 사업만 가지고서는 회사를 오래 지속할 수 없다고 생각했다. 만일 경제가 삐걱거리면 우리 사업도 삐걱거릴 게 분명했다. 결국 꾸준하게 이어지는 소득원을 개발하는 게 중요했다. 그렇지만 인수합병이 우선 창업을 하기에 좋은 분야인 것만은 분명했다. 물론 크게 성장하고 안정적이고 지속적인 회사를 만들려면 인수합병 분야뿐만 아니라 더 많은 것을 해야 했다.

피트와 내가 메이페어의 식당에 앉아 이런저런 의견을 나눌 때 우리가 잡을 수 있는 사업 분야 후보 하나가 계속해서 화제에 오르곤 했다.

───── 1 금융·법률 분야에서 규모는 작아도 전문적이고 맞춤형 서비스를 제공하는 회사.

바로 기업을 담보로 하는 차입매수Leveraged BuyOut(이하 LBO)[2]였다.

리먼브라더스에 있을 때 나는 당시 세계에서 가장 큰 LBO 회사였던 콜버그 크래비스 로버츠Kohlberg Kravis Roberts(이하 KKR)와 포스트만 리틀Forstmann Little에 자문을 제공했었다. KKR의 헨리 크래비스Henry Kravis와는 알고 지냈으며 포스트만리틀의 브라이언 리틀Brian Little과는 함께 테니스를 치기도 했다. 그들의 사업과 관련해 머릿속에 세 가지 장점이 떠올랐다. 첫째, 경기가 좋건 나쁘건 간에 반복해서 지급되는 수수료 및 투자 수익을 통해서 자산을 모으고 소득을 올릴 수 있다. 둘째, 매수한 기업을 실질적으로 개선할 수 있다. 셋째, 큰돈을 벌 수 있다.

고전적인 방식의 LBO는 이렇게 진행된다. 어떤 투자자가 지분 비율을 높이는 방식으로 어떤 기업을 사기로 결정하고(집을 살 때 계약금을 먼저 지급하는 것과 비슷하다) 그다음에 그 기업을 담보로 인수 자금을 빌린다. 이렇게 인수된 기업이 상장기업이면 상장 폐지 절차를 밟는데, 이때 그 회사의 주식은 비상장private 주식이 된다. 이때의 'private'은 사모펀드private equity의 'private'과 같은 의미다.

회사는 빌린 돈의 이자를 자신의 현금흐름에서 갚고, 투자자는 회사를 성장시키기 위해 기업 운영의 여러 측면들을 개선한다. 투자자는 관리 수수료를 챙기고 나중에 투자금이 현금화될 때마다 실현되는 수익

---

2 사들이려는 기업의 자산을 담보로 금융회사에서 빌린 자금을 이용해 해당 기업을 인수하는 것.

의 일정 부분을 챙긴다. 투자자가 시행하는 운영상의 개선점들은 생산, 에너지 이용, 원료 조달 등에서의 효율성 제고에서부터 새로운 제품 라인 확보나 새로운 시장으로의 진입, 기술 업그레이드, 심지어 경영진의 리더십 개발에 이르기까지 다양한 측면에서 진행될 수 있다.

이런 노력들이 진행되면서 여러 해가 지나고 회사가 상당한 수준으로 성장하면 투자자는 이 회사를 살 때보다 높은 가격으로 매각하거나 주식시장에 다시 상장해서 처음 했던 지분 투자에 대한 수익을 얻을 수 있다. 이것이 LBO의 기본 방식인데, 이것을 토대로 온갖 변용이 가능하다.

모든 투자에서 관건은 자기가 마음대로 처분할 수 있는 모든 도구를 다 사용할 수 있느냐 하는 점이다. 나는 LBO라는 투자 방식이 마음에 들었다. 왜냐하면 이 방식에서는 다른 어떤 경우보다도 더 많은 도구를 구사할 수 있기 때문이다. 맨 먼저 투자자는 매수할 적절한 자산을 찾는다. 그다음에는 소유자와 기밀유지협약서를 작성하고 매수 자산에 대한 보다 상세한 정보를 수집해서 신중을 기한다. 또한 투자은행의 전문가들과 공조해서 설령 나중에 경제 환경이 불리하게 바뀐다고 해도 투자하고 살아남을 수 있도록 재무 유연성을 보장해주는 자본 구조[3]를 만들어낸다. 그런 다음 충분히 믿을 수 있고 경험이 많은 운영자를 매수 기업에 투입한다. 만일 이 모든 것이 기대하던 대로 잘 돌아간다면 나중에 이 기업을 매각할 때 (애초에 기업 매수 목적으로 빌렸던) 부채가

---

3 다양한 유형의 자기자본 및 다양한 유형의 부채 구성 비율.

투자한 지분의 수익률을 한껏 높이 올려놓았음을 알 수 있다.[4]

이런 유형의 투자는 주식을 매수하는 것보다 훨씬 더 어렵다. 여러 해에 걸쳐 공을 들여야 하고 탁월한 경영 수완을 발휘해야 한다. 즉 힘들게 일해야 하고 인내심이 필요하다. 또 솜씨 좋은 전문가들로 구성된 팀이 있어야 한다. 그러나 이 투자에서 계속 성공을 거두면 엄청난 수익을 거둘 수 있다. 잭 암스트롱 코치가 기록했던 통합 전적 186승 4패와 같은 눈부신 기록을 세우며 투자자들의 신뢰를 얻을 수 있다는 말이다. 아울러 이런 투자들이 투자자들(개인투자자들뿐만 아니라 대학교와 정부 및 그 밖의 기관들의 연기금펀드도 포함된다)에게 수익을 안겨줄 때 수백만 명의 교사, 소방관, 직원의 퇴직기금을 확보하고 키워나갈 발판이 되어준다.

LBO 투자는 인수합병과 다르게 새로운 고객을 끊임없이 붙잡지 않아도 된다. 만일 투자자들을 상대로 어떤 펀드에 가입해서 한 10년쯤 묵혀두게 설득할 수만 있다면, 관리 수수료를 받으면서 매수한 회사를 개선해 우리와 투자자들 앞에 거대한 수익을 만들어낼 10년이라는 시간을 버는 것이다. 설령 그 사이에 경기가 후퇴한다고 해도 얼마든지 버틸 수 있으며 운이 따라주기만 한다면 더 많은 기회를 포착할 수 있다. 경기가 후퇴할 때는 사람들이 공황 상태에 빠져 자기가 가진 우량 자산을 헐값에 마구 팔아치우기 때문이다.

---

4 차입, 즉 부채 동원 규모가 클수록 투자 대비 수익률이 높아진다는 말이다. 물론 위험도도 그만큼 커진다.

1979년에 있었던 일이다. 나는 KKR이 산업용 펌프 제조업체였던 휴데일인더스트리즈Houdaille Industries를 매수하는 과정에서 제시한 투자 설명서를 연구했다. 그 매수는 초기의 거대 LBO로 꼽히는 거래로, LBO의 비밀을 이해하는 중요한 열쇠이기도 했다. KKR이 제조업 부문의 대기업인 휴데일인더스트리즈를 매수하는 데 투입한 현금은 전체 매수 대금의 5퍼센트밖에 되지 않았고 나머지 대금은 빌렸다. 이런 규모의 차입(레버리지)은 이 회사가 5퍼센트 성장할 경우 KKR의 지분 가치 성장률은 20~30퍼센트나 된다는 뜻이었다. 나도 리먼브라더스의 자원을 이용해 이와 비슷한 거래를 하려고 애썼지만 회사 내부에서 동의와 지지를 받지 못해서 하지 못했었다.

그로부터 2년 뒤 미국의 전설적인 언론사이자 전자회사 RCARadio Corporation of America[5]가 미국에서 세 번째로 큰 연하장 회사 깁슨그리팅스Gibson Greetings를 매각하기로(RCA의 다른 사업부들과 맞지 않는다는 이유로) 결정했을 때 리먼브라더스에서는 내가 그 업무를 맡았다. 우리는 잠재적인 매수자를 무려 70곳이나 접촉했다. 그러나 딱 두 곳만이 관심을 가졌다. 하나는 색슨페이퍼Saxon Paper였는데, 나중에 알고 보니 이 회사는 사기였다. 다른 하나는 재무부 장관을 역임했던 윌리엄 사이먼William Simon이 공동 창업자로 이름을 올린 소규모 투자회사 위스레이Wesray였다.

위스레이는 깁슨그리팅스의 인수 대금으로 5,500만 달러를 제시했

---

5 미국 내에 라디오와 텔레비전을 보급한 기업이다.

고 우리는 거래를 체결할 날짜를 잡았다. 그런데 위스레이의 투자자들은 자기 자본 중 단돈 100만 달러만 밀어놓고는 나머지 대금은 계약을 체결하는 날에 지급하겠다고 약속했다. 약속은 지켜지지 않았고 우리는 지급 날짜를 한 달 미뤄주었다.

그러나 한 달이 지나도 위스레이는 나머지 대금을 마련하지 못했다. 다른 매수자는 한 곳도 나타나지 않았다. 위스레이는 한 번 더 연기해 달라고 요청했다. 사실 위스레이는 깁슨그리팅스가 가지고 있던 제조 설비와 창고 건물들을 담보로 돈을 빌려 매수 대금을 마련하려고 했었고 그 사실을 나중에야 알았다. 결과적으로 위스레이는 돈을 마련하지 못했고 계약은 무산되었다.

그런데 깁슨그리팅스의 매출이 늘어나기 시작했다. 그때까지도 우리는 적절한 인수자를 찾지 못하고 있었지만 나는 이 거래를 책임지고 있던 RCA의 이사인 줄리어스 코펠만Julius Koppelman에게 깁슨그리팅스의 매각 대금을 올려서 제시하라고 추천했다. 나의 추천에 따라 그는 500만 달러를 추가해서 전체 대금은 6,000만 달러가 되었다. 나는 그 정도로는 깁슨그리팅스의 자산 가치를 충분히 반영하는 게 아니라고 말했지만 코펠만을 비롯한 RCA 사람들은 내 말에 귀를 기울이지 않았다. 그만큼 RCA가 그 계약을 빨리 해치워버리고 싶다는 뜻이었다. 그들은 매각 대금을 더 많이 받는 것에는 관심이 없었다.

RCA가 내게 6,000만 달러라는 가격에 대한 공정성보증의견을 요청했을 때 나로서는 '공정하다'는 의견을 내놓을 수 없었다. RCA의 주주들에게는 '공정하지 않다'고 판단했기 때문이다. 6개월 뒤 위스레이와 거래가 체결되자 코펠만은 RCA를 떠나 위스레이의 자문위원이 되었다. 위스레이가 깁슨그리팅스를 매수한 뒤 나는 피트와 루에게 가서 내 생각을 이야기했다. 위스레이는 나중에 엄청난 수익을 실현할 것이고, 우리는 거래 과정에서 깁슨그리팅스의 자산 가치를 제대로 평가하지 못하고 무능했다는 이유로 RCA의 투자자들로부터 소송을 당할 것이라고 말이다. 자산 가치에 대한 평가 의견이 다를 때는 이 의견을 공유하고 기록해야 나중이 일이 잘못되었을 때 책임을 면할 수 있었다.

아니나 다를까, 16개월 후 깁슨그리팅스가 상장되었을 때 이 회사의 자산 가치는 2억 9,000만 달러로 평가되었다. 리먼브라더스는 RCA의 투자자들과 언론으로부터 깁슨그리팅스를 헐값에 팔아치웠다는 비난을 혹독하게 받았다. 아무튼 위스레이는 리먼브라더스가 1년에 버는 돈보다 더 많은 돈을 단 한 건의 LBO 거래로 벌어들였다. 깁슨그리팅스 거래가 성공적이고 매우 수익성이 높은 최초의 LBO 거래였음이 널리 알려졌다. 또한 이 거래는 피트와 내가 앞으로 창업할 회사에서 하려는 유형의 거래를 연구하는 데 완벽한 사례였다.

좋은 소식이라면 깁슨그리팅스가 기업공개를 한 뒤에 리먼브라더스가 LBO에 관심을 가지게 되었다는 사실이다. 당시 CEO였던 피트는 LBO에 흠뻑 빠졌다. 그래서 그는 다음번 출장지인 시카고로 출발하기 전에 내게 인수 가능한 기업들의 목록을 가지고 오라고 했다. 나는 자동차 계기판과 경기장의 점수판을 제작하던 업체인 스튜어트-워너Stewart-Warner를 찍었다. 피트는 그 회사의 회장인 베네 아르샹보Bennett Archambault를 역시나 알고 있었다.

우리는 그가 다니던 남성 클럽에서 그를 만났다. 예전에 학교로 사용되던 공간이었는데 사방이 목재 패널로 장식되어 있었으며 벽마다 무스(북미산 큰 사슴) 머리가 걸려 있었다. 피트는 아르샹보에게 그의 회사를 매수하겠다고 제안했다. 이후 나는 아르샹보와 함께 일을 진행했다. 주식 지분을 매입할 대금을 조성할 방법, 차입금에 대한 이자를 지급할 방법, 회사의 자산 가치를 높이는 방법, 회사의 운영을 개선할 방법 그리고 이 모든 것이 시간이 지난 뒤에 어떤 결과를 낳을 것인지를 함께 논의했다. 피트는 아르샹보에게 이렇게 말했다.

"자네는 개인적인 차원에서 엄청나게 많은 돈을 벌 수 있네. 자네 회사 주주들도 마찬가지고. 모두가 다 이득을 볼 수 있다는 말이지."

아르샹보는 이 제안을 받아들였다. 개인 기업의 수장으로서 그는 주식시장 투자자들의 비위를 맞추려고 분기별 수익을 걱정하는 단기적인 관점에 매몰되지 않고 장기적인 차원에서 회사의 운영을 개선할 수 있었다. 게다가 모든 게 계획대로 되면 나중에 회사 지분을 더 많이 소유할 수도 있었다.

"그렇다면 굳이 내가 마다할 이유는 없지."

회사로 돌아온 나는 곧바로 행동에 들어갔다. 이 거래를 추진할 직원들을 선정했으며 심슨 대처 앤드 바틀렛Simpson Thacher & Bartlett LLP 로펌의 리처드(딕) 비티Richard Beattie에게 우리 회사가 LBO 거래할 펀드의 설계를 시작해달라고 요청했다. 딕은 카터 정부에서 자문위원으로 활동했었는데, 나의 이런 요청 이후로 LBO와 관련된 법률 전문가가 되었다. 우리는 스튜어트-워너의 매수 대금 1억 7,500만 달러를 조성할 수 있을 것이라고 확신했다. 피트와 나는 이 거래 계획을 리먼 브라더스 안에 마련되어 있던 투자 프로세스에 상정했으며 집행위원회의 안건으로 올렸다. 그런데 집행위원회에서는 적절하지 않다는 의견으로 부결했다.

그들은 잠재적으로 내재되어 있는 갈등에 주목했다. 그들은 우리가 고객들에게 인수합병 조언을 주는 것과 동시에 고객들이 관심을 가질 회사들을 (고객에게 추천하지 않고) 우리가 직접 매수하려는 노력을 기울이는 것이 양립할 수 없다고 봤던 것이다. 그들로서는 주어진 역할에 충실할 수밖에 없음을 나는 충분히 이해했다. 그러나 그 잠재적인 갈등을 적절하게 제어할 어떤 타협점이 틀림없이 있을 것이라고 확신했다. 물론 우리가 원하는 모든 회사를 다 매수할 순 없었다. 그러나 그중 몇몇을 사들일 길은 분명히 있었다. 이 사업의 기회는 무시해버리기에는 너무나 컸다.

집행위원회가 피트와 나의 계획을 부결시킨 뒤 여러 해가 지나고 LBO 거래는 미국에서 기업을 사고파는 방식을 완전히 바꿔놓았다. 엄청나게 많은 매수자들이 나타나서 예전에는 매수 대금을 조성할 수 없어 감히 엄두도 내지 못했던 자산을 매수하겠다고 혈안이 되었다. 은행들은 이들에게 제공할 새로운 유형의 대출 상품들, 즉 보다 높은 이자나 특이한 상환 조건들을 내세운 대출 상품들을 개발했다. 또한 기업들은 원하는 매수자가 나오기만 한다면 더 이상 보유하고 싶지 않은 사업부들을 매각하려고 기회를 노렸다. 피트와 내가 인수합병 분야의 전문가로 중요하게 받아들여지려면 이 새로운 분야에 통달해야 했다.

그러나 훨씬 더 큰 기회는 바로 우리가 직접 투자자가 되는 것이라고 생각했다.

＞ '안 될 게 뭐가 있어?'라는 질문을 던져라

인수합병 전문 은행가로서 우리는 기업으로부터 수수료를 받는 서비스만 제공할 생각이었다. 그리고 투자자로서 우리는 우리의 활동에서 비롯되는 이익의 훨씬 더 많은 부분을 가질 생각이었다. 사모펀드 회사에서 업무집행사원General Partner(이하 GP)들은 투자 고객인 유한책임사원Limited Partner(이하 LP)들을 위해 투자 대상을 포착하고 투자를 집행하며 관리한다.[6] GP들은 자기의 자본을 LP들이 투자한 자본에 함께 투자해서 회사를 운명하며 이 과정에서 자기가 기울이는 노력에 대한 보상은 두 가지 방법으로 받는다. 우선 관리 수수료 형식으로 받는 보상이 있는데, 이 보상은 투자자들이 투자한 자본 및 그 뒤에 투입되는 자본에 대한 특정한 비율로 이뤄진다. 다른 보상은 '성과 보수'carried interest로

────── 6 펀드를 만들어 운용하는 사람을 GP라고 하고, GP가 만드는 펀드에 돈을 넣는 투자자들을 LP라고 한다.

투자가 성공했을 때 실현되는 수익의 일정한 몫으로 지급된다.

피트와 내가 사모펀드 사업 모델에서 느낀 매력은 순수하게 서비스 사업을 진행할 경우 응대해야 할 사람들보다 훨씬 적은 사람들을 응대하면 된다는 점이었다. 서비스 사업은 고객을 계속 늘려나가고 관리하는 작업을 해야 한다. 그러나 사모펀드 사업은 그렇지 않다. 소규모 인원으로 구성된 집단이 한층 더 큰 규모의 자금을 조성하고 그 투자금을 관리할 수 있다. 수백 명이나 되는 추가 인원이 전혀 필요하지 않다는 말이다.

월스트리트의 다른 투자회사들과 비교해도 사모펀드 회사는 구조가 한층 단순하고 금전적인 보상은 훨씬 더 적은 사람들에게 집중된다. 그러나 이 사업 모델이 원활하게 돌아가려면 정보와 수완이 필요하다. 그런데 나와 피트는 두 가지를 모두 가지고 있고 앞으로 더 정교한 기술과 더 많은 정보를 확보할 것이었다.

창업과 관련해 피트와 내가 세 번째이자 마지막으로 생각했던 것은 '안 될 게 뭐가 있어?'라는 열려 있는 질문으로 우리 자신을 계속해서 밀어 넣어야 한다는 점이었다. 만일 회사를 한층 더 위대한 단계로 업그레이드시키기에 적절한 사람을 찾는다면 굳이 그 도전을 마다할 이유가 있을까? 만일 우리의 힘과 네트워크와 자원을 투입해서 성공할 수 있는 사업이 있다면 굳이 마다할 이유가 있을까? 다른 회사들은 스스로를 너무도 편협하게 규정하며 혁신 역량을 제한하고 억누른다고 생각했다. 수많은 자문회사, 투자회사, 신용평가회사 그리고 부동산회사들이 그랬다. 그들은 그들 앞에 놓인 돈 벌 기회를 제 발로 걷어차고 있었다.

피트와 나는 이 새로운 사업 영역에서 우리와 함께할 사람들은 '10점 만점에 10점'의 인재가 되어야 한다고 생각했다. 우리는 10점짜리 인재를 단번에 알아볼 정도로 오랜 세월 동안 수많은 사람의 능력을 판단해왔다. 8점짜리 인물은 지시받은 일을 충실하게 수행하고 9점짜리 인물은 좋은 전략을 수립하고 실천하는 데 능하다. 9점짜리 인물과 함께한다면 성공하는 기업을 일굴 수 있다. 그러나 10점짜리 인재는 문제가 있을 때 이를 감지하고 해결책을 설계하며 따로 지시를 받지 않고서도 사업을 새로운 방향으로 이끈다. 10점짜리 인재는 없던 길도 만들어내며 무슨 일이든 성사시킨다.

우리는 일단 사업을 시작하면 10점짜리 인재들이 온갖 건설적인 생각들을 가지고 우리를 찾아와 투자나 제도적인 지원을 요청할 것이라고 상상했다. 우리는 그들과 50 대 50의 동업자 관계(파트너십)를 설정하고 그들에게 최고의 결과를 낼 기회를 제공해서 그들의 의욕을 북돋우고 그들에게서 배울 생각이었다. 이런 유능하고 똑똑한 10점짜리 인재들을 거느린다면 우리가 하는 모든 일이 한층 풍부한 정보 속에서 개선될 것이며, 우리가 상상하지 못했던 기회들을 추구하는 데 도움이 될 것이라고 생각했다. 그들이라면 우리의 부족한 부분을 메워주고 회사의 지식 기반을 풍성하게 만들어줄 것이라고 말이다. 물론 피트와 나 두 사람이 그 모든 데이터를 처리해서 위대한 의사결정으로 바꿔낼 정도로 충분히 똑똑해야 하겠지만.

이런 10점짜리 인재들을 끌어들이려면 기업 문화 측면에서 몇 가지 모순점을 끌어안고 갈 수밖에 없었다. 한편으로는 규모의 경제 효과를 누리면서도 다른 한편으로는 직원들이 자기 생각을 자유롭게 말할 수 있어야 했다. 우리는 고도의 규율을 갖춘 컨설턴트와 투자운용회사를 원하면서도 동시에 '하면 되지. 못 할 게 뭐 있어?'라는 발상을 언제든 할 수 있도록 새로운 발상에 열려 있는 관료적이지 않은 사람을 원했다.

무엇보다도 우리는 새로운 회사를 만들어나가기 위한 치열한 업무를 수행하는 과정에서도 혁신 역량을 꾸준하게 유지하는, 그런 기업 문화를 만들고 싶었다. 만일 우리가 제대로 된 사람들을 불러 모을 수 있고, 인수합병과 LBO 투자와 새로운 사업 부문 개척이라는 세 분야에서(이것들은 모두 우리에게 정보를 가져다줄 것이다) 제대로 된 기업 문화를 구축할 수 있다면 고객뿐 아니라 파트너들, 우리에게 돈을 빌려주는 사람들 그리고 우리 자신에게 많은 돈을 벌어줄 것이다. 우리는 그렇게 생각하고 또 믿었다.

❯ 수요는 늘고 공급은 적은 분야를 찾아라

사업은 흔히 타이밍에 따라 성공하기도 하고 실패하기도 한다. 너무 앞서가면 고객이 준비되어 있지 않고, 너무 늦어도 수많은 경쟁자들의 틈바구니에 끼어 힘을 쓰지 못한다. 피트와 내가 1985년 가을에 블랙스톤을 창업할 때 우리에게 유리하게 작용한, 주요한 순풍 두 가지가 있었다.

하나는 미국 경제였다. 레이건 정부 아래 경제가 3년째 회복의 호황을 누리고 있었다. 이자율은 낮았고 대출은 어렵지 않았다. 적절한 투자처를 찾는 자본들이 널려 있었으며 금융 산업은 이런 투자 수요를 새로운 상품 구조와 새로운 유형의 사업이라는 공급으로 대응하고 있었다. LBO와 하이일드 채권high yield bond[7]은 크레디트 시장에서 빠른 변화를 주도하고 있었다. 우리는 또한 헤지펀드[8]가 새롭게 떠오르는 것을 지켜보고 있었다. 이 모든 투자 형태가 지닌 잠재력은 이제 막 움트기 시작했으며 이 분야에서의 경쟁은 아직 치열하지 않았다. 뭔가 새로운 것을 시도하기에 좋은 타이밍이었다.

다른 하나는 월스트리트의 변화였다. 뉴욕 증권거래소는 18세기 말에 설립된 이래로 '고정 거래 수수료' 제도를 시행해왔다. 모든 거래에서 일정한 비율의 수수료를 떼어 중개회사에 지급해왔던 것이다. 그런데 이 제도가 증권거래위원회의 명령에 따라 1975년 5월 1일에 종료되었다. 그것이 일종의 가격 고정[9]이라고 봤던 것이다. 구제도 아래에서 월스트리트의 중개회사들은 따로 경쟁할 필요도 없었으며, 따라서

---

7 리스크가 크고, 따라서 잠재적인 수익성이 높은 채권.
8 통화에서 주식에 이르는 모든 유형의 자산에 대해 리스크 관리 및 보상 관리를 고도의 기술적인 방식으로 접근하는 투자 방식. (원주)
9 같은 시장에 참여하는 기업들이 팔고 있는 재화나 서비스에 대해 함께 모의하여 가격을 정하고 유지하는 일종의 가격 담합 행위.

혁신을 할 필요도 없었다. 그런데 이제 새로운 제도가 도입되면서 수수료가 협상의 대상이 되어버리자 수수료의 가격과 중개 서비스의 품질이 중요한 관건으로 떠올랐다. 기술이 이 과정을 한층 가속화해서 소규모의 고비용 중개사들이 된서리를 맞은 반면 더 나은 서비스를 더 낮은 가격에 제공하는 중개회사들이 제 세상을 만났다. 이렇게 새로운 제도가 시행되고 10년이 지나는 동안 성공한 기업들은 점점 더 커졌고 그렇지 않은 기업들은 고사했다.

이 변화는 월스트리트의 문화를 바꿔놓았다. 1972년 내가 리먼브라더스에 입사했을 때 직원은 550명이었다. 그런데 시어슨-리먼을 떠날 때는 직원이 2만 명이었다(2008년 이 회사가 무너질 때의 직원 수는 3만 명이었다). 모든 사람이 이런 거대 기업의 한 부분이 되는 것을 좋아하지 않았다. 이런 경우에는 같은 회사 직원끼리 서로 얼굴을 안다는 친밀성이 사라진다. 즉 한 지붕 아래에서 함께 일한다는 일체감이 사라진다는 말이다. 민첩하게 움직이는 팀의 일원이었는데 이제는 거대한 관료 체계 안에 종속된 것이다.

리먼브라더스의 신입사원 시절 나는 앉은 자세 때문에 루 글룩스만으로부터 호통을 들었다. 그런데 이 일이 계기가 되어 루는 내게 관심을 가졌다. 그러다 내 역량을 알아봤고 그렇게 해서 내게 업무를 맡겼다. 이런 일은 직원 550명인 회사에서는 얼마든지 일어날 수 있다. 그렇지만 직원 2만 명인 회사에서는 젊고 유능한 인재를 찾기가 훨씬 어렵다. 1970년대 초 리먼브라더스에는 CIA 출신도 있었고 군 출신도 있었는데, 배경이 이렇게 다양한 사람들이 각자 자기에게 맡겨진 일을 하면서 금융을 배웠다. 그들은 입사하기 전에 배운 온갖 다양한 기술과 관점과 인맥을 회사로, 즉 자기가 하는 업무 안으로 가지고 들어왔다. 그러나 1980년대 중반에 이르러 은행들은 스위치만 올리면 즉각적으로 일할 수 있는 MBA 군단을 채용했다.

피트와 나는 금융 분야의 대기업에서 일어난 이런 문화적인 변화 때문에 훌륭한 인재와 아이디어들이 떨어져 나올 것이라고 예상했다. 만일 이들이 우리와 같은 사람들이라면 분명 탈출구를 찾을 것이고 우리는 이런 인재들을 받아들일 수 있었으며 또 그렇게 되길 바랐다.

회사명은 짓는 것보다 알리는 것이 중요하다

회사의 이름을 무엇으로 정할지를 두고 피트와 나는 여러 달 동안 고민했다. 나는 '피터슨과 슈워츠먼'이 마음에 들었다. 그러나 피트는 이미 자기 이름이 들어가는 회사를 두 개나 창업했기에 이번에는 이런 방식의 작명을 원하지 않았다. 파트너가 새로 추가될 때마다 회사 이름에 파트너의 이름을 넣어야 하나 말아야 하나를 두고 고민할 필요가 없는 중립적인 이름이 좋겠다는 게 피트의 생각이었다. 파트너의 이름을 줄줄이 올리는 볼품없는 이름을 우리는 원하지 않았다. 나는 내가 아는 모든 사람에게 회사 이름을 추천해달라고 했다. 그런데 피트의 아내 조앤이 한 말이 무척 설득력이 있었다.

"나도 처음 프로젝트를 시작할 때 이름을 무엇으로 지어야 할지 정말 어려웠어. 좋은 이름이 도무지 생각나지 않는 거야. 그러다 결국 이름 하나를 만들어냈지. 그게 '세서미 스트리트'야. 정말 이상하고 멍청한 이름 아냐? 그런데 이 이름이 전 세계 180개국에 퍼져 있잖아. 두 사람의 회사가 실패하고 망하면 아무도 그 회사 이름을 기억하지 못할 거야. 그렇지만 성공하면 모든 사람이 다 알걸? 그러니까 너무 따지지 말고 적당한 것으로 정해서 그걸로 밀고 가서. 그 이름이 널리 알려지도록 기도하면서 열심히들 하시란 말이지."

그리고 엘런의 양아버지가 해답을 가지고 왔다. 그는 미 공군에서 최고 랍비였으며 탈무드 학자이기도 했다. 그는 우리 두 사람 이름의 영어 번역을 제안했다. '슈워츠'schwarz는 독일어로 검은색을 뜻하고 피트 아버지의 원래 그리스식 성은 '페트로풀로스'Petropoulos인데 '페트로스'Petros가 돌멩이나 바위를 뜻하므로, 블랙스톤Blackstone이나 블랙록Blackrock이 어떠냐는 것이었다. 나는 블랙스톤이 마음에 들었다. 피트도 그 이름을 마음에 들어 했다.

회사 이름을 놓고 여러 달째 논의한 끝에 우리는 마침내 이름을 정했다. 그리고 세 개의 사업부(인수합병 사업부, LBO 사업부, 신사업부)로 구성된 특별한 회사로 성장시킬 계획도 마련했다. 이제 우리는 최고의 인재를 끌어들이고 고객에게 유례없는 수익을 안겨줄 일만 남았다. 우리는 적절한 타이밍에 시장에 뛰어들 것이고 엄청나게 거대한 회사로 성장할 잠재력이 있었다. 적어도 그때는 그렇게 생각했다.

우리는 각자 20만 달러씩 투자했다. 이 돈은 회사를 창업하는 데는 충분했지만 헤프게 써도 될 만큼은 아니었다. 파크 애비뉴 375번지에 약 84평의 사무실을 구했다. 그랜드센트럴 역에서 바로 북쪽에 있는 시그램 빌딩의 사무실이었다. 시그램 빌딩은 현대 건축의 개척자인 루드비히 미스 반 데르 로에Ludwig Mies van der Rohe의 작품으로 개방적이고 현대적이었으며 건축학적으로 의미가 있는 건물이었다.

이 건물은 월스트리트에서 제법 멀리 떨어진 도심에 있었지만 많은 기업들이 사무실을 둔 곳에서는 가까웠다. 또한 사교 장소로 유명한 식당인 포시즌스Four Seasons가 입주해 있던 곳이기도 했다. 1979년에 《에스콰이어》는 이 식당을 '실세와의 점심'power lunch의 탄생지로 소개하기도 했다.

이 식당은 피트가 여러 유력 인사들과 식사를 하면서 상담을 할 장소로 더할 나위 없이 좋았다. 만일 하버드 비즈니스스쿨 시절 금융회사들이 입주한 건물을 주제로 한 논문에서 우리 회사를 다뤘다면 나는 우리가 특권을 누릴 수 있는 목표를 향해 나아가려고 안간힘을 쓰고 있음을 알아차렸을 것이다.

우리는 가구도 사들이고 비서를 한 명 채용하고 각자 맡을 역할을 분담했다. 피트는 CEO 경험을 두 번이나 했다. 그렇기에 자기는 회사를 운영하는 번거로운 일은 이제 딱 질색이라면서 나더러 사장의 직책을 갖고 CEO의 직무를 수행하라고 했다.

내가 가장 먼저 한 일은 회사의 로고와 명함을 만드는 것이었다. 나

회사 창업을 알립니다

블랙스톤 그룹

사설투자은행private investment banking firm [10]

대표: 피터 G. 피터슨
사장: 스티브 A. 슈워츠먼

뉴욕주 뉴욕 파크 애비뉴 375번지
(212) 486-8500

는 이 일을 디자인 회사에 의뢰했다. 디자이너는 시안을 가지고 왔다가 다시 가져가는 일을 여러 차례 반복했고, 그러는 동안 상당한 시간이 흘렀다. 이런 과정을 거쳐 마침내 우리 회사의 로고가 탄생했다. 흰색과 검은색의 단순한 구성에 깨끗하고 점잖은 로고였고, 이 로고는 지금까지 이어지고 있다.

돈과 시간이 넉넉하지 않을 때였지만 로고에 쓰는 돈과 시간은 가장 기본적인 것을 마련하는 과정이며 그럴 만한 가치가 있다고 생각했다. 자기를 남에게 보여줄 때는 전체적인 모습이 이치에 맞아야 한다. 즉 자기가 어떤 사람인지 다른 사람에게 보여주는 단서를 통합적으로 제시하는 것이어야 한다. 잘못된 미적 감각이 모든 것을 망쳐버릴 수도

─────── **10** '사설투자'는 주식시장과 같은 공개 시장을 거치치 않는 투자라는 뜻이다.

있다. 우리의 명함은 우리가 되고자 하는 목표를 향해 디딤돌을 하나씩 쌓아나가는 첫걸음이었다.

메이페어에서 매일 아침 식사를 하기 시작해서 6개월이 지난 뒤인 1985년 10월 29일, 우리는 〈뉴욕 타임스〉에 전면 광고를 내고 우리를 세상에 알렸다.

7

만일 어떤 거대한 변혁의 기회를 포착했을 때
그 기회를 아무도 추구하고 있지
않는다고 해도 걱정하지 마라.
당신은 다른 사람들이 아직 보지 못한 것을
발견한 것일 수 있다.
어려운 문제일수록 그만큼 경쟁은 덜하고
그 문제를 해결했을 때 뒤따르는 보상은
그만큼 더 크다.

제2장

열린 사고를 유지하고 드문 기회를 포착하라

❯ 과거의 영광은
미래의 수익을 보장하지 않는다

이제는 회사가 굴러가도록 우리가 아는 모든 사람에게 편지를 쓸 차례였다. 우리는 무려 400통이 넘는 유쾌한 편지로 회사를 차렸음을 알렸다. 이 편지에는 우리가 세웠던 기록을 담았으며 피트와 내가 어떤 사업들을 함께했는지도 상기시켰다. 그리고 우리의 계획을 소개하고 일거리를 달라고 부탁했다. 그런 다음 우리는 사무실에 앉아서 기다렸다. 나는 전화벨이 쉴 새 없이 울려댈 것이라고 기대했다. 그러나 기대는 빗나갔다. 전화벨은 울리지 않았다. 간혹 울려도 그저 축하하며 행운을 빈다는 말뿐이었다. 예를 들면 이런 식이었다.

"일 좀 맡겨주시죠?"

"지금 당장은 아니고…. 그렇지만 나중에는 그럴 때가 있을 겁니다."

〈뉴욕 타임스〉에 광고가 나간 다음 날, 누군가 사무실 문을 노크했다. 문을 열었더니 검은색 오토바이 재킷에 챙이 조금 높은 가죽 소재의 오토바이 모자와 가죽 바지 차림의 남자가 서 있었다. 피트와 나는 낯익은 인수합병 고객으로부터 좋은 소식이 날아오기를 목이 빠지게 기다리고 있었는데, 난데없이 오토바이 갱단 두목 같은 사람이 찾아온 것이었다.

"스티브 슈워츠먼이라는 사람이 여기 있습니까?"

"배달하러 왔습니까?"

"저는 배달하는 사람이 아닙니다. 제 이름은 샘 젤Sam Zell인데 당신을 꼭 만나야 한다고 리Leah가 말해서요."

그가 말한 리는 1979년 리먼브라더스에 있을 때 우리가 채용했던 리 젤이었다. 리는 하버드 대학교에서 영문학을 전공했으며 박사 학위를 받은 직후 리먼브라더스에 입사했다. 그녀와 잠깐 동안 이야기를 나누었지만 남다른 멘탈의 소유자임을 우리는 금방 알아차렸다. 그녀는 금융에 대해선 아무것도 아는 게 없었지만 나는 그녀에게 기회를 주기로 마음먹었다. 결국 그녀는 '끝내주는' 애널리스트가 되어 능력을 입증했는데, 이 오토바이 남자는 그녀의 남동생이었다.

"복장이 왜 그렇습니까?"

"오토바이를 타고 와서 아래에다 뒀거든요."

"아래라면…, 어디에?"

"파크 애비뉴에 묶어뒀죠. 소화전에다가."

사무실 문을 연 첫날에 어째 이런 일이…. 문득 이런 생각이 들었다.

'이건 우리 미래를 예고하는 불길한 징조가 아닐까?'

어쩌면 오토바이 남자도 가구라고는 거의 없다시피 한 썰렁한 사무실에 정장을 차려입고 앉아 있는 내 모습을 보고는 나와 똑같은 생각을 했을지도 몰랐다.

"아, 미안합니다. 우리도 오늘 입주했거든요. 아직 가구를 못 들여놔서요."

"상관없습니다."

샘은 그렇게 말하고 바닥에 철퍼덕 앉아서는 둘둘 말아놓은 양탄자에 기댄 채 말을 이었다. 자기는 약간의 부동산을 소유하고 있으며 몇 개 회사를 사고 싶지만 금융에 대해 아는 게 별로 없다고 했다. 그러면서 이렇게 말했다.

"제게 금융을 좀 가르쳐줄 수 있습니까?"

나중에야 깨달은 사실이지만 그가 입은 옷만 보고서 오해를 한 게 잘못이었다. 샘이 '약간의 부동산'이라고 말한 게 알고 보니 미국에서 가장 큰 부동산 포트폴리오들 가운데 하나였다. 그가 그날 했던 말은 파산한 부동산 몇 곳을 샀는데 거기에 자신의 '제국'을 짓고 싶다는 것이었다. 그런 얘기들을 우리는 바닥에 퍼질러 앉아서 두 시간 반 동안이나 했다. 아무튼 그렇게 만난 우리는 그 뒤로 많은 사업을 함께했다. 전혀 예상하지 못했던 이 뜻밖의 방문자는 알고 보니 블랙스톤 초기에 우리가 그토록 기다렸지만 결코 오지 않았던 그 모든 고객보다도 더 가치가 높은 고객이었다.

블랙스톤 창업 직후 〈월스트리트 저널〉은 우리 회사를 크게 다룬 기사를 1면에 실으려고 계획하고 있었다. 이 기사는 우리 회사를 대대적으로 홍보해줄 것이었다. 그런데 그 기사가 나가기로 예정된 날 하루 전에 기자가 전화해서 편집자들이 그 기사를 빼라고 한다면서 미안하다고 했다.

"시어슨 사람들이 이 기사가 나갈 것이라는 말을 듣고는 우리에게 전화해서 두 분이 여러 가지 나쁜 이유로 해고되었다는 얘기를 했습니다. 시어슨이 그렇게까지 노골적으로 두 분을 나쁘게 얘기하는 상황에서는 도저히 그 기사를 지면에 올릴 수 없을 것 같아요."

피트와 내가 투자회사를 창업하면 시어슨이 불편하게 여길 것임을 알았어야 했다. 하지만 그런 생각은 조금도 하지 못했다. 나는 리먼브라더스에서 하루라도 빨리 빠져나오기를 바랐다. 그곳은 탐욕, 공포, 무기력, 권력욕, 거짓말이 만연해 있었고 너무도 끔찍했기 때문이었다. 문구류를 담아놓은 상자들이 어지럽게 널려 있는 썰렁한 사무실에 앉아 있자니 별 생각이 다 들었다.

'도대체 어떻게 그런 앙심을 품을 수 있을까?'

이 일을 포함해 여러 가지 역풍이 있긴 했지만 그래도 우리의 명성과 경험, 우리가 보낸 수백 통의 편지가 일거리를 홍수처럼 몰고 올 것이라고 믿었다. 그만큼 자신에 차 있었던 것이다. 그러나 여러 주가 지나도 일은 들어오지 않았다. 피트에게는 유급 비서가 딸려 있었지만 나는 전화를 직접 받았으며 몇 가지 허드렛일은 직접 했다. 나는 날마다 우리가 빌린 그 공간을 둘러보곤 했다. 그때의 심정은 마치 모래시계를 바라보고 있는 것 같았다. 일거리가 들어오지 않으니 주머니에서 돈이 술술 빠져나가는 느낌이었다. 얼마 전만 하더라도 사람들은 우리를 서로 붙잡으려고 난리를 쳤는데 말이다.

'그런데 이게 뭔가….'

피트와 나는 조금도 변하지 않았지만 우리 둘은 길에 내팽개쳐져 있었고 우리를 돌아보는 사람은 아무도 없었다. 하루하루가 아무 일도 없이 지나가는 동안 나는 블랙스톤이 또 하나의 실패한 신생 기업이 되는 게 아닌가 하고 걱정했다.

그러다 마침내 리먼브라더스에 있을 때 함께 일한 적 있는 제약회사 스퀴브 비치-너트Squibb Beech-Nut에서 우리에게 보수 5만 달러짜리 자문을 의뢰했다. 예전이었다면 그 정도 금액은 단 한 건의 거래에 붙는 법무 관련 수수료보다 적은 것이었다. 하지만 지금은 생명줄과도 같은 돈이었다. 그리고 또 다른 작은 일거리가 들어왔다. 리먼브라더스 시절의 고객으로 중서부 지역에 있던 작은 철강회사인 암코Armco에서 의뢰한 일거리였다.

그렇게 들어온 돈으로 임대료와 기본 경비를 충당할 수 있었지만 벼랑 끝에 서 있기는 마찬가지였다. 초여름이었고, 사업을 시작한 지 9개월이 지났다. 피트는 외출하고 없었고 우리 가족은 해변에 가 있었다. 나는 혼자 맨해튼에서 두 가지 소소한 일거리들을 붙잡고 있었다.

무더운 저녁이었다. 나는 혼자 저녁을 먹으려고 렉싱턴 애비뉴에 있는 어느 건물의 2층 일식당으로 갔다. 식당에 앉아 있는데 갑자기 어지럼증이 느껴졌다. 마치 온몸이 스르르 무너지는 것 같았다. 추락하고 있다는 느낌이었다. 나는 자기연민에 빠져 주체를 못했다.

월스트리트 사람들은 다른 사람이 무너지는 모습을 지켜보는 걸 그 무엇보다도 좋아한다. 리먼브라더스에 있을 때만 하더라도 그토록 막강한 힘을 가졌고 당연히 밖에 나와서도 성공하리라 확신했던 피트와 내가 무너지는 모습은 많은 사람들에게 좋은 구경거리가 될 게 분명했다. 그런 일이 일어나게 내버려둘 순 없었다. 절대로 무너질 수 없었다. 어떻게든 길을 찾아야만 했다.

❯ 어려운 일, 경쟁자가 적은 일에 뛰어들어라

바로 그때 우리 앞에 위대한 진실 하나가 놓여 있음을 깨달았다. 과거에 아무리 크고 위대한 일들을 해냈다고 해도 우리는 그저 이제 막 출범한 신생 기업일 뿐이라는 사실이다. 어디에든 쉬운 일은 없는 법이다. 내가 경험했던 그 모든 힘들고 지루한 일, 연필과 계산자를 가지고서 나만의 금융 모델들을 개발하며 경력을 쌓고 동료들에게서 갖가지 금융 기술들을 배우며 보냈던 그 시간들이 실상 아무런 가치가 없음이 입증되고 있었다. 하지만 나는 그런 사실을 알지 못했던 것이다.

일식당에서 혼자 저녁을 먹고 난 직후에 전화를 한 통 받았다. 대규모 철도회사인 CSX의 CEO 헤이즈 왓킨스Hays Watkins였다. 1978년

나는 CSX가 소유한 어떤 신문사의 매각에 관여했었다. 그때의 표준적인 매각 방식은 영국식 경매였다. 이 방식은 입찰자가 손을 들어 입찰 의사를 제시하는 것으로서, 마지막 경쟁자가 포기할 때까지 가격이 점점 높아진다. 요컨대 남보다 무조건 1달러라도 더 높은 가격을 써내야 한다. 그런데 이 경매의 문제는 마지막 승자가 얼마를 지불할지 전혀 알 수 없다는 점이다. 어떤 사람은 반 고흐의 작품을 5,000만 달러에 살 수 있지만 만일 경쟁자가 따라붙으면 어쩔 수 없이 7,500만 달러를 지불해야 할 수도 있다.

CSX 소유 신문사의 경우 나는 영국식 경매가 아니라 2단계 밀봉 입찰식 경매를 제안했다. 이 방식은 각각의 단계에서 입찰자들이 자기가 제시하는 입찰가를 밀봉된 봉투에 써서 제시한다. 즉 자기가 제시한 입찰가를 다른 사람이 알아차릴 수 없다는 뜻이다. 그래서 낮은 입찰가를 써낸 입찰자들은 1단계에서 한 차례 걸러졌다. 매수를 진지하게 고려하는 입찰자들은 대상 회사의 재무 상태를 정밀하게 살펴보며 직접 경영진을 만났다. 그런 다음 두 번째 밀봉 입찰 가격을 제출했다. 이런 유형의 경매에서는 무슨 일이 있어도 매수하고자 하는 입찰자들은 경쟁자보다 1달러만 더 높은 가격을 써내지 않는다. 이들은 자기가 낙찰받은 다음에 이익을 남길 수 있는 최대한도의 입찰가를 제시한다.

경매는 내가 CSX 소유 신문사 매각에 관여하던 당시만 하더라도 인수합병 세계에서 거의 알려져 있지 않았지만 이후 표준적인 방식으로 자리를 잡았다. 그때를 기억하고 있던 왓킨스는 나를 혁신자이자 문제해결사로 기억했다. 그런 그가 일을 의뢰해온 것이다.

"지금 프로젝트 하나를 막 시작했는데, 당신이 이 일을 맡아주면 좋겠다고 생각했습니다."

"우리가 그 일을 맡아주면 좋겠다고요?"

피트와 나는 파산을 걱정하면서 하루하루를 보내고 있었다. 그렇지만 상황이 단순했다면 왓킨스가 굳이 우리를 찾아오지 않았을 터였다. 단순한 상황이라면 우리가 아니라도 도움을 줄 자문회사는 월스트리트에 널려 있었다. 왓킨스는 다른 어려운 문제를 안고 있는 게 분명했으며 창의적인 해법을 바라고 있었다. 투자은행가로서(또 나중에는 투자자로서) 나는 문제가 어려울수록 경쟁이 줄어든다는 진리를 그때 깨달았다.

일이 쉬울 때는 언제나 많은 사람들이 달려든다. 그러나 일이 어렵고 복잡할 때는 얼씬거리는 사람이 아무도 없다. 그런데 이 어렵고 복잡한 일을 누군가가 말끔하게 해치우면 그 사람은 독보적인 위치에 올라설 수 있다. 어렵고 복잡한 문제를 가진 사람들은 너나 할 것 없이 그 사람에게 달려가 두둑한 수수료를 제시하면서 문제 해결을 의뢰하고, 이렇게 해서 그 사람은 다른 사람들이 감당하지 못하는 문제를 해결한다는 명성을 한층 단단하게 굳힌다. 난관을 돌파해야 하는 처지의 피트와 나로서는 어려운 문제를 해결하는 것이 우리의 능력을 입증하는 최고의 길이었다.

CSX는 해양 운송 부문으로 진출하길 원했다. 그래서 컨테이너 회사인 시랜드코퍼레이션Sea-Land Corporation(이하 시랜드)의 인수 가격을 넉넉하게 제시하며 이 회사를 인수하겠다는 우호적인 제안을 했다. 시랜드의 경영진은 이 제안을 받아들이고 싶었지만 텍사스의 신경질적인 투자자 해럴드 시먼스Harold Simmons에게 발목이 잡혀 있었다. 시먼스는 시랜드를 소유하는 데 전혀 관심이 없었지만 이 회사가 외부 인수될 가능성을 염두에 두고 주식을 매집해왔다. 그러고는 자기가 원하는 가격을 제시받을 때까지 매각을 보류하고 있었던 것이다. 그는 시세보다 확실히 높은 가격에 주식을 팔고 싶어 했다. 금융업계에서는 이렇게 경영권을 담보로 보유 주식을 시가보다 비싸게 파는 행위를 '그린메일'green mail이라고 부른다.[11]

CSX가 맨 처음 제시한 가격은 6억 5,500만 달러로 합리적인 금액이었다. 리먼브라더스에 있을 때는 이 정도 규모의 거래라면 팀 전체를 동원해서 지원을 받았다. 그렇지만 이제는 나 혼자서 그 모든 것을 다 해내야 했다.

시먼스는 시랜드 주식을 39퍼센트 가지고 있었다. 우리로서는 이 주식을 억지로 팔게 할 수는 없었다. CSX가 제시한 가격만으로도 시먼스는 상당한 수익을 거둘 수 있었다. 그럼에도 그는 더 많이 받겠다면서 꼼짝도 하지 않았다. 나는 그에게 전화를 걸어 그가 요구하는 금액이 현재 제시된 금액에서 얼마나 높은 것인지 설명했다. 그러자 그는 이렇게 말했다. 그의 텍사스 억양은 지금도 생생하게 기억난다.

"슈워츠먼 씨, 이미 여러 차례 말했잖소. 나는 내 주식을 팔지 않겠다

---

11 상장기업의 주식을 대량으로 사들인 뒤 적대적인 인수나 합병을 포기하는 대가로 자신들이 확보한 주식을 시가보다 훨씬 높은 값에 되사도록 경영진을 압박하는 행위. 갈취 및 협박을 뜻하는 '블랙메일'black mail과 대주주에게 편지를 보낼 때 초록색인 달러화를 요구한다는 사실에서 유래해 이런 이름이 붙었다.

고! 안 팔아요. 안 팔아!"

그를 설득하려고 온갖 수단을 동원했다. 나중에는 그를 직접 만나러 우리 측 변호사를 대동하고 날아갔다.

시먼스는 호리호리하게 마른 체형이었으며 얼굴에는 마마 자국이 나 있었다. 나이는 50대 중반이었지만 나이보다 더 늙어 보였다. 휴스턴 외곽의 어느 빌딩에 있었던 그의 사무실은 그가 얼마나 많은 재산을 가지고 있는지 가늠할 수 없을 정도로 초라하고 싸구려였다. 베니어판으로 마감한 벽 표면은 닳아서 벗겨지고 있었다.

"우리는 정말 이 회사를 사고 싶은데, 우리가 가는 길을 당신이 이렇게 막아서고 있으니…. 조금 옆으로 비켜주시면 정말 좋겠습니다. 우리는 당신 주식을 사고 싶습니다. 당신도 아시잖아요. 우리가 시세보다 높은 가격을 제시하고 있다는 걸요."

"당신이 뭘 원하는지 알아요. 하지만 분명히 말했잖소. 나는 주식을 팔지 않는다니까."

"그 말을 할 거라고 생각했습니다. 그래서 이 후한 제안을 거부하는 주주들을 위해 제가 할 수 있는 범위에서 특별한 조치를 준비했습니다."

우리 제안을 거부한 시랜드의 주주는 시먼스 딱 한 사람뿐이었다.

"만일 당신이 현금을 원하지 않는다면 현물출자Payment In Kind, PIK, 즉 만기일이 설정돼 있지 않는 우선주로 대체해버리겠습니다."

이 제안이 뜻하는 것은 그가 현금을 받을 수도 있지만 만일 이것을 거부한다면 그의 자산을 심각한 부채로 돌려놓겠다는 것이었다. 그가 CSX를 인질로 잡고자 한다면 나 역시 그에게 똑같이 해주겠다는 선전포고였다. 주식공개매입[12] 방식을 이용해서 시랜드를 인수하고 그를 쫓아내버리겠다는 엄포를 놓았던 것이다.

이렇게 되면 그의 우선주는 상장되어 거래될 수도 없어서 쉽게 주식을 팔 수 없을 터였다. 그 주식은 자본 구조에서 기업부채(사채)보다 뒤로 밀리게 되어, 혹시 회사가 잘못될 경우에는 다른 채권자들보다 후순위로 밀린다. 또 만기일이 정해져 있지 않아서 주식을 현금화할 수도 없었다. 미래의 무한한 세월 동안 세금만 계속 내면서 주식을 그냥 들고만 있어야 한다는 말이었다.

이런 반격은 사실 매우 이례적인 것이다. 또 시먼스에겐 끔찍할 수밖에 없는 조치였다. 시먼스는 내 얼굴을 잠시 쳐다보더니 자기 변호사를 보며 물었다.

"이 사람들이 진짜로 그렇게 할 수 있소?"

"뭐, 그건….'

그 변호사는 머리를 까닥거리면서 대답했다.

"얼마든지 할 수 있죠."

그러자 시먼스가 다시 나를 바라보더니 고함을 질렀다.

"내 사무실에서 썩 꺼져!"

나와 내 변호사는 사무실에서 나와 공항으로 돌아왔다. 그리고 공중전화로 비서에게 전화해서 시먼스가 방금 자기 주식을 팔겠다고 전화

---

12 회사의 경영권을 획득하거나 강화하기 위해 정해진 양의 주식을 단기간 내에 취득하고자 하는 자가 공고 등으로 시가보다 높은 매입 가격을 주주에게 제시하고 장외 시장에서 주식을 매입하는 것.

했다는 말을 확인했다.

만일 그 일이 쉬웠다면 왓킨스가 우리에게 오진 않았을 것이다. 시먼스의 약점을 포착하는 데는 창의적이고 심리적인 통찰이 필요했으며 그와 정면으로 맞서는 배짱도 필요했다. 이 계약은 우리에게 돌파구가 되어주었다. 그 건으로 CSX로부터 받은 돈은 블랙스톤이 처음으로 받은 주요 거래의 수수료였다. 그리고 블랙스톤이라는 이름이 인수합병 세계에 널리 알려졌다.

시먼스가 백기를 든 이후 왓킨스는 자기가 지불하는 가격에 대해 살로몬브라더스에 의뢰해서 공정성보증의견서를 받을 생각이라고 말했다. 공정성보증의견서라면 나도 허먼 칸으로부터 업무 지시를 받은 이후 수십 장이나 썼었다. 블랙스톤이 얼마든지 써줄 수 있었다. 그래서 나는 왓킨스에게 살로몬브라더스에 의뢰할 필요 없이 우리가 해주겠다고 말했다. 나는 시랜드와 CSX가 거래를 모두 끝냈음을 알고 있었고, 왓킨스도 내 제안에 동의했다. 나는 심지어 공정성보증의견서 작성 수수료를 받지도 않았다. 이렇게 해서 블랙스톤은 공정성보증의견서를 작성한 최초의 부티크 자문회사가 되었다.

❯ 변화는 한 번의 설득으로
이뤄지지 않는다

1986년 가을, 창립 1주년 기념일이 다가올 무렵 피트와 나는 이제 드디어 제1호 바이아웃 펀드[13] 조성에 나설 때라고 판단했다. 투자자들을 설득해서 돈을 투자하게 만들 필요가 있었다. 이렇게 조성된 자금으로 기업을 인수한 다음, 몇 년에 걸쳐 기업의 가치를 높여서 되파는 방식으로 이익을 남겨 투자자들에게 커다란 수익을 안겨주겠다는 게 우리의 계획이었다.

이것은 우리 사업 계획의 두 번째 단계였다. 즉 남이 하는 거래에 단순하게 자문이나 거래 관련 서비스를 제공하는 데서 벗어나 훨씬 복잡하긴 해도 지속성과 수익성이 높은 투자 사업으로 넘어가자는 것이었다. 그러나 피트나 나는 펀드 자금을 조성하기는커녕 그런 펀드를 운영해본 적도 없었다. 비록 우리가 모든 것에 쉽게 합의하곤 했지만 도대체 어느 정도의 투자금을 목표로 삼아야 할 것인가는 쉽게 합의가 이뤄지지 않았다.

우리의 제1호 펀드에는 10억 달러 투자금을 조성해야 한다는 게 내 생각이었다. 이 정도 규모는 월스트리트에서도 유례가 없을 정도로 큰 것이었다. 피트는 이런 나를 보고 잠꼬대하지 말라며 핀잔을 줬다.

———— 13 LBO 자금으로 활용되는 투자 펀드.

"우리는 지금까지 단 한 번도 사모펀드 거래를 해본 적이 없잖아. 게다가 자네나 나나 투자금을 직접 조성해본 적도 없고…."

"그게 무슨 문제가 됩니까? 이런 일을 하는 친구들이 어떤 사람인지는 저도 압니다. 리먼브라더스에서 그런 친구들을 대변했었죠. 저도 그런 회의에 참석했었다고요."

그들이 할 수 있는 일이라면 우리도 할 수 있다고 피트를 설득했다.

"우리가 지금껏 단 한 건도 성사시키지 못했다는 사실이 자넨 전혀 걸리지 않지?"

"네, 안 걸립니다."

"내 마음에는 걸려. 우리는 일단 5,000만 달러 규모의 펀드부터 시작하는 게 옳아. 이걸로 시작해서 차근차근 배운 다음에 더 큰 규모로 붙어보자는 말이야."

나는 두 가지 이유로 그 의견에 반대한다고 말했다.

첫째, 투자자들이 펀드에 투자할 때 이들은 자기만이 아니라 다른 투자자들도 그 펀드에 돈을 넣는다는 것을 알고 싶어 한다. 그러므로 만일 5,000만 달러짜리 펀드의 투자금을 조성한다고 하면 우리는 5달러에서부터 1,000만 달러씩 끌어모아야 한다. 그런데 같은 발품을 팔아가면서 이런 노력을 기울일 바에는 50달러에서부터 1억 달러씩 끌어모으는 편이 더 낫다.

둘째, 투자자들은 우리가 다각화된 포트폴리오를 구성할 것이라고 기대한다. 그런데 달랑 5,000만 달러를 가지고 포트폴리오를 다각화하려면 구멍가게들밖에 주워 담지 못한다. 우리 경험과 전문성은 구멍가게가 아니라 대기업에 있는데, 이런 경험과 전문성으로 구멍가게들을 상대한다는 건 말이 되지 않는다. 이런 설득에도 피트는 여전히 걱정을 털어내지 못했다.

"블랙스톤이 지금까지 보여준 게 없는데 누가 우리에게 그 많은 돈을 맡기겠나?"

"우리가 있잖아요. 그리고 지금이 적기거든요."

이 일을 시작하면서 나는 대부분의 야심 찬 청년들과 마찬가지로 우여곡절 없이 일직선으로 나아가 성공할 것이라고 믿었다. 베이비부머인 나는 오로지 성장과 기회만 보며 자랐다. 성공은 당연히 주어지는 것으로 보였다. 그러나 1970년대와 1980년대를 거치는 동안 경제가 좋아지기도 하고 나빠지기도 하는 것을 보면서 과거에는 알지 못했던 진리를 깨달았다. 바로 성공이란 드물게 찾아오는 기회의 순간에, 즉 예측할 수는 없지만 여러 주요한 변화들을 예의 주시할 때 찾아오는 기회를 포착해서 활용할 때 가능하다는 것이다.

투자자들 사이에서 LBO 거래 수요가 커지고 있었지만 공급은 제한되어 있었고 이런 거래들을 실행할 수 있는 사람들은 한층 더 제한되어 있었다. 특수한 영역의 기술을 가지고 있는 우리 두 사람에게 이런 상황은 더할 나위 없이 완벽한 시나리오였다. 이미 여러 해 전의 일이지만 리먼브라더스에 있을 때 우리는 집행위원회가 LBO에 관심을 가지게 하려고 했지만 실패했었다. 그러나 지금은 달랐다. 우리는 그들의 보수적이고 소극적인 생각보다 훨씬 앞서 있었다. 이런 상황에서 미적거리다가는 기회를 놓쳐버릴 수도 있었다. 다른 사람들이 LBO에 몰려드는 투자금을 선점해버릴 수 있었기 때문이다.

"지금이야말로 우리가 펀드를 조성할 최적의 시기입니다. 이런 기회는 두 번 다시 우리에게 찾아오지 않을 것이라고 확신해요. 지금 해야 합니다."

단 한 번의 투자 설명으로는 상대방으로부터 투자를 이끌어낼 수 없다는 사실을 나는 잘 알고 있었다. 자기가 어떤 것을 굳게 믿는다고 해서 모든 것이 해결되지는 않는다. 스스로 생각하는 전망을 몇 번이나 반복해서 설명하고 설득해야 한다. 대부분의 사람들은 변화를 좋아하지 않는다. 사람들을 설득하려면 끊임없이 주장하고 매력을 보여주어야 한다. 자신은 철석같이 믿는다 해도 상대방이 고개를 저을 때는 그가 온전하게 이해하지 못하고 있다고 생각하고 계속해서 설명해야 한다. 나는 여러 차례 피트를 설득했고, 마침내 피트도 동의했다.

"자네가 그렇게까지 주장한다면 나도 자네 의견을 따르겠네."

8

무엇이든 첫 시도에 판매나 계약이
성사되는 경우는 거의 없다.
당신이 어떤 믿음을 가지고 있다고 해서
다른 사람들도 그럴 것이라는 보장은 없다.
그래서 자기가 믿는 것을 여러 차례
반복해서 말해야 한다.
사람들은 변화를 좋아하지 않는다.
그러니 다른 이들이 받아들여야만 하는
이유를 들어 설득하고 확신을 주어라.
원하는 것을 요청할 때는 두려워하지 마라.

제3장

고객의 문제를
해결하면
나의 문제도
해결된다

> 길이 보일 때까지
계속 걸어야 한다

우리는 제안 내용을 가다듬어서 투자 계획서(투자 조건과 리스크, 투자 대상 등을 설명하는 법률적인 문서)를 만들어 연기금펀드, 보험회사, 기금 운용회사, 은행 및 그 밖의 금융기관 그리고 몇몇 부유한 가문 등 잠재적인 투자자들 약 500곳에 보냈다. 일일이 전화하기도 하고 추가 내용을 담은 편지를 보내기도 했다.

그런데 이번에도 우리 사무실의 전화는 조용하기만 했다. 우리는 완벽하지 않고 반쯤만 완성된 투자 계획서를 가장 가망이 높은 사람들, 즉 우리가 가장 잘 아는 사람들에게 보내는 실수를 저질렀다. 그들은 너그럽지 않았다. 그들은 너무도 쉽게 우리의 제안을 기각했다. 자기에게 와서 구체적으로 설명해달라는 요청은 딱 두 건뿐이었다. 메트

라이프Met Life와 뉴욕라이프New York Life에서 각각 5,000만 달러와 2,500만 달러를 투자하겠다고 했다.

그러나 조건이 있었다. 자기 투자금이 전체 펀드에서 차지하는 비중이 각각 10퍼센트와 5퍼센트를 초과하지 않아야 한다는 것이었다. 그러니까 우리가 적어도 5억 달러의 투자금을 조성하지 않는 한 그들이 한 투자 약정은 아무런 의미가 없다는 뜻이었다.

피트는 두 주를 기다린 다음에 더 전화해보고 접근 방식을 조정해보자고 했다. 이번에는 내가 그의 의견에 따랐다. 두 번째 투자 설명서는 어쩐지 느낌이 좋았고 잠재적인 투자자와의 만남도 18건이나 잡혔다. 에퀴터블 인슈어런스 컴퍼니Equitable Insurance Company는 우리를 열흘 간격으로 두 번이나 불렀다. 한 번 더 찾아와달라는 말을 들었을 때 우리는 계약서에 서명을 받는 일만 남았다고 기대했다. 그런데 두 번째 만남에서 열흘 전에 봤던 담당자는 심지어 우리를 알아보지도 못했다.

"블랙스톤이라고요?"

그는 우리에 대해 아무것도 기억하고 있지 않았다. 그건 일정을 조정하느라 생긴 실수나 오해도 아니었다. 그 사무실에서 나올 때 피트와 나는 단지 기분만 상한 게 아니라 혼란스러웠다.

'우리가 얼마나 터무니없기에 우리가 누구인지조차 기억도 못 할까?'

델타 항공Delta Airlines의 투자펀드는 애틀랜타에 있는 자기 사무실로 와주면 만나주겠다고 했다. 약속 시간은 오전 9시 정각이었는데, 그 전날 밤 피트는 백악관 만찬에 참석해야 했다. 약속한 날 아침에 나는 하츠필드-잭슨 애틀랜타 국제공항에서 피트를 만나 함께 택시를 타고 델타 항공으로 갔다. 피트는 늘 커다란 서류 가방을 들고 다녔는데, 이번에는 전날 밤의 만찬 행사 때문에 턱시도를 챙긴 가방도 함께 들고 있었다. 택시에서 내렸지만 도로와 건물의 배치가 이상해서 델타 항공까지는 수백 미터를 더 걸어 들어가야 했다. 날씨는 덥고 습했다. 나는 피트가 가방 두 개를 들고 이동하는 것을 도왔다. 건물에 도착했을 때 우리 두 사람의 셔츠는 땀에 흠뻑 젖어 있었다.

비서가 우리를 경영진의 사무실이 있는 지상 층이 아니라 지하 2층으로 안내했다. 피트와 나는 옷차림이 후줄근하고 단정하지 못했지만 최대한 자세를 곧게 하려고 애썼다. 우리는 작은 회의실로 안내되었고, 우리와 대화를 나눌 사람이 커피를 마시겠느냐고 물었다. 피트는 괜찮다고 대답했다. 이렇게 무더운 날에 뜨거운 커피라니, 아무래도 그건 아닌 것 같다고 생각한 모양이었다. 하지만 그때 나는 이런 생각을 했다.

'남쪽 지방으로 내려왔으니 우아하게 행동해야지.'

그래서 나는 커피를 달라고 했다. 그는 열판과 커피 카라페가 있는 카드게임 탁자로 가서는 커피 카라페를 들고 왔다. 흰색 거름망이 있는 갈색 잔에 커피를 따랐다.

"커피 값 추렴은 보통 25센트씩이죠."

나는 주머니에서 25센트짜리 동전을 찾아 내놓았다.

우리는 그곳에서 1,000만 달러 투자를 이끌어내려고 노력했다. 델타 항공은 우리가 보낸 문건들을 꼼꼼하게 읽은 뒤에 우리를 초대한 것이었고, 우리는 그들이 통상적으로 투자하는 펀드와 같은 종류의 펀드를 제안한 것이었다. 그럼에도 우리는 열정을 다해 프레젠테이션을 했다. 우리의 전문성과 인맥 그리고 우리가 시장에서 바라보는 기회를 강조했다. 프레젠테이션을 끝낸 뒤에 나는 커피를 따라준 이사에게 물었다.

"이 건이 흥미롭다고 생각하십니까?"

"네, 그럼요. 매우 흥미롭다고 생각합니다. 그렇지만 델타 항공은 제1호 펀드에는 투자를 하지 않습니다."

"당신은 제1호 펀드임을 알고 있으면서 어째서 우리를 이 애틀랜타까지 오라고 했습니까?"

그의 입에서 나온 이유는 어이없을 정도로 황당했다.

"두 분이 금융계에서 워낙 유명하셔서 만나 뵙고 싶어서요."

사무실에서 나갈 때는 도착할 때보다 더 무더운 찜통이었다. 우리는 짐 가방을 끌고 다시 도로까지 걸었다. 반쯤 갔을 때 피트가 나를 보면서 이렇게 말했다.

"한 번만 더 이런 일이 생기게 만들면 자네를 죽일지도 몰라."

퇴짜를 맞는 일은 끔찍하기도 했고 모욕적이기도 했다. 그 충격은 영원히 이어질 것 같았다. 우리는 거짓말을 하는 사람을 만나기도 했고, 대륙을 가로질러 태평양 연안까지 갔음에도 약속 장소에 사람이 나타나지 않은 경우도 있었다. 우리가 잘 알고 있고 요직에 있는 사람들은 만남을 거부했다.

피트와 나는 이 힘든 투쟁 과정 내내 이야기를 나누었다. 그는 실패 같은 걸 할 사람이 아니었다. 그는 실패를 증오했다. 그러나 그는 예순 살이었다. 나와는 전혀 다른 마인드를 가지고 있었고 또 나와는 전혀 다른 처지에 놓여 있었다. 내가 강한 추진력을 가지고 있었다면 피트는 끈기와 침착함을 가지고 있었다. 그는 나를 일으켜 세우고 계속 앞으로 나아가게 했다. 자기가 하는 일을 믿으면 아무리 힘들더라도, 아무리 가망 없다는 느낌이 들더라도 계속 전진해야 한다고 그는 말했다.

피트는 이민자 가족 출신이었다. 그의 부모는 그리스에서 이민 와서 네브래스카주 커니에 식당을 열었고 피트는 그곳에서 일했다. 그랬던 그가 대학과 대학원을 졸업하고 재계에서 성공할 수 있었던 것은 똑똑했을 뿐만 아니라 자기만의 기술을 가지고 있었기 때문이었다. 그는 내가 걸어가야만 하는 힘든 여정이 어떤 의미가 있는지 잘 알았다. 그 일을 해야만 하는 필요성도 잘 알았다. 그 길은 그가 예전에 걸었던 길이기도 했다. 우리는 그 여정을 다른 시간대에 수행하고 있었던 것이다.

"이건 또 하나의 제법 높은 봉우리야. 정신 바짝 차리고 힘을 내야 한다네."

잠재적인 투자자를 한 명씩 만날 때마다 그가 했던 말이다. 그는 힘들다고 하면서도 어려움을 잘 받아들였고, 우리는 또 다음 투자자를 만나러 가곤 했다. 그렇게 투자자를 만나서는 또 거절당하고….

그렇게 6개월 동안 우리는 우리를 만나줄 것 같은 사람들을 거의 다 만났다. 하지만 메트라이프와 뉴욕라이프 두 곳으로부터 조건부 투자 약정을 받은 것 말고는 단 1달러의 투자 약속도 받지 못했다. 프루덴셜 Prudential까지 찾아갔을 때는 처음에 작성했던 18곳의 목록도 거의 바닥이 나고 있었다. 프루덴셜은 LBO 세계에서 독보적인 1위의 투자자였다. 우리는 이 회사에 있는 사람들을 잘 알지 못했기에 일정을 뒤로 미뤄두었다. 그 무렵 우리의 투자 설명은 완벽에 가까울 정도로 다듬어져 있다. 프루덴셜의 부회장이자 최고투자책임자CIO 가넷 키스Garnett Keith는 뉴저지의 뉴어크에서 함께 점심을 먹자고 했다.

내가 이야기를 시작하자마자 가넷은 흰 빵에 참치를 넣은 샌드위치를 집어 들고 대각선으로 한 입 베어 물었다. 내가 말을 이어가는 동안 그는 계속 샌드위치를 베어 물고 씹고 삼키며 한마디도 하지 않았다. 그의 턱은 쉬지 않고 움직였으며 그의 목젖은 올라갔다 내려오기를 반복했다. 그가 샌드위치를 4분의 3쯤 먹었을 때 나는 말을 다 마쳤다. 그러자 그는 나머지 4분의 1을 내려놓았다. 그리고 이렇게 말했다.

"정말 흥미롭습니다. 1억 달러는 우리 몫으로 남겨두세요."

그의 제안은 너무도 갑작스러웠고 그의 말투는 너무도 아무렇지 않았다. 나로서는 그 제안을 마다할 이유가 없었다. 만일 프루덴셜이 우리에게 투자하는 게 멋진 발상이라고 생각한다면 다른 투자자들도 마찬가지일 터였다. 그 순간 나는 가넷이 먹다 내려놓은 샌드위치를 얼른 집어서 먹어치우고 싶다는 충동에 사로잡혔다. 가넷이 그것을 다시 집어서 먹다가 혹시라도 목에 걸리기라도 하면 큰일이다 싶어서.

그리고 우리는 계속 우리의 길을 걸어갔다.

해답은 항상
상대방의 문제 속에 있다

프루덴셜이 투자 약정을 한 뒤에 피트는 시모다 컨퍼런스[14]에 강연자로 초청되어 일본으로 갔다. 그는 우리 펀드의 투자금을 조성하는 데이 강연을 활용하겠다고 했다. 1987년에는 일본의 제조업 부문 기업들이 미국의 자산을 많이 사들이고 있었다. 일본의 증권회사들이 미국 자본시장에 널려 있는 기회를 잡으려고 이런 흐름에 편승할 것이라는 예상에서였다.

일본의 주요 증권회사는 노무라野村, 니코日興, 다이와大和, 야마이치山—의 네 곳이 있었다. 우리는 이들 가운데 그 어떤 회사와도 인맥이 없었다. 나는 브루스 와서스타인과 조 페렐라Joe Perella를 찾아갔다. 조는 하버드 비즈니스스쿨 시절 동기생이라 알고 지내던 사이였다. 브루스와는 거래 때마다 우연찮게 만났으며 햄프턴스에서 주말마다 함께 테니스를 치던 사이였다. 두 사람은 일본 시장에 대해 잘 아는 직원과 만날 수 있도록 주선해주었다.

그러나 그 직원은 내가 블랙스톤의 계획을 설명하자 일본 증권사들은 우리 펀드 같은 데는 한 번도 투자해본 적이 없으므로 아무런 소용

---

14 일본과 미국의 재계를 대표하는 인물들이 모이는 자리로 1967년에 처음 시작되었으며 그 뒤로 2~4년마다 한 번씩 열렸고 1994년이 마지막이었다.

이 없을 것이라고 했다. 나는 시도라도 한번 해봐달라고 요청했고 그는 거부했다. 그에게 해고의 위험을 감수해야 할 것이라고 위협하자 그제야 그는 당시 뉴욕에 지사를 두고 있던 노무라 증권과 니코 증권과의 미팅을 주선했다.

니코 증권의 일본인 직원은 영어가 서툴렀다. 그들은 뭐가 뭔지 전혀 갈피를 잡지 못하는 것 같았다. 미국 기업이나 투자에 대해 어떤 데이터나 단서도 가지고 있지 않았다. 나는 그들에게 뉴욕에서 하는 일이 무엇이냐고 물었다. 그러자 인수합병을 하길 희망하고 있다고 말했다. 나는 최대한 공손하게, 월스트리트에서 영어를 우아하게 구사하지 못하면 미국 기업 인수합병에 성공할 가능성이 없다고 말해주었다. 그때 머리에 퍼뜩 스치는 생각이 있었다.

'블랙스톤이 일본 증권사와 손을 잡고 합작투자회사를 만드는 건 어떨까?'

그들은 일본의 여러 기업을 미국에 데려올 수 있었고, 우리로서는 그들과도 얼마든지 손을 잡을 수 있었다. 그들이 우리의 제1호 펀드에 투자한다는 조건으로 수익을 50 대 50으로 나누자고 제안할 수도 있었다.

이는 니코 증권이나 블랙스톤 모두 자기가 원하는 것을 얻을 수 있는 창의적인 방법이었다. 우리는 펀드 투자금이 필요하고 그들은 인수합병 사업이 필요하니 말이다. 어려운 상황에 놓인 사람은 문제를 풀어줄 해법이 다른 사람의 문제에 있음에도 대개는 그쪽으로는 눈도 돌리지 않고 오로지 자기 문제에만 초점을 맞춘다. 우리도 마찬가지였다.

우리의 문제가 아니라 니코 증권의 문제에 주의를 기울이자 블랙스톤과 니코 증권 모두를 위한 해결책이 눈앞에 보였다.

나는 니코 증권 사람들에게 다음과 같이 말했다.

"지금 이대로라면 당신들은 돈을 모두 잃을 게 100퍼센트 확실합니다. 당신들은 실패할 겁니다. 그런데 전 당신들이 성공할 수 있게 만들 수 있습니다. 제가 원하는 건 당신들이 우리 펀드에 투자하는 겁니다. 제 관심사는 오로지 그것뿐이에요. 당신들은 이 투자금으로 많은 돈을 벌어들일 겁니다. 그러나 당신들에게 중요한 것은 투자가 아니에요. 제가 당신들을 대신해서 해줄 수 있는 것, 그것이 중요합니다."

그들은 내 발상을 반겼고, 일본에서 만나 구체적인 얘기를 나누기로 합의했다.

일주일 뒤 피트와(그는 퍼스트보스턴을 대표하는 자격이었다) 나는 도쿄에 있는 니코 증권 본부로 가서 국제 사업부를 이끌던 간자키 야스오를 만났다. 블랙스톤이 니코 증권과 손잡고 인수합병 투자 목적으로 미국에 가는 일본인 고객들을 지원할 수도 있다는 가능성에 그는 무척 들떠 있었다.

"우리 자체 인력만으로는 미국에서 절대로 성공할 수 없다는 건 우리도 잘 알고 있습니다."

나는 고맙다는 인사와 함께 합작투자회사 외에도 니코 증권이 블랙스톤의 펀드에 투자하길 바란다고 말했다. 그리고 우리의 투자 전략을 설명했다. 또한 이 투자 설명이 무척 낯설 것이라는 말도 덧붙였다.

"거기에 대해서는 집행위원회에 있는 동료들과 상의하겠습니다. 그런데 딱 한 가지 요청 사항이 있습니다. 적어도 우리가 어떤 결정을 내리기 전까지 절대로 노무라 증권과는 접촉하지 말아달라는 겁니다."

노무라 증권은 니코 증권의 주요 경쟁자로 일본에서 가장 큰 증권회사였다. 니코가 비록 2위이긴 했지만 노무라에 비하면 한참 처진 2위였다. 그 제안에 우리는 동의했다.

다음 날 피트와 나는 다른 일정들을 소화하기 위해 일찌감치 자리에서 일어났다. 우리는 자동차를 타고 이동하던 중에 시차 때문에 잠이 들어버렸다. 자동차가 설 때 잠이 깼고, 차창 밖을 보니 노무라 증권의 로고가 보였다. 나는 가이드에게 물었다.

"왜 여기 와 있죠? 어제 우리가 분명 노무라 증권에는 갈 수 없다고 얘기했잖아요."

"일정상으로 노무라 증권에 가는 것으로 되어 있어서요."

"좋아요. 그렇다면 이 상황을 어떻게 처리하면 좋을지 얘기해줘요. 우리는 노무라 증권 사람들은 만나지 않을 것이라고 니코 증권에 약속했는데, 이 약속을 어길 수는 없으니까 말이에요."

"그렇지만 노무라 증권 사람들과 만나기로 약속을 해놓고 어기면 그들을 모욕하는 것이 됩니다. 노무라는 제일 중요한 증권회사이고, 이 회사의 국제 사업부 담당 부사장과 약속을 했잖아요. 다른 사람들도 마찬가지고요."

"그렇지만 우린 절대로 노무라 증권 사람들을 만날 수 없어요. 다른 선택지는 없을까요?"

"물론 약속을 취소할 수는 있습니다. 그렇지만 예의에 많이 벗어나는 행동입니다. 다른 방법은 노무라 증권 사람들을 만나되 그냥 만나기만 하고 프레젠테이션은 하지 않는 겁니다. 예우 차원의 의례적인 방문이 되겠죠. 이 경우에는 아무래도 니코 증권 사람들이 알아차리지 못하길 빌어야 할 겁니다. 마지막 방법은 가서 만날 뿐만 아니라 프레젠테이션까지 하는 겁니다."

제시된 선택지들은 모두 좋아 보이지 않았다. 이럴 수도, 저럴 수도 없었다. 하지만 상황을 어떻게든 매듭지어야 했다. 나는 피트에게 이렇게 말했다.

"니코 증권에 전화해서 상황을 설명하고 조언을 들어야 하겠습니다. 우리는 여기의 관례를 모르는데, 니코 증권의 그 부사장이 나중에 길길이 날뛰게 할 수는 없잖아요."

피트도 내 의견에 동의했고 나는 전화를 걸었다. 자동차 안에 있던 거대한 빌트인 전화기로 통화했고, 피트와 나는 간자키 야스오가 하는 말을 듣기 위해 전화기의 수화기 부분에 귀를 밀착했다. 그러다 보니 본의 아니게 우리는 키스 자세를 취하게 되었다. 나는 여차여차해서 지금 노무라 증권 본사의 실외 주차장에 있다고 설명했다. 그 순간 마음에 들지 않은 일이 일어났을 때 일본인들이 내는 특유의 소리가 수화기로 들렸다. 치아 사이로 공기를 빨아들이는 소리였다.

"지금 노무라 증권에 있다고요?"

"실수로 그렇게 되어버렸습니다. 정말 미안합니다. 아직 건물 안으로는 들어가지 않았고, 그래서 어떻게 하면 좋을지 당신에게 물어보는 겁니다. 어떻게 해야 합니까? 약속을 그냥 취소해버려야 합니까? 아니면 가서 만나되 실질적인 이야기는 하지 않고 의례적인 인사만 해도 됩니까? 당신들이 원하지 않고 화날 만한 일은 하고 싶지 않다는 게 지금 우리 마음입니다."

"그럼 좋습니다. 니코 증권은 당신들이 한 제안에 관심이 매우 큽니다. 우리가 얼마를 투자하길 원합니까?"

그때 피트가 송화기를 손으로 막은 뒤에 속삭였다.

"5,000만 달러?"

내가 피트에게 속삭였다.

"1억 달러? 프루덴셜도 1억 달러를 약정했잖아요."

피트가 눈을 끔벅하더니 송화기에 대고 말했다.

"1억 달러를 기대합니다."

"오케이, 문제없습니다. 1억 달러. 약속했습니다. 이제 노무라 증권 사람들을 만나서 즐거운 시간 보내십시오."

통화를 마친 뒤에 나는 마치 혼잣말을 하듯 피트에게 웅얼거렸다.

"1억 5,000만 달러를 부를걸…."

나중에 내 예순 번째 생일 때 피트는 이때를 회상하면서 "스티브가 설정하는 목표는 너무도 부담이 크고 역동적이라서 때로는 나도 '오케이'라고 말하기 어려울 때가 많다."고 말했다.

노무라 증권의 안내 창구에서 국제 사업부 책임자인 나카가와 준코를 찾았다. 그런데 자기들끼리 한참 뭐라고 얘기하고 왔다 갔다 하더니 마침내 영어를 하는 사람이 나왔다.

"아, 죄송합니다. 여기는 노무라 증권 본사가 아니라 지점입니다."

다행히 '회의가 없는 만남'이긴 했지만 지각이 커다란 결례로 받아들여지는 나라에서 우리는 30분이나 지각하게 되었다. 우리는 노무라 본사로 미친 듯이 달려가서 나카가와를 찾으며 사과했다. 그런데 15분이 지나도 그는 나타나지 않았다. 전혀 일본답지 않은 상황이었다. 마침내 어떤 사람이 다가오더니 미안하게 되었다고 말했다.

"나카가와 씨는 지금 도쿄에 있지 않습니다. 약속을 잡는 과정에서 뭔가 착오가 있었던 것 같습니다. 전 노무라 증권의 실장입니다. 특별한 사람은 아닙니다만 두 분의 의전을 맡아서 안내해드리겠습니다."

이것이야말로 우리가 바라던 바였다. 노무라 증권 인사들과 의례적인 인사를 나누는 동안 나는 니코 증권으로부터 투자 약정을 받은 1억 달러만 생각했다.

니코 증권의 약정은 우리의 운명을 바꿔놓았다. 니코 증권은 일본에서 가장 큰 재벌 집단인 미쓰비시 그룹 산하 투자은행이었다. 이런 니코 증권이 투자에 나서자 미쓰비시 산하의 다른 기업들도 투자 약정을 하겠다고 나섰다. 투자 설명을 하는 곳마다 투자를 하겠다고 약속했다. 정말이지 일본이 사랑스러워 죽을 지경이었다. 여러 달 동안 퇴짜만 맞던 우리로서는 복에 겨운 나날들이었다. 우리는 일본에서 총 3억 2,500만 달러의 투자 약정을 받고 미국으로 돌아왔다. 우리의 행운도 우리를 따라 집으로 날아왔다.

마침내 블랙스톤의 제1호 펀드를 성사시키다

여러 달 동안 나는 당시 미국에서 규모가 가장 큰 연기금펀드인 제너 럴모터스General Motors(이하 GM)의 연기금펀드에 투자 설명을 하고 있었다. 그때까지 제각기 다른 사람들을 통해 각자의 방식으로 다섯 차 례나 접근했지만, 블랙스톤에서는 이렇다 할 성과를 낸 기록이 없지 않 느냐는 똑같은 대답만 들었다. 그러던 차에 퍼스트보스턴 소속의 파트 너 한 사람을 통해 GM의 부동산 사업부의 토머스(톰) 도브로브스키 Thomas Dobrowski를 소개받았다. 그 파트너와 톰은 교회에서 알게 된 사이라고 했다.

톰을 만났을 때 그는 주일학교 메달을 여러 개 걸고 있었다. 그 모습 을 보고 나는 어른이 참 이상하구나 하고 생각했다. 그러나 퍼스트보스 턴의 내 친구 말이 맞았다. 톰은 똑똑했으며 그와 나는 죽이 잘 맞았다. 톰은 피트와 나의 투자 설명을 다 들은 뒤에 이렇게 말했다.

"대박인데요! 우리도 당연히 투자를 해야 되겠군요."

이렇게 해서 GM도 1억 달러를 투자하게 되었다.

우리가 굴리는 눈사람은 계속 커져갔다. 마치 우리가 주행하는 도로 의 모든 신호등이 빨간불에서 파란불로 바뀌는 것만 같았다. 나는 오랜 친구 잭 웰치에게 전화했다. 잭은 그때 GE의 CEO였다.

"두 사람, 지금 엄청 헤매고 있는 거 아냐?"

"전혀! 우리가 누군데. 아주 잘하고 있지."

"아 네, 네! 이래서 나는 두 사람이 정말 좋아. 그런데 우리도 3억 5,000만 달러 투자할게. 왜냐고? 두 사람은 대단한 선수들이니까. 우리 이름 팔면 다른 투자자들 끌어들이기가 한결 쉽겠지? 어쩌면 나중에 어떤 사업이든 함께할 수도 있고. 오히려 함께하지 않는다는 게 더 놀랍겠지?"

투자 약정금 합계가 8억 달러 가까이 되자 추가 약정금이 쌓이는 속도가 줄어들기 시작했다. 나는 애초에 10억 달러를 목표로 정했다. 그러나 맨 처음 투자 계획서를 발송한 뒤로 1년이 지났다. 그 1년은 마치 심장이 멎는 듯한 사건이 끊임없이 일어나는 모험의 연속인 것처럼 느껴졌다. 그 1년 동안 우리는 숱한 거절과 실망과 절망을 맛봤지만 기어코 견뎌냈다.

금융계 속설에 시간은 모든 거래에 상처를 입힌다는 말이 있다. 기다림이 길어질수록 반갑지 않은 일로 상처를 입을 가능성이 커진다는 말이다. 나는 일을 신속하게 매듭짓는 것을 좋아한다. 심지어 해야 할 과제가 긴급하지 않은 경우에도 지연에 따른 불필요한 리스크를 피하려고 서둘러서 매듭짓곤 한다. 나는 우리 펀드에도 마찬가지 원칙을 적용하기로 마음먹었다. 1987년 9월까지 주식시장은 새로운 고점을 기록하고 있었는데, 언제 추세가 바뀔지 몰랐고 바뀐 추세에 발목이 잡히고 싶지 않았다. 그래서 피트와 나는 최대한 빠르게 법률적인 세부 사항들을 매듭짓고 펀드를 출범시키기로 결정했다.

33곳의 투자자들 각각은 법률단을 가지고 있었으며 각각의 변호사들은 모든 것이 올바르게 되길 원했다. 마치 33곳의 외국에서 33건의 싸움을 동시에 진행하는 것 같았다. 우리는 10월 15일 화요일까지 모든 투자자가 서명을 하고 모든 것이 완료되도록 강하게 밀어붙였고, 결국 그렇게 했다. 우리의 유일한 직원인 캐럴라인 제임스는 그 모든 계약 체결과 관련된 뒷일을 처리했다. 일이 모두 끝난 뒤에는 심리치료사가 되겠다면서 블랙스톤을 떠났다. 블랙스톤 제1호 펀드가 투자금 조성을 마감할 때까지 나와 함께 일했던 경험 덕분에 그녀는 아마도 평생 우려먹을 수 있는 사례 연구 자료를 챙겼을 것이다.

1987년 10월 19일, 주말이 끝난 월요일 아침에 나는 사무실로 출근했다. 그때는 이미 펀드 가입이 마감되었고 투자가 완료된 상태였다. 그런데 그날 다우지수가 508포인트 떨어졌다. 이는 주식시장 역사상 하루 하락 비율로는 가장 큰 것이었으며 1929년 대공황의 방아쇠를 당겼던 날의 하락 폭보다 더 큰 것이었다. 만일 우리가 하루나 이틀 뒤에 투자금 모집을 마감했더라면 블랙먼데이의 하강 기류에 꼼짝없이 빨려 들어갔을 것이다. 투자 약정이 모두 취소되고 우리가 기울인 그 모든 노력이 물거품이 될 수 있었다. 서둘렀던 덕분에 살아남았다. 이제 우리에겐 투자하는 일만 남았고, 우리는 그럴 준비가 되어 있었다.

9

곤경에 빠져 있는 사람은
해답이 다른 누군가가 안고 있는 문제를
해결하는 데 있음을 모르고,
자기가 가진 문제에만 초점을 맞추느라
노력을 허비한다.

제4장

절호의 기회를 놓치지 마라

나만이 할 수 있는 해결책을 찾아라

우리의 첫 번째 LBO 거래는 크고 복잡하지만 엄청나게 큰 잠재적 보상을 약속하는 것이었다. 전통적인 방식으로는 해결되지 않기에 어떤 식으로든 해법이 간절한 상황, 우리가 찾던 유형이었다. 그러나 블랙스톤은 아직 업계 최고도, 최대도 아니었으므로 우리는 가장 어려운 문제를 안고 있으며 오로지 우리만이 해결책을 제시할 수 있는 곳들을 찾아야 했다.

USX는 1901년에 JP모건이 앤드류 카네기와 그의 파트너들로부터 (그중에는 헨리 클레이 프릭Henry Clay Frick도 포함되어 있었다) 카네기스틸 Carnegie Steel을 인수하면서 창업한 US스틸United States Steel로 시작했는데, 당시 그 거래는 역사상 가장 큰 LBO 거래로 기록되었다. 이후

1987년까지 US스틸은 4분의 3세기 이상 미국적인 이름의 대명사로 군림해왔다.

그러나 철강 생산은 생필품 가격의 오르내림에 민감하게 반응했으며 고객의 수요 변동성이 컸다. US스틸은 마라톤오일Marathon Oil을 인수하면서 에너지 부문으로 다각화하고 이름도 USX로 바꾸었다. 그러나 이 회사가 안고 있는 문제는 한두 개가 아니었다. 노동자 파업으로 공장 가동이 중단되었으며 앞서 언급했던 해럴드 시먼스 같은 기업 사냥꾼 칼 아이칸Carl Icahn이 있었다. 그는 대리인을 앞세워 행동하거나 적대적 인수를 하기에 충분할 정도로 많은 주식을 매집해두고 있었다. 또한 USX의 주가가 올라갈 수 있도록 회사에 변화를 요구했다.

결국 경영진은 아이칸이 원하는 대로 끌려가기보다는 차라리 그가 가지고 있는 주식을 매입해서 그를 떼어내기로 결정했다. 그리고 그 주식을 매입할 자금을 마련하기 위해 회사가 원재료 및 완성 제품을 운송하는 데 사용하는 철도와 바지선, 즉 운송 체계를 매각해서 별도의 회사로 분리할 계획을 세웠다. 이렇게 분리할 회사가 바로 우리가 매수하려던 회사였다.

블랙스톤을 출범시킬 때부터 피트와 나는 적대적인 거래, 즉 상대 기업의 동의 없이 오로지 우리의 이익만을 위해 기업을 인수하거나 합병하는 거래는 절대로 하지 말자고 약속했다. 기업이라는 조직은 존경받아 마땅한 사람들로 구성되어야 한다고 믿었기 때문이다. 기업을 매수한 뒤 오로지 이익만을 좇아 비용을 낮추고 돈을 빼내가면 결국 기업은 무너지고 만다. 그러면 직원과 가족은 물론이고 그 회사가 속한 공동체까지 상처를 입는다. 당연히 우리의 명성도 추락하고 품위 있는 투자자들은 발을 뺄 것이다.

그러나 매수한 기업을 보다 우량한 회사로 개선하는 데 투자한다면 직원들은 회사를 더 튼튼하게 만듦으로써 이득을 볼 뿐만 아니라 투자 회사의 명성도 높아져서 장기적으로는 훨씬 더 큰돈을 벌 수 있다. '적대적인 환경에서의 우호적인 거래.' 이것이 우리가 〈월스트리트 저널〉에 실었던 광고 문구다. USX를 상대로 하는 거래가 우리의 이런 신념의 시금석이 될 것이었다.

만일 칼 아이칸이 접근하지 않았다면 USX는 운송 사업부를 매각하려들지 않았을 것이다. 이 회사는 철광석과 석탄과 코크스를 공장으로 실어온 다음 완성된 제품을 소비자들에게 보내기 위해 (미국과 캐나다의 국경에 있는) 5대호의 화물선들과 남쪽에 있는 바지선들 그리고 이 두 지점을 연결하는 철도에 의존할 수밖에 없었다. 그들은 바로 이 운송 체계를 매각해서 자금을 마련하길 원했지만 한편으로는 이 운송 체계에 대한 통제력을 잃어버릴까 봐 두려워했다.

우리에게는 이 운송 체계가 힘든 시기를 돌파하는 데 매우 좋은 자산으로 보였다. 철강 노동자의 파업으로 철도와 바지선은 한가했다. 아무런 이익이 발생하지 않고 있었지만 파업은 언젠가는 끝날 것이고, 그러면 철도와 배는 다시 상당한 수익을 창출할 게 분명했다. 그렇기 때문에 그 거래는 양쪽이 모두 만족할 수 있었다. 그러나 여기에는 USX가 우려하는 부분을 우리가 충분히 존중할 것이라는 신뢰가 바탕에 깔려 있다. 신뢰야말로 협상의 가장 중요한 요소다.

부회장이라는 직책으로 블랙스톤에 막 합류했던 로저 올트먼Roger Altman이 그 거래를 우리에게 가지고 왔다. 그는 리먼브라더스에서 투자은행 사업부 공동책임자로 일한 적이 있으며 카터 정부 때 재무부 차관보를 역임했었다(나중에 클린턴 정부 때는 재무부 부장관이 된다). 피트와 로저와 나, 이렇게 세 사람이 피츠버그에 있는 USX 본부를 찾아갔다. 우리의 주된 목표는 우리가 좋은 동반자임을 인식시켜 우리를 믿도록 만드는 것이었다.

'우리는 칼 아이칸이 아니다. 우리는 우호적인 매수자다.'

그러나 우리가 그렇게 말하는 것과 거래의 구체적인 조건들을 통해 우리의 의도를 드러내는 것은 별개다. 말과 행동은 언제든 달라질 수 있기 때문이다.

우리는 운송 사업부 지분의 51퍼센트를 우리가 갖고, 나머지를 USX가 보유하는 방식의 동업 관계를 제안했다. USX로서는 50퍼센트가 넘는 지분을 매각함으로써 이 운송 사업부의 부채에 책임을 지지 않아도 되며, 따라서 본사의 재무 상태를 한층 건전하게 유지할 수 있고 주가도 부양할 수 있었다. 그러나 이 매각 때문에 USX에 꼭 필요한 운송망에 대한 통제권을 상실하지는 않을 것이라는 확신을 심어주기 위해 우리는 다음과 같이 제안했다. 5인으로 구성되는 이사회의 두 명은 우리가 추천하고 두 명은 USX에서 추천하며, 나머지 한 명은 중재자 역할을 하기로 하되 누구로 할 것인지는 합의를 통해 정하고 그가 모든 이사회에 참석해서 캐스팅 보트를 행사하게 하자고 했다. 그러자 USX 측은 우리가 제시한 가격 6억 5,000만 달러를 흡족하게 받아들였다.

이제 남은 건 돈이었다. 돈을 마련해야 했다. 비록 8억 5,000만 달러의 투자금을 조성해두고 있었지만 될 수 있으면 그 돈으로 여러 건의 거래를 하려고 했기 때문이다. 각 거래 때마다 현금 지출이 적을수록 보다 많은 거래를 할 수 있었다. 물론 이 과정에서 우리는 우리의 자산을 담보로 은행에서 돈을 빌릴 수 있었다. 전체 자산 8억 5,000만 달러를 가지고 일체의 차입금 없이 8억 5,000만 달러의 자산을 살 수도 있었고, 이 돈을 85억 달러 자산 매수의 계약금으로 지급하고 나머지를 은행에서 빌릴 수도 있었다. 후자의 선택지를 택할 경우 우리는 훨씬 더 많은 수익을 올릴 수도 있다. 그러나 안정성을 확보하려면 다각화가 필요했다. 나는 은행에 전화해서 대출을 요청했지만 은행들의 대답은 한결같았다.

"우리는 철강을 좋아하지 않습니다. 파업도 그렇고요. 철강에 관여하는 회사는 결국 파산할 거예요. 철강은 가망이 없어요. 미안하지만 돈을 빌려줄 수 없습니다."

나는 그들이 잘못 생각하는 것이라고 말했다. 철강 산업이 맞을 기회를 심층적으로 분석하면서 철강은 철광석, 석탄, 니켈 등의 원료 가격 변동 및 시장에서의 수요와 공급에 민감한 상품이라고 말했다. 그러나 철강 운송 가격은 전체 운송량을 토대로 결정되며 주간통상위원회 Interstate Commerce Commission[15]가 요금을 책정한다고도 말했다. 이것

---

15 미국의 첫 번째 독립적인 규제기관으로 철도업의 독점 관행을 억제하기 위해 1887년에 설립되었다.

은 선적 톤당 일정한 금액을 지급받는다는 뜻이며 철강 산업이 아무리 낮은 가격이라고 해도 다시 움직이기 시작하면 운송회사는 고공 행진을 할 것이라는 말도 했다. 그러나 은행들은 여전히 철강 산업과 운송 산업의 차이를 혼동하고 있었다.

"어쨌거나 그게 다 철강 산업에 속하는 것 아닌가요. 우린 돈을 빌려줄 수 없어요."

만일 철강이 위험 신호이고 노동자 파업이 위험 신호라면 우리의 경험 없음 역시 위험 신호였다. 단 두 개의 은행만이 이 거래에 약간의 관심을 보였다. JP모건과 케미컬뱅크Chemical Bank였다. 나는 둘 중 JP모건을 원했다. 미국에서 가장 명성이 높은 상업은행이었기 때문이다. 만일 JP모건이 돈을 빌려준다면 이 은행의 이름만으로도 우리의 입지가 튼튼해지고 블랙스톤이라는 이름을 널리 알리는 데 도움이 될 것이었다. 게다가 설립자인 존 피어폰트 모건John Pierpont Morgan으로 거슬러 올라가면 이 은행은 철강을 잘 알고 있었다. 그가 철강으로 큰돈을 벌었기 때문이다.

나는 JP모건이 관심을 보인다는 사실을 알고는 무척 흥분했다. 그러나 그 흥분은 그들이 제시한 조건을 듣는 순간 식어버리고 말았다. 유례가 없이 높은 이자율을 제시했을 뿐 아니라 대출금, 즉 우리가 발행할 채권에 대해 보증을 서주지 않겠다고 했던 것이다. 은행이 기업에 돈을 빌려줄 때 보통은 다른 은행들로부터 대출금을 마련하고 그 거래에 자기가 보증을 선다. 투자자들이 그 채권을 모두 사지 않을 경우에는 그 차액을 자기가 지급하겠다는 약속을 하는 것이다. 만일 은행이 이런 보증 약속을 하지 않는다면 이는 해당 거래에 대해 신뢰가 부족하다는 신호다.

나는 그 조건에 반발했다. 하지만 그들은 어떤 거래에 JP모건이라는 이름을 올리는 것 자체가 보증을 서는 것 아니냐고 했다. 나는 그게 보증을 서는 것과 같다면 그냥 보증을 서주면 되지 않느냐고 물었다. 그러자 그들은 걱정하지 말라고 했다. 자기들이 JP모건 아니냐는 것이었다. 나는 그들의 설명이 와 닿지 않았다. 뭔가를 걱정하고 있는데 숨기고 있는 게 분명했다. 좀 더 거세게 몰아붙이자 그들은 이렇게 말했다.

"그렇다면 우리와 일하지 마십시오. 우리는 손해 볼 것 없습니다. JP모건은 방침을 한번 정하면 그 방침대로 끝까지 갑니다. 그게 우리 방식이에요."

애초에 케미컬뱅크에는 가고 싶지 않았다. 내가 마음에 두고 있던 동반자 은행으로서는 명성이 떨어졌기 때문이다. '코미컬뱅크'Comical Bank(웃기는 은행)라고도 불리던 이 은행은 규모로 보자면 미국에서 여섯 번째나 일곱 번째였으며, 늘 열심히 하는 것 같았지만 성과는 언제나 시원찮았다. 그러나 JP모건이 워낙 고자세였기에 나로서는 달리 선택의 여지가 없었다.

케미컬뱅크도 블랙스톤과 마찬가지로 LBO를 해본 경험이 한 번도 없었으며 또한 그 경험을 간절하게 바라고 있었다. 만나고 보니 이들은 JP모건과는 정반대였다. 열의를 가지고 있었고 기업가정신으로 충만했으며 개방적이고 협력적이었다.

첫 만남 때 케미컬뱅크의 CEO 월트 시플리Walt Shipley와 기업 대출

책임자 윌리엄(빌) 해리슨William Harrison, 내 나이 또래의 투자은행 업무 전담 직원 제임스(지미) 리James Lee는 나를 반갑게 맞아주었다. 그들은 우리 제안서를 공부하고 우리가 필요로 하는 것을 꼼꼼하게 파악했으며 대출을 어떻게 구성할 것인지도 멋지게 뽑아두고 있었다. 우리가 부담해야 할 이자율도 파업이 끝나고 운송 사업이 활발해질 경우에는 대폭 낮추는 것으로 계획해두고 있었다. 합리적인 조치였다. 기업의 건전성이 높아질수록 이 기업의 리스크는 낮아질 것이고 이런 변화가 이자율에 반영되는 것은 당연했다. 그들은 또한 전체 거래에 대한 보증을 자기들이 서겠다고 했다.

"우리가 보증을 서고, 우리가 돈을 댑니다."

그들과 헤어져서 피트에게 가는데, 어쩐지 마음이 심란했다. 나는 케미컬뱅크가 마음에 들었다. 그들이 보여준 창의성과 열정이 좋았다. 전체 거래를 보증하겠다고 약속한 것은 우리가 돈이 필요할 때는 언제든 그 돈을 손에 넣을 수 있다는 뜻이었다. 우리로서는 리스크가 전혀 없었다. 그렇지만 여전히 JP모건에 미련이 있었기에 케미컬뱅크가 했던 것과 같은 제안을 JP모건에 한 번 더 했다. 그러나 그들은 여전히 콧방귀를 뀌었다. 나는 시플리와 해리슨과 리, 이 세 명의 '웃기는 곰들'Comical Bears에게 돌아가 악수를 나누었다.

우리는 USX의 운송 사업부를 분할 매수해서 트랜스타Transtar라는 이름을 붙였다. 블랙스톤은 1,340만 달러를 자본금으로 넣었으며 USX는 밴더파이낸싱vendor financing[16]으로 1억 2,500만 달러를 제공해서 우리가 운송 사업부의 매수 대금을 치르는 데 보태게 했고 케미컬뱅크가 나머지 금액을 조성했다. 결국 이 거래는 경이적인 거래로 판명되었다. 우리가 예측한 대로 철강 시장이 되살아났던 것이다. 운송 사업도 활기를 되찾았고 우리가 트랜스타에 했던 투자는 회사의 현금흐름을 개선했다. 그리고 2년이 채 지나지 않아 트랜스타의 우리 투자금은 네 배로 불어났다. 2003년에 우리는 마지막까지 가지고 있던 트랜스타 주식을 모두 팔았는데, 그때까지 투자금은 26배나 불어났다. 연 130퍼센트의 수익률을 기록한 것이다.

그 후 15년 동안 우리는 거의 모든 거래를 케미컬뱅크와 함께했다. 블랙스톤과 케미컬뱅크는 함께 성장했다. 케미컬뱅크는 매뉴팩처러스하노버Manufacturers Hanover, 뱅크원Bank One, 체이스맨해튼Chase Manhattan, 나중에는 JP모건까지 집어삼키고 JP모건이라는 이름을 자기 것으로 만들었다. 월트 시플리는 체이스맨해튼의 CEO가 되었고, 빌 해리슨은 JP모건체이스의 CEO가 되었으며, 지미 리는 투자은행 사업부의 책임자가 되었다. 그리고 지미와 나는 같은 사업을 하는 최고의 친구가 되었다.

협력하며 함께 보낸 그 모든 시간 속에서 우리는 단 10센트도 손해 보지 않았다. 피트와 나는 행복했고, 세 명의 웃기는 곰들 역시 행복했다. 우리는 멋지게 시작했다. 이제는 지켜나가기만 하면 되었다.

---

16 제품이나 설비 혹은 기업의 매도자가 우선적인 사용권을 가지는 조건으로 매수자에게 제공하는 금융.

기회는 예기치 않은 순간에 찾아온다

1988년 봄, 나는 신문을 보다가 퍼스트보스턴의 스타 중 한 명이었던 로런스(래리) 핑크Laurence Fink가 회사를 떠났다는 사실을 알았다. 래리는 20대 시절 다른 몇 명의 트레이더들과 함께 모기지들을 패키지로 묶어서 증권으로 만들고[17] 이 증권을 주식이나 채권처럼 거래하는 방법을 알아냈다.

모기지는 미국 국채에 이어 두 번째로 규모가 큰 자산이었다. 퍼스트보스턴에 있던 래리와 살로몬브라더스에 있던 루이스(루) 라니에리Lewis Ranieri가 모기지담보부증권(주택저당증권) 분야에서 빠르게 성장하던 이 시장의 약 90퍼센트를 통제했다. 이 성공을 발판으로 래리는 퍼스트보스턴의 집행위원회 위원이 되었으며 나중에는 CEO까지 되었다.

그는 겨우 서른다섯 살이었다. 그와 나는 브루스 와서스타인이라는 친구의 친구였고, 그런 인연 덕분에 만난 적이 있었다. 그는 입바른 소리를 꾸밈없이 했고 지적이며 늘 활력이 넘쳤다.

래리가 퍼스트보스턴에서 나왔다는 소식을 듣고 얼마 지나지 않을 무렵 랠프 숄스타인Ralph Schlosstein이 전화를 했다. 리먼브라더스

───── **17** 이것이 이른바 '파생상품'이다.

에서 소규모 모기지 팀을 이끌던 그는 자기와 래리가 함께 어떤 사업을 꾸리려 한다면서 같이 만나보지 않겠느냐는 것이었다. 다음 날 두 사람은 블랙스톤에 왔다. 래리는 좀 충격을 받은 표정이었다.

"무슨 일이 있었던 겁니까? 당신은 천재인데 어쩌다가…."[18]

내가 묻자 래리가 들려준 이야기는 이랬다. 2년 전 그는 이자율이 오를 것이라고 예측했다. 그런데 이자율이 떨어졌다. 담보 대출자들은 이자율이 떨어지면 재대출을 하겠다며 기존의 대출을 갚았고, 이것이 래리가 관리하던 자산 포트폴리오의 가치에 영향을 주었다. 그는 자신의 투자 포트폴리오를 헤지hedge[19] 작업을 통해서 완벽하게 보호해뒀다고 생각했다. 그래서 설령 이자율이 오르지 않고 내린다고 하더라도 자기 투자금은 안전하게 보호될 것이라고 믿었다.

그런데 래리의 컴퓨터 모델들을 조작하던 직원 하나가 실수해서 헤지가 잘못되어버렸는데, 이걸 알지 못한 래리는 잘못된 수치들을 토대로 계산을 했다. 결국 한 분기에만 그의 부서가 잃은 손실이 1억 달러나 되었다. 그의 잘못이 아니었다. 다만 부하직원을 제대로 관리하지 못한 게 잘못이라면 잘못이었다. 그러나 그는 손실에 따른 비난을 고스란히 덮어쓰고 회사에서 나왔다. 도저히 믿기지 않았다. 래리야말로 퍼스트보스턴에서 가장 높은 수익률을 기록한 트레이더였는데 말이다.

"그래서 앞으로는 뭘 하려고 합니까?"

---

18 래리 핑크는 슈워츠먼보다 일곱 살 아래다.
19 현물 가격 변동의 위험을 제거하는 것으로 '위험 회피' 또는 '위험 분산'이라고도 한다.

내 질문에 그는 증권들을 묶어서 거래하는 건 그만뒀다면서 앞으로는 모기지증권에 투자하고 싶다고 했다. 모기지증권은 자기가 만든 거라 누구보다도 잘 안다고 했다. 나는 말했다.

"참 좋은 생각이네요. 사업 계획을 한번 가져오세요. 필요한 게 있으면 얘기하시고."

며칠 뒤에 래리와 랠프가 다시 왔다. 두 사람이 세운 계획에는 자기들이 매매하고 싶은 자산들의 목록, 자기에게 필요한 사람들, 자기가 벌 수 있는 수익 등이 포함되어 있었다. 그리고 작업을 시작하기 위해 500만 달러가 필요하다고 했다.

"그게 답니까?"

"답니다. 퍼스트보스턴의 모기지 부서에 있는 다섯 명과 이들에게 봉급으로 지급할 돈만 있으면 됩니다. 제 봉급은 따로 받지 않겠습니다."

자기가 받을 금전적인 보상은 이 새로운 사업에서 발생하는 수익에 대한 지분으로 대신하겠다고 했다. 당시 블랙스톤에는 놀고 있는 여윳돈이 없었다. 현금을 수백만 달러씩 쌓아두고 있을 리가 없었다. 우리의 바이아웃 펀드 자금은 투자자들을 대신해서 LBO 거래에 투자하기 위한 자금이었지, 새로운 사업을 위한 자금은 아니었다. 그러나 블랙스톤의 최초 신사업 계획이 우리 앞에 놓여 있었다. 그것도 놀라운 기회, 아름다운 타이밍, 거대한 자산 분야, 게다가 이 일을 맡아줄 세계 최고의 두 인재까지, 누구라도 좋아할 요소를 다 갖춘 신사업 계획이었다.

우리는 예기치 않은 사건이나 순간을 대비하고 있었고 그때가 바로 그 순간이었다. 이 좋은 기회를 그냥 날려 보내면 바보였다. 피트와 나는 각자 250만 달러씩 투자해서 래리의 신사업 자금을 대기로 했다. 이렇게 해서 새로운 회사 블랙스톤 파이낸셜 매니지먼트Blackstone Financial Management의 지분 절반을 피트와 내가 나눠 갖고, 나머지 지분 절반은 래리와 그의 자산운용가들이 나눠 갖기로 했다.

래리와 그의 팀이 블랙스톤에 합류하고 얼마 지나지 않아서 우리는 니코 증권에 자문을 해주던 블랙스톤 자회사의 지분을 팔기로 했다. 회사의 수익은 1,200만 달러밖에 되지 않았지만 자산은 5억 달러로 평가되었고, 우리가 가지고 있던 회사 지분 20퍼센트를 1억 달러에 팔았다. 일본 기업들의 의뢰를 받아서 진행하는 인수합병 거래에서 니코 증권은 이미 우리의 파트너였다. 우리와 니코 증권은 건강한 관계를 이어가고 있었다. 우리는 그들이 투자한 자본을 7년 뒤에 돌려줄 수 있었고 그동안에 니코 증권은 우리가 인재를 채용하고 조직을 보다 빠르게 구축할 수 있도록 도와주었다. 니코 증권과 맺은 거래는 우리가 쌓아올린 위업을 입증했으며 우리가 성장을 계속하는 동안 우리를 한층 강하게 만들어주었다.

❯ 신용이 명함보다 중요한 이유

1991년까지 우리는 제1호 사모펀드 자금을 대부분 투자했고 제2호

펀드 투자금을 조성하려고 시도하고 있었다. 그런데 경기가 후퇴하면서 미국 경제의 성장 동력이 무너졌다. 화들짝 놀란 금융 당국자들은 우리의 제1호 펀드에서 핵심 투자자 집단인 보험회사들을 압박하고 나섰고 이들의 지분 투자 한도를 엄격하게 제한했다.

프루덴셜의 최고투자책임자인 가넷 키스는(그는 우리의 제1호 펀드에 1억 달러를 투자한 사람이기도 하다) 내게 전화해서, 우리 펀드에 꼭 투자하고 싶지만 규제 정책의 변화로 더 이상 투자할 수 없겠다고 말했다. 그렇지만 우리를 지지한다는 사실을 보여주기 위해 100만 달러는 투자할 수 있다고 했다. 나는 무리하지 말고 괜히 프루덴셜이 당국자들에게 찍히는 일은 하지 말라고 했다.

새로운 투자 자본을 찾아야 했다. 우리의 첫 번째 타깃은 중동이었다. 나는 동료인 케네스(켄) 휘트니Kenneth Whitney와 함께 중동으로 향했다. 켄은 블랙스톤의 회계 담당자였고 투자자 관리도 함께 하고 있었다. 우리는 런던에서 하루를 묵었다. 갈아탈 비행기 시간에 맞춰 호텔에서 서둘러 나오는데 우연히 경쟁 투자회사인 포스트만리틀의 설립자 테오도르(테디) 포스트만Theodore Forstmann과 그의 아름다운 짝을 우연히 만났다. 두 사람 모두 캐시미어 스웨터를 어깨에 늘어뜨린 차림으로 윔블던 대회를 구경하러 가던 중이었다. 자동차 안에서 나는 켄에게 말했다. 누가 어떤 것을 준다고 해도 테디의 생활과 내 생활을 바꿀 마음이 없다고 말이다. 나는 일을 하고 싶었고 회사를 키우고 싶었다.

중동에서 했던 투자 상담들은 대부분 헛발질이었다. 중동을 방문하기에는 6월 말에서 7월초까지가 최악이다. 섭씨 50도에 육박했지만 자동차에는 에어컨도 달려 있지 않았다. 약속 장소에 도착할 때면 우리는 땀으로 푹 젖어 있었다. 마치 바다에서 금방 걸어 나온 사람처럼 보일 정도였다. 게다가 직급이 높은 임원들은 다들 시원한 곳으로 떠나고 없었고, 우리가 만난 젊은 직원들은 우리가 말하는 내용을 알아듣지도 못했다.

한번은 거의 한 시간 동안 프레젠테이션을 했는데, 그 얘기를 다 듣고 난 젊은 직원이 우리에게 투자하는 것과 미국 국채를 사는 것이 어떻게 다르냐고 물은 적도 있었다. 그래도 우리는 소소한 투자 약정 몇 개를 받았다. 쿠웨이트는 몇 달 전에 미국이 주도하는 연합군의 활약으로 이라크 점령으로부터 해방되었다. 건물마다 총탄 자국들이 나 있는 걸 쉽게 볼 수 있었다.

그다음에는 사우디아라비아로 향했다. 여기서는 하루에 여섯 차례씩 프레젠테이션을 하면서 닷새를 보냈지만 단 한 건의 투자 약정도 받지 못했다. 지칠 대로 지쳤다. 마지막 날에는 다란의 한 호텔 수영장에서 한가롭게 시간을 보냈다. 나는 켄에게 장차 우리가 얼마나 큰 성공을 거둘지에 대해 이야기했다. 그리고 오로지 켄을 위해 다음과 같은 내용의 교훈을 일러주었다.

성공하고 싶다면 자기에게 아무런 권리도 주어지지 않은 장소와 상황 속으로 스스로를 던져야 한다. 자기가 저지른 어리석은 행동에서 교훈을 얻어야 한다. 그러나 순수한 의지를 통해 세상과 맞붙으면 세상은 네가 원하는 것을 줄 것이다. 네가 구하고자 하는 돈은 틀림없이 저기 어딘가에 있다.

나는 켄에게 사우디아라비아에서 며칠 동안 허탕을 친 일은 잊어버리라고 했다. 끝난 일이고 그저 지나간 시간일 뿐이라고 했다. 우리는 장차 성공할 것이라고, 엄청나게 큰 성공을 거둘 것이라고 말했다. 켄은 균형 감각과 센스가 있으며 속마음을 좀처럼 숨기지 못하는데, 그 일이 있고 여러 해 뒤에 내게 말했다. 그때는 내가 일이 하도 잘 안 풀리다 보니 정신이 나가버린 줄 알았다고 말이다.

보험회사들을 투자자로 유치하지 못하게 된 상황에서 중동에서도 투자자들을 찾지 못한다면 다른 곳에서 계속 더 찾아봐야 했다. 다음번 타깃은 연기금펀드였다. 연기금펀드는 방대한 자본의 저수지로, 많은 펀드들이 주정부와 노동조합의 통제를 받았으며 모두 퇴직소득을 창출할 목적으로 투자되어야 했다. 그래서 매우 보수적으로 전통적인 자산에만 투자했으며 대체자산에 투자한 적은 여태 한 번도 없었다. 나도 연기금펀드 관련자와 만나본 적은 한 번도 없었다. 연기금펀드 세계에 속한 사람들은 마치 일본인과도 같았다. 즉 연기금펀드 분야에서 잔뼈가 굵은 사람이 절실했다.

적지 않은 거대 업체들이 투자자 소개를 약속했지만 이런 업체들에게는 비싼 수수료를 물어야 했다. 게다가 나는 그 어떤 투자 후보자에게서도 그만큼 좋은 인상을 느끼지 못했다. 우리는 점점 지쳐갔고 절망의 나락으로 빠져들고 있었다. 그냥 아무나 투자금 모집 담당자로 계약하기 직전이었다. 그런데 그때 켄이 막 이 분야의 사업을 시작했다는 남자 두 명을 데리고 왔다. 그중 한 명이 제임스(짐) 조지였다. 그는 양복 차림이긴 했지만 도심의 사무실에서 일하는 사람처럼 보이지 않았다. 어쩐지 청바지에 플란넬 셔츠 차림으로 서부의 황야에서 오래 일했을 것 같은 느낌이었다.

짐은 투자금을 모집하는 일은 난생처음이라고 말했다. 언행이 수수하고 상냥했다. 나는 그가 무슨 이유로 지금 내 앞에 앉게 되었는지 물었다. 여러 해 동안 그는 오리건 주정부에서 최고투자책임자로 일했으며 그곳에서 주 연기금이 사모펀드에 최초로 투자한 건을 감독했다. 또 그전에는 KKR에 투자를 하기도 했다. 요컨대 그는 투자금을 운용하는 사람이었지, 투자금을 모집해본 경험자는 아니었다.

"그때는 꽤 쏠쏠했죠. 그 후 어떤 주정부의 연기금이든 간에 이런 자산 투자를 염두에 둘 때는 모두 제게 전화했고 저를 만나러 왔습니다. 그러면 전 우리가 무슨 일을 하는지 얘기해줬습니다. 뭐, 대충 그런 일을 했습니다."

짐이 면접을 마치고 방에서 나가자마자 나는 켄을 잡고 짐을 채용해야겠다고 말했다. 그는 우리가 보았던 뺀질거리는 투자금 모집자들과는 정반대의 인상이었고 우리가 원하는 인물에 완벽하게 딱 맞았다. 투자금을 모집하는 일이 처음이라고 했지만 그 점은 신경도 쓰지 않았다. 짐이 우리를 약속의 땅으로, 놓칠 수 없는 또 하나의 기회로 데려다줄 것이라고 확신했다. 우리는 그에게 채용 제안을 했다.

며칠 뒤 나는 짐의 파트너에게 전화해서 짐과 함께 한 번 더 와달라고 했다. 그리고 수수료 부분을 합의할 수 있다면 곧바로 일을 시작할 수 있다고 말했다. 그런데 짐이 도심에 없었다. 짐의 파트너는 그가 어디에 있는지 알아보겠다고 했다. 그러다 나중에 다시 전화해서는 짐이 다음 날까지는 도저히 올 수 없다며 미안하게 되었다고 했다.

"이 일이 어쩌면 당신들의 경력에서 가장 큰 사건이 될 수도 있는데 올 수 없다는 건가요?"

"짐은 지금 막 포트 로더데일에서 디즈니 크루즈 여행을 떠났거든요. 게다가 그는 양복을 가지고 있지도 않아서요."

"양복을 입거나 말거나 그런 건 신경 안 씁니다. 그러니 비행기를 타고 곧바로 뉴욕으로 날아오라고 얘기해주세요."

"그렇게 얘기를 했는데도 고집을 부리네요. 양복을 입은 차림으로 오고 싶다고요."

"그럼 양복을 한 벌 사 입혀서 데리고 오면 되잖아요."

짐의 인성은 의심할 여지가 없었다. 사람들이 그를 신뢰하는 이유가 거기에 있었다. 그는 몇 가지 규칙을 정해두고 있었는데, 사업적인 만남에서는 언제나 양복 차림이어야 한다는 것도 그중 하나였다. 다시 만났을 때 나는 그에게 지급하려고 마음먹은 돈이 얼마인지 솔직하게 말했다. 그는 깜짝 놀랐다. 오리건 주정부에서 받았던 봉급보다 훨씬 많은 액수였기 때문이다.

"당신은 그 돈을 받을 자격이 있습니다. 당신은 오리건에 커다란 기여를 했고 미국의 여러 연기금펀드에도 기여했으니까요. 우리는 지금부터 연기금펀드들을 하나씩 모두 다 만나볼 계획입니다."

짐은 우리와 합류해서 일을 돕기로 했다. 그는 거대 투자금 소개 업체에 소속된 사람이 수북하게 모아둔 명함보다 훨씬 더 중요한 것을 갖고 있었다. 그에게는 신용이 있었고 그 일에 적합한 기질을 가지고 있었다. 짐과 함께 연기금펀드를 방문하는 것은 예전에 일본에서 니코 증권이 우리 펀드에 투자하기로 했다는 약정서를 흔들어 보이는 것이나 마찬가지였다. 그만큼 그는 우리에게 큰 힘이 되었다.

연기금펀드의 관리자들은 짐을 만나면 자기가 가입한 캘리포니아 공무원 퇴직연금California Public Employees' Retirement System[20]을 떠올렸다. 이 연금 운용 기관은 그때 이후로 줄곧 블랙스톤에 투자를 해오고 있다. 짐 덕분에 블랙스톤의 제2호 펀드는 12억 7,000만 달러나 되는 투자금을 조성했다. 당시 전 세계에서 최대 규모의 사모펀드였다.

> ## 눈앞의 이익에 전전긍긍하면
> ## 거대한 기회가 날아간다

두 번째 펀드의 투자금을 조성하던 무렵에 우리는 새로운 기회를 놓고 고심하기 시작했다. 바로 부동산이었다. 1980년대 말과 1990년대 초 미국의 부동산시장은 폭락했다. 우선 악성 부채들이 저축대부조합

———— **20** 모범적인 연금 운용 기관으로 유명하다.

Savings and Loan association, S&L[21]들을 압도했다. 미국 전역의 이 소규모 금융기관들은 전국 규모의 건축 붐을 추진하고도 남을 정도로 대출을 많이 했다. 이들이 안고 있는 문제들이 점점 심각하게 대두되던 1989년 연방정부는 이들이 가지고 있던 자산과 모기지 그리고 이 돈들이 흘러들어 간 건물들을 청산하기 위해 정리신탁공사Resolution Trust Corporation, RTC를 만들었다.

그러나 1990년에 미국이 경기침체 국면으로 빠져들면서 새로 지어진 모든 건물의 사무실 및 주택의 가격이 폭락했다. 정리신탁공사는 장부상에 자산으로 명기되어 있는 그 자산들을 얼마를 받고 팔든 간에 현금화해야 한다는 압박을 받았고, 결국 거대한 양의 부동산을 시장에 내놓을 수밖에 없었다.

1990년 당시에 내가 아는 부동산 지식이라고는 순전히 주택 하나를 가지고 있던 소유자로서의 경험뿐이었다. 그런데 블랙스톤의 한 파트너가 나더러 조셉(조) 로버트Joseph Robert를 만나보라고 했다. 조는 워싱턴DC 출신의 부동산 기업가였는데, 부동산에 투자할 자금을 모으고 있다고 했다. 구매자들이 모두 사라져버린 바람에 부동산시장이 꽁꽁 얼어붙었다는 얘기는 신문에서 읽어서 알고 있었다. 그런데 조는 이런 일반적인 통념과 전혀 다르게 시장을 해석했다.

그는 워싱턴에 자산관리회사를 세우고 정부와 밀접한 관계를 유지

---

21 우리나라의 상호저축은행에 해당하는 미국의 지역 금융기관으로 지역 주민의 소액 예금을 모아서 주로 주택담보대출 사업을 한다.

해왔는데, 정리신탁공사의 움직임을 예의 주시하면서 이곳에 부실 자산으로 남아 있는 부동산을 처리해줄 전문가들과 민간 투자자들이 매각 과정에 참여할 수 있도록 열심히 로비를 해왔다. 그리고 이런 노력은 1990년에 결실을 맺었다. 1980년대 동안 무너진 저축대부조합들로부터 정부가 인수한 24억 달러 규모의 자산 포트폴리오를 손에 넣은 것이다. 조는 내게 이렇게 말했다.

"전 지금 가격이 500만 달러에서 1,000만 달러까지 되는 수많은 건물을 의사들과 치과의사들에게 팔고 있습니다. 이 사람들은 예금도 많고 필요한 만큼 얼마든지 은행에서 빌릴 수 있는 신용이 있죠."

그가 블랙스톤에 바라는 것은 돈이었다. 돈 많은 매수자들에게 팔 건물들을 사들이는 데 필요한 돈 말이다. 그는 그동안 중개 수수료만으로도 상당한 수익을 올렸지만 이제는 직접 부동산 매수자이자 개발자가 되어 더 많은 돈을 벌 수 있겠다고 생각한 것이다. 우리의 돈과 그의 경험이 합쳐지면 완벽할 것 같았다. 그는 두 주일 앞으로 다가온 다음 차례의 정리신탁공사 공매에 함께 참여해서 부동산을 싸게 잡자고 제안했다.

"절 믿으면 됩니다. 지금 미국 부동산은 완전히 혼란 그 자체니까 입찰자들이 많지 않을 겁니다."

정리신탁공사는 공매에 내놓은 매물들에 대한 정보를 상세하게 공시했다. 그중에는 아칸소와 이스트 텍사스의 정원 딸린 저층 아파트들도 다수 포함되어 있었고 이들은 건축된 지 대략 3년쯤 되었으며 입주율은 80퍼센트였다. 그런데 투자자라는 관점에서 보면 이 부동산 매물들의 거래는 내가 익숙하게 해오던 거래들과 달랐다. 많은 자본도 필요하지 않았으며 리스크도 높아 보이지 않았다. 나로서는 부동산 사업을 배우고 더 큰 기회를 탐색하기에 더할 나위 없이 좋은 계기였다.

나는 당시 골드만삭스의 CEO인(나중에는 미국의 재무부 장관이 될) 밥 루빈에게 전화해서 이 일을 함께 해보자고 제안했다. 골드만삭스는 부동산 분야에서는 나보다 훨씬 더 많은 경험을 가지고 있었기 때문이다. 밥은 내 제안을 받아들였다.

조와 나는 골드만삭스의 부동산 담당 팀을 만나러 갔다. 그런데 그들은 이 거래에 내포된 리스크를 우리와 다르게 바라보고 있었다. 골드만삭스는 조금이라도 많은 돈을 내는 어리석은 짓을 하지 않으려고 최대한 낮게 입찰 가격을 써내려고 했다. 그러나 내가 생각하기에 가장 큰 리스크는 충분히 높은 금액을 적어내지 않아서 거대한 기회를 날려버리는 것이었다. 우리는 경쟁자인 뱅커스 트러스트 컴퍼니Bankers Trust Company가 적어낼 가격보다 더 높은 가격을 적어내고 싶었다.

사람들은 이런 차이를 투자자의 유형 차이라고 생각한다. 어떤 이들은 자기가 지불할 가격을 최대한 낮추려고 노력하는 게 중요하다고 말한다. 이들은 해당 거래 자체에만, 즉 거래 조건을 자기에게 조금이라도 유리하게 이끌어 궁극적으로 협상 테이블의 상대를 이기는 데만 집중한다. 그러나 내게는 이런 태도가 단기적인 접근으로만 보인다. 이런 접근은 해당 자산을 손에 넣은 뒤에 실현할 수 있는 모든 가치를 무시한다. 즉 그 자산을 더 낫게 개선한다든가, 수익을 개선하기 위해 할 수 있는 리파이낸싱(재대출)을 받는다든가,[22] 호황 장세를 최대한 활용하기 위해 매도 타이밍을 조절하는 등의 여러 가능성을 무시한다.

원하는 자산을 최대한 낮은 가격에 매수하려고 하다 결국에는 다른 입찰자에게 빼앗긴다면 그동안 들인 열정과 노력만 날리는 게 아니라 미래의 수익도 함께 날아가 버린다는 사실을 염두에 두어야 한다. 때로는 정당한 대가를 지불해서 원하는 자산을 손에 넣고 그다음에 그 자산으로 할 수 있는 것에 초점을 맞추는 게 최고의 방법일 수 있다. 어떤 자산을 성공적으로 손에 넣을 때의 수익은 매수 가격을 놓고 벌이는 단발성 전투에서 이김으로써 얻는 수익보다 훨씬 큰 경우가 많다.

내가 제시한 가격으로만 치더라도 연간 16퍼센트의 수익을 올릴 수 있을 것이라는 계산이 나왔다. 매입 가격의 16퍼센트를 해마다 임대 수입으로 벌어들일 수 있다는 뜻이었다. 그런데 이것만이 아니었다. 그 아파트들은 안정적인 현금흐름을 창출하고 있었다. 또한 거의 새 아파트나 다름없어서 따로 수리 비용을 들이지 않아도 되었다. 우리가 그 부동산 매수에 레버리지를 동원한다면, 즉 매수 대금의 일부를 부채로 충당한다면 연간 투자수익률을 23퍼센트까지도 높일 수 있었다. 이 개념은 모기지(담보대출)를 아는 사람이라면 전혀 낯설지 않을 것이다.

만일 어떤 사람이 10만 달러의 주택을 살 때 자기 돈은 40퍼센트만 들이고 나머지 60퍼센트는 빌린다고 치자. 이 사람이 주택을 구입한 뒤에 곧바로 12만 달러에 판다면 2만 달러를 벌게 된다. 따져보면 4만 달러를 들여서 2만 달러를 번 셈이니까 수익률은 50퍼센트가 된다. 그

---

22 기존 채무를 갚기 위해 신규 대출을 받는 것.

런데 만일 그가 같은 집을 살 때 자기 돈은 2만 달러만 들이고 나머지 8만 달러를 빌렸다고 치자. 그러면 2만 달러를 들여서 2만 달러를 번 셈이니까 수익률은 100퍼센트가 된다. 이처럼 대출을 낄 때는(물론 대출을 갚을 능력이 있다는 전제 아래) 수익률이 엄청나게 높아질 수 있다.

게다가 우리는 부동산시장이 거의 바닥을 쳤다고 생각했다. 1991년에 우리는 부동산이 바닥을 찍고 반등했다고 느꼈다. 경제가 회복되면 20퍼센트였던 공실률도 줄어들 것이고 수익률은 23퍼센트에서 45퍼센트로 늘어날 것이라고 예상했다. 그리고 임대료도 올라간다고 보면 45퍼센트는 다시 55퍼센트로 높아질 터였다. 그 부동산을 손에 넣음으로써 우리가 연수익 55퍼센트의 복리 효과를 누릴 수 있다면 공매 과정에서 굳이 최대한 낮은 가격으로 자산을 낙찰받으려고 전전긍긍할 일이 아니라고 추론했다. 그래서 나는 골드만삭스에 이렇게 말했다.

"연수익 55퍼센트면 전 만족합니다. 굳이 60퍼센트까지는 필요 없습니다."

그러자 그들도 동의했고 우리는 제법 높은 입찰가를 적어냈다. 우리는 그 부동산을 낙찰받았다. 나중에 그 아파트는 내가 추정했던 것보다 훨씬 더 높은 연 62퍼센트의 수익률을 안겨주었다. 공매가 끝난 뒤 나는 조에게 이런 물건들이 얼마나 많이 있느냐고 물었다.

"얼마나 많으냐고요? 전국에 쌓이고 쌓였습니다."

부동산 게임에서 우리는 신출내기였다. 그러나 바로 그게 우리의 강점이었다. 기존 게이머들이 짊어지고 있던 무거운 부담을 우리는 지고 있지 않았다. 우리에게는 매수 가격이 시장 가격보다 높거나 '깡통'[23]

상태인 부동산이 없었던 것이다. 정말 믿을 수 없는 일이었다. 온 나라에 돈이 널려 있는데다가 경쟁자도 없었으니 말이다.

그러나 다음번 공매를 준비할 때 문제가 발생했다. 골드만삭스가 조에게 10억 달러를 투자할 생각을 하고 있으니 자기들과 함께 일하자고 제안했던 것이다. 조는 우리와 함께하기로 했지만 골드만삭스의 제안은 놓치고 싶지 않은 기회일 터였다. 나는 조에게 말했다.

"당신이 그들을 알게 된 건 내 덕분인데, 어떻게 날 거르고 그리로 갈 수 있습니까?"

조는 무척 미안한 일이긴 하지만 골드만삭스의 제안이야말로 자기가 바라는 것이라고 말했다. 골드만삭스가 제안한 것과 비슷한 규모의 펀드를 내가 한 달 안에 만들기만 하면 그도 한 번 더 생각해볼 수 있었다.

블랙스톤의 기본 투자 펀드의 계약 조건으로도 우리는 그 펀드의 돈을 부동산에 투자할 수 있었다. 그러나 전체 투자금에서 엄청나게 높은 비율을 차지하는 돈을 이 새로운 전략 시장으로 돌리기 전에 먼저 우리 투자자들의 동의를 받고 싶었다. 투자 자산의 운용 내용을 투자자들에게 설명하는 것은 당연한 의무라고 느꼈기 때문이다. 연례 투자자 회의에서 나는 우리 앞에 놓인 부동산 투자의 기회를 설명하며 투자자들이 선뜻 동의해주길 기대했다. 그러나 놀랍게도 GM을 제외한 모든 투

---

23 주택 가격이 대출 금액보다 낮아지는 상황을 일컫는다. 영어로는 'underwater'라고 표현한다.

자자들이 동의하지 않았다. 그들은 이렇게 말했다.

"당신이 옳다는 걸 압니다. 하지만 우린 저 끔찍한 부동산 거래에 엄청 데었거든요."

그들도 부동산 가격이 현재 낮은 수준이며 반드시 오를 것이라는 우리의 의견에 동의했다. 하지만 행동으로 나서지는 못했다. 결국 엄청난 기회를 눈앞에 두고도 돈이 없어 그냥 흘려보내야 할 처지였다. 애초에 조가 했던 약속을 빌미로 그를 붙잡을 수도 있었지만 우리가 그를 설득할 만한 대안을 제시하지 못한다면 놓아주는 게 옳았다.

우리는 조가 없어도 포기하지 않기로 결정했다. 어떤 투자자에게든 거대한 기회는 몇 차례 찾아온다. 나는 켄 휘트니에게 부탁해서 부동산 사업을 이끌어줄 적임자를 찾아달라고 했다. 이 위대한 새로운 사업을 구축하는 데는 완벽한 인재가 필요했다. 적임자 후보들의 이름을 추천자들과 함께 검토하다가 시카고에 있는 존 슈라이버John Schreiber에게 전화했다. 적임자를 추천해줄 수 있을 거라고 켄이 말했던 인물이었다.

존과 나는 어떤 사람이 적임자일지를 놓고 한동안 이야기를 나누었다. 존은 그 일 자체에 별로 열의를 보이지 않았지만 정중한 사람이라서 그런 마음을 직접 표현하지는 않았다. 이야기를 오래 하면 할수록 어쩐지 존에게 자꾸만 끌렸다. 1980년대에 존은 시카고의 부동산 투자회사 JBM에서 일했는데, 이 회사는 무척 공격적인 매수자였다. 지난 10년 동안 그는 미국에 있는 그 어떤 사람보다도 많은 부동산을 샀다. 그리고 붕괴가 다가올 것을 예견하고는 JBM에 모든 보유 부동산을 팔아치우라고 했다. 하지만 돌아온 대답은 미친 것 아니냐는 말이었고 그는 회사에서 나왔다. 곧 '천년 만에 한 번 오는 지진'이 왔고 그의 말이 옳았음이 입증되었다.

"그렇다면 우리와 함께 일해보지 않겠습니까?"

내 말에 그는 1980년대에는 정말 열심히 일했지만, 지금은 아이가 여덟 명이 있는데 아이들이 집에서 더 많은 시간 동안 함께 있어주길 원한다고 했다.

"미국 최대의 부동산회사를 세웠으면서도 아이를 여덟 명이나? 도대체 부인을 언제 그렇게 자주 만났습니까?"

"물론 그런 시간이야 냈지요."

나는 계속 졸라댔고, 마침내 그는 일주일에 20시간만 내주겠다고 약속했다. 그러면서 블랙스톤을 위해 일할 젊은 사람 둘을 채용해서 이들을 가르치고 자기 인맥을 동원해 이런저런 가능성의 문을 열어주겠다고 했다.

일단 그렇게 하기로 하고 일이 시작되었는데, 얼마 지나지 않아 그가 말했던 20시간은 70시간이 되고 말았다. 그의 일상이 다시 1980년대로 돌아가버린 것이다. 이런 변화를 그의 아내가 어떻게 받아들일지는 몰랐지만 우리로서는 다행이고 기쁜 일이었다.

존은 시카고에 머물면서 재택근무를 했다. 그를 잘 모르는 사람들은 마치 그가 배후 조종자처럼 보일 수도 있었다. 하지만 단지 두 사람을 채용하고 이들을 감독하는 것 이상의 일을 했다. 우리가 매수하고자 하는 건이 있으면 직접 찾아가 일일이 확인했다. 블랙스톤의 파트너들은 각자 개인 돈을 투자했으며, 존의 지휘 아래 이런 식으로 진행된 거래들은 훌륭한 수익을 안겨주었다. 그러나 몇 달이 지나도 펀드를 구성하지 않고서는 진짜 큰 건은 할 수 없었다. 나는 조바심이 나서 미칠 지경이었다.

부동산시장이 회복되기 시작했음에도 불구하고 투자자들은 여전히 과거 부동산 폭락 때의 악몽에서 벗어나지 못했다. 따라서 일종의 당근, 즉 투자자들이 느끼는 공포를 누그러뜨리고 리스크에 대한 오해를 풀어줄 수 있는 당근을 준비할 필요가 있었다.

CSX가 소유했던 신문사를 매각할 때 '알박기'로 훼방을 놓던 해럴드 시먼스에게 현금화가 무기한으로 불가능한 증권을 안겨주겠다고 압박했던 것처럼, 우리는 투자자들의 심리 상태를 누그러뜨릴 목적으로 특이한 투자 구조 하나를 창안했다. 이것은 어떤 투자 기회에 대해 우리의 자신감을 드러내는 한편 투자자들이 공포를 느낄 때 이 공포를 배출할 안전밸브 역할을 해줄 수 있는 그런 구조였다. 투자자들이 우리의 부동산 펀드에 투자하기로 한 약정 금액 중 3분의 2는 약정 기간이 끝나지 않아도 우리가 추진하는 부동산 투자 건이 마음에 들지 않을 경우 투자자 재량으로 얼마든지 빼내갈 수 있도록 한 것이다.

맨 먼저 관심을 보인 투자자는 짐 조지의 친구인 스티븐 마이어스 Stephen Myers로 그는 사우스다코타주 정부의 연기금펀드를 관리하고 있었다. 짐은 우리에게 스티븐이 명석하고 용기 있는 투자자라고 말했다. 짐, 피트, 존 슈라이버, 나, 이렇게 넷은 그를 만나러 사우스다코타주 수 폴스로 날아갔다. 그에게 우리가 하려는 사업의 내용을 얘기했고 스티븐은 활짝 웃었다. 부동산은 이미 바닥을 쳤고 시장은 반등하고 있었기에 뛰어들기 좋은 타이밍이었다. 그는 자기가 관리하는 연기금펀드의 이사회를 설득해서 1억 5,000만 달러를 투자하기로 약속했다.

투자 약정을 받으면서 나는 난생처음 긴장했다. 사우스다코타주의 40억 달러 규모 연기금펀드로 보면 엄청나게 큰 금액이었기 때문이다. 특히 수많은 사람의 퇴직금으로 단일한 투자 건에 넣기에는 더 그랬다. 나는 스티븐에게 정말 그래도 괜찮겠느냐고 물었다. 그는 주어진 거래 조건이라면 5,000만 달러는 무조건 투자하고 나머지 1억 달러는 해당 거래가 마음에 들면 넣고 그렇지 않으면 넣지 않는 조건으로 투자하겠다고 했다. 잠재적인 수익이 엄청나게 큰 투자 기회인 만큼 리스크도 감수하겠다는 것이었다. 스티븐의 결정으로 우리의 두 번째 신사업인 부동산 사업이 가능해졌다. 그리고 부동산 사업부는 곧 블랙스톤의 가장 큰 사업부로 성장했다.

10

성공은 매우 드문 기회에서 온다.
언제나 마음을 열어놓고 긴장하며
그 기회를 잡을 준비를 갖추고 있어라.
적절한 사람들과 자원을 모아두고 있다가
실행에 옮겨라.
만일 이런 노력을 기울일 준비가
되어 있지 않다면 그 기회는
당신이 생각하는 만큼 매력적이지 않거나
당신이 그 기회를 좇을 적임자가
아니라는 뜻이다.

제5장

경기 순환 주기에 올라타라

시장의 천장과 바닥을 알려주는 단서들

투자의 성공 여부는 대부분 경기 순환 주기의 어느 시점에 들어가느냐에 따라 결정된다. 순환 주기는 어떤 사업의 성장 궤적과 자산 가치, 잠재적인 수익률의 성장 궤적에 결정적인 충격을 줄 수 있다. 우리는 순환 주기에 대한 논의를 투자 프로세스의 한 부분으로 삼고 일상적으로 수행한다. 내가 시장에서 천장과 바닥을 파악하는 몇 가지 단순한 규칙을 소개하면 다음과 같다.

1. 매수자들이 과도한 자신감에 빠져 있다

천장을 알아보기는 상대적으로 쉽다. 매수자들은 대개 지나치게 자신감이 넘치며 '이번에는 다르다'고 믿는다. 하지만 대부분 빗나간다.

2. 금융 전망이 지나치게 낙관적이다

활황 장세에서는 인수 및 투자에 필요한 자금을 조성하기 위한 상대적으로 싼 타인자본borrowed capital[24]이 넘쳐나기 마련이다. 몇몇 경우에는 자본을 빌려주는 측이 심지어 이자를 매기지도 않으며 대출 관련 제한을 완화하거나 유예하는 일도 흔하게 일어난다. 레버리지 수준[25]은 역사적인 평균치를 넘어서서 심지어 10배 혹은 그보다 더 높은 수준으로 올라가기도 한다. 매수자들은 높은 수준의 부채 비율을 합리화하기 위해 지나치게 낙관적으로 회계를 조정하며 금융 전망도 낙관적으로 한다. 그러나 불행하게도 경제성장이 꺾이거나 하락으로 돌아서는 순간 이런 예측의 대부분은 빗나가고 만다.

3. 부자가 늘어난다

시장이 정점에 다다랐다는 또 하나의 지표는 당신이 알고 있는 사람들 중 부자가 되기 시작한 사람들의 숫자다. 시장 성장 수준을 초과하는 수익을 달성한 투자자들의 수가 시장과 함께 점점 늘어난다. 신용 조건이 느슨하고 시장이 상승세에 있을 때 개인들은 특별한 투자 전략이나 투자 프로세스 없이도 '우연히' 돈을 벌 수 있다. 그러나 강세장에서 돈을 버는 것은 오래가지 못한다. 똑똑한 투자자들은 자기 규율과 건전한 리스크 평가를 통해 지속적으로 수익을 만들어낸다.

---

24 부채로 조성한 자본.
25 자기자본 대비 부채 비율.

천장과 바닥 사이,
최적의 투자 타이밍은 언제인가

모든 투자자가 시장은 주기를 탄다고 말할 것이다. 그러나 많은 사람들이 이런 진리를 전혀 모르는 것처럼 행동한다. 내 경험으로 보면 지금까지 중요한 경기침체는 일곱 차례 있었다. 1973년, 1975년, 1982년, 1987년, 1990~1992년, 2001년, 2008~2010년이 그랬다.[26] 경기침체는 언제고 나타나기 마련이다.

시장의 천장과 다르게 시장의 바닥은 시장이 쪼그라들고 경제가 허약해질 때라고 하더라도 포착하기 어렵다. 대부분의 공공·민간 투자자들은 너무 일찍 매수에 나서며 경기침체의 심각성을 과소평가한다. 너무 빠르게 대응하지 않는 것이 정말로 중요하다. 대부분의 투자자들은 경기의 순환 주기가 완전히 돌아설 때까지 기다릴 수 있는 인내심이나 원칙을 가지고 있지 않다. 이들은 수익을 극대화할 수도 있었지만 한 박자 늦게 자산을 매도함으로써 수익 극대화의 기회를 놓치고 만다.

순환 주기의 바닥을 포착하기란 쉽지 않다. 또 어떤 경우든 간에 그 바닥을 포착하려고 시도하는 것 자체가 잘못된 일일 수 있다. 경제가 침체에서 벗어나 되살아나기까지는 대개 1년이나 2년이라는 오랜 시

---

26 각각 오일 쇼크, 스태그플레이션, 2차 오일 쇼크, 주가 대폭락(블랙먼데이), 저축대부조합 파산, 닷컴버블과 9.11 테러, 글로벌 금융위기 같은 경기침체와 연관된 사건들이 있었다.

간이 걸리기 때문이다. 심지어 시장이 돌아설 때라고 해도 자산 가치가 원래 수준을 회복하기까지는 더 많은 시간을 필요로 한다. 바닥에 투자한다고 해도 상당 기간 동안에는 수익이 전혀 발생하지 않을 수 있다는 말이다. 유가가 급락하고 시장이 바닥을 친 뒤인 1983년에 휴스턴의 오피스 건물들을 매수하기 시작했던 투자자들이 바로 이런 경험을 했다. 이들이 투자 원금을 회복하기까지는 그로부터 10년이 지난 뒤인 1993년까지 기다려야 했다.

이런 상황을 피하는 방법은 자산 가치가 최저점에서 적어도 10퍼센트 이상 회복했을 때 투자하는 것이다. 자산 가치는 경제가 성장 동력을 얻은 뒤에야 비로소 늘어나는 경향이 있다. 적절한 시점에 자산을 매수하는 방법은 시장이 회복하기 시작해서 처음 나타나는 10~15퍼센트 성장은 포기한 다음에 시장에 들어가는 것이다.

대부분의 투자자들이 자기는 돈을 버는 데 관심이 있다고 말하지만 실제로는 그렇지 않다. 그들은 돈을 버는 것보다는 심리적인 위안을 받는 데 관심이 있다. 이럴 땐 다른 사람들이 하는 행동을 따라 하는 것이 비난을 피하는 방법이다. 이런 투자자들은 시장이 바닥 근처에 있을 때는 공격적으로 투자하지 않고, 반대로 시장이 천장 근처에 있을 때 공격적으로 나선다. 누가 봐도 잘못된 행동이다. 하지만 이들은 자산 가격이 올라가는 것을 바라보며 위안받고 확신하는 걸 좋아한다. 가격이 높이 올라가면 갈수록 더 많은 투자자들이 시장을 제대로 읽고 있다고 자신만만해한다. 기업공개가 시장이 바닥 근처에 있을 때는 거의 불가능하지만 경기 순환 주기가 성숙할수록 그 숫자나 규모, 주가가 폭발적으로 늘어나고 높아지는 이유도 바로 이런 현상 때문이다.

순환 주기의 동력은 궁극적으로 모든 유형의 수요 및 공급과 관련된 특징들이다. 이것을 올바르게 이해하고 계량화할 때 시장의 천장이나 바닥이 얼마나 가까이 다가와 있는지 파악할 수 있다.

예를 들어 부동산시장에서 기존의 건물들이 대체건축비용[27]보다 상당한 수준으로 높게 평가되고 있을 때 건설 붐이 자극을 받고 꿈틀거린다. 왜냐하면 건물을 지어서 팔면 들이는 비용보다 더 많은 돈을 받을 수 있음을 개발업자들이 잘 알기 때문이다. 이는 건물 하나만 지어질 경우에는 탁월한 전략이 될 수 있다. 그러나 문제는 거의 모든 개발업자들이 동시에 똑같은 생각을 한다는 데 있다. 모두가 쉽게 돈을 벌수 있는 길로 뛰어들고 수많은 개발업자들이 동시에 건물을 짓기 시작한다. 이럴 때 어떤 결과가 빚어질지는 쉽게 예상할 수 있다. 공급이 수요를 압도하면서 건물의 가치가 떨어진다. 그것도 매우 가파르게 곤두박질친다.

언젠가 한 전직 연방준비제도이사회 의장이 그 누구도 공급 과잉의 거품을 볼 수 없다고 말했다. 그러나 이것은 진리가 아니다.

---

27 기존 부동산을 신규로 건축한다고 가정했을 때 소요될 것으로 예상되는 총비용.

제6장

어떻게
올바른 의사결정을
할 것인가

잘못된 결정의 피해는
회사 전체에 퍼진다

1989년 블랙스톤이 점점 덩치가 커지면서 우리는 드렉셀 번햄 램버트 Drexel Burnham Lambert의 기업 금융 사업부 출신인 젊은 은행가 한 명을 파트너로 영입했다. 그는 똑똑하고 야심만만했으며 블랙스톤에 합류한 직후 멋진 거래 하나를 우리 앞에 제시했다. 필라델피아에 본사를 둔 에지콤Edgcomb은 철강의 원료를 사들여 승용차와 트럭, 비행기 제조업체가 필요로 하는 반제품을 만드는 회사였다. 이 젊은 은행가는 드렉셀에 있을 때 에지콤 관련 거래를 두 차례 했기에 이 회사를 잘 알고 있었고, 에지콤의 경영진도 그를 잘 알았다. 그래서 에지콤이 시장에 나왔을 때 우리는 이 회사의 인수 여부를 우선적으로 검토하게 되었다.

우선적인 협상권에는 늘 관심이 집중되고 또 어쩐지 매력적으로 보이기 마련이다. 에지콤은 많은 돈을 벌어들이고 있었다. 고객 기반도 꾸준하게 성장하고 있었으며 회사의 성장 및 확장 가능성도 높아 보였다. 에지콤은 인수 가격을 대략 3억 3,000만 달러로 제시했는데 우리가 한 분석에 따르면 썩 괜찮은 가격이었다.

나는 금방이라도 매수 제안을 할 준비가 되어 있었다. 그러나 그렇게 하기 직전에 블랙스톤에 새롭게 합류한 파트너였던 데이비드 스토크먼David Stockman이 내 사무실로 들어와 그 거래와 관련해서 부정적인 의견을 내놓았다. 데이비드는 워싱턴 정가와 월스트리트에 모두 정통했으며 레이건 정부 때는 예산관리국 책임자로도 일했던 인물이었다. 당시는 데이비드가 블랙스톤의 식구가 된 지 1년도 채 되지 않은 때였다. 하지만 그는 매우 예리한 통찰력을 가지고 있었고 모든 거래를 면밀하게 분석했으며 자기 의견을 언제나 거리낌 없이 제시하곤 했다.[28]

"이 에지콤은 재앙인데…. 이건 절대로 해서는 안 됩니다."

"다른 사람은 끝내준다고 하던데요?"

"끝내주기는 개뿔! 끔찍합니다. 이 회사는 가치도 없고 경영도 엉망입니다. 수익은 모두 철강 가격 상승에서 비롯된 거예요. 지속적인 수익이 아니라 단발성 수익이라는 말이죠. 이 회사의 기본 사업이 수익성이 있다는 건 환상일 뿐이에요. 머지않아 파산할 겁니다. 만일 이 회사를 차입금을 끌어다 인수했다가는 우리도 박살날 겁니다. 거래 자체가

---

28 데이비드 스토크먼은 1946년생으로 슈워츠먼보다 한 살 많다.

재앙이라는 얘기죠."

나는 에지콤을 인수해야 한다는 파트너와 데이비드를 내 사무실로 불러서 두 사람에게 서로를 설득해보라고 했다. 그 토론을 지켜보면서 결정을 보다 정확하게 내리고 싶어서였다. 두 사람이 공방을 벌이는 동안 나는 솔로몬 왕처럼 두 사람의 주장에 귀를 기울였다. 그리고 젊은 쪽의 주장이 옳다고 판단했다. 오랜 세월 에지콤을 상대했으므로 누구보다도 회사의 내부 정보를 훤하게 꿰뚫고 있을 거라고 생각했다. 데이비드는 외부자 입장에서 그 거래를 분석하고 있었다. 그가 하는 주장은 강력했지만 이를 받쳐줄 정보가 부족했다.

우리는 USX로부터 운송 사업부 트랜스타를 인수해서 성공했던 경험을 통해 철강 산업을 충분히 잘 알기 때문에 이 산업의 주기를 예측할 수 있다고 생각했다. 그래서 결국 에지콤 인수에 나서기로 최종 결정을 내렸다. 나는 에지콤에 인수 제안을 하고 투자자들로부터 투자금을 조성해서 거래를 체결했다.

그런데 때맞춰 좋지 않은 일들이 일어났다. 계약을 체결하고 몇 달 지났을 무렵 철강 가격이 폭락하기 시작했다. 에지콤의 제품 재고 가치는 원재료를 구입한 비용보다도 떨어졌다. 그게 끝이 아니었다. 에지콤의 자산 가치는 날마다 더 떨어졌다. 수익이 실현되어야 대출에 뒤따르는 비용을 갚을 수 있는데 우리가 기대했던 수익은 전혀 실현되지 않았다. 데이비드가 예측한 대로 에지콤은 파산을 향해 달려가고 있었다.

우리 펀드에 투자한 프루덴셜의 최고투자책임자가 내게 전화해서 좀 보자고 했다. 나는 택시를 타고 뉴욕 북쪽 허드슨강 서안의 나이액에 있는 그의 사무실로 달려갔다. 그는 나더러 자리에 앉으라고 하고선 다짜고짜 고함을 질러댔다. 도대체 얼마나 멍청하기에 그따위 쓰레기에 자기 돈을 펑펑 갖다 뿌렸느냐고, 나처럼 무능한 인간에게 돈을 맡긴 자기가 바보라고도 했다. 그의 말 한 마디, 한 마디가 다 옳았다. 그랬기에 그의 혀가 휘두르는 채찍을 고스란히 맞을 수밖에 없었다. 우리의 분석이 잘못되었기 때문에 투자자들의 돈을 잃고 있었고, 잘못된 결정은 내린 사람은 바로 나였으니 말이다.

다시 생각해봐도 그때보다 더 나 자신이 부끄러웠던 적은 없었던 것 같다. 리먼브라더스 신입 1년차 시절에 에릭 글리처가 프레젠테이션을 할 문서의 숫자를 잘못 적어서 투자 설명을 망쳐버렸을 때의 그 참담함도 비교가 되지 않을 정도였다. 나는 역량이 모자랐다. 나는 무능했고, 나 자신이 치욕이었다.

사실 나는 누군가로부터 큰소리로 욕을 먹는 일에 익숙하지 않았다. 어머니와 아버지는 자식들에게 한 번도 언성을 높인 적이 없었다. 우리가 잘못을 저지를 때면 정확하게 무슨 잘못을 어떻게 저질렀는지 우리 눈으로 확인하고 깨우치도록 했을 뿐 결코 고함을 지르거나 욕을 하지는 않았다.

하지만 프루덴셜의 최고투자책임자 사무실에서 나는 다소곳한 자세로 앉아 그 모든 고함과 욕을 들어야 했다. 나도 모르게 눈물이 나왔고 얼굴은 벌겋게 달아올랐다. 금방이라도 울음이 터질 것 같았지만 억지로 참았다. 따끔한 지적을 잘 받아들이겠다고, 앞으로는 절대로 그런 일이 없을 것이라고 했다. 그리고 돌아오는 길에 맹세했다. '내 인생에

서 이런 일은 두 번 다시 일어나지 않게 하겠어!'

사무실에 돌아와서 나는 블랙스톤과 우리의 투자자들이 에지콤 때문에 손실을 본다고 하더라도, 에지콤 거래에 필요한 자금을 빌려준 채권자(은행)들은 단 한 푼도 손해를 보지 않도록 미친 듯이 일했다. 에지콤이야 우리가 운용하는 여러 펀드들이 다룬 거래들 중 하나일 뿐이었다. 에지콤에서 본 손해는 다른 건으로 얼마든지 벌충할 수 있었다. 그러나 채권자들은 단일 거래를 기준으로 정산했다. 만일 우리가 단 한 번이라도 부채를 상환하지 못한다면 블랙스톤의 평판이 나빠질 것이었다. 내가 두려워한 건 바로 이 점이었다. 그러면 은행은 훨씬 엄격한 조건을 내걸며 더 적은 돈을 빌려줄 것이고 우리가 진행할 사업은 한층 더 어려워질 것이기 때문이다.

우리는 의사결정 과정을 면밀하게 검토했다. 아무리 기업가정신이 충만하고 강력한 열정과 야망, 기술과 노동 윤리로 무장되어 있다고 자부해도 블랙스톤은 여전히 구멍가게에서 벗어나지 못하고 있었다. 어떤 조직에서든 실패나 실수는 최고의 교사 역할을 한다. 따라서 실패를 묻어버릴 게 아니라 공개적으로 이야기하고 무엇이 잘못되었는지 분석해야 한다. 그래야만 의사결정에 필요한 새로운 규칙들을 배울 수 있다.

실패는 거대한 선물이 될 수 있다. 실패야말로 한 기업이 나아가는 궤적을 바꿔 미래에는 성공의 찬가를 부를 수 있도록 해준다. 에지콤의 실패 덕분에 나부터 바뀌어야 한다는 사실, 투자 및 투자 수익 분석에 대한 접근법이 달라져야 한다는 사실이 분명하게 드러났다.

블랙스톤의 의사결정 프로세스

많은 기업들이 빠지는 너무도 평범한 함정에 나 역시 빠졌다. 회사 안에서 특정한 투자 건을 맡아 투자 설명서를 준비하는 사람은 탁자 상석에 앉아 있는 가장 높은 사람의 최종 판단에 초점을 맞추는 경향이 있다. 만일 어떤 개인이나 팀이 제안하는 거래가 멋지게 보이지 않는다면 그는 그 거래를 기각시킬 것이다. 그러면 거래의 질과는 상관없이 개인이나 팀은 고개를 숙인 채 회의실에서 나가야 한다. 그리고 몇 주후 그들은 새로운 거래의 기획서를 들고 다시 회의실에 들어오지만 이번에도 퇴짜를 맞고 물러난다. 이때는 지난번보다 한층 더 쓰라린 마음을 안고서 회의실을 나서야 한다. 세 번째에는 어금니를 깨문다. 네 번째에도 탁자 상석에 앉은 사람의 표정이 좋지 않다.

물론 제안자들이 끔찍하게 무능한 직원들은 아니다. 그저 썩 훌륭하지 않을 뿐이다. 그러나 만일 네 번째 안건이 '오케이'라고 말할 수준은 아니지만 꽤 가까이 접근했다면 탁자 상석에 앉은 사람은 모든 사람을 행복하게 만들어주기 위해서라도 '오케이'라고 말하고 만다.

나는 새로 영입한 파트너에게 에지콤 거래로 기회를 주고 싶다는 마음이 앞선 나머지 나와 회사에 피해를 입히고 말았다. 더 나은 거래 기획안에 '오케이'라고 말했어야 옳았다. 이 새로운 파트너가 지휘하는 팀 내 애널리스트 한 사람이 그 거래에 반대했었다는 사실을 나중에야 알았다. 그 애널리스트는 거래가 잘못될 것임을 예견했지만 파트너는 문제를 제기한 애널리스트에게 입을 다물라고 말했다.

나는 내 감정을 잘 추슬렀어야 했고 객관적인 사실에 꼼꼼하게 주의를 기울였어야 했다. 거래는 수학이 아니다. 그러나 고려해야 할 객관적인 기준들이 많이 있다. 또한 반대되는 견해를 가진 두 사람을 불러 토론을 시키고서 그 내용만으로 최종적인 결정을 내려서는 안 되었다. 모든 기준을 들이대고 꼼꼼하게 살폈어야 했다.

번드르르한 플립차트[29]로 무장해서 멋지게 말하고, 다른 사람이 따라갈 수 없을 정도로 빠르게 기획안을 설명하는 매력 넘치는 사람들이 금융계에는 널려 있다. 보여주기 식인 그 쇼를 당장 중지시켜야 한다. 사업과 조직을 보호할 수 있도록 설계된 시스템을 통해 이뤄지는 의사결정이 개인들을 통해 이뤄지는 의사결정보다 훨씬 낫다. 우리의 투자 프로세스는 개인성을 배제할 수 있는 규정들이 필요했다. 어떤 투자 결정이든 개인의 능력, 감정, 약점에 휘둘리지 않도록 해야 했다. 우리는 우리의 투자 프로세스를 엄격하게 검토하고 단단하게 조일 필요가 있었다.

나는 돈을 잃지 말아야 한다는 생각에 집착했으며 에지콤 트라우마 때문에 이런 집착은 한층 강렬해졌다. 나는 투자를 샷 클락shot clock[30] 규정이 없는 농구 경기를 하는 것처럼 생각하기 시작했다. 공을 우리 편이 가지고 있을 때 확실하게 이길 수 있는 방법은 계속 공을 돌리면

---

29 강의나 설명을 할 때 한 장씩 넘겨가며 보여주는 큰 차트.
30 농구 경기에서 공을 가진 팀이 일정한 시간 이내에 슛을 시도하지 않고 시간을 넘기면 공격권을 잃는 규정.

서 확실한 기회가 나기를 기다리는 것이다. 그러면 상대 팀은 평정심을 잃고 슛을 쏘더라도 정확한 위치에서 정확한 자세로 공을 던지지 못한다. 아닌 게 아니라 에지콤 거래 때 우리가 그랬다.

나는 블랙스톤에서는 키가 210센티미터인 우리 편 선수가 상대편 골대 바로 아래에서 완벽한 기회를 잡기 전에는 계속 공을 빙빙 돌리는 전술을 블랙스톤의 기본 전술로 채택하기로 했다. 우리가 염두에 두는 모든 거래에서 실수가 있을 수 없다는 확신이 들기 전까지는 이 거래의 부정적인 측면에만 집착하기로 했다.

이런 커다란 원칙 아래 우리는 수석 파트너들이 모두 투자 논의에 참여하도록 의사결정 구조를 바꿨다. 한 사람이 '오케이' 하는 투자 결정 방식을 두 번 다시 허용하지 않기로 했다. 그때까지 나는 잘못된 결정보다는 올바른 결정을 더 많이 내렸다. 그러나 에지콤 건은 내가 얼마든지 잘못된 결정을 내릴 수 있음을 입증했다. 내 동료들은 수십 년의 경험으로 내공을 쌓은 사람들이었다. 이들을 의사결정 구조에 포함시켜 집단지성으로 투자 리스크를 평가함으로써 우리가 추진하는 거래들이 더욱 객관적일 수 있도록 했다. 적어도 그렇게 되도록 기대했다.

또 투자 제안을 하고자 하는 사람은 적어도 해당 안건을 가지고 논의하기 이틀 전에 제안서를 철저하게 준비해서 돌리도록 했다. 그래야 회의에 참석하는 사람들이 해당 투자 제안을 미리 꼼꼼하게 분석하고 평가할 수 있기 때문이다. 이틀 전이라는 조건을 붙인 것은 회의에 참석하는 사람들이 투자 제안에서 허점을 발견하고 대안을 제시할 수 있도록 하기 위함이었다. 그 제안서가 완성되어 회람되고 나면 회의 때까지 절대로 제안자가 별도의 수정 제안서를 따로 내지 않도록 했다. 쓸데없이 추가 문건이 나돌아 다니는 걸 원하지 않았기 때문이다.

회의실 탁자의 한쪽에는 수석 파트너들이 앉고 다른 쪽에는 투자 제안서를 작성한 팀이 앉도록 했다. 그리고 이들을 일반 직원들이 둘러싸고 지켜보게 했다. 회의의 논의 및 결정 과정을 지켜봄으로써 그들도 배우고 기여할 수 있도록 하기 위해서였다.

이 회의의 토론에는 기본적으로 두 가지 규칙이 있었다. 하나는 한 사람도 빠지지 않고 모두 발언을 해야 한다는 것이었다. 그래야 모든 투자 결정이 집단을 통해 이뤄질 수 있다. 다른 하나는 투자에 따른 잠재적 위험 및 약점에 논의의 초점을 맞춘다는 것이었다. 모든 사람은 그때까지 지적되지 않았던 문제점들을 찾아내야만 했다.

건설적인 반대를 추구하는 이 과정이 투자 제안서를 작성한 팀 입장에서는 모질게 느껴질 수 있지만, 여기서 제시되는 모든 비판이나 지적은 결코 개인적인 차원으로 흐르지 않도록 논의 방식을 설계했다. '오로지 비판만 한다'는 규칙으로, 다른 사람의 제안을 무자비하게 비판하면서도 제안자의 마음을 다치게 할지 모른다는 걱정은 내려놓을 수 있게 했다. 물론 잠재적 투자의 긍정적인 측면도 당연히 포함되어야 하지만 이 점은 우리의 초기 투자위원회 토론의 초점은 아니었다.

일단 이 집단 토론 과정이 어떤 결론을 내리면 해결해야 할 문제들 및 대답해야 할 질문들의 목록이 정리되고 이 목록을 투자 제안을 한 팀이 가지고 돌아간다.

1. 만일 경기가 나빠질 경우 우리가 매수하려는 회사에는 어떤 일이 일어날까?

2. 이 회사의 수익은 서서히 줄어들까, 아니면 급격하게 줄어들까?

3. 회사가 매각된 뒤에도 최고경영진이 그 회사에 계속 남아 있을까?

4. 경쟁자들이 할 수 있음직한 이런저런 대응에 대해서도 충분히 고민했는가?

5. 에지콤 때 그랬던 것처럼 회사가 생산하는 제품의 가격이 떨어질 때 수익성은 어떤 영향을 받을까?

6. 투자 제안서가 설정한 모델은 이 모든 가능성에 대한 대응 방안을 담고 있는가?

투자 제안을 한 팀은 회의를 마치고 돌아가서 이 모든 질문에 대한 대답을 찾는다. 이렇게 하는 과정에서 투자 거래의 강점을 강화하고 부정적인 측면들을 관리할 방법을 찾아내거나 미처 발견하지 못했던 새로운 리스크들, 한 번도 생각해보지 않았던 투자 손실의 가능성들을 밝혀낼 수도 있다. 그렇게 새로 다듬은 투자 제안서를 가지고 다시 회의를 한다. 세 번째 회의를 할 때쯤에는 해당 투자와 관련해 우리가 미처 알지 못했던 부정적인 요소는 거의 남지 않게 된다. 적어도 그렇게 되기를 바란다.

또한 나는 투자 제안을 준비하는 팀의 팀장이나 파트너와는 절대로 따로 이야기하지 않기로 결심했다. 세부적인 사항과 관련해 궁금한 게 있을 때는 스프레드시트 작업을 하면서 구체적인 숫자와 가장 가까이 있는 막내 팀원에게 전화하기로 했다. 에지콤을 매수할 때도 그랬더라면 아마도 그 거래에 반대하는 팀원의 의견을 들었을 것이다.

이렇게 위계를 깸으로써 나는 회사의 젊은 사람들을 알게 되었고 파트너들과는 결이 전혀 다른 평직원의 의견을 들을 수 있었다. 제시된 문건만으로는 리스크가 분명하게 드러나지 않을 수 있지만 예컨대 '이 건에 대해 당신의 개인적인 관점을 얘기해주세요'라고 했을 때 평직원 애널리스트의 목소리에서는 그런 게 드러날 수 있다. 즉 그가 그 투자 거래를 기대하고 있는지, 내심 걱정하고 있는지 파악할 수 있다는 말이다. 심리학은 투자자로서 내가 가진 무기들 중 하나다. 각각의 분석에서 구체적인 숫자들을 기억할 필요는 없다. 구체적인 사실들을 알고 있는 사람들이 말하는 것을 보고 들으면 그들이 그런 사실들을 어떻게 생각하는지 자세나 동작, 목소리 톤을 통해 알 수 있다.

투자 결정이 개인적인 차원에서 이뤄지지 않도록 하고 투자의 리스크를 줄이기 위해 우리가 취한 마지막 조치는 집단적인 책임감을 강화하는 것이었다. 투자위원회 회의에 참석하는 모든 파트너는 안건으로 제시된 투자가 안고 있는 리스크 요인을 의무적으로 평가하게 했다. 그러면 투자 제안을 하는 팀은 특정 수석 파트너를 타깃으로 삼아 설득하거나 그 제안에 찬성하도록 로비를 벌일 수가 없다. 투자위원회에 참석하는 사람은 회의에서 어떤 투자 결정이 내려지든 그 투자에 책임을 져야 했다. 그리고 우리는 모든 의사결정을 그와 같은 예측 가능한 방식으로 내렸다.

블랙스톤에 새로운 사업부들을 신설해서 새로운 시장으로 들어갈 때도 우리는 이와 동일한 프로세스를 모든 투자 결정에 적용한다. 모든 사람이 토론에 참여하고 리스크는 체계적으로 인식하고 줄여나간다. 토론에는 언제나 모든 사람이 참여하고 활발하게 이뤄진다. 이런 과정을 통해 서로를 보다 더 잘 알게 된 사람들이 끼리끼리 소집단을 구성해서 똑같이 엄격한 기준을 적용해 각각의 투자 제안서를 검토한다. 투자에 대한 이런 통합적 접근법은 블랙스톤 운영의 근간으로 자리를 잡았다.

▶ 개인적인 의사결정도 항상 신중함이 필요하다

블랙스톤은 어쨌거나 잘 돌아가고 있었지만 내 개인적인 삶은 그렇지 않았다. 블랙스톤을 창업하고 6년째인 1991년에 나는 엘런과 이혼했다. 우리의 두 아이 지비와 테디는 계속 함께 키우기로 했다. 이혼하기로 한 결정은 무척 힘들고 고통스러웠다. 이혼하기 전에 나는 건강검진을 받으려고 내과 의사인 하비 클라인을 찾아갔다. 신체적으로는 아무 문제가 없었지만 정신적으로는 그렇지 않았던 모양이었다. 문진 과정에서 하비는 생활이 어떠냐고 물었고, 나는 일 때문에 스트레스를 많이 받고 있으며 결혼 생활에 대해서는 어떤 결정도 내릴 수 없는 상태라고 대답했다. 당시 나는 전혀 행복하지 않았다. 엘런과 갈라서는 것은 생각만 해도 끔찍했다. 하비는 전화번호 하나를 적어서 내게 건네주었다.

바이램 카라수Byram Karasu 박사는 뉴욕에 있는 앨버트아인슈타인 의과대학에서 23년을 봉직한 정신과 의사다. 19권의 저서를 냈으며 지금은 맨해튼에서 작은 개인병원을 운영하고 있다. 그는 지금도 종종 전화해서 자기의 정치적인 의견을 얘기하곤 한다.

맨 처음 그의 진료실을 찾아갔을 때 나는 내가 치료를 받으려고 간 게 아님을 분명하게 밝혔다. 그저 이혼이라는 문제를 놓고 마음을 정할 수 없어서 잠깐 도움을 받으려는 것뿐이라고 했다. 내 이야기를 들은 바이램은 나를 붙잡고 있는 문제가 무엇이냐고 물었다. 나는 네 가지 두려움을 들었다. 아이들과의 관계가 끊어질지 모른다는 두려움, 내가 그토록 힘들게 일해서 번 돈의 절반을 아내에게 떼어줘야 한다는 두려움, 친구의 절반을 잃을 것이라는 두려움, 새롭게 다른 여자를 만나야 한다는 두려움이었다.

그러자 바이램은 네 가지 모두 충분히 일리가 있는 불안이긴 하지만 궁극적으로 보자면 전혀 실효성이 없는 것들이라고 했다. 아이들은 이미 부모의 이혼으로 정신적인 충격을 받을 만큼 어린 나이가 아니라면서, 내가 아이들과 원만한 관계를 유지하길 바라고 노력한다면 얼마든지 잘 지낼 수 있을 것이라고 했다. 그리고 돈 문제는 물론 커다란 손실이 될 수도 있겠지만 만일 그 문제를 해결함으로써 내 인생의 새로운 장이 열린다면 금방 잊힐 것이라고 했다. 엘런과 내가 부부로서 함께 사귀었던 친구들도 절반씩 쪼개지겠지만 그것도 인생을 살아가는 하나의 모습이 아니냐고 했다. 마지막으로 새롭게 다른 여자를 만나는 문제에 대해서는 나처럼 맨해튼에서 잘나가고 부자인 싱글 남성이라면 전혀 꿀릴 게 없지 않느냐고 했다.

바이램은 온화하고 생각이 깊으며 통찰력 있고 노련했다. 또 설득력까지 갖추고 있었다. 그의 조언은 내 인생의 방향을 가장 긍정적인 쪽으로 돌려놓았다. 그때 이후로 나는 그를 일주일에 한두 번씩 만났다. 대개는 일 이야기를 하는데, 그는 맨 처음 만났을 때 그랬던 것처럼 늘 객관적이고 명료한 모습을 보여준다. 그는 나의 뇌를 이해해준다. 세상을 경험하고 그에 반응하는 과정에서 내가 드러내는 강렬함을 잘 알고 있다. 그는 내가 직관을 검증하도록 도와준다. 또 진실을 모호하게 가릴 수 있는 심리적·사회적·정서적·지적 필터들을 깨끗하게 걷어내도록 도와준다.

바이램이 나의 이혼 문제와 관련해 했던 말들도 모두 맞았다. 나는 이혼을 한 뒤로 개인적인 삶의 새로운 장을 맞이했다. 친구들은 내게 여러 사람을 소개해주었고 그렇게 소개받은 사람이 크리스틴 허스트 Christine Hearst였다. 그녀는 변호사였고 이혼한 지 얼마 되지 않았다. 하지만 곧 캘리포니아의 팰로앨토로 이사할 계획이었고 그곳에 일자리까지 마련해두고 있었다. 나로서는 최적의 소개팅 상대라고는 할 수 없었다. 둘 다 바빴고, 게다가 크리스틴은 이미 태평양 연안에서 지내는 새로운 생활을 꿈꾸고 있었으니까. 그런데도 친구들은 크리스틴을 만나보라고 등을 떠밀었고 그렇게 우리는 만났다.

나는 우리의 첫 데이트가 무척 훌륭했다고 생각했다. 그러나 그녀는 달랐다. 기묘한 데이트라고 생각했단다. 그녀는 내가 자기를 데리러 와

줄 것이라고 생각했지만 나는 그러지 못했다. 그날 늦게까지 일해야 했고 사무실에서 가까운 장소에서 열리는 파티에 함께 참석하기로 예정되어 있어서 그녀에게 차를 보냈던 것이다. 그녀를 태운 자동차가 사무실 앞에 도착했을 때 내가 자동차에 타자 그녀는 깜짝 놀랐다. 나는 슬쩍 그녀의 얼굴을 쳐다보면서 인사했다.

"안녕하세요. 스티브입니다."

그런 다음에는 곧바로 선바이저 미러를 내려 전기면도기로 면도를 하기 시작했다. 우리는 맨 먼저 록펠러센터에서 열린 북 파티에 참석했고 그다음에는 매디슨 애비뉴에 새로 들어선 소니플라자에서 조지 마이클의 공연을 보았다. 마지막에는 친구들과 함께 저녁을 먹었다.

다음 날 나와 크리스틴을 연결해준 데비 밴크로프트Debbie Bancroft가 전화해서 데이트가 어땠느냐고 물었다.

"굉장히 좋았어."

나는 그렇게 대답했다. 크리스틴이 마음에 들었고, 우리는 그 모든 흥미로운 일을 함께했다. 그러나 크리스틴은 사람들과 어울리는 걸 좋아하긴 했지만 내성적인 성격이었다. 알고 보니 그녀는 우리 둘이 여기저기 자리를 옮겨 다니면서 나는 알고 자기는 알지 못하는 수많은 사람들을 만났는데 마치 자기가 액세서리가 된 느낌이었다고 데비에게 말했다. 그녀로서는 끔찍하기 짝이 없는 시간이었던 것이다. 아닌 게 아니라 그날의 데이트는 무척 바빠서 우리는 서로를 알아가는 대화를 나눌 기회조차 없었다.

데비는 당장 크리스틴에게 전화해서 사과하라고 충고했다. 조용한 식당에서 저녁 식사 자리를 마련해 다시 이야기해보라고 했다. 나는 데비의 충고를 따랐다. 우리의 두 번째 데이트 장소는 퍼스트 애비뉴에 있는 이탈리아 식당이었다. 우리는 그곳에서 긴 저녁 시간을 함께 보냈다. 서로에게 좋은 시간이었다. 식사를 마친 뒤에 나는 다음번에 만날 약속을 잡으려고 일정표를 한참 뒤적였는데, 이런 나를 보고 크리스틴은 깜짝 놀랐다. 아닌 게 아니라 그녀로서는 금융계에 있는 사람 중에서 나처럼 꼼꼼하고 정확한 사람은 여태 본 적이 없었던 것이다.

"우리는 이 일을 빠르게 해치울 수도 있고 느리게 할 수도 있는데, 전 빠르게 해치우는 쪽이 좋다고 생각합니다."

고맙게도 그녀는 이런 내게 거부감을 느끼고 달아나지 않았다. 우리가 사귀기 시작한 뒤로 그녀가 맨 처음 한 일은 혼자 사는 남자의 무질서한 생활에 질서를 부여하는 것이었다. 당시 나는 5번 애비뉴 950번지에 있는 아파트에서 10대 아들 테디와 함께 살면서 창이라는 이름의 요리사를 고용하고 있었다. 저녁마다 우리 부자는 아버지와 아들이 나눔직한 대화를 나누곤 했다.

"학교는 어땠어?"

"괜찮았어요."

크리스틴이 처음 집에 오던 날 그녀는 주방으로 가서 냉장고를 열었다. 나도 한 번을 열어보지 않았던 냉장고였다. 그런데 냉장고에는 온갖 종류의 즉석식품이 가득 들어 있었다. 그러니까 매일 우리의 저녁을 준비한 요리사는 2년 동안 즉석식품을 데우기만 해서 식탁에 올려놓았던 것이다. 우리는 그런 사실을 전혀 몰랐다.

2년 뒤, 이때는 크리스틴과 내가 결혼한 후였고 우리는 요리사를 고용하기로 했다. 크리스틴은 여러 가지 재주를 많이 가지고 있긴 했지만 요리에는 재주가 없었다. 나를 잘 아는 사람이라면 누구나 아는 사실인데, 나는 하루 종일 일하고 퇴근한 뒤에는 저녁을 제대로 차려서 먹는 걸 좋아한다. 그런데 크리스틴은 이 일을 혼자서 잘해낼 수 없었고 요리사를 채용하려고 광고를 냈다. 하이미Hymie라는 요리사의 이력서가 특별히 눈길을 끌어서 일단 면접을 하기로 하고 집으로 불렀다. 그런데 그 사람이 우리 집 현관을 열고 들어오는 순간 크리스틴은 누구인지 금방 알아봤다. 바로 2년 전 우리 집 요리사 창이었다! 그는 뻔뻔하게도 이름만 바꿔 지원했던 것이다. 그 고약한 즉석식품과 자신의 얼굴을 우리가 잊었을 거라고 생각한 모양이었다. 이게 바로 뉴욕이었다.

11

실패는 조직에서 최고의 교사다.
실패를 놓고 공개적이고 객관적으로 이야기하라.
무엇이 잘못되었는지 분석하라.
의사결정과 조직적 행동의 새로운 원칙들을
배우게 될 것이다.
제대로 평가된 실패의 교훈은
조직의 경로를 바꿔
미래에 더 큰 성공을 거두게 해준다.

제7장

돈을 잃지 마라!

모든 기회에 대해
리스크를 객관적으로 평가하라

'돈을 잃지 마라.' 이것이 나의 첫 번째 투자 규칙이다. 이 말을 들으면 사람들은 대개 실실 웃는다. 나는 사람들이 이렇게 실실 웃는 것을 도무지 이해할 수 없다. 돈을 잃지 말라는 규칙이야말로 너무도 단순하고 명백하기 때문이다. 블랙스톤에서 우리는 이 기본적인 개념을 실행할 수 있는 투자 프로세스를 만들고 오랜 시간에 걸쳐 다듬어왔다. 또 믿을 수 없을 정도로 높은 신뢰성을 보여준 리스크 평가 체계 역시 오랜 시간에 걸쳐서 만들고 다듬었다.

우리는 전문가들이 모든 개별적인 투자 기회를 두세 가지 주요 변수들(투자의 성공 가능성을 판정할 수 있는)로 압축하도록 훈련시킨다. 블랙스톤에서의 투자 결정은 모두 철저하게 훈련되어 있고 감정에 치우치지 않으며 강력한 리스크 평가를 통해 이뤄진다. 이는 하나의 프로세스일 뿐만 아니라 마음가짐이자 문화의 일부다.

블랙스톤에서 투자위원회라는 개념은 월스트리트 전체뿐 아니라 다른 산업 부문들에서도 흔히 볼 수 있다. 회사를 이끌어가는 소수의 리더로 구성된 집단이 어떤 거래를 기획하고 준비하는 팀을 불러 프레젠테이션을 하게 하는데, 이때 검토되는 기획안(투자 제안서)은 미리 배포되어 회람된다. 이 자리에서 거래를 준비하는 팀은 해당 거래가 얼마나 대단한지를 모든 근거를 제시해서 설명한다. 물론 예상 수익도 구체적인 수치로 제시한다. 만일 투자위원회 구성원들이 그 거래를 마음에 들어 하면 팀은 구체적으로 일을 추진할 수 있다. 그러나 그 거래가 손실을 낼 것으로 여겨지면 팀원들은 기가 죽어서 침울한 얼굴로 회의장을 나설 것이다. 블랙스톤에서는 아무리 해도 안 된다는 말을 중얼거리면서….

우리는 의사결정을 민주적으로 만들고 결정과 관련된 모든 사람(거래를 제안한 팀과 투자위원회의 구성원들)이 적극적으로 논의에 참가하도록 유도하는 방식으로 투자 프로세스를 구축했다. 여기에는 '우리'와 '그들'이 따로 없으며 원로 집단으로부터 따로 승인을 받으려고 애쓸 일도 없다. 오로지 집단적인 책임감이 있을 뿐이다. 해당 거래를 밀어붙여야 할 결정적인 요소들을 파악하는 것, 그 요소들이 여러 가지 시나리오들 속에서 투자의 재무적 성과에 영향을 줄 수 있는 범위가 어느 정도일지 평가하는 것, 이 두 가지에 대한 집단적인 책임감만 있을 뿐이다.

또한 신입 직원에서 최고참 파트너에 이르기까지 탁자에 둘러앉은 사람이면 누구나 다 자기 의견을 제시하면서 회의에 참여해야 한다. 어느 한 사람 또는 집단이 논의를 지배하거나 최종적인 승인 권한을 휘두르는 일은 없다. 철저하게 팀으로 움직인다. 모든 사람이 여러 가지 변수들에 대해 논의하고 찬성해야 하며 예상되는 결과의 범위가 어느 정도일지 판단해야 한다. 몇몇 경우에는 변수들이 명백하지만 어떤 경우에는 해당 변수들을 확정하기 위해 격렬한 토론을 여러 번 반복할 때도 있다. 그러나 모든 사람이 동의하기 전에는 움직이지 않는다는 게 원칙이다.

상당히 미묘한 점이긴 하지만 이런 접근법은 건전한 의사결정을 내리는 데 영향을 미치는 수많은 소음과 감정을 상당히 제거해준다. 또한 개인적인 차원의 리스크를 제거하고 거래를 추진하는 팀이 궁극적인 결과에 대해 '옳아야' 한다는 압박감을 없애주기도 한다. 수십억 달러 규모의 투자 건을 다룬다는 심리적 압박감이 불과 몇 사람에게만 집중된다면 그 무게는 이루 말할 수 없을 정도로 무겁다. 까딱하다간 회사가 망할 수 있으며 그동안 쌓아올린 명성도 한순간에 무너질 수 있기 때문이다.

블랙스톤에서 진행되는 투자위원회 회의는 토론과 발견을 위한 자리이지, 거래를 승인받기 위한 자리가 아니다. 투자를 할 것인지 말 것인지, 계속 전진할 것인지 말 것인지 함께 결정하기 때문에 그 누구도 자기가 내놓은 발상이 출발점이 되어 진행되는 일에 대한 압박감을 느끼지 않는다.

마찬가지로 어떤 팀이 그동안 자료를 찾아내고 투자 분석을 하는 과정에서 무척 수고했으므로, 비록 썩 훌륭한 투자 기회는 아니지만 팀을 격려하는 차원에서라도 거래를 승인해야 하는 것 아니냐는 타협이 들어설 자리도 없다. 만일 우리가 어떤 투자를 하고 이 투자가 잘못된다면 우리 모두가 내린 결정에 따른 결과이므로 우리 모두가 책임을 진다. 우리가 내린 판단이 옳을 때는(사실 이런 경우가 훨씬 더 많다) 성공에 따른 보상의 수확을 함께 누린다. 이런 투자 프로세스가 있으면 모두가 지위 고하와 상관없이 회사의 주인처럼 행동하게 된다. 그리고 투자자의 돈이 마치 자기 돈인 것처럼 여기고 신중해진다.

투자 프로세스가 이렇게 정리되자 업무를 대하는 사람들의 동기가 강력하게 조정되었다. 또한 투자 거래에 대한 모든 평가는 그 자체로 학습의 순간이 되었다. 우리가 마련한 투자 프로세스로는 성공하지 않는 게 불가능하다.

12

돈을 잃지 마라!!!
모든 기회에 대해 리스크를
객관적으로 평가하라.

제8장

블랙스톤의
인재 전략

신생 기업이 인재 채용에 실패하는 이유

피트와 나는 늘 '10점짜리 인재'를 채용하고자 하는 마음이 있었다. 현재 블랙스톤은 젊은 대졸자 집단에서 인재를 뽑고 있다. 2018년에 신입 애널리스트 86명을 뽑을 때는 지원자가 1만 4,906명이나 됐다. 합격 비율은 0.6퍼센트밖에 되지 않는데, 이는 세계적으로 명성이 높은 대학의 입학 허가를 받을 수 있는 비율보다도 낮다. 지금 내가 우리 회사에 지원한다고 해도 채용될 수 있을지 장담할 수 없다.

그러나 여기까지 오는 데는 수많은 시행착오를 거쳤다. 초기에는 우리가 원하는 사람들을 찾아내고 계속 붙잡아두기가 어려웠다. 여러 가지 요인이 있었지만 첫 번째 문제는 우리의 잘못이 아니었다. 리먼브라더스를 나오면서 내가 약속할 수밖에 없었던 여러 가지 조건들 때문에 우리는 우리의 전직 동료들을 채용할 수 없었다. 리먼브라더스의 동료들이야말로 우리가 가장 잘 알았고 가장 신뢰했으며 함께 호흡을 맞춰 일했던 사람들이었다. 그들이 블랙스톤과 함께했더라면 누구보다도 이상적인 동반자 관계가 형성되었을 것이다.

두 번째 문제는 당시 월스트리트의 대형 회사들은 기업이라기보다는 제각기 다른 부족들에 가까웠다. 그래서 골드만삭스에 다니다가 나와서 모건스탠리에 들어가는 사람은 코만치족Comanche이면서 모호크족Mohawk 마을에 가서 살기로 한 사람 취급을 받았다. 또 리먼브라더스는 규모 덕분에 굳이 월스트리트의 채용 풀에서 인재를 찾지 않아도 되었다. 그러나 당시 블랙스톤은 부족은커녕 팀 하나를 가까스로 꾸릴 수 있을까 말까 할 정도였다.

특히 금융계는 자기기만을 장려하는 산업 부문으로, 이런 분위기에 넘어가지 않을 만큼 조직적인 체계가 내게 있을 리 없었다. 사람들은 대부분 자기가 훌륭한 인재라고 생각하고 자기를 채용해줄 사람에게 그렇게 말한다. 이전 직장에서 제대로 일을 망쳤다는 사실은 결코 말하지 않으며 자기들은 '더 나은 기회'를 찾고 있다는 말만 한다.

하지만 이런 사람을 채용하면 실패한다. 결국은 해고하고 다른 사람을 찾아야 한다. 두 번째 사람도 역시 마찬가지 경로를 밟고, 다시 세 번째 사람을 또 찾아야 한다. 회사에 꼭 맞는 사람을 채용하려면 어쩔 수 없다. 그런데 첫 번째 사람들과 두 번째 사람들이 당신 회사가 얼마나 일하기 고약한 데인지 모른다는 말을 동네방네 떠들고 다녀서, 좋은 인재를 채용하기는 한층 더 힘들어진다.

인재 채용과 관련된 마지막 세 번째 문제는 바로 내게 있었다. 나는 투자금도 잘 조성하고 거래도 뚝딱뚝딱 잘 해치우면서 회사에 돈을 잘 벌어주긴 했지만, 블랙스톤의 첫 5년 동안 직원을 채용하고 관리하는 부분에서는 엉망이었다. 새로 영입하는 사람에게 맡길 일이 없을 때조차도 피트는 새로운 사람들을 마구 영입했다. 파트너들은 자기 일만 하면서 회사의 나머지 부분이야 어떻게 되든 말든 신경도 쓰지 않았다. 정보를 받긴 했지만 나는 그 정보를 적절한 타이밍에 적절한 방식으로 적절한 사람에게 넘기지도 않았다.

우리는 하나의 팀이라기보다는 그저 개인들이 엉성하게 모인 집합체에 지나지 않았다. 이런 모든 문제에 대해 나는 사람들이 느끼는 감정 따위에 일일이 신경 쓸 수 없을 정도로 경쟁이 심한 산업 부문에 종사하기 때문이라는 평계를 대곤 했다. 모두 내 잘못이었다.

❯ 직원을 미래의 신입을 이끌어줄 코치로 성장시켜라

블랙스톤의 인재 채용 및 훈련 시스템을 최적화할 수 있는 기회는 1991년에 왔다. 그때 우리는 MBA 졸업생들을 처음으로 채용했다. 블랙스톤이 성공할 것임을 바로 이 시점에 알았다. 자신의 경력을 우리에

게 맡긴 이 전도양양한 청년들이 블랙스톤의 미래였다. 그들은 자신의
야망을 실현할 수 있는 문화를 블랙스톤에 정착시켰다. 이렇게 그들과
우리는 '윈윈'했다.

내가 사회에 첫발을 디디면서 경험했던 월스트리트 문화는 일을 하
는 문화가 아니었다. 리먼브라더스에서 사람들은 모두 똑똑하고 거칠
었으며 많은 돈을 벌었다. 그러나 모두가 서로서로 복잡한 인간관계를
맺고 있었다. 때로는 욕지거리를 퍼붓기도 했다.

블랙스톤의 처음 몇 년 동안에는 우리가 몸담고 있던 곳의 문화가
그대로 재현되었다. 전에 없던 새로운 유형의 회사를 만들겠다며 노력
했음에도 불구하고 부하직원들을 들들 볶아대는 중간관리자들이 적지
않았다. 고함을 지르고 모욕을 주며 난폭하게 대하는 일이 허다했다.
금요일 퇴근 시간 직전에 부하직원들에게 커다란 일거리 폭탄을 안겨
주말을 고스란히 반납하게 만들곤 했다. 한 젊은 직원은 얼마나 화가
났던지 복사기를 발로 걷어차서 망가뜨린 일도 있었다. 그 얘기를 들었
을 때 나는 이렇게 생각했다.

'다들 제정신이 아니군.'

우리는 '직장에서의 존중'Respect at Work이라는 단체를 찾아 컨설팅
을 의뢰했다. 이들은 우리 회사에 와서 직원들과 인터뷰를 하면서 회사
안에서 어떤 일이 일어나고 있는지 샅샅이 뒤졌다. 그리고 직원들을 소
그룹으로 나눠 회사에서 어떤 일상을 보내는지 보여주는 촌극을 짜게
했다. 예를 들면 동료들로부터 따돌림을 당하거나 조장하는 역할을 맡
게 해서 공연을 만든 것이다. 나는 그 모든 발표와 공연을 맨 앞줄에 앉

아서 봤다. 내 동료 역할을 하는 배우들이 회사 안에서 도저히 있을 수 없는 따돌림을 버젓이 자행하는 모습은 매우 충격적이었다. 어처구니 없었지만 부인할 수 없는 엄연한 사실이었다.

우리가 안고 있는 단점들을 정확하게 바라보고 대면하는 것은 이런 행동들을 근절하는 과정의 첫 단계다. 나는 앞으로 이런 잘못된 행동을 하는 사람이 있으면 누구든 해고 대상이 된다는 것을 분명하게 밝혔다. 내가 믿는 것을 공표하고 지지하며 단지 일회용 엄포가 아님을 회사의 모든 이에게 보여줘야 할 사람은 나였다. 내게 그 모든 책임이 지워져 있었다.

우리가 에지콤의 여파 속에서 투자 프로세스를 재검토했던 것처럼, 이제는 블랙스톤에 합류한 젊은 직원들의 입장과 관점에서 그들이 바라는 것이 무엇인지 고민해야 했다. DLJ에서 나는 한 번도 교육다운 교육, 훈련다운 훈련을 받아본 적이 없었다. 아는 게 없고 무능하다는 사실이 드러날까 봐 잔뜩 겁을 먹고서 사람들의 눈에 띄지 않으려고 몸을 최대한 웅크리고 다녔다. 아마도 나는 당시 맨해튼의 이스트사이드에서 땀 억제제를 가장 많이 산 고객이었을 것이다. 리먼브라더스에서도 나는 내가 저지른 실수를 통해서 배워야만 했다. 그런 환경에서의 학습은 느리고 불확실했으며, 그러다 보니 금방 지쳐 나가떨어지곤 했다.

나는 블랙스톤에서는 신입 직원이 업무에 투입되기 전에 자기가 할 일이 무엇인지 철저하게 알 수 있도록 해주는 훈련 프로그램을 마련하는 데 상당한 투자를 했다. 이로써 이들이 최대한 능동적으로 행동하고 조직에 쓰임새가 있기를, 금융 및 거래 체결과 관련된 기초적인 지식을 터득하고 회사의 문화에 잘 적응하며 무지를 숨기려 하지 않기를 바랐다. 효율적이고 효과적인 훈련 프로그램에 들어가는 비용은 이들이 지식과 자신감으로 무장하고 곧바로 업무에 투입됨으로써 발생하는 편익에 비하면 아무것도 아니었다.

우리는 직원들에게 바라는 기대치를 명확하게 해서 신입 직원들을 맞이하는 환영사에서 선언했다. 그것은 단어 두 개로 요약될 수 있는데, 바로 '탁월함'excellence과 '성실함'integrity이다. 만일 우리가 투자자들에게 탁월한 성과를 제시하고 오염되지 않은 평판을 유지한다면 우리에게는 성장할 기회가 주어지고 더욱 많은 보상이 따르는 일을 추구할 수 있겠지만, 투자 성과가 변변찮고 성실하지도 않다면 우리는 실패하고 말 게 분명했다.

이런 메시지를 확실하게 전달하기 위해 나는 탁월함을 협의의 실용적인 의미로 정의했다. 언제나 100퍼센트 수준에 도달하는 것, 단 하나의 실수도 용납하지 않는 것! 이는 고등학교나 대학교에서 95퍼센트 수준으로 A 학점을 받는 것과 다르다. 블랙스톤에서는 그 나머지 5퍼센트의 부족이 투자자들에게 거대한 손실을 안겨줄 수도 있음을 뜻한다. 때론 이런 표현이 무거운 압박감으로 작용할 수도 있지만 나는 이 압박감을 가볍게 만들어줄 두 가지 방법을 제시했다.

첫 번째는 집중하는 것이다. 만일 과로로 일에 짓눌린다는 느낌이 들 때는 일을 다른 사람들에게 넘기라고 나는 말했다. 이런 행동이 어려울 수도 있다. 성취를 중시하는 사람들은 자기의 업무를 내려놓기는커녕 더 많은 책임을 지겠다고 자원하는 경향이 있다. 그러나 회사에서 높은 자리에 있는 사람들이 신경 쓰는 것은 일이 잘 진행되고 처리되는 것이다. 더 많은 일을 떠맡고 다 해낸다고 해서 일을 잘한다고 할 수 없다는 말이다. 자기가 할 수 있는 일에 집중해서 그 일을 잘 해내고 나머지 일들은 동료들과 나누는 것이 훨씬 낫다.

탁월함을 달성할 가능성을 극대화하는 두 번째 방법은 도움이 필요할 때는 도움을 청하는 것이다. 블랙스톤에는 온갖 거래를 많이 해본 베테랑들이 많이 있다. 만일 어떤 직원이 문제 하나를 풀려고 밤을 꼬박 새울 수도 있지만, 그보다 경험이 많아서 훨씬 짧은 시간에 문제를 해결하는 직원들이 분명히 있다. 쉽게 갈 수 있는 길을 힘겹게 혼자 개척하려들지 말고, 바퀴를 새로 만들려고 하지 말라고 나는 충고했다. 주변을 돌아보면 자기가 굳이 바퀴를 만들지 않아도 바퀴는 사방에 널려 있음을 알 수 있다. 그냥 가서 바퀴를 굴리기만 하면 된다. 보다 빠르게, 멀리, 새로운 방향으로.

성실함을 가장 쉽게 설명할 수 있는 것은 명성 혹은 평판을 들어 설명하는 것이다. 명성을 얻으려면 장기적으로 생각해야 한다. 나는 필라델피아 외곽에서 성장하던 그 시기부터 정직, 근면, 타인에 대한 존중, 묵묵한 실행 같은 중산층의 덕목들에 충실하면서 명성을 하나하나 쌓아왔다. 이런 덕목들이 단순하게 들릴 수도 있다. 실제로 단순하기 때문에 그렇다. 이런 것보다 더 복잡한 것들은 함정이나 유혹일 수 있다. 그래서 신입 직원들에게 내가 전하고자 하는 메시지는 언제나 단순하다. 우리가 소중하게 여기는 가치들을 고수하되 결코 우리의 명성에 오점을 찍을 수 있는 모험을 하지 말라는 것이다.

금융계에 몸을 담고 살아오는 동안 월스트리트 최악의 사건에 하마터면 휘말릴 뻔한 적이 내게도 있었다. 나는 성실하지 못한 행동으로 자신과 회사, 가족에게까지 재앙을 안긴 사람을 여럿 봤다. 리먼브라더스에서 인수합병 사업부를 이끌던 1980년대 초였는데, 내 사무실 바로 옆 사무실을 쓰고 있는 데니스 레빈Dennis Levine이란 인물이 그랬다.

당시 데니스는 아내와 아이가 있었으며 회사의 다른 직원들과 특별히 달라 보이지 않았다. 그러나 1986년에 그는 내부자거래와 증권사기, 위증죄 혐의를 받았고 스스로 혐의를 인정했다. 인수합병과 관련된 비밀 정보를 빼돌려서 인수합병을 통해 주가가 오를 회사의 주식을 샀던 것이다. 이런 식으로 그는 많은 돈을 벌었다. 그의 가장 유명한 공모자는 스리피스 정장 차림으로 월스트리트의 심장부에 앉아 수백만 달러를 벌었던 이반 보에스키Ivan Boesky였다. 모든 사람이 다 보에스키를 알았고 모든 사람이 다 그와 이야기를 나눠봤다.

1980년대 초의 어느 날 보에스키는 44번가에 있는 하버드 클럽Harvard Club에서 술을 한잔하자며 나를 불렀다. 그는 리먼브라더스를 얼마나 좋아하느냐고 물었다. 나는 내가 하는 일과 내가 다루는 거래의 규모를 즐긴다고 했다. 그러자 그가 대뜸 이렇게 물었다.

"돈을 더 많이 벌고 싶은 마음은 없나?"

나는 충분히 많이 벌고 있으며 앞으로 더 많이 벌 것이라고 말했다.

"훨씬 더 많은 돈을 훨씬 더 빨리 벌고 싶지 않아?"

나는 그가 일자리를 제안하는 줄 알았다. 그래서 리먼브라더스에서 만족하며 다른 곳으로 옮길 생각이 없다고 했다. 그러나 그는 어쩐지 이상하고 찜찜한 질문을 계속 던져댔다.

"돈을 더 많이 벌고 싶지 않으냐는 말일세."

나는 그에게 하고 싶은 얘기가 무엇이냐고 물었다. 그러자 그런 건 없다고 말하고는 나를 집까지 태워다주었다. 나는 그 일을 대수롭지 않게 여겼다. 1986년 레빈의 증언으로 보에스키가 체포되고 난 뒤에야 비로소 보에스키가 그때 했던 말의 진의를 알았다. 〈월스트리트 저널〉은 보에스키가 키더 피바디Kidder Peabody의 인수합병 사업부를 이끌던 마티 시겔Marty Siegel을 꼬드겨 자기편으로 만든 과정을 생생하게 재구성했는데, 그때 보에스키는 하버드 클럽에서 시겔에게 "훨씬 더 많은 돈을 훨씬 더 빨리 벌고 싶지 않아?"라고 물었다고 했다.

보에스키와 시겔과 레빈 그리고 한참 어린 신참 은행가인 아이라 소콜로Ira Sokolow는 모두 감옥에 갔다. 나는 그 기사들을 읽으면서 레빈이 내 책상에서 내부 정보를 빼돌렸다는 사실을 깨달았다. 내 사무실에 와서 필요한 정보를 챙겨서는 이반 보에스키에게 넘겼던 것이다.

나는 블랙스톤에서 해마다 신입 직원들에게 경계로 삼으라는 뜻으로 이 이야기를 해준다.

"보에스키, 레빈, 소콜로, 시겔은 우리와 똑같이 생긴 사람들이었습니다. 우리와 똑같이 걸어 다니고 말하고 행동했죠. 그런데 그 사람들은 내부자거래라는 범죄를 저지르고 감옥에 갔습니다."

블랙스톤에서 누구라도 그들과 같은 짓을 한다면 내 손으로 직접 감옥에 처넣을 것이라고 나는 경고했다. 직원들을 겁주려고 그런 게 아니었다. 나는 그들을 돕고 싶었고, 그들이 품고 있을지 모르는 의심을 걷어내고 싶었다. 그들이 내릴 의사결정을 더 단순하게 해주고 싶었다.

피트와 내가 1991년 졸업생들을 채용할 때 우리는 수십 년 뒤를 바라봤다. 언젠가는 이 신입 직원들이 회사를 뒤집어놓을 것이라고 기대했다. 그들은 우리가 사라진 뒤로도 블랙스톤을 훨씬 더 오랫동안 이어갈 것이다. 그들은 우리의 미래였다.

우리는 그들이 단지 훌륭한 성과를 내는 '선수들'이 되도록 훈련시킨 게 아니라 그들의 뒤를 잇는 새로운 신입 직원들을 가르치는 미래의 코치들이 되도록 훈련시켰다. 정보처리기계information machine를 구축하는 것에 대해, 새로운 사업부들을 추가하는 것에 대해, 상당한 규모로 회사의 덩치를 키우는 것에 대해 우리의 모든 계획이 성공할지 여부는 이 스물 남짓의 젊은 직원들에게 달려 있었다. 우리가 올바른 선택과 투자를 했을지 여부는 오로지 시간만이 말해줄 터였다.

결과적으로 우리가 올바른 선택과 투자를 했음이 입증되었다. 제1기 대졸자 공채 과정을 거쳐 입사한 1991년 졸업생 신입 직원들 및 이후 신입 직원들 중 많은 수가 오랜 세월 우리와 함께하면서 금융계에서 가장 성공한 투자자들과 경영자들이 되었다.

13

가능하면 언제나 완벽한 인재를 채용하라.
10점 만점에 10점인 완벽한 인재는
문제를 파악하고 해결책을 만들어내며
새로운 방향으로 사업을 전개한다.
또 이들은 다른 완벽한 인재를 불러들이고 채용한다.
이런 인재와 함께하면
언제나 뭔가를 쌓아나갈 수 있다.

제3부

경영의 원칙

한 손은
기회를 움켜쥐고
한 손은
위험을 막아내다

제1장

확장하라
그리고
구석구석을 살펴라

▶ 때로는 규칙을 깨는 유연함이 필요하다

1994년까지 래리 핑크는 블랙스톤 파이낸셜 매니지먼트에서 두 개의 대형 펀드를 만들어 약 200억 달러 규모의 모기지담보자산mortgage-backed asset을 관리하고 있었다. 그러나 연방준비은행이 단기 금리를 예상보다 더 많이 올리기 시작하면서 장기 금리 역시 가파르게 올랐고 갑자기 허를 찔린 많은 채권 투자자들이 당황했다. 1994년 당시 이 채권 가격 폭락은 나중에 '채권시장의 대학살'Great Bond Massacre로 불렸는데, 이 폭락으로 래리가 운영하던 두 펀드의 자산 가치도 급락했다.

래리는 이 펀드들을 매각하고 싶었다. 두 펀드 중 하나는 만기일이 멀지 않았는데 수익이 감소해서 투자자들이 자기에게 재투자를 하지 않을지도 모른다면서 걱정이 이만저만하지 않았다. 나는 그를 안심시키려고 애썼다. 시장의 다른 투자자나 펀드 운영자들과 마찬가지로 우리가 힘든 시간을 보내고 있는 것은 맞지만 래리와 그의 팀은 업계 최고의 성적을 내고 있다고 생각했으며 앞으로도 이런 성장을 계속 이어가길 바랐다. 설령 수익이 한동안 줄어들고 투자자들이 투자금을 회수하는 일이 일어나긴 하겠지만 자산군asset class의 가치는 결국 회복될 것이었다.

나는 래리에게 시간을 두고 기다리자고 말했다. 적정한 시점에 자산이나 보유 기업을 매각하는 것에는 아무런 이견이 없지만 당시는 그럴 시점이 아니었다. 인내를 가지고 기다리기만 하면 얼마든지 거대한 수익을 안겨줄 사업이다. 그러나 래리는 내 말을 믿지 않았다. 나는 그에게 물었다.

"그런데 어째서 당신이 당신 자신을 믿는 것보다 내가 당신을 더 많이 믿고 있을까요?"

그는 이 펀드 사업부가 자기에게는 자산의 전부지만 내게는 전체 자산의 10퍼센트밖에 되지 않으니 리스크를 바라보는 태도가 다른 것 아니냐고 했다. 틀린 말은 아니었다. 그렇게 우리는 확실한 방침을 정하지 못한 채 여러 달을 보냈다.

우리 사이의 또 다른 의견 불일치는 펀드 사업부에 대한 지분과 관련이 있었다. 애초에 약속했던 내용은 블랙스톤이 블랙스톤 파이낸셜 매니지먼트의 지분 절반을 소유하고, 래리와 그의 팀이 나머지 절반을 소유하는 것이었다. 그랬다가 각각의 지분을 40퍼센트로 줄이고 나머지 20퍼센트를 주식으로 직원들에게 나눠 주기로 했다. 그 뒤에 추가로 지분 희석이 이뤄진다면 그 몫은 래리의 지분에서 처리되기로 했다. 그게 애초의 계약 내용이었다.

그런데 얼마 지나지 않아 래리와 그의 팀은 우리에게 우리 지분을 더 많이 포기하라고 요구했다. 나는 거절했다. 그들은 일은 자기들이 다 하는데 너무하는 것 아니냐면서 화를 냈다. 그러나 일단 어떤 약속을 하고 서명을 했으면 반드시 지켜야 한다는 게 내 신조였다. 지금 되돌아보면 아무리 처음에 그런 약속을 했다고 해도 상황이 바뀌면 요구를 수용했어야 했다는 생각이 든다.

결국 래리와 그의 팀은 그들이 가진 블랙스톤 파이낸셜 매니지먼트의 지분을 피츠버그의 중간 규모 은행인 PNC에 팔았다. 이 과정에서 유일하게 재미있었던 일은 PNC가 소유하게 된 이 펀드 사업부의 이름을 새롭게 짓는 것이었다. 래리는 새로운 이름을 통해 과거와의 연속성을 이어갈 수 있다고 생각했고, 블랙페블Black Pebble(검은 자갈)이나 블랙록BlackRock(검은 바위) 중 하나가 좋겠다고 제안했다. 내가 듣기에는 블랙페블의 어감이 어쩐지 약하고 변변찮았다. 결국 블랙록으로 결정되었다.

그 사업부를 매각한 것은 용감무쌍한 실수였다. 이건 나도 인정한다. 래리가 걱정하던 펀드들은 1994년의 최저점에서 회복했고 PNC는 엄청나게 많은 돈을 벌었다. 래리가 반드시 해낼 것이라고 내가 늘 상상했던 것을 그는 해냈으며 세계에서 가장 큰 정통 자산운용회사를 키워냈다. 요즘도 나는 래리를 자주 보는데, 그는 믿을 수 없을 정도로 행복해 보인다. 블랙스톤과 블랙록이 각자 성장하면서 이룩한 것은 생각만 해도 놀랍다. 맨해튼 도심에서 소리쳐 부르면 들릴 정도로 가까이 있는 두 회사는 한 사무실에서 몇 되지 않는 사람들로 시작했다. 래리와 계속 함께했다면 우리가 얼마나 더 큰 것을 만들었을까 하는 상상을 나는 지금도 하곤 한다.

만일 지금 내가 1994년의 그때와 똑같은 상황이라면 블랙스톤 파이낸셜 매니지먼트를 매각하지 않을 다른 방법을 찾아냈을 것이다. 래리는 정말 특출난 인물이었다. 그가 진행한 사업과 회사는 우리가 블랙스톤에서 구축하고 싶었던 바로 그런 종류의 사업이고 회사였다. 회사는 엄청나게 규모가 커지고 고도로 높은 수익성을 확보할 수 있었다. 그의 사업은 우리가 했던 모든 것을 강화했을 뿐만 아니라 여기에 정보를 주는 일종의 지적 자본[1]을 만들어냈다.

게다가 래리의 기술은 나의 기술과는 다르지만 나의 기술을 보완하는 것이었다. 래리는 정말로 비범한 재능이 있었다. 나는 비유동성 자산[2]을 전문 분야로 삼았지만 그는 유동성 자산[3]에 통달했다. 우리는 동일한 사업의 양 측면을 함께 해낼 수 있었다.

그러나 나는 경험이 없는 미숙한 CEO가 저지르는 실수를 저지르고 말았다. 우리 둘 사이의 차이점들이 부글부글 끓어오르게 만들었고, 지분 희석에 대해 초기의 약속만 고집했다. 그렇게 하는 것이야말로 계약

---

1 특허권, 상표권, 영업권, 기술 같은 무형 자산을 비롯해 무형 자산을 운용하는 연구 개발력, 조직원의 창의력과 노하우, 경영진의 관리 능력, 회사의 이미지 등을 포괄하는 개념.
2 단기간에 구입하거나 처분하기 어려운 자산.
3 상대적으로 작은 가격 변동을 경험하면서 짧은 기간에 매매가 이뤄질 수 있는 자산.

조건을 존중하는 도덕적 원칙이라고 믿었기 때문이다. 그러나 상황이 바뀌어 사업이 높은 성과를 낼 때는 그 성과에 기여한 몫을 인정했어야만 했다. 설령 계약을 없던 것으로 하더라도 말이다.

❯ 모든 사업은 연결되어 있다

처음 블랙스톤에 새로운 사업부를 신설하려고 생각했을 때는 단지 새로운 영역에 진입하려는 목적만 있었던 게 아니었다. 새로운 사업부가 튼튼하게 자리를 잡을 뿐만 아니라 회사 전체를 한층 더 똑똑하고 단단하게 만들어줘야만 사업부 신설의 의미가 있다고 생각했다. 제각기 다른 사업 분야를 많이 알수록 모든 걸 그만큼 더 잘하게 될 것이라고 믿었다. 하버드 비즈니스스쿨에서 가르친 것도 바로 그것이었다. 모든 사업은 서로 연결되어 있다는 것이다.

우리는 우리의 경쟁자들과는 다르기도 하고 이례적이기도 한 방식으로 더 많은 기회들과 시장들을 볼 것이라고 생각했다. 우리의 관점은 한층 더 넓어지고 깊어질 것이라고 생각했다. 회사에 더 많은 지식과 정보를 제공할수록 우리는 더 많은 것을 알게 되고 더 똑똑해지고 더 좋은 인재가 모여들 거라고 생각했다.

1998년은 블랙스톤이 유럽에서는 처음으로 대형 거래를 체결한 해였다. 런던의 보물 같은 호텔 네 곳(사보이 호텔, 클라리지스 호텔, 버클리 호텔, 코너트 호텔)을 소유한 영국 사보이 그룹Savoy Group을 인수한 것이다. 당시 우리는 런던에 사무실이 없었다. 그리고 이 호텔들의 소유자들과는 여러 해째 줄다리기를 했기에 거래 체결까지 무척 힘든 과정을 거쳐야 했다. 계약을 끝낸 후 나는 메이페어에 있는 클라리지스 호텔 소파에 앉아봤다. 소파가 얼마나 깊이 꺼지던지 두 무릎이 귀까지 올라올 정도였다. 전체적인 재정비가 절실하게 필요했다.

영국 사람들에게 우리는 어떤 존재였을까? 영국의 언론은 우리를 바바리안barbarian[4]이라고 부르며 그들의 소중한 '국가적 보물을 망친 미국인'이라고 했다. 영국 여왕의 어머니 퀸 마더Queen Mother가 즐겨 찾던 곳인 클라리지스 호텔의 재단장을 어떻게 하느냐에 따라 런던의 평가가 달라질 것임을 나는 잘 알고 있었다. 호텔 재단장을 멋지게 잘 해낸다면 영국에서 우리의 입지와 미래가 한층 밝아질 터였다. 나는 이 작업의 전체적인 감독을 직접 하겠다고 나섰다. 사실 아름다운 것들을 만들어내는 데 참여하는 걸 좋아하기 때문이기도 했다.

영국 사람들을 행복하게 해주는 최고의 방법은 영국의 전문가를 고용해서 호텔 재단장 작업을 하게 하는 것이라고 생각했다. 그래서 마크 벌리Mark Birley에게 전화했다. 벌리는 애너벨스Annabel's와 해리스바Harry's Bar를 포함해 런던에서 인기 높은 현대적인 감각의 클럽과 식당들을 만들어낸 장인이었다.

---

4 4~6세기 유럽을 침략한 이민족을 유럽인들이 부르던 말로 '야만인'을 뜻한다.

그에게 나는 클라리지스 호텔에 클럽 하나를 열어달라고 제안했다. 그러나 그는 "전 매우 비이성적인 사람입니다."라고 말하면서 제안을 거절했다. 그는 런던에 해리스바를 만들 때의 이야기를 해주었다. 가장 중심이 되는 다이닝 룸을 장식할 촛대를 자재 공급업자가 잘못 보냈고 일정이 여러 달째 지연되고 있을 때였다. 그의 가족과 동업자는 하나같이 촛대 몇 개가 계획대로 조달되지 않았다고 해서 개장을 무작정 미룬다는 게 말이 되느냐면서 빨리 끝내버리라고 재촉했다. 그러나 벌리는 타협하지 않았다. 모든 게 완벽하게 마련될 때까지는 문을 열지 않았던 것이다.

"그때 우리는 금전적인 손해를 많이 봤습니다."

나는 그에게 말했다.

"돈이 얼마나 들든 신경 쓰지 않습니다. 오직 완벽하기만 하면 됩니다. 나는 내가 하는 모든 것을 완벽함이라는 관점에서 바라봅니다."

그리고 쉽게 하기보다 완벽함을 선택하는 그의 심정을 이해한다는 말도 덧붙였다.

나는 영국에서 다섯 손가락 안에 꼽히는 인테리어 공사 전문가들의 명단을 확보해서 섬세하면서도 고급스러운 취향을 가진 사교계 여성 패널들 앞에서 프레젠테이션을 하는 프로젝트를 추진했다. 인테리어 전문가들과 사교계 여성들을 한자리에 불러 프레젠테이션을 하기까지는 무려 아홉 달이 걸렸다. 프레젠테이션이 끝났을 때 나는 여성 패널들에게 투표를 부탁한다고 말했다. 그러자 한 여성이 손을 번쩍 들더니 이렇게 물었다.

"다섯 명 중에서 한 명을 반드시 선택해야 하나요?"

패널들의 평결은 만장일치로 정해졌다. 자기들이 본 프레젠테이션 중 마음에 드는 게 하나도 없다는 것이었다.

다음 날 나는 패널 한 명으로부터 전화를 받았다. 이스라엘 출신의 보석 디자이너이자 내 친구이기도 했던 도리트 모사이에프Dorrit Moussaieff는 적합한 사람이 있긴 하지만 프랑스인으로 뉴욕에 살고 있다고 했다. 나는 뉴욕에 사는 프랑스인은 런던에 있는 영국식 호텔을 재단장하는 책임을 맡을 사람으로는 이상적인 혈통이 전혀 아니라고 여겼다. 그러나 나야말로 완전히 잘못 생각하고 있었다.

며칠 뒤 매력적인 프랑스인이자 세계적인 건축가인 티에리 데퐁 Thierry Despont이 내 사무실로 찾아왔다. 흠잡을 데 없는 옷차림을 한 그는 자신의 설계가 담긴 책 두 권을 건네주면서 이렇게 말했다.

"티에리는 오디션을 보지 않습니다. 만일 저를 채용하고 싶다면 그냥 채용하세요. 그리고 전 상업적인 목적의 작업을 하지 않습니다. 그런 프로젝트라면 제게 맞지 않아서요."

이상하게도 나는 그 제안에 끌렸다. 만일 그와 작업을 하게 된다면 지금껏 내가 경험한 것들과는 전혀 다른 협상이 될 것 같았다. 나는 내가 가지고 있는 모든 촉수를 동원해서 이 어마어마한 상대를 탐색하기 시작했다. 우선 상업적인 목적의 작업을 하지 않는다면 여태까지 어떤 작업을 했느냐고 물었다.

"나는 큰 집들을 짓죠. 현재 제가 작업하고 있는 도서관만 해도 클라리지스 호텔의 로비보다 더 큽니다."

그리고 굔이 다음 말을 덧붙였다.

"나는 예산에 구애받지 않고 일합니다."

"재밌네요."

"아주 재밌습니다."

"궁금해서 그러는데, 혹시 상업적인 작업을 한 적은 있습니까?"

"있죠. 친구인 랄프 로렌을 위해서였습니다."

랄프는 뉴본드가에 있는 매장을 재단장하던 중이었는데, 티에리에게 코너트 호텔의 계단을 그대로 복제하면 좋겠다고 요청했다.

"그래서 내가 랄프에게 그랬죠. 난 코너트 계단을 그대로 베끼는 건할 수 없다, 그렇지만 그 계단의 진수를 만들어줄 수는 있다고요."

그 진수를 창조하려고 런던을 수없이 들락거리면서 클라리지스 호텔에 열일곱 차례나 묵었는데, 아무리 봐도 이 호텔은 조지아풍도 조금섞이고 빅토리아풍도 조금 섞인 '혼란스러운 호텔'로 전체적인 통일성이 부족해 보였다. 그래서 그는 건물 전체를 머릿속으로 완전히 새로설계했다고 했다.

"그게 내 방식이거든요. 어떤 곳에 머물 때면 늘 어떻게 해야 그곳이지금보다 더 나을 수 있을까 생각합니다."

모르는 사람과 대화를 할 때는 상대방과 자신의 공통점을 찾을 때까지 인내심을 가지고 계속 질문을 던져야 한다. 티에리가 클라리지스 호텔에 자주 머물렀을 뿐만 아니라 이 호텔의 설계에 대해 생각을 많이했다는 사실만 놓고 보자면 상업적인 목적의 작업을 하지 않는다는 말은 진짜였다. 그렇기에 이 건에는 맞지 않을 수도 있었다. 그러나 그는 적대적인 여론에 맞서는 걸 감수하면서도 호텔을 자기 방식대로 재단장하는 게 옳다는 확신을 가지고 있었다. 이제는 내가 그를 설득해야 했다.

"당신이 상업적인 작업을 하지 않는다는 건 알겠습니다만, 당신 말을 들으니 이 일은 일도 아니라는 것처럼 들리네요. 설계는 이미 머릿속에 다 해뒀다니까요."

게다가 이 일을 맡아서 하게 되면 개인적으로는 건축가로서 엄청난 홍보 효과를 누릴 것이라는 말도 보탰다. 아닌 게 아니라 나는 건축가나 인테리어 전문가를 많이 알고 있지만 그의 이름은 한 번도 들어본 적이 없었다. 그래서 이번 한 건으로 티에리라는 이름을 세상에 확실히 알릴 수 있을 것이라는 말도 덧붙였다.

"런던을 방문하는 부자들은 당신이 클라리지스 호텔을 어떻게 바꿔 놓았는지 알게 될 것이고, 재단장된 호텔이 훌륭하다면 그들은 당신에게 일을 맡기려고 줄을 서겠죠."

그러자 티에리는 이렇게 말했다.

"좀 더 생각을 해보고 전화하겠습니다."

2주 뒤 그가 다시 내 사무실에 왔다.

"그동안 당신이 한 말을 생각해봤는데 이번 일은 제겐 어렵지 않습니다. 아주 멋진 프로젝트가 될 것 같습니다."

나는 설계 내용을 짐작할 수 있는 스토리보드나 스케치 같은 게 있으면 보여달라고 했다.

"난 그런 걸 하지 않습니다. 규칙이 있습니다. 색깔이나 개념에 대해 당신에게 이런저런 얘기를 하고 제가 생각하는 것을 보여줄 겁니다. 그리고 이걸 모두 종합해서 펼쳐놓을 것이고 당신은 그걸 보고 좋다, 나쁘다 말하면 됩니다. 당신과 일하겠습니다. 내가 하는 게 마음에 들지 않으면 언제든 어떤 것이든 거부하면 됩니다. 그러면 또 다른 해결책을 찾아내겠죠."

거기까지 들은 다음에 나는 준비해둔 회심의 폭탄을 터뜨렸다. 우리가 그 호텔을 사는 데 많은 돈을 들였기 때문에 비싼 건축가에게 적절한 대가를 지불할 만큼 많은 돈은 남아 있지 않다고 양해를 구했다. 우리에겐 현금이 중요했다. 우리는 그 거래를 통해 수익을 짜내려고 노력하는 사람들이었기 때문이다. 이런 사실을 설명하면서 그에겐 현금이 그다지 중요하지 않은 것 아니냐고 파고들었다. 이번 작업이 본인에게는 엄청난 홍보 효과가 될 테니 양쪽이 다 좋은 것 아니냐고, 그야말로 완벽한 결과가 아니겠느냐고 했다.

"당신은 모든 사람에게 이런 식으로 말합니까?"

"이번은 특수한 상황이고 어쩔 수 없어서 그렇습니다."

"당신에게 줄 대답은 단 하나밖에 없습니다. '노'라는 대답이죠. 그렇지만 이번에는 '예스'라고 말할 겁니다."

예상대로 티에리는 멋지게 해냈다. 재단장을 마치고 얼마 지나지 않았을 때 그리스에서 추방되어 런던에 살고 있는 국왕으로부터 편지를 한 통 받았다. 우리가 클라리지스 호텔을 인수했을 때 영국의 한 일간지에 기고를 해서 상스럽기 짝이 없는 미국인들이 자기가 아끼는 호텔을 망쳐놓을 것이라고 썼던 사람이었다. 그랬던 그가 우리의 프랑스 건

축가가 해낸 것을 보고는 욕을 해서 미안하다는 내용의 편지를 보낸
것이다.

▶ 가장 자기다운 것에
최고의 강점이 있다

런던의 호텔 거래 성공에 힘입어 우리는 블랙스톤의 최초 해외 지점을
런던에 개설하기로 결정했다. 1990년대 말 월스트리트의 많은 경쟁자
들이 해외에 지점을 개설하기 시작했다. 글로벌 확장을 추진하는 가장
큰 이유는 그렇게 할 때 더 많은 투자 기회를 확보할 수 있기 때문이었
다. 새로운 펀드들을 조성할 수 있으며 새로운 투자자들에게 보상을 안
겨줄 새로운 길들을 찾을 수 있었다.

만일 미국 경제가 또다시 침체 국면으로 접어든다면 유럽과 같은 선
진국 시장들이나 아시아, 라틴아메리카, 아프리카 같은 개발도상국 시
장들로 투자의 초점을 옮길 수 있었다. 그러나 우리는 미국 이외의 다
른 곳에서 몇 건의 거래를 시작하긴 했지만(예를 들어 사보이 그룹을 인
수한 것도 그런 흐름의 일환이었다) 다음 두 가지 이유로 더 빠르게 무게
중심을 해외로 옮길 수는 없었다.

첫째, 우리의 가장 중요한 투자 원칙인 '돈을 잃지 마라' 때문이다.

우리는 미국에서 충분히 안정적인 수익을 올리고 있었다. 미국에만도 우리가 할 수 있는 거래는 널려 있었다. 우리는 온갖 리스크를 잘 알고 있었으며 그 리스크들을 최소화할 방법들도 잘 알고 있었다. 그런데 새로운 시장들에 진입하면 아무것도 없는 백지 상태에서 출발해 많은 것들을 새로 학습해야만 했다.

둘째, 사업을 해외로 확장하면 에지콤 거래 이후 우리가 개발해서 사용하고 있던 투자 프로세스가 훼손될 위험이 있었다. 한 공간 안에 함께 있으면서 오랜 시간에 걸쳐 수십 건의 거래를 정밀하게 따지고 살피며, 제각기 다른 확신의 정도를 가늠하면서 팀워크를 다져왔던 사람들이 우리 투자의 성공 여부를 좌우한다고 나는 생각했다.

특히 나는 어떤 거래와 관련된 의사결정을 내리기 전에 먼저 그 거래와 관련된 사항을 얼굴을 맞대고 직접 들어야만 한다. 나는 거래와 관련된 내용을 보고하는 사람의 목소리와 작은 몸짓 하나에서 많은 것을 파악한다. 그런데 전 세계에 흩어져 있는 지점들에서 전화로 들려오는 목소리만으로는 이런 투자 프로세스가 도저히 유지될 수 없을 것이라고 봤다. 그런데 이 문제는 영상 회의 기술의 발전으로 해결되었다. 2001년에는 수천 킬로미터 떨어져 있는 사람과도 실시간으로 소통할 수 있게 되었다. 바로 그해에 우리는 런던에 지점을 개설했다.

우리의 첫 사모펀드 외국 지점으로서 영국은 가장 확실한 선택이었다. 영국은 유럽연합 중에서도 거래가 가장 활발하게 이뤄지던 나라였으며, 팀을 현지로 옮기지 않고서도 사보이 그룹을 비롯해 많은 거래를 했던 곳이었다. 언어와 법률 체계, 전반적인 사업 환경 등으로 볼 때 미국 기업이 진출하기 가장 편한 나라가 영국이었다.

하지만 그럼에도 불구하고 우리가 확실하게 뿌리를 내리게 해줄 뭔가가 필요했다. 그래서 우리는 철저하게 영국인의 관점으로, 영국인의 가면을 쓰고서 그곳의 미국인 거래자들을 주시했다. 또 수백 년에 걸쳐 축적된 적대감을 갖고 유럽인들을 살폈다. 그 결과 우리의 강점은 바로 얼굴에 철판을 간 듯 뻔뻔하기 짝이 없는 미국인이라는 사실, 뻔뻔하기 짝이 없는 블랙스톤이라는 사실에 있다고 결론을 내렸다. 그 어떤 문화적 앙금도 포함시키지 않은 채 그저 순수하게 미국의 돈과 미국적 사업 수완을 제시하는 게 정답이라고 믿었다. 우리는 미국에서 하듯이 똑같이 직설적으로 나가기로 했다.

대부분의 기업은 새로운 사업부를 출범시킬 때 고위경영진에 속하는 인물, 즉 무게감이 느껴지고 경험이 많은 인물에게 그 일을 맡긴다. 그렇지만 우리는 우리의 문화를 그대로 가져가면서 해외 지점을 성장시켜야 했기에 현지에서 우리의 문화를 가장 잘 구현할 사람을 보내 해외 지점을 지휘하게 하는 게 옳다고 판단했다. 우리가 절대적으로 믿을 수 있고, 블랙스톤 안에서 독자적인 사업부를 구축하고 싶은 강렬한 욕구를 가진 그런 사람이 필요했다.

데이비드 블리처David Blitzer는 펜실베이니아 대학교 경영대학원인 와튼스쿨을 졸업하자마자 블랙스톤에 입사했다. 1991년에 입사한 제1기 신입 공채 직원이었다. 나는 어떤 거래가 있을 때마다 신참 애널리스트들을 불러 세부 사항들을 캐묻곤 했다. 그랬기에 내 전화를 받는 애널리스트들은 늘 화들짝 놀라곤 했다. 데이비드도 그런 애널리스트들 중 한 명이었다. 그는 코카콜라와 햄버거를 입에 달고 다니며 뉴욕 양키스의 열렬한 팬이었다. 그리고 맞춤 양복은 절대로 입지 않았다. 붙임성이 많고 사교적이며 똑똑하고 기업가정신이 흘러넘쳤다.

그런데 한 가지 문제가 있었다. 데이비드가 런던으로 가길 원하지 않았다. 그와 그의 아내 앨리슨은 결혼한 지 얼마 되지 않았고 아직 아이가 없었다. 두 사람은 이 문제와 관련된 영국 병원들의 서비스 수준이 만족스럽지 않을 것이라고 걱정했다. 그래서 크리스틴과 나는 두 사람을 센트럴파크 사우스에 있는 프랑스 식당으로 불렀다. 나는 만일 병원 서비스가 필요할 경우에는 언제든 미국으로 데리고 오겠다고 약속했다. 심지어 아기가 태어날 때는 출산 한 달 전에 불러들이겠다고 했다. 당시 회사로서는 적지 않은 비용을 부담하는 일이었지만 그만큼 데이비드가 런던으로 가주길 바랐다. 나는 내가 아는 사람들 중 런던에 간 사람들은 모두 다 런던을 사랑하게 되더라는 말로 그들을 안심시켰다. 그렇게 해서 데이비드 부부는 런던으로 갔다.

데이비드는 조셉(조) 바라타Joseph Baratta를 자기와 함께 갈 직원으로 선택했다. 그는 모건스탠리에 있다가 20대 때 블랙스톤으로 합류했다. 조는 강력한 기업가 기질이 있었으며 단지 금융이 아니라 사업을 한다는 사실 자체에 매료되어 있었다. 그동안 행동이 고약한 몇몇 파트너들 아래에서 힘든 시간을 보내며 격렬하게 일했지만 그 모든 것을 이겨냈고 좋은 평판을 차곡차곡 쌓아가고 있었다. 조는 데이비드와 마찬가지로 우리의 투자 프로세스와 문화를 직관적으로 잘 이해했다.

두 사람은 아직 사무실도 마련되어 있지 않은 런던에 돈만 가지고 도착해서 우선 KKR의 사무실 한쪽에 자리를 잡았다. 그들은 사모펀드와 부동산 부문에서 우리가 가지고 있던 특출한 전문성을 기반으로 거래를 추진했다. 술집들과 호텔들, 테마파크들을 사들였으며 점점 활동 범위를 유럽의 다른 지역으로 확장해나갔다. 그들은 창의적이고 공격적이었으며 블랙스톤의 역사에서 가장 성공한 거래 몇 건을 성사시킴으로써 우리 회사의 문화적 원칙을 희생하지 않고서도 최초의 해외 지점을 성공적으로 구축했다. 그리고 임신과 출산 문제로 그토록 걱정을 하던 데이비드와 앨리슨은 런던에서 아이를 다섯 명이나 낳았다.

그와 비슷한 시기에 뉴욕에서도 블랙스톤은 확장을 계속 이어가고 있었다. 나는 예비군 시절부터 알고 지냈으며 리먼브라더스에서도 함께 일했던 톰 힐Tom Hill에게 새로운 헤지펀드 회사인 블랙스톤 얼터너티브 애셋 매니지먼트Blackstone Alternative Asset Management(이하 BAAM)를 설립하게 했다. 톰은 이 부문에 있던 우리의 초기 사업부들을 인수해서 전 세계에서 헤지펀드에 가장 크게 투자하는 회사[5]로 성장시켰다. 이 회사의 규모는 처음 시작할 때 10억 달러 미만이었는데 톰이 은퇴한 2018년에는 750억 달러가 넘었다.

---

5 'Fund of Hedge Funds', 즉 블랙스톤이 투자자로부터 자금을 위탁받아 헤지펀드에 투자하는 형태다.

일하는 공간도 브랜드 파워가 된다

데이비드와 조가 런던으로 날아간 지 1년도 채 지나지 않아서 KKR과 공동으로 사용하던 사무실 공간이 부족할 정도로 블랙스톤 런던 지점의 규모가 커졌다. 누군가가 어떤 시장에 진입할 때는 채용하는 인력이나 임대하는 사무실에 이르기까지 자기가 할 수 있는 모든 선택을 다 해서 시장에 신호를 보내기 마련이다. 그래서 채용 인력과 사무실은 브랜드 파워의 중요한 요소들이다. 나는 우리의 유럽 본부가 블랙스톤이 소중하게 여기는 가치들, 즉 탁월함과 성실함, 모든 사람(우리가 채용한 사람들과 우리에게 투자금을 맡긴 사람들)에 대한 배려심 등을 물씬 풍겨야 한다고 판단했다.

휴가차 프랑스에 있을 때였다. 우리가 고용한 부동산업자가 전화를 해서 런던에 내가 봐야 할 데가 다섯 곳 있다고 말했다. 나는 곧바로 런던으로 날아갔다. 그때 나는 청바지에 폴로셔츠를 입고 있었는데, 그 차림으로 다섯 곳의 어둡고 우중충한 사무실들을 둘러봤다. 그런데 하나같이 모두 천장이 낮고 창문은 작았다.

나는 부동산업자에게 지금까지 둘러본 다섯 곳 모두 마음에 들지 않는다고 말했다. 그는 그 사무실들이 런던 도심 바깥에서 찾을 수 있는 물건들로는 최고라고 했다. 그 말을 들었을 때 비로소 나는 그 부동산업자를 제대로 볼 수 있었다. 올백 머리에 흰색의 가는 줄무늬가 있는

푸른색의 꽉 끼는 정장, 걸을 때마다 딸그락거리는 소리를 내는 윙팁의 밑창까지.

우리 둘은 런던 도심에 있는 메이페어를 자동차를 타고 지나가고 있었다. 그런데 버클리스퀘어에 있는 어떤 공사 현장이 눈에 보였다. 가림막으로 가려져 있어서 현장 내부는 보이지 않았지만 위치는 더할 나위 없이 좋았다.

"저건 어떻습니까?"

"시장에 내놓은 물건이 아닙니다."

시장에는 전혀 알려져 있지 않은 부동산으로 주인이 건물을 다 짓기 전에는 임대와 관련된 어떤 신호도 시장에 내보내지 않는 물건이라고 했다. 그래도 한번 보기나 하자고 나는 우겼다.

우리를 차를 세우고 현장 사무소로 갔는데, 마침 현장소장이 거기에 있었다. 엄청나게 좋은 건물을 짓고 있는 것 같다고 말을 붙였더니 자기들도 자부심을 가지고 일한다는 대답이 돌아왔다. 건물주가 누구냐고 물었다. 보험회사인지, 아니면 똑똑한 기업가들인지 알고 싶었던 것이다. 건물주는 보험회사였다.

당시 런던 부동산시장의 전망은 내리막길로 접어드는 것처럼 보였다. 임대료는 1제곱피트(약 0.1제곱미터, 0.03평)당 60파운드로 내려가 있었다. 건물주는 임대료를 1제곱피트당 70파운드로 기대하고 사업을 시작했을 것이라고 나는 추측했다. 만일 부동산시장이 계속 침체된다면 이 건물은 돈만 잡아먹는 애물단지가 될 수 있었다. 나는 현장소장에게 1제곱피트당 80파운드로 계산해서 그 건물의 최소 절반을 받을 용의가 있음을 건물 주인에게 알려주라고 했다. 만일 내가 절반에 대해 80파운드의 임대료를 낸다면 임대료가 60파운드로 내려간다고 하더라도 건물주는 전체적으로는 애초에 기대했던 70파운드를 확보할 수 있을 터였다.

"차림새로만 보자면 제가 이런 얘기를 할 사업가로 보이지 않는다는 걸 잘 압니다만, 전 누구에게도 보고를 할 필요가 없는 최고결정권자입니다. 제가 80파운드를 지불하겠다고 하면 그렇게 지불됩니다. 제가 그렇게 할 거니까요. 그러니 이 제안을 건물주에게 꼭 얘기해주십시오. 만일 건물주가 절반보다 더 많이 주겠다고 한다면 그것도 받아들이겠습니다."

그렇게 말하고 현장사무소에서 나올 때 부동산업자는 내가 한 행동을 비판하기 시작했다. 건물주가 임대 의사가 없다는 말을 분명히 했는데 내가 자기 말을 무시했다는 것이다. 나중에 그 건물을 임대할 수 있는 가능성까지 망쳐버렸고 시간만 낭비했다고 말이다. 하지만 그는 두 가지 점에서 모두 틀렸다. 건물주는 다음 날 내게 전화해서 내 제안이 마음에 든다고 했다. 우리는 그 건물의 절반을 확보했고 지금은 단 한 층만 제외하고 모두 쓰고 있다.

나는 완벽하지 않은 사무실은 절대로 잡지 않는다. 최고의 수준에 오른 사람들을 끌어들이는 공간이자 우리의 능력을 신뢰하는 고객들을 맞이할 아름다운 공간을 확보할 수 있다면 웃돈을 얹어주더라도 해야 한다. 원하는 것을 얻는 최고의 방법은 그것을 자기에게 줄 수 있는 사람이 무슨 생각을 하는지 알아내는 것이다. 임대료가 떨어질 것을 염려

하는 개발업자의 근심을 해결해줌으로써 나는 원하던 공간을 손에 넣었다.

우리는 실내 장식을 설비 부서로 넘겼다. 설비 부서에서는 설계업체 한 곳을 고용했고 이 업체는 뉴욕으로 와서 프레젠테이션을 했다. 이들은 로비에 거대한 천연목 조각을 설치하자고 제안했다. 나는 그렇게 하면 우리 사무실이 마치 아웃도어 브랜드인 팀버랜드Timberland 매장처럼 보일 것 같았다.

"우리가 신발 매장은 아니잖아요. 말도 안 되는 얘기를 하시네."

"마음에 들지 않는 부분이 뭡니까?"

"전부 다요."

"다 새롭게 고칠 수 있습니다."

"아니요. 당신들은 못 합니다. 이런 설계안을 가지고 온 회사라면 도저히 못 해요. 콘셉트부터 잘못되었습니다. 전 당신들이 잘해보려고 노력하는 것조차 원하지 않아요. 어쩌면 50퍼센트 정도는 잘해낼 수 있을지도 모르겠습니다만, 아무래도 우리가 직접 방향을 잡고 진행해야 할 것 같습니다."

그 건물의 가장 큰 장점으로는 공간이 넓고 창문이 크다는 점이었다. 나는 스티븐 밀러 시겔Stephen Miller Siegel을 보냈다. 뉴욕에 있던 건축가이자 인테리어 전문가로, 전 세계에 있는 우리의 모든 사무실에는 그의 아름다운 디자인(가는 스테인리스 띠가 호두 패널을 가로지르는 디자인)이 지금까지도 이어지고 있다.

런던 사무실과 뉴욕 사무실의 유일한 차이는 조명이다. 그래서 조명에 맞춰 조금씩 다른 카펫을 깔아두어 얼핏 보기에는 두 곳의 카펫이 똑같은 카펫처럼 보인다. 금융계의 그 어떤 사무실을 찾아가더라도 이처럼 아름다운 실내 장식은 찾아볼 수 없을 것이다. 그러니 당시에는 이것이 얼마나 대단했겠는가!

리먼브라더스 시절에 나는 내가 집보다 사무실에서 더 많은 시간을 보낸다는 사실을 깨닫고 사무실을 아름답게 꾸미고 싶었다. 아름다운 사무실 덕분에 나는 한층 더 행복감을 느꼈다. 그래서 블랙스톤의 직원들도 내가 느낀 그 기분을 똑같이 느끼게 해주고 싶었다. 따뜻하고 우아하고 단순하며 균형감이 느껴지는 공간, 자연광이 커다란 창문으로 쏟아져 들어오는 사무실을 마련해서 블랙스톤 사무실에서 업무를 보거나 누군가를 만나려고 오는 사람 모두가 황홀감을 느낄 정도로 깊은 인상을 받길 바랐다.

▶ 새로운 일에 늘 자신을 열어두어라

2004년의 어느 날 밤, 나는 프랑스 동부 지역을 여행하고 있었다. 운전기사는 영어를 할 줄 몰랐고 나는 유럽을 여행하고 다니느라 무척 피곤한 상태였다. 그때 휴대폰 벨이 울렸다. 어떤 헤드헌터였다. 그는 위싱턴DC에 있는 케네디 예술센터의 이사장이 되고 싶은 마음이 있느냐고 내게 물었다.

그 말을 듣고 나는 무슨 소리인가 했다. 당시 나는 케네디 예술센터가 뭘 하는 곳인지도 몰랐다. 그래서 무엇을 하는 곳이냐고 물었더니 링컨 센터[6]의 워싱턴DC 버전이라고 했다. 업무는 많지 않고 가끔씩 시간을 내면 된다는 말도 덧붙였다. 나는 공연예술을 무척 사랑하긴 하지만 내 모든 시간은 블랙스톤을 운영하는 데 써야 한다는 말로 거절했다. 그러나 그는 내 거절을 받아들이지 않고 몇 가지 관련 정보를 보내주겠다고 했다.

며칠 후 로널드 레이건 대통령의 비서실장직을 역임했던 케네스(켄) 두버스타인Kenneth Duberstein이 전화해서 케네디 대통령의 이름을 딴 케네디 예술센터는 내로라하는 사람들을 만나기에는 믿을 수 없을 정도로 좋은 장소라고 했다. 케네디 예술센터의 이사진에는 역대 정부의 장관들도 수두룩하며 대통령이 방문하기라도 하면 대통령도 만날 수 있다고 했다. 당시는 로비 활동이 금지되어 있었기에 케네디 예술센터에는 민주당원과 공화당원이 두루 오가고 또 센터 자체가 워싱턴의 사회적 자본이기도 했다. 센터의 이사장은 워싱턴의 수많은 세계(정치, 사업, 법, 문화 등의 세계)를 연결시켜 미국과 전 세계 최고 인사들을 자본의 세계로 끌어당기는 역할을 해야 한다고 두버스타인은 말했다.

---

6 뉴욕 맨해튼에 있는 공연예술 종합센터로 11개의 예술 단체들이 상주해 있고 26개의 공연장을 갖추고 있다.

나는 살아오면서 늘 정치에 매료되어 있었다. 고등학교 때는 학생회장에 출마했고 대학 졸업 직전에는 미국 외교가의 거물급 인사인 윌리엄 애버럴 해리먼을 만났다. 리먼브라더스를 떠나기 전에는 백악관 일자리를 맡으려고 면접까지 봤다.

블랙스톤의 입장에서 보면 그때는 법률적인 규제 및 세제와 관련된 쟁점들이 점점 더 많이 늘어나던 시점이었다. 우리의 투자자들은 주정부 단위와 연방정부 단위의 투자 펀드들, 국제적인 투자 펀드들을 망라하고 있었기에 각급 단위의 정치가 점점 더 많이 필요했다. 워싱턴 정가에 공식적인 직함이 하나 있으면 한결 쉽게 새로운 사람들을 만나고 많은 것들을 배울 수 있었다. 나는 오랜 친구이자 극작가이며 소설가인 제인 히치콕Jane Hitchcock에게 전화해서 조언을 청했다. 그러자 그녀는 이렇게 말했다.

"스티브, 그거라면 당연히 해야지."

켄이 케네디 예술센터 이사진과의 약속을 잡아주었다. 나는 이사진을 만나 센터의 목적과 과제, 이사장이 되면 해야 할 일 등을 물었다. 나중에 켄이 전화해서 그 사람들이 깜짝 놀라더라고 했다. 자기들로서는 내가 과연 적임자인지 확인하려고 면접을 봤는데 오히려 내가 센터가 어떤 곳인지 확인하려고 했다는 것이다. 나는 모르는 걸 알고 싶었을 뿐 내가 그 자리에 적합한 사람이라고 설득할 생각은 없었다. 케네디 예술센터의 이사진과 만났던 자리를 블랙스톤의 신입사원 면접과 똑같이 생각했던 것이다. 양쪽이 마음을 터놓고 서로를 편하게 확인하면 해당 직무에 적합한 사람인지 아닌지 금방 알 수 있으니 말이다. 그날 우리의 대화로 미뤄보건대 우리는 서로 잘 맞을 것 같았다.

켄은 그다음에 에드워드(테드) 케네디 상원의원을 만나보라고 했다. 케네디 가문을 대표해서 케네디 예술센터의 신임 이사장 승인 권한을 가진 사람이라고 했다. 테드가 직접 뉴욕에 와서 나를 만났다. 그는 형제인 잭(케네디 대통령)과 바비(로버트 케네디)가 1960년대에 암살되고 난 뒤 가문에서는 공적인 유산을 나누었으며 자기는 케네디 예술센터를 맡고 잭의 딸 캐럴라인이 보스턴에 있는 케네디 박물관 및 도서관을 맡기로 했다고 말했다. 그는 이렇게 제안했다.[7]

"난 케네디 예술센터에 대해서는 아주 단순한 원칙을 갖고 있다네. 자네를 지원하고 또 자네가 필요로 하는 투자금 조성을 의회를 통해 얻을 수 있도록 해주겠네. 그리고 워싱턴DC에서 무엇이든 필요한 게 있으면 전화하게나. 그러면 당신이 바라는 대로 일이 술술 풀려나가도록 해주겠네."

나는 그 과정에 한층 더 정치적으로 복잡한 사연이 있을 것이라고 생각했다. 아무튼 테드의 그 약속으로 제안을 수락하는 쪽으로 조금 더 다가갔지만, 요청 사항이 하나 더 있다고 테드에게 말했다. 캐럴라인이 케네디 예술센터에 관여할 수 있으면 좋겠다고 했다. 그녀는 케네디 가문의 다음 세대를 대표했지만 케네디 예술센터에는 한 번도 오지 않았다. 이런 모습이 바뀌면 좋겠다고 한 것이다. 그러자 테드는 캐럴라인에게 얘기하겠다고 말했다.

───── 7 테드 케네디는 1932년생으로 슈워츠먼보다 열다섯 살 많다.

며칠 후 캐럴라인이 내게 전화했고 우리는 약속을 잡았다. 나는 그녀를 만나 케네디 예술센터에서 변화와 새로운 삶의 상징이 되어주면 좋겠다고 말했다. 그녀가 개인적으로는 이런 일을 하고 싶어 할 리가 없음을 알았지만 케네디 예술센터로서는 필요하고도 올바른 것이라 생각했기 때문이다. 그녀가 전혀 관여하지 않겠다면 나로서는 썩 달갑지 않았으므로 굳이 그 자리를 맡을 생각도 없었다. 다행히도 그녀는 내 제안을 받아들였다. 또 해마다 텔레비전으로 중계되는 케네디 예술센터상 시상식Kennedy Center Honors에 자기 어머니의 유명한 다이아몬드 귀걸이를 하고 참석해서 행사를 이끌었다.

케네디 예술센터 덕분에 나는 예일 대학교 1년 선배인 조지 워커 부시 대통령을 만날 수 있었다(41대 대통령이었던 아버지 부시를 1967년 어버이날에 만났던 적이 있다). 영부인인 로라 부시는 백악관의 사적인 공간에 점심을 마련했는데 날 위해 신경 써서 케네디 예술센터 모형으로 구운 케이크를 식탁에 올렸다. 건물은 초콜릿을 굳혀서 표현했고 무대는 셔벗으로 만들었다. 오케스트라 구성원들은 복숭아 슬라이스로, 객석은 산딸기로 표현돼 있었다.

또 한번은 조지와 내가 어떤 이벤트가 시작되길 기다리면서 잠시 동안 둘만의 시간을 가졌는데, 그때 내가 이렇게 물었다.

"여기까지 어떻게 왔습니까?"

"뭐라고요?"

"여기까지 어떻게 왔냐고요."

"전 대통령입니다. 그러니까 여기에 있죠."

"제 말은, 어떻게 해서 대통령이 되었냐고요."

그는 껄껄 웃더니 우리가 1960년대에 예일 대학교 교정에서 만나 수십 년이 지난 뒤에 백악관에 나란히 앉아 있을 것을 알았다면 깜짝 놀랐을 것이라고 했다. 그 순간은 정말 꿈인지 현실인지 확인하려고 볼을 꼬집어보고 싶은 그런 순간이었다. 과거 우연히 한 번 스친 인연이 오랜 시간이 지난 뒤 불쑥 대면하는 놀라운 일은 얼마든지 일어날 수 있다.

정기적으로 정계 인사들을 만나는 것은 내가 상상했던 것보다 훨씬 더 만족스러운 결과를 가져다주었다. 덕분에 나는 대법원 판사들부터 의회 임원진과 행정부의 고위 관료들까지 정부의 주요 인사들을 거의 대부분 만날 수 있었다.

케네디 예술센터 이사장 역할은 내 안에 잠재되어 있던 프로듀서의 욕망을 충족시켰다. 센터에 갈 때마다 나는 무대에 올라가서 공연을 소개했고 시상식이 있을 때는 수상자들을 환영하고 축하하는 주최자의 역할을 했다. 케네디 예술센터 이사장으로 있는 동안 돌리 파튼, 바브라 스트라이샌드, 엘튼 존 등 쟁쟁한 연예인들을 만났다. 그러나 나를 비추는 조명이 정말 환하게 빛났던 때는 티나 터너에게 케네디 예술센터상을 수여했던 2005년이었다.

나는 티나의 음악을 대학생 시절부터 무척 좋아했다. 그런데 이제 내가 그녀를 비롯한 다섯 명의 수상자들에게 상을 수여하는 영광스러운 기회를 갖게 된 것이다. 오프라 윈프리가 절친한 친구로 함께 왔고 국무부 만찬장에서 티나를 위해 건배 제의를 했다. 그녀는 다음 날 백악관 리셉션 행사에도 참석했다.[8] 백악관 경내를 거닐면서 그녀는 놀랍도록 작은 소리로 끊임없이 이렇게 말했다.

"내가 백악관에 와보다니, 정말 믿을 수가 없어! 믿을 수가 없어!"

케네디 예술센터에서 진행된 메인 행사에서는 비욘세와 숏 드레스를 입은 백 보컬들이 〈프라우드 메리〉Proud Mary를 불렀다. 그 숏 드레스는 티나와 아이케츠Ikettes(티나 터너와 함께했던 3인조 보컬)가 입어서 유명해졌던 바로 그 옷이었다. 발코니에서 다른 수상자들 및 대통령과 함께 지켜보다가 나는 티나의 눈에서 눈물이 흘러내리는 걸 봤다.

그 후 여러 해가 지난 어느 날이었다. 뉴욕의 42번가에 있는 식당 시프리아니에서 진행된 자선 행사에 참석하고 있었는데, 가까운 곳에 있던 테이블에 앉은 누군가가 내게 손짓을 했다. 조명이 어두워서 누군지 금방 알아보지 못했는데, 아내가 옆구리를 찌르면서 빨리 인사하라고 했다. 알고 보니 비욘세와 남편 제이 지였다. 우리는 잠시 대화를 나누면서 2005년의 케네디 예술센터 공연을 추억했다. 비욘세도 그날 밤은 나만큼이나 특별하게 기억에 남는 밤이었다고 했다. 그렇게 잠깐 대화를 나누고 자리로 돌아오면서 나도 모르게 고개를 절레절레 저었다.

'내가 이런 멋진 인생을 살고 있다니!'

그 사실을 믿을 수 없었다. 설령 어떤 일이 자기가 설정한 기준에 정

---

8 케네디 예술센터상 수상식은 토요일과 일요일 이틀에 걸쳐 진행되는데, 토요일에는 케네디 예술센터에서 오찬이 진행되고 저녁에는 국무부에서 국무부 장관이 주최하는 리셉션 및 만찬 행사가 진행된다. 그리고 일요일 초저녁에 대통령과 영부인이 주최하는 백악관 리셉션이 진행된다.

확하게 들어맞지 않는다고 해도 그 새로운 일에 몸과 마음을 열어두는 것은 언제나 중요하다. 케네디 예술센터에서 맡은 직책 덕분에 나는 내 경험(조직을 운영하고 자금을 끌어모으고 인재를 채용하는 일)을 활용해 미국의 중요한 문화기관에 많은 기여를 했다. 그리고 그 덕분에 워싱턴 DC에 대해 보다 많은 것을 알았으며 코미디, 연극, 음악, 영화, 텔레비전, 오페라, 댄스 등 연예계의 거의 모든 영역에 있는 사람들과 새롭고 흥미로운 인간관계를 맺었다. 여기에는 스타들, 감독들, 안무가들, 음악가들, 작가들을 만나는 경험도 포함된다.

생각해보면 금융계에 몸담고 있던 내게 케네디 예술센터 이사장이라는 직함은 평생 있을까 말까 한 귀한 기회였다. 당시에는 알지 못했지만 그때 내가 맺은 인간관계들이 엄청나게 중요한 자산이었음이 나중에 입증되었다. 그 덕분에 나중에 이런저런 기관들을 설립할 수 있는 기회가 내게 주어졌다.

14

모든 기업은 제각기 다른 부분들이
서로 연결되어 있는,
폐쇄적이면서도 통합적인 체계다.
훌륭한 관리자들은 조직의 각 부분이
저 혼자서 혹은 다른 부분들과의 관계 속에서
어떻게 돌아가는지 잘 이해한다.

제2장

현명한 리더는
기꺼이 도움을 청한다

정반대 성향의
동료를 옆에 둬라

회사가 빠르게 성장하면서 무결점을 추구하는 문화를 유지하며 기업 확장을 관리해야 하는 부담은 점점 더 커졌다. 2000년이 되자 피트는 70대 후반이 되었고 워싱턴에서 외교협회Council on Foreign Relations, CFR[9]를 운영하며 국내외 경제 쟁점들에 초점을 맞추는 데 시간의 대부분을 보냈다. 처음 블랙스톤을 창업할 때 그는 투자 분야에 관여하고 싶지 않다고 말했었다. 그저 투자금을 조성하는 데 도움을 주고 자문 역할만 하겠다고, 그렇지만 내가 도움을 청할 때는 어떤 식으로든 돕겠다고 말이다. 그런데 모든 영역의 모든 일을 다 하겠다고 달려드는 내

───── 9 외교 정책 및 국제 정치 문제를 연구하는 미국의 민간기관.

모습을 보고 그는 이렇게 말했다.

"스티브, 계속 그러다가는 돌연사한 시신으로 발견될 거야. 자네는 일을 너무 많이 해."

피트의 말이 맞았다. 회사를 날마다 구석구석 살피고 관리하는 일이 힘에 부치기 시작했다. 내게는 도움이 필요했다.

지미 리와는 1980년대 후반부터 알고 지낸 사이였다. 블랙스톤의 첫 거래였던 트랜스타 투자 자금을 빌리는 일로 케미컬뱅크와 관계를 맺을 때 처음 만났다. 그 뒤로 우리는 엄청나게 많은 거래를 함께 해왔다. 지미는 비범할 정도로 에너지가 넘쳤고 성실했으며 우리가 신뢰하는 좋은 친구였다. 그는 자본시장과 인수합병, LBO를 잘 알았으며 영업의 귀재이기도 했다. 그가 블랙스톤에서 우리와 함께한다면 많은 것을 거뜬히 해낼 수 있을 것이며 누구보다도 즐겁게 일할 수 있을 것이라고 생각했다.

이 얘기를 처음 했을 때 지미는 내 제안이 무척 마음에 들긴 하지만 JP모건에 있는 동료들 곁을 떠나기가 어려울 것이라고 말했다. 그래서 나는 천천히 생각해보라고 했다. 얼마 후 그가 와서 말했다.

"한번 해보고 싶네. 변화를 일으켜보고 싶어."

우리는 이적과 관련된 법률적인 문제들을 협상했다. 그러던 와중에 JP모건의 CEO 빌 해리슨이 전화했다. 빌 역시 나의 좋은 친구였다.[10]

"지미가 자네와 함께하겠다는 문제로 나와 상의를 하려고 왔는데 말

───── 10 빌 해리슨은 1943년생으로 슈워츠먼보다 네 살 많다.

이야. 자네도 이해하겠지만 나도 내 일을 제대로 하기 위해서는 자네와 싸울 수밖에 없다는 점 이해해주게. 난 지미를 보내주고 싶지 않거든."

"물론 잘 알죠. 지미가 당신을 얼마나 끔찍하게 생각하는데요. 그래서 저도 제 제안을 개인적인 차원의 압박으로는 받아들이지 말라고 했습니다. 자기가 정말로 하고 싶은 게 무엇인지 고민한 다음에 선택을 해야 하니까요. 단지 일자리만의 문제가 아닙니다. JP모건은 지금까지 그의 인생이었잖아요. 제게 블랙스톤이 그런 것처럼 말입니다. 본인이 잘 고민해서 어느 길로 나아가는 게 좋을지 판단해야겠죠."

"하긴, 지미가 어떤 결정을 내리든 간에 우리 두 사람은 그 결정을 받아들이고 또 함께해야겠지. 나는 그저 지미와 내가 이런 얘기를 나눴다는 사실을 자네에게 알려주려는 것뿐이야."

며칠 후 나는 플로리다주 새러소타에 있는 리츠칼튼 호텔에 있었다. 지미와 블랙스톤 사이의 법률적인 문제에 관한 합의가 이뤄졌고 다음 날로 예정된 기자회견에서 발표할 내용도 정리되었다. 나는 테라스에 나가 있었는데 휴대폰이 울렸다. 지미였다.

"스티브, 아무래도 안 되겠네. 못 하겠어."

"못 하다니, 뭘?"

"JP모건을 떠날 수 없어. 이제 와서 정말 미안하네. 자네는 모든 사람이 다 필요로 하는 것을 내게 줬고 나도 그걸 받아들이겠다고 말했지만, 아무리 생각해봐도 난 못 하겠어."

"왜 그래, 지미? 우리는 이 문제를 놓고 이미 여러 달 동안 얘기했잖아. 나는 자네가 정말로 일을 맡아주면 좋겠단 말이야. 그렇지만 애초에 얘기했듯이 이건 자네 인생이고 자네가 결정하는 게 맞아. 감정에 휘둘릴 필요는 없어. 우리와 함께하고 싶으면 그렇게 하면 되지만 그렇게 할 수 없다고 하더라도 나쁜 건 아니니까. 나한테 미안하다는 마음 때문에 우리와 함께해야겠다는 결정을 내려서는 안 돼. 생각할 시간을 좀 더 가지고 싶다면 그렇게 해."

"아냐, 난 결정했어. 여기에 남기로."

정말 참담하게 실망스러운 결말이었다. 그렇지만 나는 지미의 강점을 잘 알고 있었고 또 약점도 잘 알고 있었다. 여러 가지 방식으로 월스트리트를 지배하는 인물이었던 그는 겸손하고 책임감이 있었으며 반드시 옳은 일을 해야 하는 가톨릭 신자였다.

어쨌거나 지미를 영입하지 못한 충격은 컸다. 또 다른 적임자를 찾아야 했고 거기에 필요한 에너지를 끌어모으기까지 1년이라는 시간이 걸렸다. 헤드헌팅 업체로부터 받은 후보자 명단에는 늘 똑같은 은퇴자 이름들이 나열되어 있었다. 그런데 어느 날 새로운 이름 두 개가 보였고 그중 하나가 눈에 띄었다. 토니 제임스Tony James였다.

대략 10년 전 블랙스톤은 시카고 노스웨스턴 레일로드Chicago Northwestern Railroad를 16억 달러에 인수하기로 합의했고 나의 첫 직장이었던 DLJ가 매수 비용의 일부를 지급하는 브리지론bridge loan[11]을 우리에게 제공했다. 우리는 그 대출을 갚기 위해 채권을 발행할 계획을 세웠다. 그러나 1980년대 말 크레디트 시장이 경색되었고 그 바람에

---

11 자금이 급히 필요할 때 일시적으로 조달하는 단기차입 급전.

DLJ에서 빌린 대출에 (예상했던 수준보다 더) 높은 이자를 물게 됐다.[12]

어느 날 이른 아침, 거센 폭풍이 휘몰아치고 있었다. 몇 시간 뒤에 런던으로 가는 비행기를 타야 하는 나와 피트, 로저 올트먼은 이자율을 높게 책정해야 한다고 주장하는 DLJ 사람들을 앞에 두고 나란히 앉아 있었다. DLJ는 상한이 정해져 있지 않은 변동금리를 원했지만 나는 받아들일 수 없었다. 그렇게 되면 회사 사정이 나빠질 경우 금리가 무한정 높아질 수 있었기 때문이다. 적어도 이론적으로는 그랬다. 그러자 DLJ는 공신력을 갖춘 월스트리트의 전문가들이 예측해서 정해주는 최대금리와 최소금리의 구간을 설정해서 이 구간 안에서의 변동금리로 하자고 했다. 그러나 나는 금리가 올라가면 올라가지, 절대로 떨어지지는 않을 것임을 알고 있었다. 그들은 채권을 팔 필요가 있다고 주장했다. 그러나 우리는 더 낮은 수준의 고정금리를 원했다. 그래야 대출을 갚아나갈 수 있다고 봤던 것이다.

회의는 아무런 진전도 없었고 곧 런던으로 가야 했다. 물론 날씨가 허락해야 했지만.

"금리 상한선을 얼마나 높게 잡든 금리가 그 상한선까지 올라갈 거라는 데 100만 달러 걸겠습니다. 개인 돈을 걸고 저와 내기할 사람 있습니까? 그러면 여러분이 원하는 대로 하겠습니다."

그런 사람은 아무도 없을 것임을 잘 알면서도 나는 그렇게 물었다.

---

12 연방준비제도는 기준금리를 1987년 6퍼센트대 초반에서 1989년 9퍼센트대 후반까지 인상했다.

예상대로 아무도 없었다.

"그럼 50만 달러를 걸고 해볼까요?"

역시 아무도 없었다. DLJ 사람들은 그들이 제시하는 금리 구조에서는 결국 우리가 손해를 보고 말 거라는 사실을 내가 모를 것이라고 생각했다. 그들은 상한 규정 없이는 채권을 팔 수 없다고 확신했다.

"그럼 10만 달러를 걸고 해볼까요? 없어요? 1만 달러 걸 사람도 없습니까?"

그러자 한 사람의 손이 올라갔다. 토니 제임스였다. 그렇게 해서 나는 그들이 원하는 금리 구조에 동의했다. 그러나 결국 내가 예측한 대로 금리는 최고 수준의 상한선에 도달했다. 그 사실을 확인한 뒤에 나는 토니에게 전화해서 1만 달러를 뉴욕 시립발레단으로 송금하라고 했다.[13] 그때 이후로 나는 토니를 회사의 입장을 대변할 수 있는 유일한 사람으로 기억했다.

헤드헌팅 업체에 토니 제임스의 파일을 요청했다. DLJ에서 토니는 기업금융과 인수합병 사업부를 이끌었으며 이 회사의 사모펀드 사업을 처음 시작한 인물이기도 했다. DLJ는 지난 10년 동안 사모펀드 분야에서 최고의 성과를 냈고 그 과정에서 토니는 마지막 방아쇠를 당기는 사람이었으며 수석투자자이기도 했다. 우리가 블랙스톤에서 했던 모든 것을 그는 DLJ에서 해왔던 것이다. 게다가 많은 경우에 그는 우리보다 더 높은 성과를 냈다. 나는 그를 집으로 초대해서 저녁을 함께 먹

───── **13** 이 발레단은 슈워츠먼이 대학생 시절 캠퍼스로 초대했던 바로 그 발레단이다.

었다.

토니는 키가 크고 애국심이 강하며 속마음을 잘 드러내지 않는 편이었다. 보스턴 근교의 부유한 마을에서 성장했으며 그가 다녔던 학교는 모두 좋은 학교였다. 경력의 대부분을 DLJ에서 쌓았지만 크레디트스위스Credit Suisse에 인수된 뒤로는 좌절 속에서 살았다. 나도 리먼브라더스가 인수합병되는 과정을 경험했기 때문에 그가 느끼는 좌절감이 어떤 것인지 짐작이 갔다. 회사가 인수된 후 새롭게 맞닥뜨려야 하는 위계 체계가 그의 마음에 들지 않았다. DLJ 시절 그가 이룬 성과는 놀라운 것이었지만 그는 결코 자신을 과시하지 않았다. 그저 자기가 한 일이 무엇이며 왜, 언제 그렇게 했는지 등 객관적인 사실들만 이야기했다.

저녁을 함께 먹은 후 몇 주에 걸쳐 우리는 자주 만나 이야기를 나누고 식사를 했다. 곧 우리 둘의 친분은 통상적인 채용 과정을 넘어설 정도가 되었다. 나는 토니를 영입하느냐 못 하느냐의 문제가 지금까지 내가 했던 그 어떤 채용 결정보다 중요하다고 생각했다. 우리는 흥미로운 거래들, 온갖 복잡한 문제들, 의사결정들, '이것'이 아니라 굳이 '저것'을 선택해야 하는 이유, '그것'이 올바른 선택이었는지 아닌지 등을 놓고 계속해서 이야기를 나누었다. 우리는 우리가 전혀 관여하지 않았던 거래들을 놓고도 어떤 과정을 거쳐 최종 계약 체결까지 나아갔는지에 대해 이야기를 나누었다. 그가 어떻게 생각했는지, 내가 어떻게 생각했는지, 더 좋은 방식이 있었다면 어떤 것이었을지 등. 놀랍게도 거의 모든 점에서 우리의 의견과 판단은 일치했다.

나는 딕 젠레트를 비롯해 DLJ의 옛 친구들 몇몇에게 전화했다. 그런데 그들이 하는 말은 마치 만나서 입을 맞추기라고 한 것처럼 똑같았다.

"토니는 자네에게 완벽하게 딱 맞는 사람이네. 회사에서 알고 지내는 사람들 중에서 가장 똑똑하다고. 그는 매우 헌신적이고 충성심이 강하며 열심히 일하는 사람이야. 토니보다 더 열심히 일하는 사람은 없어. 사내 정치에는 전혀 관심도 없고. 자네를 완벽하게 보완해줄 사람이며 절대로 해가 되지 않을 사람이네. 정말 훌륭한 동반자가 될 걸세."

나는 친구들을 믿었고, 토니를 믿었고, 나 자신을 믿었다. 그렇게 마음을 정했다. 토니와 얘기를 끝내면서 나는 이렇게 말했다.[14]

"우리는 사실상 모든 것에 대해 생각이 같은데, 딱 하나 생각이 다른 점이 있어. 이 점은 앞으로도 계속 다를 거라고 생각하네. 그게 뭐냐 하면 나는 큰 건을 시도하는 걸 좋아하고 성사시키고 싶어 해. 그런데 자네는 나하고 달라. 자네는 크든 작든 일이 성사되는 걸 좋아하지. 자네는 큰 건도 하고 작은 건도 하겠지. 거래의 규모에 대해서는 신경을 쓰지 않지. 거래가 제대로 조직되고 성사시키는 데만 관심이 있으니까 말이야. 자네가 보기에 잘 조직해서 성사시키면 돈을 벌어들일 수 있다고 생각하지만 중대하지 않은 건들을 나는 내키지 않아 할 거야. 그러면 자네는 불행하다는 감정에 사로잡힐지도 몰라. 돈을 벌 수 있는 일들을 내가 하지 않으려고 할 때 이런 나를 자네는 이해하지 못할 거야. 그렇지만 나는 가치가 있는 것에 우리의 자원과 능력을 계속 집중하고 유

_____
14 1951년생인 토니는 슈워츠먼보다 네 살 적다.

지하려고 해. 이런 나를 이해해주면 좋겠어."

2002년 토니는 파트너이자 최고운영책임자COO로 블랙스톤에 합류했다. 내가 예상했던 토니와 나의 차이점은 지금까지도 계속 이어지고 있다. 그러나 다른 모든 사항들, 즉 블랙스톤 운영 문제, 인사 관련 문제, 회사 관리 문제, 거래와 관련된 모든 의사결정, 투자자와 관련된 모든 쟁점, 어디로 가야 할지 혹은 어디로 가지 말아야 할지 등에 대해 우리는 언제나 얘기를 나누고 해결책을 찾아내며 의견이 일치한다. 토니와 나는 놀라울 정도로 완벽한 동반자다.

▶ 위대한 조직은 힘을 독점하지 않는다

나는 타고난 경영자가 아니다. 그렇지만 오랜 세월에 걸쳐 경영자로서의 자질을 가다듬으며 조금씩 더 나아졌다. 그러나 토니는 본인도 인정했듯이 나와는 정반대다. 그는 위대한 경영자다. 나는 토니를 단계적으로 블랙스톤 안에 녹아들게 했다. 기존의 파트너들이 외부 영입자에 대해 흔히 보일 수 있는 텃세를 부리지 않고 그의 방식과 지시에 익숙해지도록 시간을 주고자 했다.

우선 나는 그에게 최고운영책임자 직책을 맡겼고 어느 정도 시간이 지난 뒤에 대표 직책을 맡게 했다. 그가 우리 사업의 각 부분에서 중요한 역할을 할 수 있도록 녹아드는 데는 1년이 걸렸다. 그 시간이 지나고 나자 모든 사람이 그의 역량을 온전하게 이해했고 그의 리더십을 인정했다. 시간이 지나면서 그는 회사 전체를 운영하면서 투자 사업들을 지휘했으며, 날이 갈수록 규모가 커지는 조직이 맞닥뜨릴 수밖에 없는 일상적인 관리 문제들을 매끄럽게 처리했다.

블랙스톤에 발을 들여놓은 토니는 우리의 기업 문화에 새바람을 불어넣을 필요가 있다고 판단했다. 그 시점은 에지콤 사건 뒤에 우리가 도입했던 전면적인 변화가 있은 지 10년도 더 지난 때였다. 그때 우리는 닷컴버블[15]에서 막 비켜나 있었다. 젊은 파트너들이 기술 기업에 더 공격적으로 투자해야 한다고 강하게 몰아붙였지만 나는 저항했다. 그들은 기술 기업들의 가치에 대해서는 마치 이성과 논리를 포기해버린 것 같았다. 그러나 우리는 우리의 투자 원칙을 한결같이 고수한 덕분에 거품이 가득한 벼랑으로 달려가는 무리들에 끼지 않을 수 있었다.

우리 문화에는 이 외에도 위대한 측면들이 여럿 있었다. 예를 들면 월요일 아침마다 모든 투자 팀이 한자리에 모여 각자 자기가 진행하는 거래를 놓고 이야기를 했다. 이 회의는 오전 8시 30분에 시작해서 오후 3시 넘어까지 이어졌다. 세계 경제 현황, 정치 정세, 투자자들과 나누었던 대화, 언론 보도 내용 등 우리가 하는 사업에 영향을 줄 수 있는 모든 쟁점을 두루 훑은 다음 현재 진행되고 있는 거래들을 하나씩 살피면서 각자의 통찰과 아이디어를 공유했다.

이 자리에는 누구든 참석할 수 있었다. 꼭 해야 할 필요가 있는 이야기라면 나이나 직급과 상관없이 발언할 수 있었다. 중요한 것은 발언의 내용과 품질이었다. 이 월요 회의는 지금까지도 이어지면서 투명성과 평등성, 지적 완결성을 우리가 얼마나 소중하게 여기는지 보여주고 있다.

그러나 일하고 싶은 좋은 직장이라는 평판은 구성원 개개인의 나태함 때문에 훼손되기도 했다. 언제부턴가 많은 파트너들이 현실에 안주하기 시작했다. 이들은 금요일에는 일을 하지 않았고 부하직원들을 교육하는 데 충분히 많은 시간을 쓰려고 하지 않았다. 그래서 2000년에 나는 회사에 새로운 활력을 불어넣겠다는 목적 아래, 기존에 12명이었던 파트너 외에 30대 초반 연령대의 새로운 파트너 다섯 명을 추가했다. 이렇게 해서 우리 회사의 파트너는 기존의 12명을 포함해 모두 17명이 되었다. 인적자원 부서에서 보상 부서에 이르는 많은 지원 부서들이 당연히 했어야 하는 일을 하지 않고 있었지만, 나는 너무도 바쁜 나머지 잘못을 바로잡을 수 없었다.

토니는 문자 그대로 벽을 허무는 것으로써 개혁을 시작했다. 그는 파트너들의 사무실을 일반 직원들의 책상과 구분하는 파티션 벽을 모두 유리창으로 교체했다. 그러자 애널리스트들 및 다른 보조 요원들 자리에도 햇살이 비추기 시작했다. 토니는 자기 방의 문을 항상 열어두었으며 다른 사람들도 자기처럼 하길 기대했다. 그는 직원 가족들에게도 관심을 가졌다. 직원들에게 아이들을 사무실로 데리고 와서 부모가 하루 종일 어떤 일을 하는지 보고 알 수 있게 했고 또한 360도 다면평가제도를 실시해서 회사에 있는 모든 사람이 모든 사람의 평가 대상이 되도록 했고 집단별 보너스 총량제와 서면 피드백, 공개 평가 등을 토대로 한 보상 체계를 정비했다.

회사가 제대로 돌아가기 시작하자 토니를 지지하는 사람들, 특히 젊은 사람들이 소신 있는 발언들을 하기 시작했다. 지금은 월요 회의에 참석하는 사람의 수가 얼마나 많은지 회사의 법무 팀에서 신경을 바짝 곤두세울 지경이다. 법무 팀에서는 너무 많은 사람들이 너무 많은 정보를 알아서 문제라고 염려한다. 그러나 토니와 나는 이 모든 것을 바꾸지 않겠다고 했다. 만일 월요 회의에 참석하는 사람의 수를 줄인다면 우리의 투자 프로세스를 직원들이 체득하기는 불가능하다고 여겼다.

금융계에 몸담고 있는 대부분의 사람은 금융계 전체에서 지극히 작은 한 부분만 보고 또 그것만 알 뿐이다. 그러나 월요 회의 덕분에 우리 회사에서는 모든 부서의 모든 사람이 다른 부서의 전문가들이 어떻게 생각하고 행동하는지 알고 있다. 그렇지만 회사의 기밀이 바깥으로 누설되어 문제가 생긴 적은 단 한 번도 없었다.

360도 다면평가제도가 도입되고 몇 년이 지난 뒤였다. 어느 날 나는 회사의 수석 파트너들 중에서도 리더급의 사람이 직원들에게 욕을 하고 품위를 손상시키는 행동을 한다는 사실을 알았다. 이미 오래전 내가 철저하게 없애버리려고 생각했던 행동을 하고 있었던 것이다. 그때 나는 이 문제를 누구에게 맡겨서 처리할 성질이 아님을 깨닫고 직접 나서기로 했다.

먼저 물의를 일으킨 문제의 그 파트너와 가장 가깝게 일했던 15명의 직원을 한 명씩 차례로 만나 면담을 했다. 그들에게는 발언 내용에 대해 비밀을 보장하겠다고 약속했다. 면담을 통해 나는 그 파트너가 정직하지 않으며 자기에게 쓴소리를 한 사람에게는 앙심을 품고 보복하는 경향이 있음을 알았다. 나는 그 파트너를 내 사무실로 불러 그와 함께 일했던 사람 모두가 겁을 집어먹고 있다고, 이는 결코 바람직하지 않은 문화라고 했다. 그러나 그의 지위를 놓고 보면 그런 행동은 자기도 모르게 나온 것일 터였다. 나는 한 번 더 기회를 주기로 하고 두 번 다시 그런 일이 일어나지 않도록 하겠다는 다짐을 받았다.

"우리가 이런 얘기를 나눠야 한다는 사실에 자네도 무척 당혹스러울 걸세. 이 당혹스러움은 그동안 자네의 옳지 않은 행동이 세상에 드러났기 때문에 느끼는 것일 수도 있고, 자기도 몰랐던 자신의 모습을 알게 되었기 때문에 느끼는 것일 수도 있네. 이번에는 그냥 경고만 하고 넘어가지만 만일 또 이런 행동이 반복되는 것을 내가 보거나 듣는다면 그때는 더 이상 함께할 수 없네. 계속 함께하고 싶기 때문에 안타깝지만 이런 말을 하는 것일세."

그는 바뀌었다. 그러나 1년이 지난 뒤 예전의 못된 버릇이 다시 나타났고 우리는 그를 내보냈다.

나는 어떤 비용을 치르든 권력을 놓지 않으려고 몸부림치는 그런 창업자가 아니었다. 회사의 일상적인 관리와 경영에 대한 권한과 책임이라는 무거운 짐을 토니에게 넘겨주고 나니 얼마나 홀가분한지 몰랐다. 그제야 나는 내가 사랑하는 거래 체결 업무에 온전히 전념할 수 있었고 다시 활기를 되찾았다.

토니는 회사 기능들 각각에 규율과 질서를 확립했다. 우리가 예전에는 단 한 번도 해본 적이 없는 것이었다. 토니와 같은 큰 그릇의 인물을 영입해서 권한을 부여하면 회사가 제도적인 틀을 튼튼히 갖추게 되고 월스트리트 역사상 가장 큰 거래들을 체결할 수 있는 역량과 강점을 갖게 된다.

❯ 당신을 비판하는 말에도 귀를 기울여라

2006년 앙겔라 메르켈 독일 총리가 베를린의 총리 관저로 나를 초대했다. 당시 우리는 독일의 여러 기업에 상당한 금액의 투자를 하고 있었다. 그런데 프란츠 뮌터페링 부총리가 사모펀드 투자자들을 기업을 잡아먹는 '메뚜기 떼'라고 부르면서 논란이 일었다. 부총리의 이 발언은 독일 전역에서 찬반 논의를 불러일으켜 일간지 머리기사와 텔레비전 첫 뉴스를 장식하고 있었다.

"이런저런 얘기들을 듣기고 하고 읽기도 했는데, 더 많은 것을 알고 싶어서 뵙자고 했습니다."

총리는 고맙게도 우리를 비판하는 사람들의 주장과 반대되는 이야기를 듣고 싶어 했다.

"그들은 당신들을 '메뚜기 떼'라고 부르던데요?"

그녀는 손가락 두 개를 머리에 올려 메뚜기의 촉수처럼 이쪽저쪽으로 흔들었다. 나도 똑같은 동작을 해보이면서 말했다.

"그렇지만 전 착한 메뚜기입니다."

"그들은 왜 당신들을 메뚜기 떼라고 부르죠?"

많은 사람들이 그 질문을 했다. 나는 그들에게 해준 것과 똑같은 설명을 해주었다.

우리는 기업을 매수해서 그 기업이 안고 있는 문제들을 고치고 해결한 다음 다시 시장에 내놓고 되판다. 우리는 투자자이기도 하지만 경영자이며 소유자다. 우리는 우리가 매수한 기업이 조금이라도 더 나아질 수 있도록 노력하며 또 빠른 속도로 성장할 수 있도록 돕는다. 기업이 성장하는 속도가 빠르면 빠를수록 이 기업을 사겠다면서 누군가 지불하는 돈의 액수는 그만큼 더 커진다.

LBO 거래에서 지금까지 지적되고 있는 문제들은 우리가 잘못 경영되고 있는 기업을 인수해서 더 나은 기업으로 탈바꿈시키기 위해, 또는 전략을 바꾸기 위해 기존의 직원들을 대상으로 정리해고를 단행할 때 발생한다. 심지어 이렇게 기업을 개선시키고 성장시켜서 예전보다 더 많은 사람을 고용하게 만든다고 해도 구조조정 과정에서 우리가 해고한 사람들의 분노는 사라지지 않으며 바로 그들이 우리를 비판하고 있는 것이다.

내 이야기를 듣고 메르켈 총리는 자신은 동독에서 성장했다면서 그때는 기업이나 금융에 대해 아무것도 배우지 않았다고 말했다.[16] 그녀의 아버지는 루터교회 목사였고, 그녀는 물리학을 공부했으며 물리학자가 되었다. 그러나 내가 보기에 그녀는 모든 것을 무척 빨리 배우는 편이었다. 그녀는 왜 모든 기업이 사모펀드가 소유한 기업과 다르냐고 물었다. 나는 몇몇 기업은 보다 많은 자본을 담고 있는 저수지에 접근할 필요가 있는데, 이 저수지는 오로지 공개된 시장들에만 존재한다고 말했다. 예를 들어 광산업체가 현금흐름을 창출하려면 그전에 먼저 탐사와 시출 과정에 막대한 자금을 투자해야 하는데 바로 이런 자금을 사모펀드로 조성할 수 있다고 답했다.

총리의 질문들은 자주 사모펀드와 관련된 토론으로 바뀌곤 했으며 어떤 토론은 금융위기와 관련해서 한층 깊어졌다. 우리 같은 투자자들이 경제에 도움을 주느냐, 아니면 해를 끼치느냐 같은 질문도 있었다. 우리를 반대하는 측은 사모펀드가 실질적인 경제활동이 이뤄지는 공간, 즉 공장, 매장, 건물, 실험실을 갖추지 않은 채 사무실에서 주물럭거리는 금융공학에 지나지 않는다고 말한다. 그러나 우리는 그렇지 않다.

우리는 적절한 자원이 적절하게 배치돼 있지 않은 곳을 발견할 때 시장에 발을 들여놓는다. 어떤 기업은 힘든 시련의 시기를 보내고 있어서 이를 극복하기 위한 자금과 운영 능력을 필요로 한다. 어떤 인프라 프로젝트는 자본을 필요로 한다. 어떤 기업은 일부 사업부를 매각해서

---

16 메르켈은 함부르크에서 태어났지만 갓난아기일 때 목사인 아버지의 임지가 동독으로 바뀌면서 동독에서 성장했다.

자금을 마련한 다음 이 자금을 다른 곳에 투자하길 원한다. 어떤 멋진 기업가는 자기 기업을 확장하거나 경쟁 업체를 인수하길 원하지만 은행들이 돈을 빌려주려 하지 않는다. 바로 이런 경우에 우리는 해당 기업을 과거의 모습과 다르게 바꿔놓을 전략을 세우고 운영 전문가들을 동원해 그들이 원하는 변화를 이끌어내고자 노력한다.

메르켈 총리와의 대화는 우리에게 비판적인 주장을 솔직하게 드러냄으로써 그동안 나와 우리가 해온 일, 우리의 정체성을 더욱 명확히 할 수 있었던 시간이었다.

15

최고의 경영자는 천성이 아니라
노력으로 만들어진다.
최고의 경영자는 쉬지 않고 학습한다.
당신 주변에 커다란 성공을 거둔 사람이나
조직에 대해 연구하라.
그것은 당신이 보다 나아지도록
도움을 줄 수 있는,
현실 세계가 제공하는 무료 강좌가 될 것이다.

제3장

기업가정신의
이상과 현실

창업을 할 때
반드시 검증해야 할 세 가지

미국에서 내로라하는 어떤 대학교에서 열린 예비기업가 모임에 참석한 적이 있다. 그때 기업가정신을 가르치는 교수가 직원을 채용하고 투자금을 조성하는 것에서 제품을 개발하고 시장에 진출하는 것에 이르기까지 신생 기업이 밟아나가야 하는 단계들을 설명하는 슬라이드를 보여주었다. 그의 슬라이드는 예측 가능한 기업의 성장 궤적을 보여주었는데, 그 궤적은 상향 곡선을 그리면서 여러 가지 중요한 단계들을 거쳐가고 있었다. 그걸 보면서 나는 '그렇게만 되면 얼마나 좋을까?' 하는 생각을 했다.

내 경험으로 보자면 블랙스톤의 성장 궤적은 결코 매끄러운 우상향 곡선이 아니었다. 블랙스톤을 정상 궤도에 올려놓는 일이 얼마나 힘들었던지 새로운 기업이나 사업을 계속해서 만들어내는 연쇄 창업가 serial entrepreneurs가 되겠다는 생각을 하는 사람들을 나는 지금도 이해할 수 없다. 기업 하나를 창업하는 것만도 충분히 어렵고 힘든데 연쇄 창업이라니.

그 교수가 발언을 마치고 마이크를 내게 넘길 때 나는 학생들에게 현실적인 이야기가 필요하다는 결론을 이미 내렸다. 나는 만일 창업을 한다면 그 회사는 우선 세 가지 기본적인 검증을 거쳐야 한다고 말했다.

> 첫째, 당신이 가지고 있는 아이디어가 당신의 인생을 송두리째 바칠 가치가 있을 정도로 충분히 크고 위대해야 합니다. 또 그 아이디어가 엄청나게 큰 어떤 것으로 발전할 잠재력을 가지고 있어야 한다는 점을 분명히 확인해야 합니다.
>
> 둘째, 당신이 가지고 있는 아이디어가 독특해야 합니다. 사람들이 당신이 내놓은 제품이나 서비스를 보고 "우와! 내가 딱 필요로 하는 거잖아! 나는 이런 게 나오길 기다렸거든. 이건 정말 마음에 드네."라고 말하도록 만들어야 하죠. 그런 게 없다면 당신은 시간만 낭비하는 겁니다.
>
> 셋째, 타이밍이 맞아야 합니다. 솔직히 말하면 이 세상은 개척자들을 좋아하지 않습니다. 그렇기 때문에 당신의 아이디어가 세상을 너무 앞서가면 실패할 가능성이 높죠. 당신이 타깃으로 삼고 있는 시장이 충분히 무르익어야만 당신이 창업한 회사가 성공의 길로 들어설 수 있습니다.

이 세 가지를 통과해야만 비로소 거대한 잠재력을 지니고 독특한 제품이나 서비스를 제공하며 적절한 타이밍에 시장을 흔들 수 있는 회사를 창업할 수 있다. 그런데 이게 전부가 아니다. 그다음에는 고통을 인내할 준비를 해야 한다. 고통을 굳이 원하는 사람은 아무도 없다. 그러나 고통은 새로운 것을 시작할 때 반드시 거쳐야 하는 현실적인 과정이다. 누구도 이 고통은 피할 수 없다.

▶ 자신만큼 열정과 확신을 가진 직원을 찾아라

현실 속의 실제 회사들은 저절로 생겨나지 않는다. 자금을 마련하고 인재를 채용하는 일만 하더라도 얼마나 어려운지 모른다. 비록 당장은 회사 규모가 작고 회사가 가진 자원이 얼마 되지 않는다고 해도 제대로 된 인재를 찾아내는 것은 무엇보다도 중요한 일이다. 회사를 창업한 지 얼마 되지 않은 사람들은 대개 다른 회사에서 차원이 다른 수준의 보상을 받으면서 일하는 최고로 유능한 인재들에겐 손을 내밀지 않는 경향이 있다. 그래서 쉽게 손잡고 함께할 수 있는 사람들을 우선 섭외하곤 한다. 하지만 창업자는 바로 이 지점에서 중요한 질문을 자기 자신에게 던져야 한다.

'이 사람은 회사의 목표와 과제에 대해 나만큼 불타는 열정과 확신을 가지고 있을까?'

필립(필) 나이트는 나이키를 창업할 때 장거리 달리기 선수들을 채용해서 함께 일했다. 그들이 비록 기업이나 사업과 관련된 지식은 부족할지언정 지구력이라는 요소가 그런 부족함을 충분히 상쇄할 것임을 알았기 때문이다. 그들은 결코 포기하지 않을 것임을, 또 아무리 힘들어도 그 고통을 받아들이면서 끝까지 완주할 것임을 알았기 때문이다.

회사를 창업할 때 창업자는 자기와 기꺼이 함께하겠다는 생각을 가지고 있는 사람을 찾으면 대개 행복해한다. 그러나 회사가 점점 커지다 보면 어떤 사람들은 발이 느리거나 손이 돌처럼 굳어 있는 와이드 리시버[17]와 같다는 걸 깨닫는다. 그에게 공을 던지면 매번 공을 놓치고 만다. 그러면 손에 접착제라도 바른 듯 공이 스치기만 해도 절대로 공을 놓치지 않는 사람이 간절할 것이다. 스스로 품위 있는 기업가를 자처하며 기량이 부족한 사람이라도 잘 다독여 함께 데려가는 것이 옳다는 사람도 있다. 그러나 10점 만점에 6점이나 7점짜리 직원들을 계속 데리고 가다간 삐거덕거리다가 결국 어디에선가 문제가 발생하고 만다. 그러면 창업자는 몇 명 되지 않는 유능한 직원들과 밤을 꼬박 새워가면서 그 문제를 해결해야 한다.

바로 이런 상황에서 선택할 수 있는 것은 두 가지다. 전망이 불투명

---

17 미식축구에서 공격 라인의 양쪽 사이드에 위치하며, 주로 상대 팀의 사이드라인을 공격하거나 수비수를 피해 패스를 받는다.

한 어중간한 회사를 계속 끌고 가거나, 아니면 한 걸음 더 성장하기 위해 현재의 그저 그런 요소들을 싹 걷어치우는 것이다. 만일 야심을 가진 기업가라면 9점짜리나 10점짜리 사람들로 회사를 채우고 이들에게 어려운 과업을 맡겨야 한다.

▶ 성공을 맛본 후 안심하는 자신을 경계하라

마지막으로, 기업가로 성공하려면 편집증적인 집착을 가져야 한다. 회사의 실제 규모와 상관없이 늘 자기 회사는 작은 회사라고 생각해야 한다. 회사가 커지고 잘나가기 시작하는 순간 해결해야 할 이런저런 과제들이 여기저기서 튀어나온다. 까딱하다가는 고객을 모두 빼앗기고 회사가 망할 수도 있다. 기업가가 '이제 성공했구나' 생각하는 그 순간이 바로 가장 위험한 순간이다.

창업자가 이끄는 많은 신생 기업이 지리멸렬한 모습을 벗어던지고 탄탄한 기업으로 전환하는 과정에서 비틀거린다. 기업가는 흔히 전문 경영자들이 사용하는 질서 정연한 시스템보다는 자신의 본능을 더 신뢰하는 경향이 있다. 회사를 현재의 모습으로 이끌어왔던 자신의 열정과 본능에 내포되어 있는 한계를 거부하는 것이다. 그러나 궁극적으로 보면 바로 그 한계들이 다음 단계로의 성장 발판을 만들어준다. 어떤 회사든 창업하고 어느 정도 시간이 지나면 난기류를 맞이한다. 바로 이 시점에서 회사의 시스템을 바꿔야 한다. 창업자가 아닌 다른 사람들이 나서서 조직을 앞으로 밀고 나가도록 회사의 시스템을 바꾸고 재정비해야 하는 것이다.

이런 얘기들을 나는 예비기업가들에게 해주었다.

16

절대로 안주하지 마라.
영원한 것은 아무것도 없다.
개인이든 기업이든 스스로를 재창조하고
개선하려는 노력을 끊임없이 기울이지 않으면
경쟁자에게 밀려 도태된다.
특히 조직은 당신이 생각하는 것보다
훨씬 쉽게 깨지고 무너질 수 있다.

제4장

균열의 시그널에
촉을 세워라

시장의 패턴이 깨질 때 위기가 시작된다

2006년 가을의 어느 월요일, 뉴욕 사무실의 회의실이었다. 나는 회의 탁자의 내 자리에 앉아 있었고 동료들도 모두 자기 자리를 채우고 있었다. 심지어 벽에 붙여둔 긴 의자에도 빈자리 하나 없었다. 런던과 뭄바이, 홍콩에 있는 우리 팀들 역시 스크린을 통해 회의를 함께 하고 있었다. 우리는 정치 정세와 경제 상황, 사업의 추세를 이야기했다. 맨해튼의 건물 43층에서 월요 회의를 할 때면 나는 늘 중앙관제센터를 지휘하면서 빠른 속도로 변화하는 불확실한 환경을 헤치고 블랙스톤의 항로를 이끌어간다는 느낌을 받는다. 그런데 바로 그날 아침에 들었던 얘기가 나를 공포로 몰아넣었다.

회의 주제가 스페인으로 옮겨갔는데, 스페인은 우리가 여러 구역에 걸친 콘도미니엄을 매수하는 사업을 추진하는 지역이었다. 그런데 현재 스페인 남부에서 건설 작업이 얼마나 많이 진행되는지, 독일에 있는 인력 대부분을 그쪽으로 이동시키고도 모자랄 정도라고 누군가가 말했다. 개발업자들은 수요와 공급의 기본적인 법칙을 완전히 무시하고 있었다.

유럽에 있는 팀이 자기들이 염려하는 내용을 이야기하려고 할 때 주인을 알 수 없는 어떤 목소리가 불쑥 끼어들었다.

"인도에서도 똑같은 현상이 나타나고 있습니다. 미개발 토지의 가격이 18개월 만에 10배로 뛰었습니다."

그 말을 듣는 순간 나는 사레가 들려 마시던 커피를 뿜을 뻔했다.

"방금, 누구죠?"

그렇게 묻고는 회의실 안을 둘러봤다. 하지만 곧 모든 사람이 모니터를 통해 연결되어 있으며 그 목소리의 주인공은 전화선으로 연결되어 있다는 사실을 깨달았다.

"투힌 파리크Tuhin Parikh입니다. 최근에 입사했으며 인도에서 부동산 투자를 담당하고 있습니다."

우리가 인도에 사무실을 개설한 것은 1년 전이었으며 그때까지 인도 부동산에 투자한 건은 하나도 없었다. 그런데 인도 지사에 있는 직원이 하는 말을 듣는다는 건 놀라운 일이었다. 인도로 연결된 전화선은 잡음이 심했지만 그럼에도 불구하고 투힌이 한 말이 너무 놀라워서 나는 무슨 얘기인지 자세하게 설명해보라고 했다.

"네, 지난 18개월 동안 인도는 땅값이 10배나 올랐습니다. 가격은 이미 올라도 너무 올랐습니다. 사람들이 모두 완전히 미쳐버린 상황입니다."

인도는 빠르게 성장하고 있는 신흥경제 국가였다. 우리가 인도에 지사를 세운 것도 바로 그런 이유에서였다. 하지만 아무리 빠르게 성장한다고 해도 땅값이 그렇게나 폭등할 정도로 성장 속도가 빠르지는 않았다. 15년 동안 부동산 투자를 했지만 18개월 만에 땅값이 10배나 오른 경우를 본 적이 없었다.

그런데 더 우려되는 점은 그 땅이 미개발지라는 점이었다. 투자자가 땅을 살 때는 그 땅에 어떤 건물이든 가치 있는 건물을 지을 수 있다는 전망을 하기 때문에 투자한다. 그러나 실제로 건물이 들어서기까지는 여러 해가 걸린다. 관계 당국으로부터 허가를 받아야 하고 건설 과정이 차질 없이 진행되어야 하며, 건물을 완공한 시점에는 건물에 대한 수요가 여전히 지속되고 있어야 한다. 또 투자한 비용보다 높은 수익을 거둘 수 있을 정도로 경기가 충분히 좋아야만 한다. 이런 모든 사항을 감안하고 그런 투자를 하는 것이다. 그런데 1년 반이라는 길지 않은 기간에 땅값이 무려 10배씩이나 뛰어올랐다는 것은 투자자들이 모든 리스크에 눈을 감은 채 광풍 속으로 마구 뛰어들었다는 뜻이다.

그날 우리는 스페인의 콘도미니엄 투자를 하지 않기로 결정했다. 회의실 탁자에 둘러앉은 사람들 사이에서 당혹스러운 표정들이 흘렀다.

'인도의 땅값 상승이 스페인에 있는 콘도와 무슨 상관이 있다고?'

점점 더 글로벌화되는 경제 상황에서는 10~20년 전이라면 존재할 수도 없었던 온갖 연관성들이 가능할 수 있음을 꿰뚫어야 한다. 싸고 쉽게 접근할 수 있는 신용대출은 수익 창출의 기회를 노리며 전 세계를 무대로 국경도 없이 바쁘게 흘러 다니고 있었다. 만일 우리가 스페인과 인도에서 부동산 거품을 목격하고 있다면 이 거품이 다른 곳에서도 얼마든지 나타날 수 있다는 말이었다. 과열될 대로 과열된 시장에서는 금방이라도 높은 가격의 부동산 거래가 이뤄질 수 있었다.

그다음 주에 나는 팜비치에 있는 집에서 아침을 먹으며 신문을 보고 있었다. 팜비치의 주택 가격이 25퍼센트 상승했다는 기사가 눈에 들어왔다. 팜비치의 인구성장률은 많아야 1년에 1퍼센트 혹은 2퍼센트였다. 그런데 지역 신문이 비정상적으로 과열된 지역의 부동산시장을 생생하게 묘사하고 있었다. 스페인, 인도와 마찬가지로 미국의 팜비치조차도 수요와 공급의 기본적인 법칙이 완전히 깨져버린 것이다.

나는 평생 동안 패턴들을 탐색해왔다. 나의 이런 모습은 마치 오래된 텔레비전의 게임 프로그램 〈노래 제목 맞히기〉Name That Tune와도 같다. 노래를 많이 알면 알수록 흘러나오는 노래의 한두 소절만 듣고도 제목을 알아맞힐 가능성은 그만큼 더 높아진다. 경험이 많은 내과 의사는 환자에게 시행한 많은 검사들의 결과를 다 보지 않고서도 환자의 상태를 정확하게 진단할 수 있다. 일주일 전 회의 때 처음 들었던 의심이 점점 커져서 부동산시장의 붕괴가 임박했을지도 모른다는 공포로 부풀어 올랐다. 플로리다에서 따뜻한 햇살을 받고 앉아 있던 나는 세계 경제의 붕괴 위험성을 진지하게 고민하기 시작했다.

플로리다에서 돌아와서 처음 맞는 월요일, 오전 8시 30분이면 어김없이 시작되는 사모펀드 회의를 시작하면서 거래 환경과 관련된 질문부터 했다. 쉽지 않은 상황이었다. 기업을 매수할 흥미로운 기회들은 많았지만 가격이 너무 올라 있었다. 그런데 한 팀이 이렇게 말했다.

"아주 작은 차이로 입찰의 승패가 갈릴 것 같지는 않습니다. 다른 곳에서는 우리가 가장 높게 예상하는 가격보다 15~20퍼센트 더 높은 가격으로 매수 제안을 하고 있거든요."

그때 우리는 이미 거의 20년 동안 사모펀드 거래를 해오고 있었다. 우리가 뭔가를 잘못 생각하고 있든가(그러나 우리의 경험과 전문성을 염두에 둔다면 이 가능성은 별로 없었다), 아니면 다른 투자자들이 위험을 너무 크게 감수하고 있었던 것이다. 그렇다면 우리는 어떤 종류의 거래를 찾아야 할 것인가? 주택을 짓는 부동산 개발업체 두 곳과의 거래가 거의 성사 단계로 접근했다는 보고에 나는 순간 자리에서 펄쩍 뛰다시피 하면서 단호하게 말했다.

"우리는 지금부터 주택에는 절대로 손을 대지 않습니다."

만일 그들이 우리에게 자기 회사를 팔려고 한다면 아마도 내가 예측하는 것을 똑같이 예측하는 게 분명했다. 그럼에도 불구하고 그런 회사를 매수한다는 건 끔찍한 일이었고 끔찍한 타이밍이었다.

오전 10시 30분에 시작되는 부동산 팀과의 회의에서 나는 스페인의 콘도뿐만 아니라 다른 곳(미국도 포함되어 있었다)에 있는 모든 부동산 거래를 당장 중단해야 한다고 말했다. 그리고 나중에는 크레디트 사업부에 부동산 대출이나 부동산담보증권에 들어 있는 자산을 최대한 줄이라고 지시했다. 헤지펀드 팀에도 똑같이 지시했다. 그들은 나의 경고에 귀를 기울였으며 당시 헤지펀드 투자 사업부의 수장이었던 톰 힐은 서브프라임 모기지(신용등급이 낮은 저소득층에게 주택자금을 빌려주는 주택담보대출상품)가 폭락할 것이라고 예측했다. 그의 예측이 맞아떨어졌고 덕분에 우리는 5억 달러가 넘는 수익을 올렸다.

만일 그날 아침 렉싱턴 애비뉴에 있는 그 사무실에서 밖으로 걸어나왔다면 아마도 나는 전속력으로 돌아가는 경제를 두 눈으로 목격했을 것이다. 상점들은 사람들로 붐볐고 주식시장은 날마다 새로운 고점들을 기록했다. 사람들은 자기가 살고 있는 집의 가격이 계속 오르기만 하는 추세에 익숙해져 있었다. 심지어 내가 속한 업계에서도 사람들이 하는 얘기의 주제는 모두 끝이 없는 성장이었다. 블랙스톤의 경쟁 회사들은 어떤 거래가 시장에 나오든 우리보다 높은 가격을 제시했다. 그들은 미래를 밝은 장밋빛으로 바라봤던 것이다.

변화하는 정보를 접하고 기존의 행동을 바꾸기란 어려운 일이다. 사람들은 기존의 관행이 잘 먹히고 있을 때는 행동을 바꾸려 하지 않는다. 귀에 들리는 불협화음은 무시해버리고 만다. 그들은 나쁜 소식에 위협감을 느끼며 변화의 불확실성과 이에 따르는 힘든 일들을 몹시 두려워한다. 이런 경향 때문에 사람들은 가장 능동적이고 유연하게 대처해야 할 바로 그 순간에 수동적이고 고집불통이 되어버린다.

나는 지금까지 늘 걱정이라는 행위를 능동적이며 해방적인 활동으로 여겨왔다. 어떤 것을 걱정할 때 비로소 상황의 부정적인 측면들을 정확하게 바라볼 수 있게 되며 그런 것들을 피해 갈 수 있는 행동을 찾아낼 수 있다. 우리는 걱정할 온갖 이유를 마련하기 위해, 가공되지 않은 데이터를 확보하기 위해 블랙스톤을 창업했고 덕분에 비정상적인 특이 사항들과 패턴들을 찾아냄으로써 우리의 지적 수준을 높일 수 있었다. 이런 측면에서 걱정을 하는 것은 재미있는 작업이기도 하다. 또한 한시도 주의를 게을리 하는 것을 용납하지 않을 정도로 몰입을 요구하는 작업이다.

내가 걱정하는 리스크를 제거하는 직업이 우리의 포트폴리오 전반에 걸쳐 진행되었다. 우리는 단지 스페인의 주택시장에서만 빠져나온 게 아니라 스페인이라는 나라에서 완전히 손을 뗐다. 부동산 팀이 포착한 콘도미니엄 과잉 공급은 스페인 경제 전체를 압도할 수 있는 신용 거품을 일러주는 지표로 작용했다. 한 나라의 경제가 전체적으로 무너질 때는 제아무리 튼튼한 기업이라고 해도 버텨내지 못한다.

그로부터 얼마 지나지 않았을 때, 나는 스페인의 마드리드에서 친구들을 만나고 있었다. 우리는 피카소의 그림 〈게르니카〉를 보러 갔다. 당시 블랙스톤은 프로비던스 에쿼티 파트너스Providence Equity Partners(이하 프로비던스) 및 KKR과 공동으로 미국의 미디어 업체인 클리어 채널 커뮤니케이션스Clear Channel Communications를 인수하는 거대한 거래의 체결을 앞두고 있었다. 그런데 피카소의 그림을 바라보다가 문득 그 거래를 하지 말아야 한다는 생각이 들었다. 하필이면 그때 그런 생각이 들었던 건 마침 스페인에 있었고 스페인의 경제 상황에 대해 줄곧 비관적인 생각을 하고 있었기 때문이 아니었을까 싶다. 아니면 스페인 내전 때 게르니카라는 작은 마을에 독일 공군이 퍼부었던 폭격의 참상을 묘사한 피카소의 그림 덕분이었을지도 모른다.

아무튼 마음이 찜찜했다. 레이나 소피아 미술관Reina Sofía Museum

밖에 있는 엘리베이터로 들어설 때는 그 불편한 느낌이 한층 더 강렬해졌다. 그것은 경험에서 오는 육감이라고밖에는 설명이 안 됐다. 호텔 방으로 돌아왔을 때 나는 그 거래에서 발을 빼야겠다는 마음을 굳혔다. 프로비던스의 조너선 넬슨Jonathan Nelson에게 전화해 이런 의사를 전달하면서 단순히 신경이 예민해져서 그런 게 아니라 이성적인 판단에 따른 것이라고 설명했다. 우리 모두 그 거래를 완료하겠다는 열의로 들떠 있었지만 만일 잘못되기라도 하면 투자자들 및 회사들에 심각한 타격을 줄 수 있었다.

우리는 2001년의 기술주 거품 붕괴 이후 사들여서 강력한 가격 반등이 이뤄지는 동안 보유하고 있었던 자산들을 전사적 차원에서 매각했다. 이 회사들은 전체 경제의 경기에 따라 가격이 오르기도 하고 내리기도 하던, 말하자면 주기를 타던 회사들이었다.

2003년에 독일의 특수재료 제조업체인 셀라니즈Celanese를 샀는데, 다자인수 방식으로 소유권이 나뉘어 있던 이 회사는 그때까지 지지부진한 성장을 보이고 있었으며 투자 효율도 낮았다. 그래서 우리는 이 회사의 독일 본사 문을 닫고 미국으로 옮겨 미국 회사로 만들었다. 그후 이 회사가 미국에서 기록한 매출액은 회사 전체 매출액의 90퍼센트까지 늘어났다. 독일 회사를 그저 미국 회사로 만드는 것만으로도 회사의 자산 가치는 두 배로 늘었다. 2007년 우리는 셀라니즈의 우리 지분을 마지막으로 처분하면서 거의 다섯 배 가까운 돈을 벌었다. 그 거래는 그 시점까지를 기준으로 했을 때 우리가 했던 투자 중 가장 성공적인 투자였다.

2005년 우리의 투자 포트폴리오 70퍼센트는 주기를 타는 회사에 투자된 것이었다. 이듬해까지 이 비율은 30퍼센트로 떨어졌다. 우리는 사모펀드 거래를 효과적으로 줄여나갔고 거래량은 절반으로 줄어들었다. 나는 혹시라도 시장이 폭락한다고 해도 발목이 잡히는 일이 없어야 한다고 단단히 결심했다. 그러나 물론 거래를 줄여나가면서도 '놓칠 수 없는 기회를 놓쳐버리지 말라'는 또 다른 투자 원칙을 실현하는 상황 속으로 곧바로 달려 들어갔다.

▶ 위기 속에서 기회를 감지하는 법

문제가 발생할 것임을 예견한 사람들은 우리 말고도 있었다. 2006년 10월 우리는 〈뉴욕 타임스〉에 블랙스톤의 창업 광고가 나가고 가장 먼저 우리를 찾아준 샘 젤이 자기가 소유한 부동산투자신탁 회사를 매각하려 한다는 정보를 입수했다. 가구도 없이 휑뎅그렁하기만 하던 사무실 바닥에 퍼질러 앉아 대화를 나누었던 1985년 이후로 우리는 계속 연락을 주고받았으며 1994년에는 샘으로부터 회사 하나를 인수했다(이 회사의 이름은 그레이트 레이크스 드레지 앤드 독Great Lakes Dredge and Dock이었다). 그 후 우리의 부동산 팀은 특히 그를 면밀하게 주시했다.

샘은 진정한 기업가였다. 그는 현상에 만족하면서 머무르는 그런 인물이 아니었다. 1990년대 초반 이후 그는 일반 대중도 기업 지분을 매매하는 것과 마찬가지로 상업용 부동산의 포트폴리오 지분을 매매할 수 있어야 한다고 주장해왔다. 이런 믿음을 근거로 그는 부동산투자신탁 회사인 에쿼티 오피스 프로퍼티스Equity Office Properties(이하 에쿼티 오피스)를 창업했다.

이 회사는 사무실 건물의 지분을 거래하는 회사로서는 S&P 500 지수를 구성하는 최초의 사례였다. 회사의 자산 가치는 우리가 평가하던 무렵을 기준으로 할 때 이 분야에서 세계에서 가장 컸다. 사무실의 총면적은 1억 제곱피트(약 930만 제곱미터, 280만 평)가 넘었으며, 건물 수는 미국 전역에서 600개 가까이 되었고 그중 다수가 중요한 도시의 중요한 지역에 있었다. 그 정도의 자산을 모을 수 있다는 것 자체가 매우 드문 일이라는 건 업계 사람은 다 아는 사실이었다.

샘은 부동산 가격이 꼭대기에 도달한 시점에서 시장에서 빠져나오길 원했다. 만일 그가 물건을 팔아야 할 시점이라고 느낀다면 저 멀리서 뭔가 나쁜 일이 서서히 다가오고 있다고 믿어도 된다. 우리가 에쿼티 오피스를 매수할 경우 이 거래에서 수익을 남길 수 있는 유일한 방법은 그 거대한 파괴의 충격을 모두가 다 느끼기 전에 얼른 회사를 쪼개서 파는 것이었다.

불합리한 관행은
과감히 깨부숴라

그 무렵 우리의 부동산 사업부는 몰라보게 성장해 있었다. 아칸소의 아파트 건물을 처음 거래한 이후 우리는 수십억 달러의 투자금을 조성하고 투자했다. 또한 우리 기업의 문화를 부동산 업계에도 적용해서 기존의 기준과 전혀 다른 평판과 성실함으로 무장하고 있었다.

부동산 투자를 시작하고 여러 해가 지난 뒤에 있었던 일이다. 순수하게 부동산만 거래하는 회사에 다니면서 우리의 의뢰를 받고 온 어떤 팀장과 함께 어떤 자산 가격을 산정하는 회의를 했다. 그에게 가격을 어떻게 산정했느냐고 묻자 나로서는 도저히 알 수 없는 대답이 돌아왔다.

"어떤 가격을 원합니까?"

"그게 무슨 뜻입니까?"

"그러니까, 은행에 제시할 가격이 있고, 세무 신고용 가격이 있고, 투자금을 끌어모으기 위한 가격이 있고, 순수하고 진정한 자산 가치라고 믿는 가격이 있는데 이 중 어떤 가격을 원하느냐고요."

나는 기가 막혀서 잠시 아무 말도 하지 못했다.

"그러니까 당신이 하는 말은 물건 하나에 가격이 네 개 있다는 말이죠? 다시 말해 자기가 진정한 자산 가치라고 믿는 가격이 아닌 다른 가격을 사람들에게 말한다는 뜻이죠? 그렇지만 우리 블랙스톤에서 가격은 단 하나밖에 없습니다. 은행에든, 투자할 사람에게든, 세무 신고용이든 간에 가격은 동일합니다. 우리가 진정한 자산 가치라고 믿는 가격입니다. 우리는 사람들에게 우리가 믿는 가격을 얘기합니다. 사기를 쳐 가면서 이 사업을 하자는 게 아니에요. 우리는 옳은 일을 할 겁니다. 알아들었으면 당장 여기서 나가주세요. 만일 다음에 우리를 다시 찾을 일이 있다면 그때는 당신이 진정한 자산 가치라고 믿는 가격을 가지고 오세요. 그래야만 다시 만날 수 있을 겁니다."

그가 문을 열고 사무실에서 나간 뒤에 나는 부동산 팀을 이끄는 파트너에게 이렇게 말했다.

"저 사람을 어디서 데리고 왔습니까? 그를 제대로 훈련시키세요. 아니면 대포로 그를 날려버릴 거니까요."

부동산업계에서 목격한 또 다른 관행은 바로 재협상retrading이었다. 거래와 관련된 모든 조건이 합의된 뒤에, 심지어 계약서에 서명을 하려는 바로 그 순간에 매수자가 물건의 가격을 좀 더 깎아주지 않으면 거래를 취소하겠다고 협박하는 행태를 말한다. 매수자가 이렇게 나오면 매도자로서는 입장이 상당히 난처할 수밖에 없다. 매도자는 그 자리에 앉기까지 수많은 협상을 하고 적지 않은 거래 비용을 감당했을 것이며, 맞은편에 온 매수자 말고 다른 잠재적인 매수자들을 물리쳤을 것이다. 그런데 이제 와서 처음부터 다시 협상을 하든지, 매수자가 제시하는 낮은 가격을 받아들이든지 하라는 것은 매도자로서는 감당하기 어려운 횡포다.

만일 내가 투자은행가로서 그런 식으로 행동했다면 진즉에 매장되어 지금의 나는 존재하지도 않을 것이다. 기업 거래에서 누군가 제시된 가격에 동의하고 특별한 변동 사항이 없었다면 애초에 합의했던 약속을 지켜야 한다. 그렇지 않을 경우에는 그 누구도 그의 말을 믿지 않을 것이다.

그런데 부동산업계에서 오랜 세월을 보냈던 사람들은 마음에 드는 물건을 붙잡기 위해 높은 가격을 부른 다음 막판에 가서 가격을 후려치는 것이 통상적인 관행이라고 말했다. 하지만 그런 건 내겐 통하지 않았다. 우리는 다른 사모펀드 사업에서 요구되는 기준과 동일한 기준, 즉 엄정한 분석, 철저한 규율, 확실한 신뢰를 적용해 부동산 거래를 하겠다고 했다. 단기적으로는 우리가 원하는 부동산 물건을 놓칠지 모르겠지만 장기적으로는 진실을 이야기하는 회사로서의 명성을 유지할 수 있기 때문이다.

존 그레이Jon Gray는 1992년 블랙스톤에 입사해서 그로부터 13년이 지난 2005년에는 부동산 사업부를 이끌고 있었다. 그는 처음엔 사모펀드에서 출발했다. 그런데 1995년에 우리는 맨해튼의 8번 애비뉴에 전체 구역을 차지하고 있던 상업 및 주거용 복합 건물 월드와이드 플라자Worldwide Plaza 매수 전쟁에 뛰어들었고, 부동산 팀이 지원을 요청해서 우리는 존을 보냈다. 존은 거래의 복잡한 세부 사항들을 꼼꼼하게 검토했으며 마침내 거래를 체결하는 데 성공했다. 그는 존 슈라이버와의 인간관계를 돈독하게 쌓았고, 그로부터 부동산 투자자로서의 엄청난 행보가 시작되었다.

존은 그 뒤 여러 해 동안 우리 부동산 사업부의 성장 엔진에 가속기를 달아준 두 개의 중요한 혜안을 가져다주었다. 하나는 규모가 더 큰 매수 계약을 체결하기 위해 상업용주택담보부증권Commercial Mortgage-Backed Securities, CMBS을 사용하는 것이었다. 이것은 새로운 유형의 증권이었다. 전통적으로 상업적인 자산을 사들이기 위해 대출이 필요할 때 은행이나 그 밖의 대형 기관에서 돈을 빌린다. 그런데 이 새로운 증권은 이자율이나 만기가 동일한 주택담보부증권을 여러 개 모아 하나로 합친 다음 이것을 증권화해서 투자자들에게 판다.[18]

이렇게 하면 대출채권은 유동성은 한결 높아지고 보다 더 쉽게 거래가 가능한 자산으로 전환된다. 은행은 자기가 가진 대출채권을 판매하는 일이 쉬워질수록 보다 많은 대출을 해줄 수 있게 되며, 채무자가 부담해야 하는 대출 이자도 그만큼 줄어든다. 요컨대 우리로서는 이 증권을 동원함으로써 보다 큰 규모의 거래를 성사하는 데 필요한 자금을 더 낮은 금리로 많이 빌릴 수 있었다.

두 번째 통찰은 주식시장에 공개된 기업들 중에는 많은 자산을 보유하고 있는 어떤 기업의 가치가 모든 개별 자산의 합계 금액보다 낮게 평가되는 경우가 많다는 사실이었다. 부동산 투자자들은 우리처럼 방대한 지적 자산이나 금융 자산을 가지고 있지 않은 개인 기업 또는 가족 기업인 경향이 있었다. 그런데 이들은 수십 년에 걸쳐 용도 변경이나 수리가 필요한 상태가 제각각인 건물들을 수없이 많이 축적했을 수 있다. 그렇기 때문에 만일 적절한 타이밍에 어떤 부동산 회사를 상대로

---

18 이렇게 할 경우 단일한 주택담보부증권들의 리스크가 여러 개로 분산되는 효과가 있다.

그 회사가 소유한 모든 부동산 물건에 대해 좋은 가격을 제시하기만 하면 이 제안은 쉽게 받아들여질 수 있다.

그 회사로서는 자기의 포트폴리오 내역을 꼼꼼하게 따져서(즉 개별 부동산이 가지고 있는 가치를 일일이 꼼꼼하게 산정해서) 적절한 가치를 평가할 수 있는 인력도 없고, 그만큼의 끈기도 가지고 있지 않으며, 이렇게 높은 가격을 제시하는 다른 매수자를 찾기 어려울 것이기 때문이다. 우리에게는 각각의 부동산의 가치를 평가하고 보수를 통해 가치를 높이고 우리가 구축한 인간관계의 네트워크를 통해 완벽한 매수자를 찾아낼 전문가들이 있었다. 다른 사람들은 할 마음도 없고 능력도 없는 그 모든 작업을 수행함으로써 우리는 '시중 가격'street value과 우리가 정확한 분석을 통해서 산정하는 가격인 '실질가격'screen value 사이의 차이만큼 수익으로 남길 수 있다. 그런 작업을 통해 리스크를 줄이고 보상을 높이는 것이다.

우리는 존을 글로벌 부동산 사업부의 공동책임자로 임명했다. 차세대에 대한 우리의 믿음을 다시 한번 강화하는 조치였다. 존은 다른 회사의 책임자들에 비하면 나이도 어리고 경험도 적지만 우리 회사의 기업 문화를 구현했으며 주어진 기회를 놓치지 않았다. 2006년 6월 그는 우리의 다섯 번째 부동산 펀드이자 역대 최대 규모인 투자 약정금 52억 5,000만 달러의 부동산 펀드를 조성했다.

에쿼티 오피스를 매수하고자 하는 우리의 움직임이 본격화되면서 존의 리더십, 우리의 독특한 문화, 우리의 참신한 투자 자금 조성 접근 방식, 거래를 체결로까지 연결하는 우리의 솜씨, 가장 최근 펀드 중 상당한 금액이 동원될 참이었다. 그렇게 우리는 금융 폭풍의 눈 한가운데로 뛰어들 준비가 되어 있었다.

17

정보는 사업을 할 때 가장 중요한 자산이다.
많이 알면 알수록 더 많은 통찰력을 가질 수 있고
특정한 패턴이나 특이점을
더 잘 포착해서 경쟁우위를 가질 수 있다.
사람이든, 경험이든, 지식이든
당신에게 들어오는 새로운 것들에
언제나 문을 활짝 열어두어라.

제5장

리스크를 줄이는 최고의 방법은 시간을 끌지 않는 것이다

블랙스톤이 부동산 빅딜을 성사시키는 방법

에쿼티 오피스 매수는 역대 그 어떤 부동산 거래와 비교하더라도 규모가 예닐곱 배는 되었다. 이 거래의 규모는 너무도 커서 약간의 계산 착오만으로도 엄청난 재앙을 가져올 수 있었다. 따라서 우리가 팔 수 없는 건물들과 갚을 수 없는 부채에 발목이 잡힐 수 있는 위험을 감수해야 했다. 하지만 제대로만 진행한다면 돌아오는 수익은 어마어마하게 클 것이었다.

존은 이런 압박감을 잘 이해했으며 신속하게 움직였다. 우리는 경쟁자들보다 한발 앞서 그 회사의 모든 것을 알아야 했다. 아울러 진지한 매수 가격을 제시함으로써 매수 의사를 분명히 밝혀야 했다. 2006년 11월 2일, 우리는 시장 가격에 8.5퍼센트의 프리미엄을 붙인 가격을 제시했고 에쿼티 오피스는 매도 의향을 밝혔다. 부동산업계 전체가 후 끈 달아올랐다. 수많은 투자자들이 온갖 다양한 컨소시엄을 구성해서 우리를 따돌리려고 나섰다. 이때 샘은 자기가 원하는 것을 가지고 있었 다. 바로 복수 입찰자 방식의 경매였다.

보통은 이런 경우의 거래에서 잠재적인 매수자들은 매도자와 매매 결렬 보상금 지급과 관련된 협상을 하는데, 이는 매도자가 A라는 잠재 적인 매수자와 거래를 체결할 경우 입찰에 참가하는 B 혹은 C라는 다 른 잠재적 매수자에게 입찰 과정에서 시간 및 법률과 회계 같은 형태 로 지출한 모든 비용을 보상해주기로 합의하는 방식이다. 만일 그 거 래가 크게 인기가 없다면 매도자는 리스크를 낮추고 싶어 하는 잠재적 인 매수자들을 많이 끌어들여야 하므로 보상금을 높게 설정한다. 그러 나 반대로, 거래가 인기가 높으면 매도자는 보상금으로 지급할 금액을 최대한 낮추려고 한다. 이런 거래에서의 표준적인 보상금은 거래액의 1~3퍼센트다. 그런데 에쿼티 오피스 건은 시장에서 상당히 많은 관심 을 끌었기 때문에 샘은 보상금을 3분의 1퍼센트로 하자고 주장했다.

입찰 과정이 진행되면서 우리는 경쟁에 참가할 여러 가지 방법을 모 색했다. 물건의 가격이 높을수록 수익을 남기려면 더 많은 전략을 준비 하고 있어야 했다. 우리는 에쿼티 오피스의 개별 자산을 (에쿼티 오피스 를 최종적으로 매수한다는 전제 아래에서) 예약 판매할 수 있도록 허락해 달라고 샘에게 요청했다. 만일 에쿼티 오피스의 자산을 사겠다는 사람 들을 일정한 수준으로 확보할 수 있다면 보다 큰 자신감을 갖고 입찰 가격을 높게 쓸 수 있었기 때문이다. 그러나 샘은 거절했다. 수십 년에 걸쳐 자기의 피땀으로 일군 에쿼티 오피스를 잘게 쪼개지 않고 통째로 팔아넘기고 싶었던 것이다. 그랬기에 거래가 체결되기도 전에 회사가 쪼개지는 것을 원하지 않았다.

우리는 다시 보상금을 거래액의 3분의 1퍼센트인 1억 달러가 아니라 보다 합리적인 1과 3분의 1퍼센트, 약 5억 5,000만 달러로 올려달라고 요청했다. 그래야만 우리가 입찰 과정에서 지출할 비용을 보전하고 투자자들에게 수익을 안겨줄 수 있었기 때문이다. 그러자 샘은 마지못해서 동의했다. 우리로서는 보다 더 높은 가격을 써낼 수 있는 어떤 근거가 필요했고, 샘으로서는 우리를 계속 협상 테이블에 앉혀둘 필요가 있었기에 가능했던 협상 결과였다.

이처럼 큰 거래를 체결하려면 주요 은행들로부터 대략 300억 달러나 되는 어마어마한 금액의 자금을 융통해야 했다. 물론 이 큰 금액을 은행 한 곳에서 조달할 수는 없었다. 그래서 우리는 여러 은행들을 찾아다니면서 (이것은 일반적인 관례다) 다른 경쟁 입찰자들을 제외하고 우리에게만 대출을 해달라고 설득했고, 이 설득이 통했다. 주요 은행들이 다른 입찰자들에게 돈을 빌려주지 않아서 다른 입찰자들이 매수 대금을 마련하지 못하고 있다는 얘기가 샘의 귀에 들어갔고, 샘은 존을 월도프 아스토리아 호텔로 불렀다. 그리고 우리가 주요 은행들을 독점한다면 자기가 어떤 일을 할 것인지 '아주 생생한 표현'을 동원해 설명했다.

여러 우여곡절을 거치면서 거의 모든 경쟁자가 떨어져나갔고 우리와 보나도Vornado만 남았다. 보나도는 샘의 친구인 스티브 로스Steve

Roth가 소유하고 있던 부동산 상장 법인이었다. 5억 5,000만 달러의 보상금을 받고 물러날 것인지, 끝까지 경쟁할 것인지 결정해야 했고 이를 위해 존 그레이, 존 슈라이버, 토니 그리고 내가 만났다.

어쨌거나 그 돈이면 우리 투자자들에게는 나쁘지 않은 보상이었다. 그러나 에쿼티 오피스를 성공적으로 매수했을 때의 수익은 비교할 수 없을 만큼 어마어마하게 컸다. 결국 우리는 입찰 가격을 주당 52달러로 결정했다. 이 가격은 우리가 1차로 제시했던 가격보다 9퍼센트 높은 가격이었다. 그러나 이 거래에는 거래의 오랜 원칙인 '매수자 위험 부담'이 동반되었다. 나는 존과 그의 팀에 이렇게 말했다.

"이 거래는 정말 위험하네. 나는 이 회사의 절반을 계약 체결과 동시에 즉각적으로 이문을 붙여서 팔아버리고 싶어. 나머지 절반의 가격을 보다 보수적으로 가져가기 위해서라도 그렇게 할 필요가 있네. 계약서에 서명을 하는 당일에 그 절반을 팔아치우고 싶고 더 시간을 끌고 싶지 않네. 매수하는 당일에 곧바로 매도를 실행해야 한다고."

탁자에 둘러앉은 모든 사람이 얼어붙었다. 도대체 말이 되는 소리인가? 그런 것을 상상하는 것조차 초현실적이었기 때문이다. 그러나 나는 진심이었다. 까딱하다간 그 거래 때문에 우리가 파산할 수도 있었기 때문이다.

"매수 당일에 곧바로 매도를 실행할 방법이 있을까요? 샘은 예약 판매는 절대로 안 된다고 이미 못을 박아뒀는데요."

누군가가 그렇게 말했다. 나는 샘과 이미 20년 동안이나 알고 지냈으며 그가 어떻게 행동하는지도 봤다. 그가 최대한 높은 금액을 원한다는 것을 알고 있었다. 이제 우리는 거래에 가장 가까이 다가갔으므로 그가 더는 세부적인 사항을 두고 미주알고주알 따지지 않을 것이라고 짐작했다. 경매 초기 단계에서 그가 했던 말들은 모두 전술적인 차원에서 나온 발언이지, 불변의 원칙은 아니라고 판단했다. 우리가 요청하는 내용은 우리가 거래를 끝까지 마무리하는 데 꼭 필요한 것이며, 그가 생각하는 공정함의 범위 안에 충분히 놓일 수 있다는 게 내 생각이었다. 나는 이렇게 말했다.

"가서 샘에게 말하게. 만일 우리가 협상 테이블에 계속 앉아 있길 원한다면 에퀴티 오피스 자산의 판매에 동의하라고. 우리가 예약 판매를 한다고 해서 샘에게 불리할 게 뭐가 있겠나? 그래도 정 싫다면 우리가 돈을 조금 더 얹어주면 되지. 그러면 샘도 받아들일 거야."

과연 샘은 그랬다. 다음번 입찰에서 보나도가 우리를 눌렀지만 우리의 예약 판매 권리가 모든 것을 바꿔놓았다. 뉴욕 부동산업계의 큰손인 해리 맥클로Harry Macklowe가 뉴욕에 있는 일곱 개의 고층 상가 건물을 70억 달러에 사겠다고 제안했는데, 이는 우리가 지급할 대금의 18퍼센트에 가까운 금액이었다. 그뿐만 아니라 시애틀과 샌프란시스코, 시카고 등 전국 각지에서 샘이 건설한 제국의 일부를 사겠다는 매수자들이 우리를 찾아왔다. 그들은 부동산시장이 천장에 거의 다다랐다는, 천년에 한 번 올 정도로 거대한 규모의 홍수가 임박했다고 바라보는 우리의 전망과 다른 생각을 하고 있었다. 그들은 에퀴티 오피스의 조각 하나를 확보하는 것이야말로 부동산의 영예로운 트로피를 가질 수 있는 귀하디귀한 기회라고 생각했던 것이다.

슈퍼볼 일요일인 2월 4일까지[19] 우리와 보나도는 두 차례의 입찰을 추가로 더 했다. 보나도가 써낸 가격은 우리가 써낸 가격과 동일했지만 우리의 제안에는 샘에게 유리한 몇 가지 조건이 포함되어 있었다. 존은 우리가 경쟁에서 이기려면 경기 초반에 우리의 제안을 수정할 필요가 있다는 내용의 전화를 받았다. 그는 시카고 외곽에서 성장했으며 평생 동안 베어스의 팬으로 살았고 지금도 그렇다. 베어스는 인디애나폴리스 콜츠와 경기했고, 베어스에 입단한 지 얼마 되지 않았던 데빈 헤스터가 오프닝 킥오프로 터치다운을 노렸다. 그러나 존은 일을 해야 했기에 텔레비전에서 눈을 떼야만 했다.

월요일 아침에 존 그레이, 존 슈라이버, 토니 그리고 나는 1주당 55.50달러로 가격을 조금 높이기로 했다. 이 가격은 경매가 시작되었던 시점의 주식시장 가격에 비해 약 24퍼센트나 높은 가격이었다. 우리의 최종적인 제안은 모두 현금이었고 에퀴티 오피스 평가액은 부채를 포함해서 390억 달러였다. 반면 보나도의 최종 제안은 일부 현금에 일부 주식이었다. 샘이 에퀴티 오피스를 팔아넘기는 목적이 부동산에서 발을 빼는 것임을 우리는 알고 있었다. 그가 정말 바라지 않았던 것은 다른 부동산회사의 주식이었다. 존은 그날 오후 우리의 제안을 제시했고 보나도는 결국 포기했다. 우리가 이긴 것이다.

그러나 우리에게는 축배를 들 여유가 없었다. 나는 에퀴티 오피스의 매수 계약서에 서명하는 그날에 이 회사가 보유하고 있는 자산의 상당

───── 19 슈퍼볼 대회는 미국 시간으로 2월 초 첫 번째 일요일에 열린다.

부분을 팔아치워야 한다고 줄곧 주장했다. 부동산 팀의 모든 이들이 각자 고객을 만나는 방에서 계약 체결의 순간을 기다리고 있었다. 그들은 벌써 여러 날 동안 매수자들의 명단을 정리하고 관련 문서들을 정리하는 등의 준비를 해오고 있었다. 샘과의 계약이 끝났으므로 이제는 수십억 달러 가치의 자산을 팔아치울 차례였다. 그 모든 일이 끝날 때까지 아무도 퇴근하지 않았고 아무도 잠을 자지 않았다.

그 거래들 하나하나가 모두 작은 것들이 아니었다. 그랬기에 우리의 거래들은 부동산시장을 뒤흔들었다. 우리는 부동산시장 역사상 가장 규모가 큰 물건을 매수했으며 바로 그날 굵직한 매도 거래들을 추진했다. 이 거래와 관련된 작업을 하는 회의실에서는 그야말로 악취가 진동했다. 직원들이 며칠 동안 샤워도 하지 못했기 때문이다. 전령들은 이 사무실에서 저 사무실로, 이 층에서 저 층으로 부지런히 오갔다.

우리는 해리 맥클로와의 계약 체결을 완료했다. 그런데 타이밍만 놓고 보면 블랙스톤은 해당 부동산을 실질적으로 소유하지도 않았으므로 해리가 샘에게서 직접 사는 것이나 다름없었다. 시애틀과 워싱턴의 사무실 약 30만 평을 63억 5,000만 달러에 팔았다. 로스앤젤레스와 샌프란시스코의 사무실은 각각 거의 30억 달러에 육박했다. 포틀랜드, 덴버, 샌디에이고, 애틀랜타 사무실은 각각 10억 달러였다. 우리는 매수 대금으로 치렀던 금액의 절반 이상을 신속하게 회수했다. 매수할 때 지급했던 돈을 놓고 따지면 엄청난 수익을 남겼음은 말할 것도 없다.

일이 끝나고 우리는 이틀 동안 쉬었다. 다들 집으로 돌아가서 몸을 씻고 잠을 잤다. 그러나 그 이틀 동안에도 내 마음은 계속 들끓었다.

지금 얼마나 잘하고 있는지는 나중에 알게 된다

에쿼티 오피스 거래를 체결하고 일주일이 지났다. 나는 60대가 되었다. 친구들이 생일을 맞을 때마다 나는 전화를 해서 〈해피 버스데이〉 노래를 불러주었다. 친구가 전화를 받지 못할 때는 자동응답기에 노래를 남겼다.

할아버지가 40대에 돌아가셨기 때문에 나는 늘 내가 일찍 죽을 것이라는 생각에 사로잡혀 살았다. 10대 때는 교통사고로 두 번이나 죽을 뻔했고 1992년에는 중동에 여행을 갔다가 결핵에 걸렸다. 현대적인 의약품이 없었다면 아마도 죽었을 것이다. 1995년에는 할아버지를 죽음으로 내몰았던 정맥염에 걸렸다. 2001년에는 심장 동맥이 95퍼센트 막혔고 스텐트 두 개를 삽입하는 수술로 이 문제를 해결했다. 그때 이후로 나는 날마다 항응고제인 쿠마딘을 복용하는데, 이 약 덕분에 생명을 유지하며 살아가고 있다. 그래서 해마다 생일을 맞을 때면 내가 여태껏 건강하게 살아 있다는 사실이 늘 새삼스럽게 고맙다. 이보다 더 좋은 건 없다.

크리스틴은 내 인생에 커다란 기쁨을 안겨주었다. 그녀는 가족이나 친구가 함께하는 파티를 준비한다든가 그들과 휴일을 함께 보내는 것을 무척 좋아했다. 크리스틴과 나는 뉴욕에서 보내는 나의 예순 번째 생일을 기억에 남는 날로 만들기로 했다. 케이크도 없고 축배도 없었지만 우리가 가깝게 지내던 600명의 사람들과 함께 축하 행사를 벌이기로 한 것이다. 춤을 추는 것을 무척 좋아하는 크리스틴은 가수 패티 라벨을 부르고 우리가 좋아하던 로드 스튜어트에게 공연을 부탁했다. 부모님, 아이들, 형제들 및 그들의 가족들, 고등학교와 대학교 때 친구들, 뉴욕에 사는 친구들이 모두 잘 차려입고 참석했다. 대단한 밤이었다. 그러나 이 파티를 다룬 언론 기사는 우호적이지 않아서 이렇다 저렇다 말들이 많았다.

크리스틴은 기념 선물로 가족과 친구들의 기억을 모아 책으로 만들었다. 딸 지비는 7학년 때 《공산당 선언》[20]을 읽어오라는 숙제가 있었는데, 내가 그 책에 대한 이념적인 의구심을 접어두고 자기와 함께 그 선언을 한 줄씩 끝까지 읽었다는 기억을 그 책에 담았다. 아들 테디는 밤에 잠을 잘 때 내가 자기 방으로 와서 잘 자라고 인사를 한 다음 시트를 팽팽하게 당겨주고는 매트리스를 약 30초 동안이나 흔들어주곤 했다고 기억했다. 우리는 그 동작을 '밀크셰이크'라고 불렀다. 또 테디는 학교에서 운동 경기를 할 때 자기 팀의 실력이 끔찍할 정도로 형편없었지만 내가 가서 비치체어에 앉아 지켜보면서 쉬지 않고 전화 통화를 했다는 것도 기억했다.

부모라면 누구나 사람들에게 인정받을 수 있을 정도로 일을 충분히 잘해야 하는 것과, 충분히 많은 시간을 집에서 보내며 아이들과 정서

───── 20 카를 마르크스와 프리드리히 엥겔스가 공산주의자 동맹의 이론적이고 실천적인 강령으로 삼기 위해 공동으로 집필한 선언문.

적인 교감을 나누는 것 사이의 균형을 잘 잡으려고 노력한다. 그러나 막상 당시에는 자기가 얼마나 잘하는지 알지 못하고 나중에 돌아봤을 때 비로소 알게 된다. 내 예순 번째 생일의 밤, 나와 가까운 사람들이 기억하는 내 모습을 보면 내가 인생을 그다지 나쁘게 살았던 것 같지는 않다.

> 시장이 끓어오를 때 리스크에 대비하라

다시 일하러 돌아와서 나는 부동산 팀을 대회의실로 소집했다. 청소를 잘해놓은 덕분에 오랜만에 회의실의 공기가 신선했다.

"여러분은 정말 유례가 없을 정도로 힘든 노력을 기울였습니다. 우리는 역사상 그 어떤 회사도 이루지 못한 업적을 기록했습니다. 규모 자체가 완전히 다른 거래를 성사시킨 겁니다. 여러분이 해낸 일은 믿을 수 없을 정도로 놀라운 위업입니다. 축하합니다!"

사람들이 그 순간을 충분히 즐길 수 있도록 나는 말을 잠시 끊었다.

"그런데 바로 지금, 우리는 그 일을 한 번 더 하려고 합니다."

50쌍의 눈동자가 내 입에서 무슨 말이 이어질지 집중했다.

"우리는 아직 남겨놓은 나머지 절반을 털어낼 필요가 있습니다. 장기적으로 가면 우리는 돈을 적게 벌 것입니다만 아무래도 더 안전하긴 할 겁니다. 우리는 최고로 꼽히는 자산들 중 100억 달러 가치의 자산만을 보유하는 것을 목표로 삼아야 합니다. 지금 우리는 여전히 시장 한가운데 있습니다. 시장은 뜨겁게 달아올라 있습니다. 그러니 계속 달궈봅시다. 시장이 이처럼 뜨거울 때 뭔가 나쁜 일이 곧 일어난다는 사실은 여러분도 잘 알고 있을 겁니다."

그 후 여러 주에 걸쳐서 우리는 추가로 100억 달러를 팔았다. 두 달 사이에 우리는 400억 달러 규모의 부동산을 사고 300억 달러 규모의 부동산을 팔았다. 8주 동안에 무려 700억 달러 규모의 부동산 거래를 한 것이다. 그 모든 일을 끝냈을 때 대략 6,500만 제곱피트(약 600만 제곱미터, 183만 평)의 공간을 1제곱피트당 461달러에 팔았다. 이에 비해 우리가 계속 보유하던 3,500만 제곱피트(약 325만 제곱미터, 98만 평)의 최종 가격은 1제곱피트당 273달러로 떨어져 있었다. 우리는 전 세계 부동산시장에서 유례없는 규모와 속도로 움직였다. 우리는 투자자들을 보호하고 그들에게 이익을 안겨주기 위해 우리가 할 수 있는 모든 수단을 동원해서 리스크를 줄였다.

18

시간은 모든 거래에 상처를 입힌다.
때로 이 상처는 치명적이다.
오래 기다리면 기다릴수록
그만큼 더 큰 충격이 뒤따르는 경우가 많다.
힘든 협상을 할 때는
그 자리에서 합의가 도출될 때까지
충분히 오랜 시간 동안 관련된 모든 사람이
협상 테이블에 앉아 있도록 하라.

제6장

모험을 멈추지 마라

사모펀드 사상
첫 IPO를 추진하다

샘 젤이 내게 전화했던 그 무렵에 우리는 블랙스톤에서 또 하나의 큰 변화를 만들어가고 있었다. 시티 은행의 기업금융 부문 책임자였던 마이클 클라인Michael Klein이 2006년 5월의 어느 일요일 이른 아침에 전화해서 좋은 아이디어가 하나 있다고 했다. 너무나 멋진 아이디어라서 직접 만나서 얘기하고 싶다고 했다. 나는 시간이 되면 해변에 있는 내 집으로 오라고 했다. 우리는 포치에 앉아 함께 아침 식사를 했다. 식사를 마칠 때쯤 마이클은 블랙스톤을 주식시장에 상장하는 게 어떠냐고 제안했다.

그때까지 사모펀드 회사가 상장된 전례는 없었다. 그해 5월 KKR이 가장 근접하기는 했었다. 네덜란드 지사에서 증권을 발행하는 방식으로 투자 펀드를 위한 자금을 조성했던 것이다. 이는 혁신적인 행보였다. 우리 같은 회사들로서는 몇 년 뒤에 투자금을 돌려준다는 약속 아래 기관투자자들로부터 투자를 받는 것이 기본적이고 전통적인 운영 방식이었다. 그런데 KKR이 공개시장에서 54억 달러나 되는 투자금을 조성했던 것이다. 게다가 이 돈으로 투자를 하고 돌려주지 않아도 되었다. KKR은 네덜란드에서 상장함으로써 미국에서는 당연히 해야 하는 보고서 제출의 의무를 지지 않아도 되었다.

KKR의 동료와 경쟁자 모두 그 거래를 연구했고 과연 어떻게 변형해 적용하는 게 자기에게 맞을지 고민했다. 마이클은 블랙스톤이 단순히 단일한 펀드를 위한 투자금을 조성하는 데서 그치지 않고 한 걸음 더 나아가야 한다고 주장했다. 자문 서비스와 크레디트 서비스, 그 밖의 투자 서비스를 제공하는 사업부뿐만 아니라 모든 펀드를 관리하는 회사인 블랙스톤의 이름으로 주식을 발행해야 한다고 했다.

이런 결정을 내린다면 피트와 내가 1985년에 창업한 회사로서는 엄청나게 큰 변화를 감당해야만 했다. 기업공개에 성공하기만 한다면 블랙스톤에 투자하는 자금은 항구적으로 들어올 것이며 블랙스톤은 보다 넓은 부문으로 확대될 수 있었다. 설령 시장 상황이 나빠진다고 하더라도 회사의 유지를 걱정하지 않아도 될 것이다. 블랙스톤의 파트너들도 일정한 시간이 지난 뒤에는 원한다면 자기 소유의 지분을 팔 수도 있다.

그러나 기업공개는 통제와 소유권이라는 점에서 문제될 수 있었다. 상장회사가 되면 회사의 모든 사정을 낱낱이 공개적인 조사에 노출시켜야만 한다. 그때까지 우리는 비상장회사로서의 자유재량과 유연성을 마음껏 누려왔는데 이런 점을 포기해야 한다는 뜻이었다. 우리는 우리 자신과 우리에게 투자한 사람들(유한책임사원)만 책임지면 되었지만, 상장회사가 되면 기대하던 수익이 나지 않거나 회사의 주가가 떨어지기라도 하면 (장기적인 수익이 아무리 좋다고 해도) 분기마다 조사를 받고 질문을 받고 심지어 공격까지 받을 수 있었다. 그러면 회사의 경영진은 공개시장의 비합리적인 압력에 종속될 수밖에 없고, 따라서 단기적이며 부실한 의사결정이 나올 수밖에 없었다. 하지만 만일 기업공개에 성공하기만 하면 블랙스톤은 경쟁자들을 젖히고 앞으로 훌쩍 나갈 수 있었다.

나는 마이클의 제안을 한동안 혼자 간직한 채로 곰곰이 생각했다. 니코 증권은 10년이 넘는 세월 동안 우리의 훌륭한 사업 동반자로 함께해 오다가 1999년에 법률적 차원의 규제 때문에 자기 주식을 처분해야만 했다. 당시 우리는 블랙스톤의 지분 7퍼센트를 우리의 가장 믿음직한 투자자였던 AIG에 팔았는데, 그때 블랙스톤의 가치는 22억 5,000만 달러로 평가를 받았다. 그런데 2006년에 마이클이 했던 계산으로는 블랙스톤의 가치가 350억 달러였다. 이게 사실이라면 AIG의 투자 가치가 7년 만에 15배 이상 상승한 셈이었다.

기업공개 이야기를 토니에게 하자 그는 망설이지도 않고 긍정적인 반응을 보였다. 기업공개를 하면 주식을 사용해서 인수합병에 나설 수도 있고 최고의 인재를 확보할 수 있을 것이라고 했다. 또 직원들에게 각자의 개별적인 사업 영역과 연관된 보너스를 주지 않고 주식으로 보상해줄 수 있을 것이라고 했다. 아울러 이 구조는 우리의 '하나의 회사'one-firm 문화를 강화할 것이라고도 했다. 주식을 발행해서 조성된 돈 덕분에 머지않아 닥칠 금융계의 한파 속에서도 재정적·심리적으로 안도할 것이며 곧 은퇴할 피트에게도 넉넉한 보상을 해줄 수 있었다.

기업공개 이야기를 회사에서 토니 다음으로 한 사람은 최고재무책임자CFO 마이클(마이크) 푸글리시Michael Puglisi였다. 그는 블랙스톤이 상장회사에 걸맞은 내부 체계를 갖추고 있지 않다고 했다. 이런 체계를 구축하려면 이미 한계 수준에 다다를 정도로 많은 일을 하고 있는 직원들에게 더 많은 일을 요구해야 한다고 했다. 아울러 기업공개를 정말 진지하게 생각한다면 본사에서 멀리 떨어진 곳에서 비밀 팀을 운영하는 것이 좋겠다는 말을 덧붙였다.

무엇이 바람직한 구조인지를 두고 생각할 거리가 많았다. 비상장 기업으로서 우리는 우리가 진행하는 투자 사업에 자본을 투자한 투자자들에게 이른바 '수탁자로서의 책임'을 지고 있었다. 이들은 명쾌한 전략과 장기적인 안목을 가진 노련한 투자자들이었다. 그러나 기업을 공개해서 상장회사가 되면 주주들에 대한 책임까지도 함께 져야 했다. 우리 투자자들은 자기 돈을 투자한 다음 우리가 투자 운용을 하는 동안 몇 년씩 기다리는 데 익숙했다. 그러나 새로운 주주들은 자기 주식의 가치 등락을 하루 단위로 추적할 터였다. 다시 말해 이 두 집단의 이해관계가 늘 같을 수는 없었다.

토니는 세부적인 사항들을 철저하게, 비밀리에 파악하는 것이 우선이라고 주장했다. 그는 블랙스톤의 그 누구도 기업공개 소문 때문에 산만해져서 일을 제대로 못하게 되는 상황은 절대로 없어야 한다고 했다. 또한 회사 내에 정치나 뒷담화가 뿌리내려서도 안 된다고 했다. 그는 우리의 법률고문인 로버트(밥) 프리드먼Robert Friedman을 불러 마이크와 함께 만나는 게 좋겠다고 제안했다.

이렇게 마련된 자리에서 나는 아직 마음을 정하지 못했다고 말했다. 만일 우리가 기업공개의 길을 걸어간다면 나로서는 결코 양보할 수 없는 세 가지 조건이 있다고 밝혔다. 이 조건들이야말로 우리 안에 있을 수 있는 다양한 이해관계 속에서 올바른 중심을 잡아줄 것이라고 믿었기 때문이다.

첫째, 우리에게 투자를 하는 투자자들과 주주들 사이에 갈등이 생겨서는 안 되었다. 둘째, 피트와 내가 최초의 40만 달러 투자를 가지고서 수십억 달러 가치의 자산으로 일구었으니만큼 세상 사람들이 우리에게 회사 운영에 대해 이래라저래라 하는 것을 나는 바라지 않았다. 블랙스톤은 나의 기업가적인 열정과 토니의 조직가적 재능이 합쳐진 회사로 우리의 문화를 그 누구도 훼손해서는 안 되었다. 만일 기업공개로 우리 문화가 깨질 위험에 노출된다면 절대로 기업공개를 하지 않을 것이라고 못 박아 말했다.

마지막으로, 나는 블랙스톤의 운영과 통제에 대해 100퍼센트의 권한을 갖고 싶었다. 이것만이 창업자로서 내가 갖는 블랙스톤의 전략적 전망을 확고하게 유지할 수 있을 뿐만 아니라 회사를 하나로 단단히 묶을 수 있는(과거에 리먼브라더스가 그랬던 것처럼 분파로 나뉘어 전쟁을 벌이는 일이 일어나지 않도록 하는) 가장 확실한 길이라고 봤다. 인사 문제나 보상 문제에 대해 내가 여전히 최종적인 결정권을 가질 때 블랙스톤은 하나로 단단히 뭉쳐서 번영의 길을 걸어갈 것이라고 믿었다.

이 세 가지 조건만 충족된다면 기업공개를 고려해볼 수 있었다. 나는 토니와 밥, 마이크에게 이런 조건들이 가능한지 비밀리에 알아보라고 요청했다. 만일 회사 밖에 있는 사람들을 상대로 정보나 통찰을 구할 때는 블랙스톤이 아니라 우리가 소유한 어떤 회사의 미래와 관련된 얘기인 것처럼 포장해서 말을 하기로 입을 맞췄다. 철저한 보안이 중요했다. 우리가 기업공개를 염두에 두고 있다는 말이 조금이라도 새나가면 치명적이었고, 나는 그게 두려웠다.

몇 주 후 마이크와 밥이 토니와 나를 만나러 왔다. 두 사람은 싱글벙글 웃고 있었다. 통제와 관련된 두 가지 쟁점을 해결할 방안을 찾았다고 했다. 공개시장에서 주식을 발행하면서도 합자회사의 자격을 유지할 수 있다는 것이었다. 외부 투자자는 이사회 구성원이나 무한책임사원을 임명할 권한을 가질 수 없고 그 권한은 나에게만 있다.[21] 그렇다면 내가 제시한 조건을 충족할 수 있었다. 그 경우 우리는 독립적인 성격의 외부 감사들을 지명해서 감사위원회를 구성할 필요가 있었다. 그 덕분에 내가 회사를 통일성을 갖춘 유기적인 조직으로, 즉 내가 적합하다고 판단하는 방식으로 계속 유지할 수도 있었다.

투자자들을 위해 최선을 다할 수 있어야 한다는 쟁점에 대한 해결책

---

21 무한책임사원과 유한책임사원 각 1인 이상으로 구성되는 이원적 조직의 회사다. 블랙스톤에서 유한책임사원은 투자를 한 투자자들이다.

은 한층 더 단순했다. 바로 공시였다. 장차 우리 회사의 주주가 될 수도 있을 사람들에게 우리가 가장 중요하게 여기는 의무는 우리 펀드에 투자한 투자자들이라고 명백하게 밝히기만 하면 되었다. 만일 우리가 그 의무를 다한다면 주주들에게도 이익이 돌아갈 터였다. 내가 최대 주주이므로 주주들은 내 이해관계가 자기의 이해관계와 다르지 않음을 잘 알 터였다.

이런 조정은 다른 어떤 복잡한 법률적인 약속보다 한층 더 강력했다. 나는 기업공개를 다소 어렵게 생각했는데, 마이크와 밥이 그 고민을 말끔하게 씻어주었다. 기업공개는 여전히 승산이 부족한 모험처럼 느껴졌지만 적어도 시도는 해봐야 할 것 같았다.

기업공개 문제에 접근할 때도 우리가 투자를 할 때 접근하는 것과 동일한 방식으로 접근해야 한다고 나는 주장했다. 맨 처음 아이디어 하나에서부터 시작해 이 아이디어를 놓고 토론하고 비판하며 의문을 제기하고 충분히 가능성이 있다는 확신이 들 때 비로소 최종적인 판단을 내리는 방식 말이다.

해야 할 일이 산더미처럼 많았다. 회사의 회계 담당자들은 감독 당국이 설정하고 있는 상장회사 기준을 충족할 수 있도록 우리의 재무 상태를 재조직해야 했다. 법무 담당자들은 회사 전체의 구조를 다시 짜야 했다. 우리는 투자자들에게 보여줄 자료를 만들고 증권위원회로부터 승인을 받은 다음에 비로소 주식을 발행하고 파는 여정에 나서야 했다. 이 과정은 짧아도 1년은 걸릴 것이었다.

완벽히 준비해서
먼저 치고 나가라

그런데 사모펀드 회사들 중 기업공개를 염두에 두고 있던 회사는 우리만이 아니었다. 만일 기업공개를 할 거면 우리가 맨 먼저 해야 했다. 먼저 치고 나가는 회사가 시장에서 가장 많은 돈을 끌어모을 건 당연한 이치였다. 그런 다음에 남은 돈을 후발 사모펀드 회사들이 나눠 먹을 터였다.

나는 우리 회사가 상장기업의 요건을 법률적으로 갖추고 수익을 지속적으로 늘려나가길 바랐다. 그러면서도 한편으로는 계속 예전처럼 사적으로 조용하게 운영하고 싶었다. 날이면 날마다 우리는 모든 부문에 걸쳐(사모펀드, 부동산, 대체 크레디트, 헤지펀드 등에서) 주요 거래들을 평가하고 있었다. 설령 우리가 장막 뒤에서 우리의 미래를 재설계하고 있다 하더라도 우리는 여전히 그런 거래들에 집중해야 했다. 최고재무책임자 마이크는 팀원 두 사람을 파견해서 회계 담당자들과 함께 딜로이트 앤드 투시Deloitte & Touche에서 작업할 수 있도록 했고, 우리는 법무 담당자들이 세계적인 로펌인 심슨 대처 앤드 바틀렛에서 작업을 진행하게 했다. 물론 이런 일들이 회사의 다른 사람들 눈에 띄지 않도록 했다.

2006년 말 토니는 기업공개 준비 과정에서 가장 어려운 국면으로 꼽히는 문제를 본격적으로 생각해야 한다고 말했다. 바로 우리 각자가 소유하고 있는 지분의 가치가 얼마인지 정확하게 파악하는 것이었다. 그 시점까지 블랙스톤은 본사 및 여러 사업부 산하 수백 개 유한책임조합의 집합체와 같았다. 어떤 사업들은 겹쳤고 어떤 사업들은 겹치지 않았다. 어떤 유한책임조합은 만기일이 정해져 있었고 그렇지 않은 경우도 있었다. 모든 사업부가 제각기 다른 성장 궤적을 그리고 있었는데, 대부분은 튼튼하게 상승하고 있었고 어떤 것들은 현상을 유지했으며 소수이긴 하지만 어떤 것들은 아래로 추락하고 있었다.

우리가 확보하고 있던 돈은 이미 들어와 있는 것도 있었고 장차 운용될 다양한 펀드들에 투자하기로 약정된 것도 있었다. 이 모든 것을 적절하게 평가해서 적절한 곳에 할당해야 했다. 나부터 시작해서 말단 심부름꾼에 이르기까지, 우리와 20년 동안 함께했던 고위경영진에서 대학 졸업 후 갓 입사한 신입사원에 이르기까지 회사의 모든 사람이 대상이었다.

실로 엄청난 작업이었다. 그런데 토니가 이 모든 걸 해냈다. 혼자서, 그것도 은밀하게. 이런 움직임을 아무도 눈치채지 못하게 진행해야 했다. 만일 누군가 눈치챘다면 박살이 날지도 모른다는 두려움 속에서 토니는 기어코 그 일을 해냈다. 그의 목표는 기업을 공개하고 모든 사람이 주식을 부여받은 뒤에 투명하고도 경쟁력이 있는 보상 체계를 갖추는 것, 다시 말해 장기적으로 회사의 건강한 토대를 다지는 것이었다. 그는 과거 및 현재의 파트너들과 직원들에게 보상을 해주면서도 다음 세대를 위해 충분히 많은 자금을 마련해두고 싶었다. 그러려면 많은 분석이 필요했고, 아울러 사람들이 어떤 생각을 하고 어떻게 느끼는지 충분히 잘 이해하면서 사람들이 인지하는 차이점들을 매끄럽게 제거하는 수많은 판단이 필요했다.

그는 그 무렵의 블랙스톤보다 직원이 10배나 많았던 DLJ에 있을 때 이와 비슷한 작업을 진행했던 적이 있었다. 그러나 당시 우리가 처한 상황이 워낙 복잡하고 특이해서 작업의 난이도는 그때보다 10배나 어려웠다. 이 작업은 그야말로 다차원 방정식의 해법을 찾는 것이었고, 그는 이런 종류의 문제를 해결하는 데 탁월한 솜씨를 가지고 있었다.

2007년 2월 토니가 한창 계산에 열중하고 법무 담당자들과 회계 담당자들이 작업을 하고 있을 때, 우리보다 훨씬 규모가 작은 자산운용회사인 포트리스Fortress가 기업공개를 단행했다. 포트리스는 헤지펀드 회사로 몇 개의 중요한 투자를 했었다. 당시 우리가 운용하던 자산 규모의 3분의 1쯤 되는 300억 달러를 운용하고 있었던 포트리스의 기업공개는 성공적으로 끝났다. 시장의 호응은 대단했다. 포트리스의 성공으로 우리의 작업은 한층 박차가 가해졌다. 우리의 경쟁자들이 자기가 먼저 기업공개를 하겠다는 동일한 목표를 향해 달려가고 있음은 쉽게 상상할 수 있었다.

우리는 증권거래위원회에 기업공개 의사를 알렸으며 모건스탠리에 전화해서 언더라이팅underwriting(인수 주선) 문제를 논의하자고 했다.[22]

---

22 기업공개는 기본적으로 주식을 신규로 상장하기 위해 모집 또는 매출의 방법으로 주식을 새로 발행하거나 이미 발행된 주식을 매도하는 과정인데, 기업이 주식이나 채권 등 유가증권을 발행할 때 증권사가 다른 투자자에게 팔 목적 등으로 해당 기업으로부터 유가증권의 전부나 일부를 사들이는 것을 언더라이팅이라고 한다.

우리는 마이클 클라인이 애초에 추정했던 우리의 잠재적인 시장 가치를 놓고 작업을 진행해왔지만 그 시점에서 나는 우리의 자산 가치를 평가하는 또 다른 의견을 듣고 싶었다. 모건스탠리는 정통 기업 재무 담당자들을 데리고 있었으며 우리와는 두 차례에 걸쳐 대출 거래를 탁월하게 진행했었다. 그들은 고위급 담당자 두 사람을 보냈다. 한 사람은 나중에 구글의 모회사인 알파벳의 최고재무책임자가 된 루스 포랏Ruth Porat이었고 다른 한 사람은 테드 픽Ted Pick이었다. 두 사람은 우리의 기업공개 시도가 훌륭해 보인다고 말했으며 그들의 조언을 지지하는 신중한 작업을 진행했다.

이제 모든 것이 자리를 잡았고 준비가 되었다. 법무 팀과 재무 팀, 회사 내부의 여러 변화들과 보상 체계 및 계획, 언더라이팅을 맡아줄 모건스탠리와 시티 은행과 메릴린치까지 모든 준비가 끝났다. 나는 기업공개 투자 설명서의 한 절section을 직접 썼으며 제목을 '우리는 전혀 다른 유형의 기업이 되고자 한다'로 붙였다. 나는 우리의 장기적인 관점과 파트너십 관리 구조, 폭넓은 우리사주제도 등을 들어 앞으로 회사의 문화를 예전과 다름없이 지켜나가겠다는 의도를 표현했다. 또한 새롭게 창설한 블랙스톤 자선재단Blackstone Charitable Foundation에 1억 5,000만 달러 규모의 지분을 투입해서 기업의 사회적 기여를 감독하고 실천하겠다고 약속했다.

"우리가 진행하는 사업의 특성상, 우리가 사업을 추진하면서 채택하는 장기적인 관점상 상당한 기간 동안 투자자로 계속 남아 있을 투자자들이 우리의 통상적인 투자 사업에 투자하는 것이 우리로서는 바람직하다."

기업공개 시점이 가깝게 다가온 어느 날 저녁, 뮤지컬 〈인 더 하이츠〉In the Heights를 보러 갔다. 린-마누엘 미란다Lin-Manuel Miranda가 〈해밀턴〉Hamilton을 쓰기 전 첫 번째 뮤지컬 작품이었다. 그 작품은 대단했지만 지금 생각해도 그때 내 마음은 다른 데 가 있었던 게 분명했다. 우리의 기업공개 투자 설명서 초안이 나온 시점이 공교롭게도 그 뮤지컬을 보러 나서기 직전이었다. 나는 극장의 어두운 조명 아래서 그 초안을 읽겠다고 애를 썼다. 그러다 결국에는 로비로 나왔고 자리를 잡고 앉아서 읽기 시작했다. 장장 221쪽이나 되었고 온갖 수치와 도표, 명쾌하고 설득력 있는 표현들로 채워져 있었다. 투자 설명서를 다 읽은 뒤에 나는 이렇게 혼잣말을 했다.

'와, 정말 멋진 회사네. 나도 빨리 주식을 사야겠어.'

우리 계획을 회사에 알리기 전에 먼저 피트와 얘기할 필요가 있었다. 우리는 35년이라는 세월 동안 함께 일해왔다. 메이페어 호텔 식당에서 날마다 아침을 먹으면서 머리를 맞대고 고민하고 계획한 끝에 블랙스톤이 탄생했다. 우리가 첫 번째 펀드에 투자금을 이끌어내려고 얼마나 많은 고생을 했는지 모른다. 거래 하나하나를 해낼 때마다 늘 그랬다. 그렇게 우리는 회사를 함께 일으켜왔다. 피트는 처음부터 인수합병 분야에서 활발하게 활동했으며 내가 필요로 할 때 언제나 내 곁에 있었다.

그 무렵 몇 년 전부터 피트는 뒤로 물러나 있었다. 그는 평소 자기가 중요하게 여기던 문제를 주제로 이런저런 책을 쓰고 있었으며 연방정부의 재정 적자를 줄이는 방안에 골몰했다. 또 워싱턴에 머물면서 국제 경제 문제 해결에 집중하는 어떤 기관을 만들고 있었다. 그동안 나는 피트에게 기업공개와 관련된 얘기는 전혀 하지 않았다. 회사의 재정적 측면에 대해서는 내가 이미 전결권을 행사하고 있었고 이따금씩 피트는 의도하지 않게 비밀을 흘려버리는 실수를 했기 때문이다. 그동안 진행되었던 기업공개 얘기를 꺼내면 그가 무슨 말을 할지 이미 나는 알고 있었다.

"정말인가? 그게 좋은 생각이라고 정말 그렇게 생각하는가?"

그는 기업공개를 하지 말아야 한다는 주장들을 조목조목 늘어놓았다. 사실 그것들은 이미 우리가 여러 달 동안 붙잡고 씨름했던 쟁점들이었다. 가장 중요한 것이 주주에 대한 의무를 다해야 한다는 것과 회사의 사정이 낱낱이 공개된다는 것이었다. 여기에 그는 한 가지를 더 추가해서, 내가 공공의 타깃이 될 텐데 이런 사실 자체를 내가 무척 싫어할 것이라고 말했다.

나는 맞는 말이라고 답했다. 덧붙여 그동안 우리가 정리하고 확인했던 논리를 설명했다. 기업공개를 하면 우리는 들어왔다가 빠져나가는 자본이 아니라 영원히 남아 있는 자본을 가지게 된다. 자산이나 증권을 살 수 있는 주식 말이다. 또 기업공개를 통해 우리는 세계적인 브랜드로 탈바꿈할 것이고 우리에게는 새로운 거래들과 투자자들과 기회들이 찾아올 것이다. 기업공개는 우리가 새로운 사업부들을 신설한다고 해도 우리의 '하나의 회사' 문화를 한층 더 단단하게 만들 것이다. 마지막으로, 나의 모든 촉수를 동원해서 판단하건대 세상은 지금 미쳐서 돌아가고 있다. 이럴 때일수록 현금을 두둑하게 확보하는 것이야말로 최선의 방책이다. 더는 그 시점을 늦춰서는 안 될 것 같다고 했다. 그리고 이 일 때문에 내가 공공의 적이 되어 그 모든 매를 맞아야 한다면 기꺼이 그러겠다고 했다.

"22년 전 우리는 거의 무일푼으로 시작했습니다. 이제 이 기업공개는 우리의 가족들에게 엄청난 재산을 가져다줄 겁니다. 경제적 차원에서 볼 때 아주 멋진 사건이라는 말이죠."

아무튼 그의 셈 능력은 늘 훌륭했고, 마지막까지도 그랬다.

기업공개 신청을 하기 하루 전인 2007년 3월 21일, 회사 전체 직원이 참여하는 회의를 열고 우리가 하려는 일을 자세하게 설명했다. 말할 것도 없이 대단한 충격이었다. 이 소식이 그동안 아무에게도 알려지지 않은 채 진행되었기에 직원들의 놀라움은 한층 더 컸다. 이제는 단추 하나를 눌러 금융계를 환하게 밝힐 일만 남았다.

> ## 배에 실을 황금은
> ## 많을수록 좋다

우리의 기업공개 계획은 350억 달러로 평가받으면서 40억 달러를 조성하는 것이다. 그런데 이 계획은 단 한 차례의 전화 통화로 바뀌어버렸다.

기업을 공개하고 얼마 지나지 않은 어느 날 저녁이었다. 집에서 소파에 앉아 텔레비전 드라마 〈로 앤드 오더〉Law & Order를 켜두고 투자위원회의 제안서들을 뒤적이고 있는데, 앤터니 룽Antony Leung에게서 전화가 왔다. 우리는 그를 몇 달 전 우리의 중국 파트너로 합류시켰다. 그는 JP모건 아시아 사업부문의 대표였으며 시티 그룹의 중국 및 홍콩 책임자였고 나중에는 홍콩의 재무부 장관까지 역임했던 인물이다. 그의 가치는 거래 경험이 아니라 인맥이었다. 그렇지만 나는 어쩐지 그가 뭔가 큰일을 해낼 것이라는 느낌을 받았다. 그래서 그가 중국에서 자산운용회사를 설립하면 어떨까 하는 아이디어를 놓고 우리는 본격적으로 논의를 했다.

중국에는 1990년에 처음 가족과 함께 갔다. 중국이 시장경제를 향해 더듬더듬 길을 찾아가던 때였고, 그때만 하더라도 중국은 지금과 완전히 다른 나라였다. 도로에는 자동차가 아니라 자전거로 가득 차 있었다. 블랙스톤이 중국에서 거래 기회를 엿보던 1992년에는 중국에 아직도 전국적인 송금 체계가 갖춰져 있지 않음을 알고는 깜짝 놀랐다. 한 지역에서 만든 수표를 다른 지역에서 현금화할 수 없었던 것이다. 결국 우리는 그 거래를 그냥 흘려보냈다. 그러나 그 후 15년 동안 중국이 경제적으로 발전하는 모습을 지켜보면서 점점 더 많은 흥미를 느꼈다. 그러나 우리로서는 미국과 유럽, 일본에서의 거래들만으로도 일손이 바빴다. 그러므로 2007년에 블랙스톤에 합류한 앤터니는 우리가 중국에 시도한 최초의 투자였던 셈이다.

〈로 앤드 오더〉를 켜두고 있던 그날 저녁 앤터니는 내게 전화해서 방금 중국공상은행 이사회 회의에 참석했다가 나오면서(중국공상은행은 세계에서 시가총액이 가장 큰 회사였다) 이 은행의 전직 고위경영진 두 사람이 자기에게 접근했다고 했다. 중국 정부가 국부펀드[23]를 조성할 계획을 가지고 있는데 이 펀드의 첫 번째 대형 투자 대상으로 블랙스톤을 점찍고 있다는 말을 하더라고 했다. 그들은 블랙스톤이 거둔 성과와 블랙스톤이 추구하는 방향을 마음에 들어 했다. 그들은 우리의 40억 달러 기업공개 목표 금액 중 30억 달러를 투자하길 원했다. 우리는 차세대 세계 최대의 힘을 가진 투자자로부터 간택을 받은 것이었다. 그것도 따로 투자 설명을 하지 않았음에도 말이다.

다음 날 8시 30분에 나는 토니를 만나 "당신에게 전해줄 어마어마한 제안이 있어요."라고 말했다. 기업공개를 한 주된 목적들 중 하나가 배에 자본을 싣는 것이라면 이 자본은 많으면 많을수록 좋았다. 토니도 주저하지 않았다.

"그 돈을 받으시죠."

기업공개 규모를 70억 달러로 늘린다면 추가해서 들어오는 돈으로 피트를 비롯한 파트너들에게 지급하고 나머지는 회사에 투자할 수 있었다. 중국의 국부펀드가 30억 달러를 투자할 때 우리는 그들에게 회사 전체 지분의 10퍼센트 이내로 의결권이 없는 주식을 제공할 것이

---

23 정부가 외환보유액의 일부를 투자용으로 출자해 만든 펀드. 중앙은행이 관리하는 외환보유고와는 다르다.

며, 그들은 이 투자금을 3년 동안 묶어놓고 있다가 그 뒤에 3년에 걸쳐 3분의 1씩 회수해갈 수 있는 조건을 제시했다. 이 전략은 서로가 득을 볼 수 있고 우리 펀드의 투자자들의 이해관계와도 맞아떨어졌다.

그 거래에는 중국 국무원과 총리의 승인이 필요했다. 그런데 놀랍게도 이 둘의 응답이 불과 며칠 만에 돌아왔다. 미국이나 유럽에서라면 여러 달 걸릴 일이었지만 너무나 빠르게 답변이 돌아왔던 것이다. 중국의 공식적인 입장 발표의 속도가 그처럼 신속하다는 사실에서 이 결정이 단지 금융적 차원만이 아니라 그 이상의 차원에서 진행된 것임을 알 수 있었다. 이는 정치적·외교적으로 심오한 영향을 미칠 결정이었다.

이렇게 해서 블랙스톤은 제2차 세계대전 이후로 중국 정부의 최초 외국인 지분 투자 대상 기업이 되었다. 투자금은 중국의 새로운 정부투자회사가 운영을 시작하기도 전에 블랙스톤으로 들어왔다.

❯ 걸림돌은 언제 어디서나 생길 수 있다

기업공개가 결정되기 직전인 6월 초, 나는 피트가 경고했던 공개조사의 쓴맛을 볼 순간을 앞두고 있었다. 상원의원인 척 그래슬리와 맥스 보커스가 2007년 1월 이후 시작된 지분 투자와 관련된 세법稅法을 바꿀 법안을 보여주었다. 사람들은 이것을 '블랙스톤 법안'이라고 부르기 시작했다. 만일 이 법안이 발효된다면 우리는 기업공개에 따르는 모든 리스크를 새롭게 계산해야만 했다.[24] 상장을 준비하며 보냈던 지난 1년 동안의 번거로운 세금 계산을 다시 하는 것이 그나마 최선의 결과였고, 최악은 기업공개를 없던 일로 하는 것이었다.

그러나 토니와 웨인 버먼Wayne Berman과 함께 얘기를 나눠본 결과 그 법안이 통과될 가능성은 별로 없었다(웨인은 오래전부터 정부 인사들과의 관계를 조정해준 우리의 자문위원이었으며 당시 오길비 앤드 매더Ogilvy & Mather의 부회장이었다). 설령 그 법안이 통과된다고 하더라도 정식으로 발효되기까지는 오랜 시간이 걸릴 전망이었다. 그 법안이 우리의 발목을 잡을 일은 없었다.

며칠 후 미국노동총연맹의 수장 존 스위니가 증권거래위원회에 편지를 썼다. 블랙스톤의 포트폴리오 안에 있는 기업들의 노동자 처우 실태를 미국노동총연맹이 조사한 뒤로 블랙스톤의 기업공개 여부를 연기해달라고 요청하는 내용이었다. 한편 그때 증권거래위원회는 기업공개를 하기 위한 우리의 재무 구조가 새로운 기업을 인수하려는 계획이 보다 선명하게 드러나도록 회계 규정을 바꾸겠다는 방침을 발표했다. 그렇게 되면 상당한 비용이 발생할 터였다.

증권거래위원회는 우리의 모든 직원이 제각기 다른 블랙스톤의 동

---

24 법안의 내용은 외국 자본이 미국 기업에 지분 투자하는 경우 투자수익에 따른 소득세를 기존의 15퍼센트가 아닌 35퍼센트로 매긴다는 것이었다.

업자 관계들 및 자회사들에 가지고 있는 권리를 블랙스톤이라는 단일 회사의 주식으로 전환하는 것은 우리가 그 동업자 관계들 및 사업부들을 사실상 인수하는 게 아니냐고 말했다. 하지만 그것은 인수가 아니었다. 만일 우리가 그 사업체들을 사들이고 있었다면 그 사실을 내가 곧바로 알 수 있었다. 왜냐하면 수표에 서명을 했을 사람은 바로 나였기 때문이다. 각 단위들의 소유주들은 여전히 그 회사의 소유주들로 남아 있었다. 그랬기에 나는 증권거래위원회가 하고 있는 일을 보며 코웃음을 칠 수 있었다. 그러나 그들은 최종 결정권을 자기들이 쥐고 있다는 사실을 분명히 했다.

게다가 걸림돌은 또 있었다. 버지니아의 상원의원 짐 웹은 중국이 미국 회사의 지분을 사는 것을 두고 꼬투리를 잡았다. 비록 우리가 외국인 투자에 대해 모든 법률적 검토를 하고 규제 장치를 마련했음에도 불구하고 그는 외국인 투자 지분이 국가 안보에 위협이 될 수 있다고 주장했다. 그러나 그의 주장은 씨도 먹히지 않았다.

이런 정치적인 발목 잡기와 싸우면서도 우리는 여전히 블랙스톤의 이야기를 잠재적인 투자자들에게 알리고 홍보해야 했다. 월스트리트가 통상 '로드 쇼'road show라고 부르는 이 과정은 보통 고위임원들로 구성된 팀이 돌아다니면서 투자자를 상대로 한 명 혹은 소규모 집단을 두고 투자 설명을 하는 식으로 진행된다.

우리는 이 로드 쇼를 전혀 다른 방식으로 하기로 결정했다. 우리는 전 세계를 한꺼번에 흔들어놓고 싶었다. 주요 투자자들의 계좌가 모여 있는 도시들(뉴욕과 보스턴 및 그 밖의 도시들)을 하나로 묶은 다음 쪼개나가는 방식으로 공략하기로 한 것이다. 토니가 유럽과 중동 지역을 담당하는 팀을 이끌었고, 최고재무책임자인 마이크 푸글리시는 아시아를 맡았다. 나는 미국에서 가장 큰 계좌들을 맡았고, 톰 힐과 존 그레이가 상대적으로 작은 계좌들을 맡았다.

뉴욕의 5번 애비뉴에 있는 피에르 호텔에서 첫 번째 투자 설명회를 열었는데, 대연회장은 사람들로 가득 찼을 뿐만 아니라 영상 중계 시설이 갖춰져 있던 별도의 방들도 사람들로 넘쳐났다. 모든 곳에서 마치 서커스 공연장 같은 분위기가 펼쳐졌다.

프레젠테이션을 막 시작하려는데 휴대폰이 울렸다. 딸 지비였다. 내가 방금 쌍둥이의 할아버지가 되었다는 소식을 알리는 전화였다. 초등학생이었던 아이의 숙제를 도우려고 아이의 침대에서 얼음덩이를 미끄러지게 해서 빙하가 움직이는 모습을 가르쳤던 일, 여름 캠프에 가 있던 아이에게 날마다 우편엽서를 보냈던 일이 마치 며칠 전처럼 느껴졌는데, 그 아이가 쌍둥이를 낳았다니! 나는 연단의 마이크를 토니에게 넘겨주고 곧바로 딸이 있는 병원으로 달려갔다. 기업공개를 위해 열심히 준비하고 연출하는 일은 이제 그만하면 되었다는 생각도 들었다.

투자 설명회장의 야단법석은 보스턴과 시카고에서도 이어졌다. 투자자들은 워싱턴 정가에서 문제 삼고 있는 쟁점들은 안중에도 없었다. 며칠 뒤 모건스탠리는 주식을 추가로 더 발행해도 될 것이라는 즐거운 소식을 전했다.

시카고에서 한 행사장으로 가고 있을 때였다. 토니의 팀원 한 명이 내게 전화해서 토니가 쿠웨이트에서 병원으로 이송되었다고 했다. 토니는 극심한 고통을 호소하고 있는데 의사들이 원인을 못 찾고 있다는 것이었다. 나는 런던에 있던 데이비드 블리처에게 전화해서 지금 당장 모든 일을 중단하고 쿠웨이트로 날아가라고 했다. 필요하면 전세 비행기를 빌리고, 토니가 치료를 잘 받을 수 있도록 무슨 일이든 다 하라고 했다. 로드 쇼는 나중에 해도 되었다. 나는 토니의 전화기로 전화했다. 그런데 놀랍게도 토니가 직접 전화를 받았다.

"전 괜찮아요."

그는 평소와 다름없이 침착하고 냉정한 목소리였다.

"걱정 안 해도 됩니다."

"토니, 내가 지금 블리처를 보낼게. 로드 쇼 때문에 자네가 몸 상하는 거 원치 않아."

"스티브, 그럴 필요 없어요. 분명히 말하는데 전 괜찮아요."

그러나 어쩐지 그의 목소리가 괜찮지 않은 것 같았다. 나는 데이비드에게 다시 전화했다.

"토니를 침대에다 꽁꽁 묶어둬. 자해할지 모르니까. 알았지?"

데이비드는 곧바로 쿠웨이트로 날아갔다. 그가 쿠웨이트에 도착했을 때 토니는 이미 자기 손으로 직접 퇴원 절차를 밟고 병원에서 나간 뒤였다. 의사들은 커다란 신장 결석이 통증의 원인이며 통증이 매우 심하긴 하지만 생명에는 지장이 없다는 진단을 내렸다고 했다. 결석은 여전히 그의 몸에 있었고, 토니는 모르핀이 들어 있는 주사기를 상자째 들고 다녔다. 자기가 맡은 일은 끝까지 자기 손으로 진행하겠다는 의지의 표현이었다.

블리처가 합세한 유럽 팀은 쿠웨이트에서 프레젠테이션을 끝내고 사우디아라비아와 두바이로 향했다. 토니는 이제 모르핀 주사를 거부했다. 차라리 고통을 그냥 참겠다고 했다. 그건 고문이나 다름없었지만 사흘 동안 단 한 번도 회의에 빠지지 않았다. 두바이에 가서야 비로소 그는 자기 발로 병원으로 걸어갔다. 그리고 비행기를 전세 내서 팀을 이끌고 런던으로 날아갔다.

한숨 돌리고 있는데 또 전화가 왔다. 토니의 비행기에 문제가 생겼다는 것이었다. 이란 상공에서 엔진 하나가 고장 났는데 조종사 말로는 이란 영공을 비행하겠다는 허가를 받지 않았다는 것이었다. 조종사가 가지고 있는 매뉴얼을 따르자면 가장 가까운 공항에 비상착륙을 해야 했지만, 한밤중에 미국인을 태우고 허락도 받지 않고 영공을 비행하다 갑작스럽게 이란 땅에 착륙하는 선택지를 조종사는 한사코 피하려고 했다. 또 다른 선택지는 하나밖에 남지 않은 엔진으로 그 엔진마저 꺼지지 않길 빌면서 예정대로 아테네로 계속 날아가는 것이었다. 여전히 심한 통증에 시달리면서 비행기 뒷자리에 누워 있던 토니는 후자를 선택했다.

나는 동료들과 친구들이 추락할지, 아니면 미국과 이스라엘을 끔찍하게 증오하는 마무드 아마디네자드가 대통령으로 있던 이란에 비상착륙을 할지 온갖 상상을 다 했다. 아마디네자드 대통령은 미국이 테러와의 전쟁을 일으킬 구실로 9·11 공격을 꾸며냈다고 믿었으며 홀로코스트도 허구라고 믿던 인물이었다. 조종사가 아테네까지 곧장 비행해야 하는 게 올바른 선택이라는 데 우리 모두 동의했다. 비행기는 다행히 엔진 하나로 무사히 비행을 마쳤다. 토니와 그의 팀은 다른 비행기를 빌려 런던으로 갔고 종일 이어진 회의와 투자 설명회 여러 건을 예정대로 모두 수행한 다음에 뉴욕으로 돌아왔다. 돌아오자마자 토니는 이렇게 말했다.

"상당히 힘든 여행이었습니다."

어렵고 힘들다는 말을 좀처럼 하지 않는 토니였지만 그 여행만큼은 확실히 힘들었다고 인정했다.

> ## 멈추지 말고
> ## 계속 나아가라

6월 중순까지 우리는 계획했던 투자 설명회의 절반밖에 소화하지 못했다. 그러나 청약은 목표치를 무려 15배나 초과했다. 우리는 주가를 최대 기대치였던 주당 31달러로 책정해서 제시했으며 시장에 내놓기로 한 주식의 수를 늘렸다. 6월 24일에는 중국에서 들어온 투자금을 포함해 1억 3,330만 주를 팔았고 70억 달러 이상 돈이 들어왔다. 구글 이후 10년 동안 두 번째로 큰 기업공개였다.

우리가 청약가를 결정했던 그날 밤 나는 아무도 없는 집으로 돌아갔다. 크리스틴은 딸 메그와 사촌들 및 조카들과 함께 아프리카를 여행하고 있었다. 나는 녹초 상태였다. 뜨거운 물로 샤워를 한 뒤에 청바지와 폴로셔츠로 갈아입고 슬리퍼를 신었다. 그리고 식사를 쟁반에 들고 나와 의자에 털썩 주저앉았다. 텔레비전을 켰는데 놀랍게도 내 얼굴이 나오고 있었다. 채널은 CNBC였다. 나는 너무 피곤한 나머지 채널을 돌릴 힘도 없었다. 그래서 그냥 그 자리에 앉아 넋을 잃은 채 화면 속 내 얼굴을 바라보며, 과연 내가 이 기업공개의 광풍에서 벗어날 수 있을지 생각했다.

〈뉴욕 타임스〉는 블랙스톤 주식이 "거의 구글과 같은 수준의 신비로움"을 가지고 있다고 썼으며, 많은 기업의 주식시장 데뷔를 막았던 온갖 장애물들이 블랙스톤의 주식은 막지 못했다고 평가하면서 이렇게 썼다. "블랙스톤이라는 거대한 조직은 계속 전진해나갔다."

블랙스톤이 상장기업으로서 맞이하는 첫날 아침, 나는 증권거래소에 가서 개장을 알리는 벨을 누르는 이벤트를 직접 진행할 수도 있었지만 그렇게 하지 않았다. 피트와 토니에게 대신 해달라고 부탁했다. 거기에 가는 대신 나는 사무실로 나가서 회의실에 혼자 앉았다.

기업가의 인생에서 최고의 순간임이 분명한데도 그런 느낌에 사로잡힌다는 게 이상했다. 1990년대 초 우리는 부동산 가격이 역사적인 저점까지 떨어졌을 때 부동산을 사들일 기회를 포착했지만 자금이 부족하고 투자자들이 불안해하는 바람에 기회를 놓쳐버렸다. 투자자들의 비이성적인 공포가 우리의 발목을 붙잡았고, 우리는 투자금을 조성하면서도 그 멋진 기회들을 놓쳐버렸다. 하지만 이제 블랙스톤을 주식시장에 올려놓은 만큼 두 번 다시 그런 실수를 저지르지 않을 것이라고 생각했다. 우리의 투자 펀드들에는 여러 해 동안 상환하지 않아도 되는 운용 자금이 두둑하게 들어와 있었다. 또 기업공개를 통해 조성한 자금으로도 언제 어디에서든 매력적인 투자 기회가 나타나기만 곧바로 모든 자원을 동원해 기회를 잡을 수 있었다.

그날 블랙스톤 사무실의 분위기는 평상시와 달랐다. 복도마다 직원의 모습이라고는 찾아볼 수 없을 정도로 텅 비었고 모든 사무실이 다 조용했다. 나는 텔레비전을 켜고 CNBC에 채널을 고정한 다음 주식시장 개장을 지켜봤다.

"좋은 아침입니다. 오늘은 블랙스톤의 기업공개와 관련된 소식을 종일 보내드릴 예정입니다."

꿈인지 현실인지 분간이 안 되는 가운데 한 시간쯤 텔레비전 화면을 지켜봤다. 거기서도 나는 빠져나올 수 없었다. 심지어 화면에 흐르는 여러 인터뷰들을 내가 직접 했다는 사실조차 기억할 수 없었다. 텔레비전을 껐다. 나는 완전히 제정신이 아니었다. 내가 하고자 하는 것을 온전하게 이해한다고 생각했지만 사실 나는 아무것도 몰랐다.

블랙스톤을 주식시장에 상장하고 얼마 지나지 않아서 GSO 캐피털 파트너스GSO Capital Partners(이하 GSO)의 공동 창업자인 베넷 굿먼Bennett Goodman으로부터 전화를 받았다. 토니는 2001년 블랙스톤에 합류한 뒤 줄곧 블랙스톤 내에서 크레디트 사업부의 규모가 상대적으로 작다며 확장해야겠다고 했다. 그동안 우리는 베넷의 팀을 DLJ에서 떼어내 블랙스톤의 식구로 맞아들이려는 시도를 여러 차례 했지만 번번이 실패로 끝나고 말았다. 그러나 기업공개 이후 사정이 달라졌다.

베넷이 먼저 나서서 GSO와 블랙스톤의 합병을 진행할 준비가 되어 있다고 말한 것이다.

베넷과 그의 파트너들은 우리의 인맥이 그토록 넓다는 사실, 우리가 그토록 빠르게 성장했다는 사실에 깜짝 놀랐다. 그들은 우리와 함께라면 GSO의 성장 속도가 한층 더 빨라질 것이라고 생각하고 합병을 결정했고 그들의 판단은 옳았다. 합병을 통해 우리는 대체자산 운용업에서 가장 큰 크레디트 플랫폼 중 하나를 구축했으며 GSO는 이후 10년 동안 무려 15배 이상 커졌다.

19

대담하라.
성공한 기업가나 경영자 그리고 개인은
적절한 때가 되었다고 판단하면
자신감과 용기를 가지고 과감하게 행동한다.
그들은 다른 사람들이 조심할 때
위험을 무릅쓰고
다른 사람이 꼼짝 못 할 때 행동에 나선다.
하지만 그러면서도 무모하지 않고
똑똑하게 군다.
이러한 대담함은 리더의 핵심 자질이다.

제4부

성공의 원칙

내가 탁월함을
추구하며 배운
교훈들

제1장

주어진 상황의
친구가 되어라

❯ 시장에 나타나는 변화를 수용하라

블랙스톤이 상장기업이 된 시점에 시장의 분위기는 험악해지기 시작했다. 2007년 2월 프레디맥Freddie Mac[1]은 이제 더 이상 서브프라임 모기지론을 사지 않겠다고 선언했다. 서브프라임 모기지론은 신용등급이 낮은 사람들을 대상으로 한 주택담보대출이었는데, 사실 이 대출에 힘입어 주택시장이 그동안 심각하게 과열되었던 것이다.

몇 주 후 나는 베어스턴스의 CEO 제임스(지미) 케인James Cayne으로부터 전화를 받았다. 그는 도움이 필요하다고 했다. 그의 헤지펀드 중 두 개가 문제가 있는데 외부 의견을 듣고 싶다고 했다. 나는 블랙스

─────── 1 모기지 대출을 주력으로 하는 미국의 금융회사.

톤 내부의 헤지펀드 전문가 두 명을 보냈고 두 사람은 고약한 소식을 들고 돌아왔다.

베어스턴스의 첫 번째 펀드는 서브프라임 모기지들만 담보로 해서 발행한 증권들을 사서 모았다. 이 증권들은 공개 시장에서 거래되는 것이 아니었으므로 실제 가치를 산정하기가 무척 어려웠다. 대출을 갚지 못하고 개인 파산을 선언하며 주저앉는 사람들이 점점 늘어나면서 이 증권들의 가격이 폭락할 것은 불을 보듯 뻔했고, 따라서 이 증권은 아무도 사지 않을 터였다. 그러나 펀드의 계약 조건에 따르면 사람들은 한 달에 한 번 자기 투자금을 뺄 수 있었다. 불투명하며 가치가 빠르게 하락함에도 여전히 투자자들에게 한 달에 한 번씩 현금화할 수 있다고 약속하는 이 펀드는 도무지 이해할 수 없는 것이었다.

두 번째 펀드는 첫 번째와 동일했지만 차이가 있다면 차입금을 동원해 운영되고 있다는 점이었다. 그러니까 첫 번째 펀드가 그냥 망한다고 할 수 있다면 두 번째 펀드는 아주 쫄딱 망한다는 뜻이었다.

나는 지미에게 전화해서 두 펀드 모두 날아갈 것이고 투자자들에게 돌아갈 몫은 한 푼도 없을 것이라고 말했다. 손해를 감수하고 투자자들에게 손실의 일부라도 보전해주라고 했다. 물론 이런 투자금 보전은 법적으로는 의무 사항이 아니었지만 그래도 그렇게 지출되는 비용이 나중에 베어스턴스의 평판이 심각하게 추락할 것에 비하면 오히려 이득이라고 했다.

"스티브, 난 자네를 사랑하네. 그렇지만 무슨 말도 안 되는 소리를 하나? 나는 투자자들에게 수표를 써주는 그런 짓은 할 생각이 없네. 어린

애도 아니고 어른이면 자신의 판단에 책임을 져야지. 우리는 투자 설명서에 분명히 리스크를 적시했고 사람들은 그 리스크를 감수하고 투자한 거잖아. 투자를 하다 보면 잃을 때도 있고 얻을 때도 있지."[2]

나는 그런 논리가 베어스턴스처럼 큰 회사에는 적용되지 않는다고 했다. 베어스턴스는 너무도 많은 것을 걸고 있었고 회사 평판에 따라 그 많은 것들이 위험해질 수도 있었다. 그 회사의 투자중개인들이 베어스턴스 사장의 감독 아래 펀드 상품들을 팔았으니 말이다. 만일 두 펀드가 잘못되면 베어스턴스의 영업 역량은 손실을 입을 게 분명했다. 투자자들이 베어스턴스가 정당한 조치를 하지 않았다고 느낀다면 이런 배신감을 상쇄할 일을 하거나 수천 명에 이르는 회사 직원들까지도 위험하게 만들 수 있었다. 이런 말까지 다 했지만 지미는 고집을 부렸다.

"나는 누구에게도 수표를 써줄 필요가 없네. 시장의 원칙, 게임의 룰이 그렇잖아."

"시장에 대해서는 잘 모르겠습니다만 그래도 어쨌거나 일단 수표를 써줘야 할 때가 때로는 있습니다. 고객에게 그런 모습을 보이지 않으면 고객은 다시는 당신을 신뢰하지 않을 겁니다."

나는 이미 그 고통을 에지콤 사건 때 경험했다. 그때 나는 우리에게 돈을 빌려주었던 은행들에게 대출금을 모두 갚았다. 우리가 본 손실은 상당했지만 그때 그렇게 하지 않았더라면 나중에 다른 거래들을 하면서 그 은행들의 신뢰를 회복하려면 그보다 훨씬 더 큰 비용을 지불했

---

2 1934년생인 지미 케인은 슈워츠먼보다 열세 살 많다.

어야 했을 것이다.

블랙스톤에서 우리의 아드레날린은 에쿼티 오피스 거래와 기업공개 이후에도 여전히 힘차게 분출되고 있었다. 우리의 주가는 계속 올랐고 대부분의 투자자들은 심리적인 안정 상태를 유지했다. 그들은 시장에 나타나는 변화들을 수용하려 하지 않았다. 크레디트 시장에 넘쳐나는 부정적 데이터를 토대로 어떤 결론을 내린다거나 행동하려고 하지 않았던 것이다. 그러나 우리는 시장에서의 근본적인 변화가 가까이 왔다고 봤고 이에 대처할 준비를 해두고 있었다. 많은 사람들이 리스크가 최고조에 도달하는 순간이 바로 시장이 붕괴하는 순간이라고 잘못 생각한다. 사실은 정반대다.

금융시장이 위기로 진입하던 그 시점에 블랙스톤은 기업공개를 통해 40억 달러의 현금을 확보해두고 있었으며 필요할 경우 15억 달러의 리볼빙 크레디트 라인Revolving Credit Line(회전신용한도)[3]을 끌어다 쓸 수 있었다. 토니와 나는 무차입 경영, 즉 빚을 지지 않는 것을 회사 운영의 기본 방침으로 삼아왔다. 이것이 우리가 리스크를 회피하는 방법 중 하나였다. 우리는 투자자들이 10년 동안 회수하지 않기로 약속한 200억 달러가 넘는 투자금을 확보한 펀드들을 가지고 있었다. 따라서 고객들이 자기 돈을 빼내가겠다고 줄을 서도 아무런 걱정을 하지 않아도 되었다.

---

3 은행의 마이너스 통장과 같이 계약 기간 동안 계약 금액 내에서 입출금을 자유롭게 할 수 있는 대출.

우리는 다가오는 거센 파도를 맞을 준비를 하고 있었다. 튼튼한 자본 구조 덕분에 마음 놓고 사업을 진행할 수 있었고, 깐깐한 투자 프로세스를 통해 장차 재앙이 될 수도 있는 크고 중요한 거래에는 손도 대지 않았다.

❯ 시장 주기에 따라 보상은 최대화하고, 리스크는 최소화하라

1990년대 말과 2000년대 초 사이에 우리는 두 개의 변수가 미국의 에너지 산업 부문을 바꿔놓고 있다는 사실에 주목했다. 첫 번째는 꾸준하게 이어지던 탈규제였는데, 탈규제 덕분에 에너지 산업의 점점 더 많은 부분이 상대적으로 규모가 작은 개인 기업들의 손으로 넘어가고 있었다. 두 번째는 엔론Enron의 붕괴였다. 엔론의 붕괴로 많은 회사가 재정적인 압박을 견디지 못하고 석유 채굴권에서 정유 시설 및 송유관에 이르는 자산들을 어쩔 수 없이 헐값에 처분해야 했다.

우리는 서두르지 않고 우리 나름의 지식과 경험과 관계를 축적하면서 여러 해를 보냈다. 그렇게 함으로써 호황과 불황의 주기에 걸쳐 보상은 극대화하면서 리스크는 극소화할 수 있었다.

2004년 우리는 텍사스에 있는 발전소들을 소유하고 있던 사모펀드 회사 세 곳과 손잡고 텍사스젠코Texas Genco를 인수했다. 이 세 곳은 헬먼 앤드 프리드먼Hellman & Friedman과 KKR, 텍사스 퍼시픽 그룹 Texas Pacific Group(이하 TPG)이었다. 1년 뒤에 우리는 그 회사를 팔아서 약 50억 달러의 돈을 지분에 따라 나눴다. 이 거래는 그때까지의 역사를 기준으로 할 때 가장 수익성 높은 사모펀드 투자 중 하나였다.

우리 수익의 원천은 계속 높아지고 있던 전기 가격이었는데, 이 가격을 당국자들이 천연가스 가격에 고정시켰다. 텍사스젠코는 그보다 훨씬 더 싼 자원들인 석탄과 원자력으로 전기를 생산했으므로 이 회사의 수익은 한층 높아졌다. KKR과 TPG는 그 어렵던 2007년에 규모가 훨씬 더 큰 거래에 나섰다. 텍사스의 또 다른 전력 회사인 TXU를 사들이려고 440억 달러나 부른 것이다. 그때 나는 우리 회사의 에너지 펀드 책임자인 데이비드 폴리David Foley에게 우리가 왜 그 거래에서 발을 뺐는지에 대해 물었다.

데이비드는 경영대학원 출신이었다. 그가 우리 회사에서 처음 펀드를 시작할 때 에너지에 대해서는 아무런 배경도 가지고 있지 않았지만 그 후 에너지 산업에 푹 빠져 살았다. 그는 투자위원회에서 TXU 거래를 수학적으로 분석하면서 그 거래가 어째서 터무니없는 짓인지 설명했다. 그가 설명한 내용을 요약하면 다음과 같다.

에너지는 부동산과 마찬가지로 주기를 타는 산업이다. 이 산업에 투자하겠다는 사람이라면 골짜기가 매우 깊고 그 기간이 오래 지속될 수 있으며 시장이 정점에 다다랐다고 해도 곧바로 자산을 현금화해 시장에서 쉽게 빠져나올 수 없다는 사실을 알아야 한다. TXU 인수자들은

440억 달러라는 인수 가격의 90퍼센트가 넘는 돈을 빌려서 지불했는데, 이런 조건 때문에 만일 인수자들이 조금이라도 잘못하면 커다란 피해를 입을 수밖에 없었다. 그들은 유가가 계속 오르고 전기의 규제 가격이 높은 수준에서 유지될 것이라고 봤다.

이 시나리오로만 보자면 전기 소비자들에게 부과되는 높은 전기 요금과 석탄을 원료로 하는 발전소에서 생산되는 전기의 낮은 생산원가 사이의 차액을 먹는 방식으로 그들은 여러 해 동안 큰 수익을 얻을 수 있다. 그러나 만일 유가가 떨어진다면 전기의 소비자 가격도 떨어질 수밖에 없다. TXU 인수자들은 별로 이익을 남기지도 못한 채 전기를 팔 것이고 대출금 이자를 갚느라고 허덕일 것이다. 데이비드는 이렇게 설명하고서 우리는 그 거래에 끼지 말아야 한다고 강조했다.

제법 많은 시간이 걸리긴 했지만 결국 그렇게 되고 말았다. 천연가스 가격과 전기의 가격이 폭락하면서 석탄으로 전기를 생산하던 TXU는 2014년에 최종적으로 파산했다. KKR과 TPG는 경기 순환 주기의 꼭대기에서 TXU를 사는 바람에 커다란 대가를 치러야 했다.

위기를 피하지 않고 올라타 기회를 잡는 법

시장에 나온 대부분의 거래를 그냥 흘려보내고 있을 때 힐튼 호텔의 CEO 스티븐 볼렌바흐Stephen Bollenbach가 우리에게 전화했다. 몇 달 전 우리가 그의 회사를 살펴보고 어떤 제안을 했는데 스티븐은 그 제안을 거절했었다. 그런데 이제 그 제안을 받아들일 준비가 되었다고 했다. 그는 은퇴하고 싶어 했고 힐튼 호텔 매각은 재정적 차원에서나 개인적 차원에서 그의 최고의 업적이 될 수 있었다. 그리고 어쩌면 샘 젤이 그랬던 것과 마찬가지로, 그 시점에 매각을 망설이다가는 시장이 다시 반등하기까지 몇 년을 더 기다려야 할지도 모른다고 생각했을 수 있었다.

1993년부터 우리는 미국에 있는 라 퀸타 호텔과 익스텐디드 호텔 체인들에서 런던에 있는 사보이 그룹에 이르기까지 수많은 호텔을 사기도 하고 팔기도 했다. 우리는 호텔을 어떤 시점에 사야 하는지, 호텔을 어떻게 운영해야 하는지 알고 있었다. 또한 호텔을 소유할 때 안게 되는, 노동자들과 원만한 관계를 유지해야 하는 문제에 대해서도 잘 알고 있었다.

힐튼 호텔은 국내 사업부와 해외 사업부를 함께 운영하고 있었는데 여러 해 동안 이 두 사업부의 운영은 독립적으로 이뤄졌다. 그런데 최근 이 둘이 합쳐지긴 했지만 아직은 서로에게 완전히 녹아들지 못한 상태로 껄끄러운 부분들이 남아 있었다. 국내 사업부의 본부는 비벌리 힐스에 있었고 시설은 낡았으며 개보수는 진행되지 않은 상태였다. 네 개의 독립된 호텔 전체에 걸쳐 비용은 중복되고 있었으며 수익도 경쟁 호텔들에 비해 적었다. 호텔의 관리자들은 무엇을 어떻게 해야 할지 감각을 잃어버린 것 같았다. 본사 사무실도 금요일 정오면 문을 닫았다. 그뿐만이 아니었다. 값비싼 회사 전용 비행기도 여러 대 유지하고 있었다. 이런 여러 가지 점에서 우리는 회사의 가치를 높일 수 있는 방안들을 모색했다.

런던에 본부를 둔 국제 사업부는 한층 더 심했다. 힐튼인터내셔널은 호텔업계의 립 밴 윙클Rip Van Winkle[4]이라 할 정도로 게으름뱅이였다. 지난 20년 동안 단 한 곳도 새로운 호텔을 추가하지 않았으며 중국과 인도, 브라질 같은 빠르게 성장하는 신흥 시장의 문을 거의 두드리지 않았기 때문이다. 신흥 시장들이 점점 부유해지면 국제 사업과 관광 여행이 빠르게 늘어나는 건 누가 보더라도 뻔히 알 수 있는 사실이다.

힐튼 호텔은 코카콜라와 함께 세계에서 가장 많이 알려져 있는 브랜드로 손꼽힌다. 제대로만 한다면 성장 가능성은 무궁무진했다. 월도프 아스토리아, 힐튼뉴욕, 런던의 힐튼 파크 레인, 상파울루의 힐튼모룸비 같은 세계 최고의 호텔을 이미 가지고 있었다. 그 모든 개별적인 부동산들을 단순히 합치기만 하더라도 이 회사의 시가총액을 훌쩍 뛰어넘

---

4 미국의 소설 제목이자 이 소설의 주인공 이름이다. 주인공은 산에 올라가 낯선 사람을 만나 술을 얻어 마셨는데, 하룻밤 만에 20년이 흘러버린다. 게으르고 세상의 변화에 무지한 사람을 가리키는 표현이다.

었다. 그러나 힐튼은 국내 사업부와 국제 사업부를 합치고도 게으른 잠에서 깨어났다고 할 만한 일은 거의 아무것도 하지 않았다. 성장 기회를 이미 놓쳐버렸으며 주가도 비실비실했다.

우리의 분석에 따르면 힐튼을 사는 데 드는 비용은 260~270억 달러 정도였다. 게다가 그때는 다른 것들을 팔아서 마련한 100억 달러가 넘는 돈을 에쿼티 오피스에 투자한 직후였다. 그러나 우리가 본 바로는 힐튼은 이미 한 해에 17억 달러씩 수익을 내다버리고 있었다. 만일 경영을 지금보다 더 잘하고 유기적인 성장을 이끌며 비핵심 자산을 처분해서 27억 달러를 마련할 수 있다면 경쟁자들을 충분히 따돌릴 정도로 높은 가격을 쳐주고서도 상당한 수익을 남길 수 있었다. 그러나 에쿼티 오피스 거래가 가치를 최대한 높이기 위해 한껏 달아오른 시장에서 번갯불에 콩 구워 먹듯이 해치운 토끼였다면, 힐튼 거래는 여러 해에 걸쳐 부지런한 작업을 필요로 하는 거북이었다.

우리가 맨 처음 했던 일은 당시 호스트호텔스Host Hotels의 CEO인 크리스 나세타Chris Nassetta를 채용하는 일이었다. 호스트호텔스는 체인 중에서도 특히 메리어트 호텔을 소유하고 있었다. 크리스는 자기가 하는 일에 관한 한 장인이다. 누군가 힐튼 호텔을 개선할 수 있다면 크리스가 가장 적임자였다. 그는 블랙스톤이 힐튼을 인수하면 자기가 힐튼을 맡아 제대로 만들어보겠다고 약속했고 이 약속은 우리에게 큰 힘이 되었다. 물론 리스크는 여전히 존재했다. 9·11과 같은 대규모 테러가 또다시 일어나면 여행업은 얼어붙을 것이고, 사스SARS 같은 심각한 전염병이 세계를 강타할 경우에도 마찬가지였다. 그러나 전 세계 사람들이 여행을 중단한다면 힐튼을 가지고 있지 않더라도 어차피 어려움을 겪는 건 마찬가지였다.

에쿼티 오피스 거래 직후에 힐튼 거래를 생각하는 것은 마치 올림픽 대회에서 결승전을 끝내자마자 다른 경기에 나서는 것이나 마찬가지였다. 그러나 이런 결정적인 거래 순간의 타이밍을 매수자가 결정할 수는 없다. 무조건 그 거래의 타이밍에 자신을 맞춰서 준비해야 한다.

우리는 힐튼 주가에 32퍼센트의 프리미엄을 얹어주겠다고 제안했고, 볼렌바흐는 제안을 받아들였다. 기업공개를 하고 겨우 두 주일밖에 지나지 않았을 때였다. 우리는 블랙스톤의 펀드들 및 공동투자자들에게서 나온 자금 65억 달러를 지분에 투자했으며, 210억 달러를 20곳이 넘는 은행들로부터 빌렸다. 이제부터는 계약을 최종적으로 체결할 때까지 초조한 시간을 보내야만 했다.

베어스턴스가 우리에게 돈을 빌려준 은행들을 힐튼 거래로 인도했다. 거래가 체결되기까지 기다리는 동안 앞서 지미 케인과 이야기했던 두 개의 헤지펀드가 터져버렸다. 베어스턴스는 그 두 개 펀드가 어떻게든 그럭저럭 굴러가도록 16억 달러를 빌려줬었는데, 7월 말이 되도록 아무것도 개선되지 않았고 결국 파산하고 말았다.

8월 9일, 프랑스 은행 BNP파리(파리국립은행)가 자기 펀드 중 세 개 펀드에 대한 현금 상환을 중단했다. 문제의 이 펀드들은 모두 미국의 서브프라임 모기지에 집중적으로 투자했던 펀드들이었다. 시장에 유동성이 바닥났다고들 했다. 같은 날, 미국 최대의 모기지 대출 은행인 컨트리와이드Countrywide가 증권거래위원회에 분기별 보고서를 냈는

데 이 보고서에는 '유례가 없을 정도로 나쁜 시장 조건들'이라는 표현
이 들어가 있었다. 그로부터 며칠 지나지 않아 컨트리와이드는 신용대
출 한도를 축소했으며 다시 두 주일 뒤에는 파산을 피하기 위한 긴급
대책으로 뱅크 오브 아메리카Bank Of America(이하 BOA)로부터 20억
달러를 투자받았다.

　그 무렵 나는 지미 리의 전화를 받았다. 그는 아무에게도 말하지 말
라면서 JP모건이 현재 사흘째 돈이 없어 기업어음 상환을 연장하지 못
하고 있다고 했다. 기업어음은 기업 운영에 사용되는 미국 기업의 생명
줄이나 다름없는 대출로서 유동성이 가장 높은(즉 현금화가 가장 쉽게 이
뤄지는) 대출 형태다. 그런데 이런 어려움을 겪는 곳이 단지 JP모건만은
아니었다. 지미는 BOA와 시티 은행 역시 마찬가지라면서, 두 은행은
자기들에게 돈을 빌려준 다른 은행들 및 기관들에게 추가로 다른 약속
을 하는 보호 장치를 제공함으로써 가까스로 문제를 해결했다고 했다.
그러나 미국에서 가장 큰 은행들이 어음을 결제하기 위해 단기 자금을
끌어다 쓸 정도면 이 문제는 단순히 서브프라임 모기지만의 문제가 아
니었다.

　우리는 힐튼 거래를 10월 24일에 체결했다. 블랙스톤의 1호 펀드를
블랙먼데이 전야에 체결한 뒤 거의 20년 가까운 세월이 지났을 때였다.
우리는 다시 한번 아슬아슬하게 막차에 올라탔다. 같은 날에 메릴린치
는 분기 손실액이 23억 달러라고 발표했다. 시티 은행은 나중에 170억
달러의 모기지 손실 평가를 발표했다. 메릴린치의 CEO 스탠리 오닐
Stanley O'Neal과 시티 은행의 CEO 찰스 프린스Charls Prince는 11월 첫

주를 넘기지 못하고 사임했다. 금융계 전체가 심장마비 상태로 진입하고 있었다.

➤ 무엇이 패닉을 만드는가

2007년 말부터 나는 리버티가에 있는 뉴욕 연방준비은행에서 진행되는 오찬 모임에 참석해서 금융위기의 원인에 대한 비상 특별 강연을 들었다. 당시 뉴욕 연방준비은행장이었던 티모시(팀) 가이트너Timothy Geithner가 마련한 이 자리에 참석한 인사들은 벤 버냉키 연방준비제도이사회 의장, 행크 폴슨 재무부 장관을 비롯해 뉴욕에서 내로라하는 은행들의 CEO들이나 회장들이었으며 블랙록의 래리 핑크도 있었다.

나도 금융에 대해서는 나름대로 아는 게 있다고 자부했지만 이 오찬 자리에서 들은 내용은 그야말로 충격이었다. 정부가 투자한 두 개의 거대한 모기지 대출 회사인 패니메이Fannie Mae와 프레디맥이 미국 전체의 주택담보대출의 절반을 사들였고 이것을 증권화해서 팔았는데, 그 금액이 대략 5조 달러나 되었다. 나도 여기까지는 알고 있었다. 내가 알지 못했던 것은 그 두 회사가 파산에 임박했다는 사실이었다. 거기에 있던 사람들은 나 빼고 모두 다 알고 있었다. 그 사실을 알지 못했던 나만 벌어진 입을 다물지 못했다.

이 시스템에서는 만성적인 문제가 둘 있었다. 하나는 서브프라임이었다. 벌써 여러 해째 모기지시장은 증권화 덕분에 유동성이 한층 높아져 있었다. 1980년대 이후 래리 핑크 같은 사람들 덕분에 모기지들은 패키지로 묶여서[5] 주식이나 채권 같은 다른 증권과 마찬가지로 매매되었다. 백악관의 주인이 바뀌는 동안에도 정부들은 계속해서 은행들에 자기 소유의 주택을 살 여유가 없었던 사람들에게 더 많은 금액을 빌려주라고 압박했다. 많은 정치인들은 자기 소유의 주택을 가지는 것이야말로 아메리칸드림을 실현하는 첫걸음이라고 여겼다.

금융 혁신과 정치적 압박이 결합하면서 처음 몇 년 동안에는 초저금리가 적용되거나 상환이 유예되는 새로운 종류의 모기지(주택담보대출)들이 탄생했다. 그런데 관리감독이 소홀하다 보니 대출업체들은 대출 신청자에게 소득이나 자산을 증빙하는 서류를 요구하지도 않은 채 마구잡이로 대출을 제공하면서 실적을 올리는 데만 급급했다. 주택 수요가 늘자 주택 가격은 올라갔고 그 결과 시장이 과열되었다.

1990년대 중반 미국 전체 모기지에서 2퍼센트밖에 되지 않던 서브프라임 모기지 비율이 2007년에는 무려 16퍼센트나 차지했다. 어떤 이유에서든 경기가 침체기로 접어들거나 주택 가격이 떨어지면 서브프라임 대출로 부양되던 주택시장이 주저앉을 것임은 천재나 경제 전문가가 아니라도 금방 알 수 있는 사실이다.

───── 5 여러 모기지를 하나로 합쳐서 리스크를 줄인 다음에 이것을 다시 개별 모기지 상품으로 쪼갠다.

두 번째 만성적인 문제는 관리감독 당국자들이 만들어낸 것이었다. 기술적으로 말하면 그 문제는 이른바 공정가치회계fair value accounting[6]를 확립하겠다는 의도로 실시된 'FAS 157'이라는 회계 기준이었다. 그런데 이것이 공정하지도 않으며 가치의 적정한 회계로 이어지지도 않았다는 것이 문제였다.

2001년의 엔론 몰락 및 2002년 통신 분야 거인 월드콤의 몰락에서 얻은 가장 중요한 교훈은, 기업은 자기가 소유한 것과 빚지고 있는 것을 얼마든지 교묘하게 조작할 수 있다는 사실이었다. 기업은 회계상 속임수인 분식회계로 자산의 가치를 부풀리거나 부채를 숨길 수 있었다. 이 문제를 해결할 수 있는 방안은 투명성을 강화하는 것이라고 영향력 있는 학자들은 입을 모아 말했다. 만일 모든 사람이 언제나 모든 것을 다 안다면 엔론 사태 같은 일은 일어나지 않았을 것이다.[7] 회사의 자산과 부채를 그날그날의 시장 가격을 기준으로 산정하는 것이야말로 기업의 속임수에 대처하는 만병통치약이었다.

그러나 이론적으로는 얼마든지 가능한 것이라고 해도 실제 현실에서는 제대로 먹히지 않는다. 예를 들어 당신이 어떤 주식을 소유한다고 해보자. 당신은 아직 20년이 남아 있는 은퇴 이후의 삶을 대비할 목적으로 이 주식을 한 주에 100달러씩 주고 10주를 산다. 그런데 이 주식

---

6 특정 재화나 용역의 가격을 시장 가격을 기준으로 해서 반영하는 회계 처리 방법.
7 미국 에너지의 20퍼센트를 담당하며 미국의 7대 대기업으로 평가받던 엔론은 부실한 재정 상태를 일상적이며 체계적이고도 치밀하게 계획된 방식의 회계 부정으로 은폐했지만 결국 파산하고 말았다.

의 주가가 120달러로 올랐다가 80달러로 떨어진다. 당신은 그러거나 말거나 상관하지 않는다. 당신은 20년 뒤를 내다보고 있으며 그 종목이 장기적으로 좋은 투자처라고 생각하기 때문이다. 그렇기 때문에 당장의 주가 변동은 그저 분기별 보고서상의 수치 변화일 뿐이다.

하지만 만일 주가가 오르거나 내릴 때마다 오른 만큼 현금을 받거나 내린 만큼 현금을 내주어야 한다면 어떨까? 나아가 당신에게 주택 구입 자금을 빌려준 기관에서 자동차 구입 자금을 빌려준 기관에 이르기까지 당신의 온갖 채권자들에게 일일이 주가 변동 사실을 알려야 하고, 그 채권자들이 시시각각으로 바뀌는 주가를 기준 삼아 당신의 신용도를 재평가한다면? 당신은 비록 20년 바깥을 내다보고 있지만 그들은 오늘 당장 일어난 일들을 가지고서 당신의 가치와 신용도를 평가한다. 그리고 가장 최근에 일어난 시장 변화에 대해 당신에게 책임을 물으려 할 것이다.

미국 정부는 1930년대 말 대공황에 워낙 뜨겁게 데인 나머지 시가 평가 방식의 회계mark-to-market accounting를 금지했다. 그들은 경기가 보통 수준인 해의 경우에는 주식과 채권을 포함한 거의 모든 자산군이 10~15퍼센트는 올라갈 수도 있고 내려갈 수도 있다고 봤다. 그러나 호황기나 불황기 때는 그 변동 폭이 한층 더 커질 수 있다. 만일 기업들이 장기적인 관점을 가지고 냉정하게 회사를 운영하지 않고 비관론자가 되어 그날그날의 시장 동향을 토대로 자산과 부채의 균형을 끊임없이 맞춰나가려고 노력한다면 전체 경제가 단번에 취약해질 수밖에 없음은 너무도 뻔하고 끔찍한 사실이다.

20세기 후반의 절반 동안에는 대출 서비스를 수행하기 위해 자기 자본의 25배나 되는 금액을 외부에서 빌리는 건 당연하고 정상적인 행태였다. 이 과정에서 자기가 돈을 빌려줄 때의 예금이자가 자기가 돈을 빌릴 때의 대출이자보다 높을 때 그 차익이 은행의 수익이 된다. 성공하는 은행은 나중에 빌려간 돈을 제때 잘 갚는 고객을 찾아서 이들에게 돈을 빌려주는 일을 잘하기 때문에 당국자들은 굳이 이런 은행들에게는 긴급 자금을 많이 보유할 것을 요구하지 않았다. 설령 긴급한 사태가 발생한다고 해도 그 은행들에게 보유 자산을 급매물로 처분해서 현금을 확보하라고 요구할 일은 없었다.

나는 1972년에 금융계에 첫발을 들여놓았고 1975년에는 부동산담보대출과 운송물담보대출에서 나타난 위기들을 연방준비은행과 뉴욕 감사실Comptroller's Office이 어떻게 처리하는지 지켜봤다. 그들은 대출금 회수에 심각한 문제를 느끼는 기관이라고 해도 시장에서 자기 상황을 드러내도록 강제하지 않았다. 오히려 시간을 주면서 그 대출금 회수가 원만하게 진행되도록 기다려주거나 여러 해에 걸쳐 분기별로 조금씩 그 손실을 분산하도록 했다. 바로 이것이 실제 경제 현장에서 벌어지는 일이다. 당신 앞에 어떤 문제가 발생했다고 해서 금방 패닉 상태에 빠져 곧바로 재앙을 선포하지는 않는다. 그저 정숙을 요구하며 시간을 두고 추이를 지켜본다.

그런데 FAS 157은 정반대를 요구했다. 투명성 강화라는 미명 아래 금융기관들의 대차대조표가 터무니없을 정도로 변동성이 높아 보이도록 만들어버렸던 것이다. 장기적인 투자를 목적으로 확보한 자산 포트폴리오들도 시장의 가격이 떨어지면 거기에 맞춰 그 자산을 평가해야만 했다. 시장에 현금이 부족한 상황에서도 금융기관들은 예전보다 더 많은 현금을 확보해야만 했다. 이처럼 무책임한 서브프라임 대출과 FAS 157이 결합함으로써 시장에 히스테리를 불러왔고 은행들을 지급불능 상태로 마구 몰아붙이고 있었다.

❯ 핵겨울을 대비하라

2008년 초 나는 모건스탠리의 CEO 존 맥John Mack과 저녁을 함께 먹었다. 그때 그는 딱한 처지였다. 분기별 손실이 70억 달러를 기록했다는 발표를 막 했던 터라 그럴 만했다. 어쩌다 그렇게 많은 손실을 봤는지 묻자, 그는 실제로는 손실을 본 게 아니라고 했다. 모든 건 서류상으로만 일어난 일이었다. 그는 4년 전으로 거슬러 올라가는 서브프라임 증권들을 모건스탠리의 포트폴리오에 보유하고 있었다.

2004년에 선순위 모기지[8]의 디폴트(채무불이행) 비율은 약 4퍼센트였다. 2005~2006년의 비율은 6퍼센트였으며 2007년 비율은 약 8퍼센트였다. 그러나 이들 증권을 다루는 시장은 디폴트 비율이 10퍼센트

───── 8 동일 부동산에 대한 담보 중 후순위의 것보다 우선하는 청구권이 있는 증권.

미만이었음에도 불구하고 완전히 말라버렸다. 아무도 그 증권을 사려고 하지 않았다. 미국인 10명 중 한 명도 채 안 되는 비율로 디폴트가 이뤄졌음에도 불구하고 이 증권들은 결코 손대서는 안 되는 것으로 규정되어버렸다.

엔론과 월드콤의 회계 부정 사건이 일어난 뒤인 2002년에 투자자들을 보호할 목적으로 도입된 금융 개혁 조치 사베인스-옥슬리법 Sarbanes-Oxley Act 아래서는 어떤 자산의 가치를 잘못 평가하는 위험을 무릅쓸 수 없었다. 그랬기에 존은 블랙록에 의뢰해 자기의 포트폴리오를 평가해달라고 했고 평가 결과 모건스탠리의 손실 규모는 50~90억 달러 사이로 추정되었다. 그래서 단순하게 그 중간쯤을 손실액으로 보고했는데, 이는 실제 손실액보다 훨씬 더 부풀려진 금액이었다. 그러자 갑자기 모든 사람이 모건스탠리의 재정 건전성이 부실하다며 화들짝 놀랐던 것이다.

내가 예전에 몸담았던 리먼브라더스에서는 문제가 훨씬 더 심각했다. 리먼브라더스의 CEO 리처드(딕) 풀드 Richard Fuld와 나는 1970년대 초에 함께 입사했고 1978년에는 나란히 파트너가 되었다. 딕은 학창 시절 C학점을 받는 학생이었다. 학창 시절 대부분을 스키를 타고 파티를 즐기면서 보내다 뉴욕 대학교에서 MBA 학위를 받았다. 그는 똑똑한 친구들은 모두 회사를 떠나고 똑똑하지 못한 자기만 회사에 남아 있었던 게 CEO로 임명된 유일한 이유라는 농담을 하곤 했다. 우리 둘은 친한 사이는 아니었지만 공적인 행사장에서 이따금씩 만났으며 1년에 한 번씩은 부부 동반 식사를 하곤 했다.

그런데 슬프게도 리먼브라더스 내부에 있던 사람들은 딕의 따뜻하고 이타적인 면을 거의 발견하지 못했던 모양이다. 그들에게 딕은 독재자였고 공포의 대상이었다. 2008년 그는 회사를 위험한 지점으로 끌고 간 상태였다. 그해 봄에 블랙스톤의 부동산 팀은 리먼브라더스의 부동산 포트폴리오가 엉망이라는 사실을 이미 알고 있었다. 아파트 부동산의 주요 투자자인 아치스톤Archstone 소유의 아파트 같은 몇몇 좋은 주거용 부동산을 가지고 있긴 했지만 나쁜 모기지를 대량으로 가지고 있었던 것이다. 또 상업용 부동산도 많이 소유하고 있었다. 위기가 터지기 이전에 팔았어야 했지만 미처 팔지 못한 것들이었다. 이 상업용 부동산으로 인한 부채가 리먼브라더스에는 커다란 압박 요인으로 작용했다.

시장이 건강했다면 리먼브라더스의 전체 포트폴리오 가치는 300억 달러까지 될 수 있었지만 구매자들이 모두 달아나고 없는 상태에서는 가치를 측정하는 것 자체가 불가능했다. 100억 달러에 팔겠다면 우리가 부동산을 매수하겠다고 제안했다. 우리로서는 끈기를 가지고 버티며 보유하다가 나중에 이문을 붙여서 팔 수 있었기 때문이다. 그러나 딕은 우리의 제안을 거절했다. 지금 당장 타격을 입기보다는 비틀거리면서 버티는 쪽을 택한 것이다.

그 후 얼마 지나지 않은 3월 16일 JP모건은 정부 명령으로 부도 위기에 빠진 베어스턴스를 인수하는 데 합의했다. 이제 모든 눈은 리먼브라더스로 쏠렸다. 과연 이 회사가 베어스턴스의 뒤를 잇는 다음 차례가 될 것인지 주목했다. 모기지 부문의 위기가 한층 심각해져서 운신의 폭이 좁아지자 딕은 리먼브라더스를 인수할 주체를 찾아 나섰다. 그는 자기에겐 이렇다 할 능력이 없지만 어쩌다 보니 CEO까지 올랐다고 농담하면서도 사실은 회사에 강한 애정을 가지고 있었다. 이제 그 회사의 가치가 너무도 작게 쪼그라들었다는 사실을 인정해야 했다. 힘든 일이었지만 인정할 수밖에 없었다.

8월 초 딕은 내게 리먼브라더스 6,750억 달러 자산 중 약 250억 달러만 악성 부동산 대출과 연결되어 있을 뿐이고 나머지 6,500억 달러 자산은 매우 건전하고 회사에 많은 돈을 벌어다준다고 말했다. 나는 그렇다면 그 둘을 분리하는 게 어떠냐고 제안했다. 6,500억 달러 규모의 자산에 올드 리먼Old Lehman이라는 이름을 붙여 부동산 자산에 오염되지 않도록 별도로 운영하고, 나머지 250억 달러의 자산 풀pool은 리먼 부동산Lehman Real Estate이라는 이름의 신설 회사를 만든 다음 부동산시장이 호황으로 돌아설 때까지 버티도록 충분한 자금을 투입하는 게 좋을 것 같았다.

부동산시장이 다시 살아나려면 5년이 걸릴 수도 있었지만 어쨌거나 그 시기가 올 것은 분명했다. 주주들은 여전히 두 회사에 있는 자산을 100퍼센트 소유하겠지만 부동산시장에서 일어난 일들을 고려해 주주들의 리스크와 보상을 분리하는 방안이었다. 이런 분리 조치가 리먼브라더스 때문에 시장에 조장되는 불확실성의 무게를 조금이라도 줄인다면 정부도 이 조치에 반대하지 않을 게 분명했다.

딕은 이 아이디어를 마음에 들어 했다. 그렇게 회사를 분리할 경우 블랙스톤이 올드 리먼의 지분 20억 달러를 사줄 수 있느냐고 물었다.

나는 적절한 실사 과정을 거치는 것을 전제로 그럴 수 있다고 대답했다. 그러나 우리의 논의는 느리게 진행되었고 걱정이 딕을 마비시켜버렸다. 3/4분기는 9월 말에 끝나는데 그는 회사의 부동산 자산을 시장가격에 맞춰 한층 낮게 공시해야 했다. 딕은 마음이 너무 바빴다. 게다가 실사를 하고 위임장 신고서를 제출하고 증권거래위원회로부터 우리가 논의했던 분사分社 승인을 받기엔 시간이 너무 없었다.

딕을 생각하면 정말 안타까운 일이었다. 그는 회사를 팔기 위해 안간힘을 썼지만 가격이 전혀 문제가 되지 않는 상황에서 가격을 놓고 흥정했다. 주식시장의 공매자들이 리먼의 주가를 마구 끌어내리고 있었다. 만일 딕이 내가 제안한 것과 같이 회사를 부동산과 나머지 부분으로 나눌 수만 있었다면 분명 회사를 구했을 것이다. 금융시장의 상황은 그 뒤로도 계속 좋지 않았겠지만 그래도 리먼브라더스의 건전한 부분을 보호하는 저지선은 충분히 제 역할을 했을 것이다. 결국 리먼브라더스는 미국 역사상 최대 규모의 파산이라는 기록을 세웠고 딕은 그 모든 잘못의 상징적인 인물이 되고 말았다.

리먼브라더스는 9월 15일 월요일에 파산했다. 다음 날 리스크가 매우 낮아서 사실상 현금과 다름없는 머니마켓펀드Money Market Fund, MMF[9]의 가치가 처음으로 떨어졌다. 이들 펀드에 투자된 1달러가 97센트로 떨어진 것이다. 9월 17일 수요일에 재무부 발행 채권의 수익률이

---

9 단기금융상품에 집중적으로 투자해서 단기 실세금리의 등락이 펀드 수익률에 신속히 반영될 수 있도록 한 초단기공사채형 상품.

마이너스로 돌아섰다. 사람들은 패닉 상태에 빠져 손해를 볼 걸 알면서도 국채를 사들였다. 그나마 다른 것들보다는 상대적으로 덜 위험해 보였기 때문이다.

블랙스톤은 기업공개를 하고 그동안 왕성하게 투자금을 모은 덕분에 재정 상태가 매우 좋았다. 그러나 리먼브라더스가 파산한 그 주에 나는 우리와 거래하는 모든 은행의 가능한 신용 한도까지 최대한 현금을 인출해 보유했다. 조만간 닥칠 핵겨울nuclear winter에 대비해 몸을 웅크리기 전에 우리가 운용할 수 있는 모든 현금을 대기 상태로 두고 싶었다. 많은 사람들이 곤란한 상태에 빠지면 보유 자산을 팔려고 할 테고, 바로 이런 상황에서 가치가 폭락한 자산을 사들이겠다고 나는 결심했다.

▶ 패닉을 멈출 모든 수단을 동원하라

9월 17일 수요일 오후 3시 30분, 크리스틴이 전화했다.

"오늘은 어땠어? 집에서 저녁 먹을 거지?"

"오늘…, 끔찍했지."

"어머, 왜?"

"그게, 지금 모든 게 다 주저앉고 있어. 채권들도 마이너스 수익이고 뮤추얼펀드도 비실비실하고 기업들의 여신한도는 축소되고 있고….

금융계 전체가 무너지고 있어."

"그럼 어떡해. 당신은 어떻게 할 건데?"

"나도 은행 여신한도까지 전부 인출해야지."

"아니, 그게 아니라 금융판 전체가 무너지는 걸 막기 위해 무엇을 할 거냐고."

"여보, 그런 능력이 내겐 없어."

"행크는 그 모든 걸 다 알고 있을까?"

재무부 장관인 행크 폴슨을 말하는 것이었다.

"그래, 행크라면 알 거야. 확실해."

"그걸 어떻게 알아?"

"왜냐하면 내가 뭔가를 알고 있다면 행크는 나보다 먼저 그걸 알거든. 재무부 장관이잖아."

"그렇지만 행크도 알지 못하고 있다면 어떡해? 행크가 아무것도 하지 않고 있다가 금융계 전체가 폭삭 망하면?"

"행크가 모른다는 건 있을 수 없는 일이야."

"그렇지만 행크가 진짜로 알지 못하는데 당신이 뭔가를 할 수 있다면? 예를 들면 행크에게 경고를 해준다든가. 아무래도 당신이 행크에게 전화를 해야 할 것 같은데?"

"여보, 행크는 지금 여기저기 회의하느라고 바쁠 거야. 지금은 위기 상황이고, 전화를 해도 연결되지 않을 거야."

"밑져야 본전이지."

"그렇지만 웃기잖아. 내가 행크에게 이러저러한 일이 일어나고 있다고 경고한다는 게."

"그래도 전화를 해봐."

나는 행크에게 전화하겠다고 약속하지 않는 한 크리스틴과의 통화를 끝낼 수 없다는 사실을 깨달았다.

"알았어. 전화할게."

"아, 그리고 말이야."

크리스틴은 한 가지 더 보탰다.

"행크에게 전화할 때는 반드시 당신이 몇 가지 해법을 제시해서 행크를 도와줘야 해. 그리고 저녁은 당신이 제일 좋아하는 걸로 준비할 거야. 카레니까 기대해!"

나는 행크에게 전화했다.

"죄송합니다. 폴슨 장관님은 회의 중이십니다."

행크가 직접 전화를 받으리라고는 예상도 하지 않았다. 나는 전화번호를 일러주고 꼭 전화해달라는 부탁을 전했다. 행크가 전화할 것이라고는 기대하지 않았다. 그런데 놀랍게도 한 시간 뒤에 행크가 전화했다. 행크가 골드만삭스의 회장 겸 CEO로 있을 때 블랙스톤은 그의 주요 고객이었으며 때로는 경쟁자이기도 했다. 내가 본 그는 지적이고 논리적이며 단호하고 거칠고 공정했다. 또 금융을 깊이 이해하고 있었다. 행크는 남이 하는 말을 경청할 줄 알았으며 탁월한 영업 수완도 가지고 있었다. 무엇보다 그는 매우 윤리적이었다. 그래서 사람들에게 신뢰를 주었다.

"행크, 요즘 어떤 것 같아?"

"좋지 않지. 그쪽은 어때?"[10]

금융위기 내내 행크와 그의 재무부 팀은 금융계에서 진행되는 상황을 실시간으로 파악하기 위해 나를 포함해 월스트리트의 고위경영진과 수시로 소통했다. 우리는 기업을 직접 운영하고 있었으므로 아무래도 장관직을 수행하는 그보다는 시장에 더 가깝게 있었기 때문이다. 나는 그가 솔직하고 직설적인 조언을 높이 평가하고 참고할 것임을 잘 알았다.

나는 기업들이 여신한도까지 최대한 현금을 끌어모으고 있으며 상황이 악화되는 속도만큼 은행들이 나자빠질 것이라고 말했다. 월요일 아침에 문을 열 수 없을 가능성도 높았다.

"자네는 어떻게 그렇게 확신하지?"

"왜냐하면 이 패닉은 점점 더 가속도가 붙고 있거든. 모든 걸 끝장낼 기세로 말이야. 자네가 이걸 멈춰야 해."

그러면서 나는 옛날 서부영화의 한 장면 같은 상황을 묘사했다. 카우보이들이 소몰이를 끝낸 다음 마을에 들어선다. 카우보이들은 술에 취해서 거리에 마구 총질을 해댄다. 이 위험하고 부당한 상황을 저지할 유일한 사람이 보안관이다. 행크가 바로 그 보안관이었다. 행크는 모자를 눌러쓰고 총을 챙겨 거리로 나선 다음 곧바로 허공에 대고 총을 쏴야 한다. 그게 바로 패닉의 광풍을 멈출 수 있는 방법이다. 보안관인 행크가 폭도들을 제압해야 한다. 행크가 물었다.

---

10 1946년생인 폴슨은 슈워츠먼보다 한 살 많다.

"그렇다면 내가 어떻게 하면 될까?"

"첫째, 금융주 공매도 세력을 강하게 누를 필요가 있어."

사람들은 얼빠진 정책이라고 말할지도 모른다. 그렇지만 이 조치가 이제는 게임의 규칙에 더는 의존할 수 없다는 신호를 사람들에게 줄 것이다. 모든 헤지펀드 및 공매도꾼들은 재무부의 다음 행보가 어떻게 진행될지 걱정하며 지켜볼 것이다.[11]

"좋았어. 마음에 드는군. 그 밖에는 없나?"

"신용부도스와프Credit Default Swap, CDS[12]가 있지."

사람들은 은행이 부도를 내고 쓰러질 수도 있다는 기대에 보험에 가입하는 방식으로 금융기관들에 압력을 가하고 있었으므로, 행크가 나서서 이런 신용부도스와프를 거래가 유효하지 않은 것으로 만들 필요가 있다고 했다.

"좋은 생각이긴 하지만 내겐 그렇게 할 수 있는 법률적인 권한이 없단 말이야."

리먼브라더스가 파산 신청서를 낸 뒤로, 투자자들이 자신의 위탁 계좌들을 (모두가 살아남을 유일한 은행으로 생각했던) JP모건으로 미친 듯이 옮기고 있다는 사실을 나는 알고 있었다. 사람들은 모건스탠리와 골

---

11 공매도는 자기가 소유하지 않았거나 차입한 증권을 매도하는 것으로, 가격 하락이 예상되는 경우 공매도를 하고 향후 싼 가격에 재매입해서 상환함으로써 차익을 노리는 매매 형태다.

12 금융기관이 대출해준 기업의 부도 같은 신용 위험에 대해 일정한 수수료(프리미엄)를 지급하는 대가로, 보장매도자가 신용 사건 발생 시 손실을 보장받는 일종의 파생보험 상품.

드만삭스에 있던 계좌를 해지함으로써 이 기관들을 벼랑 끝으로 밀고 있었다. 반면 JP모건은 밀려드는 계좌 신설 요구를 처리하느라 애를 먹고 있었다. 나는 사람들이 계좌를 옮기는 것을 허용하지 말아야 한다고 제안했다. 그러나 행크는 그렇게 할 수 있는 법률적 권한이 자기에게 없다고 했다.

"그리고 또?"

나는 무엇보다도 시스템이 완전히 무너지지는 않을 것이라는 확신이 시장에 필요하다고 말했다. 패닉을 막을 수 있는 유일한 길은 누군가가 엄청나게 많은 돈을 가지고 나타나서 시장에게 항복 선언을 받아내는 것이었고 이 '누군가'는 미국 정부가 되어야 한다. 그래야만 시장을 비정상적으로 움직이게 만드는 행동을 제어할 수 있다. 이런 조치는 당장 내일이라도 나서서 할 필요가 있다고 했다.

"만일 자네가 내일 발표하지 않는다면 때를 놓쳐버리고 말 거야. 은행 시스템이 무너지고 월요일에 은행들이 문을 열지 못하게 될 거야."

그날은 수요일이었고 대략 오후 4시 30분쯤 되었다. 나는 계속해서 말을 이었다.

"난 지금과 같은 시스템을 더는 신뢰하지 않아. 지난 며칠 동안 리먼 브라더스가 주저앉는 걸 봤고 BOA가 아슬아슬하게 합병 선언을 해서 메릴린치를 구하는 것을 봤다네. AIG도 재무부가 개입하지 않았다면 사라져버렸겠지. 패니메이와 프레디맥도 8월에 구제금융을 받았어야 했지. 지금 성스러운 불멸의 존재는 아무것도 없어. 모든 사람이 다 똑같은 생각을 하고 있잖아. 지금의 금융 시스템은 이런 수준의 불신에서는 더는 버텨낼 수 없다는 생각 말이야. 그러니까 시스템 자체가 붕괴되지는 않을 것이라는 확신을 줄 수 있는 거대한 자본 풀이 필요해. 지금은 모든 게 너무도 빠르게 진행되고 있어서 한 시간을 늦추면 나중에 그만큼 더 많은 돈이 필요할 거야. 내일 당장 그런 발표를 해야 할 걸세. 빠르면 빠를수록 좋겠지."

"자네, 지금부터 한 시간이나 두 시간쯤 시간을 낼 수 있겠나?"

"그럼. 세상이 끝장나고 있는데. 내가 어디로 가면 되나?"

나중에야 안 사실이지만 행크는 공매도에 대해서는 지불유예를 하도록 증권거래위원회를 설득하는 작업을 이미 하고 있었다. 그러나 나머지 것들에 대해서는 재무부가 단독으로 할 수 있는 게 없었다. 지금 당장 필요한 속도와 필요한 규모로 진행할 수 있는 조치는 의회의 승인을 받아야만 했다.

이미 여러 달째 위기가 깊어갈 동안 행크는 승인을 요청할까도 생각했지만 민주당이 장악하고 있던 의회가 그토록 막강한 권한을 공화당 행정부에게 넘겨주지 않을 것이라는 두려움이 앞섰다. 리먼브라더스가 파산하던 날 밤에는 더 이상 다른 선택이 없었다. 행크와 그의 팀은 행동에 나서야만 했다. 그들은 자기들이 필요로 하는 것을 요청하기로 결정했다.

금요일, 부시 대통령은 백악관 로즈가든에서 재무부 장관이 금융위기를 타개하기 위한 조치로 7,000억 달러 규모의 구제금융을 책정해 줄 것을 의회에 요청했다고 발표했다. 이 조치를 추진하는 법안에는 '부실 자산 구제 프로그램'Troubled Assets Relief Program(이하 TARP)이라는 이름이 붙었다. 나는 구제금융 규모가 그보다 더 컸으면 하고 바랐지만 그래도 7,000억 달러는 상당히 큰 금액이었다. 그 돈이면 어쩌면 미친 듯이 몰아치는 패닉의 광풍을 잠재우기에 충분할 수도 있었다. 같은 날 증권거래위원회 역시 공매도를 금지했다. 그때 나는 이렇게 생각했다.

'그 조치는 사람들의 관심에 초점을 맞춰야 한다.'

공매도를 하는 사람들을 비롯해 혼란을 틈타 한몫을 잡으려는 사람들은 이제 자기들을 때려잡으려는 정부의 몽둥이가 날아올 걸 뻔히 알면서도 '한몫 잡기' 게임을 계속할 것인지 말 것인지 판단해야 했다. 이제는 정부가 금융 시스템을 보호하기 위해 그 어떤 일도 실행할 수 있다는 사실을 명심하고 말이다. 의회가 TARP 법안을 통과시키면 그때 비로소 우리는 생존으로 이어지는 길 위에 올라설 수 있었다.

▶ 위기에선 함께 살아남을 길을 찾아야 한다

열흘 뒤인 9월 29일, 나는 스위스 취리히에 있었다. 체크인을 마치고 막 방에 들어서서 텔레비전을 켰다. TARP 법안에 대한 의회의 투표가 어떻게 되었는지 궁금해서였다. 미국을 살릴 수 있을 것이라고 믿었던 그 법안은 찬성표를 던진 민주당 의원들이 많지 않았고 공화당 의원들의 반란표가 예상보다 많이 나오면서 결국 228 대 205로 부결되었다. 안타깝게도 패닉이 다시 한번 금융시장을 휩쓸 것이었다.

나는 망연하게 앉아 도대체 어떻게 이런 일이 일어날 수 있는지 곰곰이 생각했다. 의회의 요청에 따라 행크의 팀은 TARP 법안이 발표된 뒤에 이 법안의 세 쪽짜리 개요를 준비했다. 그때는 이 개요가 앞으로 훨씬 더 충실하게 채워질 것이라는 기대를 전제로 했다. 그런데 이 법안을 비판하는 사람들은 7,000억 달러의 국민 세금을 예산으로 확보해서 지출하기에는 개요가 너무도 부실하고 부적절하다고 여겼다. 이와 관련해 행크는 회고록《금융위기 전야》On the Brink에 다음과 같이 썼다.

> 그 법안 제안서 때문에 우리는 엄청나게 많은 욕을 먹었다. 특히 분량이 짧았기 때문이었는데, 비판자들에게는 마치 성의 없이 아무렇게나 뚝딱 해치워버린 듯한 인상을 주었다. 하지만 사실 우리가 그렇게 짧게 만든 것은 의회에 그만큼 운영의 여지를 많이 주기 위해서였다.

마침내 대립각이 날카롭던 정치 환경 속에서 100쪽이 넘는 TARP 법안이 제시되었다. 그러나 대통령 선거와 의원 선거를 겨우 5주 앞두고 있었고 정치인들은 정치인으로서의 자기 영역만을 주장하고 있었다. 그 법안에 반대표를 던지는 것은 국가적인 차원의 관심사라기보다는 이념적인 차원의 관심사를 반영하는 것이었다.

나는 너무도 화가 나서, 정부 인사들과의 관계를 조정해주던 우리의 자문위원 웨인 버먼에게 전화했다. 내부자 중에서도 내부자인 웨인이라면 이 상황을 타개할 수 있는 방안을 생각하고 있지 않을까 하는 기대에서였다.

"웨인, 우리는 TARP를 통과시켜야 해. 시스템이 살아남느냐 무너지느냐의 문제야. 저 끔찍한 정치판에 법안이 묶여 있도록 둬서는 안 된단 말이야."

나는 살아 있는 미국의 모든 대통령(지미 카터, 빌 클린턴, 조지 허버트 워커 부시)을 한자리에 모이게 해서 TARP 통과를 촉구하는 전국적인 차원의 연설을 텔레비전 방송으로 중계하는 게 어떠냐는 제안을 했다. 그러자 웨인은 자기가 그 일을 추진해보겠다고 했다. 그날 밤 나는 재무부와 연방준비제도이사회에서 금융위기와 관련된 사람들이 너무도 지친 나머지 뭔가의 도움을 빌지 않고는 도저히 잘 수 없을 것이라는 생각을 하면서 잠이 들었다. 아닌 게 아니라 그들의 머릿속에서는 장단기적인 금융 및 경제 결과들과 영향들, 정치적인 입지와 개인적인 소신, 선거와 관련된 긴급 사항 등 오만 가지 생각이 들끓었을 것이다. 그러나 내 머릿속에는 오로지 단 한 가지 생각밖에 없었다. 어떻게든 시스템이 패닉 상태로 돌아가게 해서는 안 된다는 것이었다.

다음 날 웨인과 나는 대통령들이 한자리에 모여 연설하고 이것을 방송으로 내보낸다는 아이디어를 놓고 계속 이야기를 이어갔다. 국가를 설득하기에는 그 방법밖에 없으며 그 정도의 진지함이 필요하다고 생각했다. 그러나 웨인은 여러 가지 사정들을 살펴본 뒤에 우리가 나서지 않아도 될 것 같다고 나를 안심시켰다.

"그 사람들이 문제를 잘 풀어낼 겁니다. 잘될 거예요."

행크와 그의 팀, 연방준비제도이사회 의장인 벤 버냉키가 집중적으로 의회와 작업한 뒤에 마침내 10월 3일 TARP 법안이 의회를 통과했다. 그전에 있었던 부결로 주가가 폭락한 것도 사람들의 마음을 모으는 데 도움이 되었다. 나중에야 확인된 사실이긴 하지만 이 의결은 최근의 역사에서 중대하고도 논쟁의 여지가 많은 법안이 두 정당의 협조 속에서 의회를 통과한 마지막 사례가 되었다.

그런데 수정되어 의결된 법안을 읽어보니 심각한 흠결이 하나 있었다. 이번에는 크리스틴의 재촉이 없었음에도 내가 먼저 행크에게 전화했다.

"마침내 TARP를 통과시켰으니 우선 축하부터 해야겠지만, 한 가지 문제가 있네."

"문제라니? 그게 뭐지?"

"악성 증권들은 매매가 되지 않을 걸세."

"그게 무슨 뜻인가?"

"모든 사람이 다 서브프라임 패키지들을 소유하고 있어. 주택을 담보로 한 대출들을 기반으로 한 파생상품들 말이야. 예전에 우리는 어느 지역에 있는 어떤 집이라고 하면 그 집의 가치가 얼마나 되는지 다들 알았어. 왜냐하면 통상적인 가격표라는 게 존재했거든. 그렇지만 같은 지역에서 집이 다섯 채 매물로 나와 있을 때 그중 한 집의 가치가 얼마나 되는지는 아무도 몰라. 그러니 서브프라임 파생상품의 증권들의 실제 가치가 얼마나 되는지 알 도리가 없지. 아무도 몰라. 그러니까 자네들은 모든 지역마다 직접 나가서 얼마나 많은 집들이 매물로 나와 있는지 확인해야만 해. 왜냐하면 어떤 집이 예전에 20만 달러였고 같은 지역에 그런 집 다섯 채가 매물로 나와 있다면 구매자는 이 집을 훨씬 싼 가격에 살 수 있겠지. 14만 달러나 그보다 더 싸게 말이야. 그런데 만일 매물로 나와 있는 집이 도대체 몇 채나 되는지 알지 못한다면 자기가 구매하려는 집의 적정 가격이 얼마인지, 얼마를 주고 구매해야 할지 어떻게 알겠나? 집을 팔려고 내놓은 사람들도 마찬가지야. 그러니까 거래가 불가능해지고 은행들도 주택담보대출을 해주려 하지 않겠지. 그러니까 이 증권들의 가치를 아무도 산정할 수 없다면 이 증권들은 유동성이 부족할 거야. 따라서 사람들은 문제가 많은 이런 증권들은 절대로 사려고 하지 않겠지."

"그래서 자네가 주장하고 싶은 게 뭔가?"

"TARP로 조성될 7,000억 달러를 지분이나 신주인수권[13]이 있는 우선주를 매입하는 방식으로 은행들에게 투입하자는 거지. 그러면 은행이 안정을 되찾을 걸세."

은행이 안정을 되찾고 나면 그렇게 투입된 돈의 몇 배나 되는 자금을 정부가 끌어들일 수 있을 것이라고 나는 설명했다. 정부의 예치금은 수익성이 있는 대출에 사용될 수 있고 경제가 새롭게 활기를 찾기 시작할 터였다. 정부는 지분 투자를 통해 수익을 남길 수 있고 은행들은

---

13 신주인수권은 회사가 신주를 발행할 경우 그 발행 주식을 우선적으로 인수할 수 있는 권리다.

위기를 극복하고 투자를 시작하기 위해 꼭 필요한 것을 가지게 될 터였다. 7,000억 달러를 12 대 1의 레버리지로 활용한다면 은행은 무려 8~9조 달러나 되는 어마어마한 자금을 확보하는 셈이었다.

행크와 벤 버냉키, 뉴욕 연방준비은행의 은행장 팀 가이트너는 나보다 몇 걸음 더 나아갔다. 그들은 이미 은행에 지분 투자를 하는 방안을 놓고 논의했으며 심지어 이 방안을 부시 대통령에게 제안까지 한 상태였다. 그러나 그들은 은행들을 국영화해야 한다는, 전혀 의도하지 않은 분위기가 조성되지 않을까 걱정했다. 그들이 마련한 방안, 즉 건전한 은행들과 허약한 은행 모두를 포함해 미국 내 700개 은행들이 유상증자를 하도록 만드는 방안은 혁신적이면서도 궁극적으로는 수익도 창출하는 길이었다. 나처럼 시장의 한가운데 있는 사람들의 의견을 행크가 여기저기서 듣는 것은 그런 복잡한 쟁점을 돌파할 수 있는 지혜를 얻고자 하는 그만의 방식이었다.

"아, 그리고 한 가지 더 있네. 사람들이 TARP를 놓고 '긴급구제'bailout 라고 부르는 것은 정말 끔찍한 일이야."

행크를 포함해서 재무부의 그 누구도 그 단어를 직접 사용한 적이 없었지만 정치권과 언론에서는 그 단어를 널리 사용하고 있었다.

"자네가 그 누구를 긴급하게 구해주는 게 아니지 않은가. 그저 돈을 빌려줄 뿐이고 나중에 돌려받는 것뿐이니 말이야. 그 돈은 그저 브리지 론이고 국민이 낸 세금은 나중에 고스란히 돌려받잖아. 게다가 이자까지 붙여서 말이야. 나중에 은행이 정상으로 돌아가면 큰 수익의 혜택도 받고 말이지. 이것을 긴급구제라는 단어로 묘사하면 나중에 홍보 차원에서도 거대한 역풍을 맞을 거야. 긴급구제라는 표현은 완전히 잘못된 인식을 사람들에게 심어주는 거라네."

이 말에 행크도 동의했다. 그러나 그의 관심은 다른 데 있는 게 분명했다. 그는 태풍의 눈 속에 있었고 의회, 연방준비제도, 관리감독 당국자들, 언론, 심지어 다른 나라들까지 가세해서 요구해대는 온갖 요구사항에 포위되어 있었다. 정말 상상할 수도 없이 어려운 과제를 그는 감당해내고 있었다.

일주일이 지났지만 나는 여전히 유럽에 있었다. 밤이었고, 막 프랑스 툴롱에 도착해서 자동차를 탔는데 휴대폰 벨이 울렸다. 행크의 수석보좌관인 짐 윌킨슨이었다.

"장관님이 저더러 고맙다는 말을 전해달라고 하셨습니다. 저희에게 얘기해주신 분들은 대부분 기본적으로 자기들에게 이익이 되는 정책들을 실행하라고 했는데, 회장님은 언제나 무엇이 금융 시스템에 이로울까 하는 것만 기준으로 삼아서 말씀하셨어요. 회장님이 주신 조언 중 몇 가지를 채택해서 실행했습니다."

"고마워요, 짐. 그렇게 알아주니 정말 고맙네요."

나는 전화를 끊고 좌석 등받이에 기댔다. 오후 8시 정각이었고 주변은 칠흑처럼 어두웠다. 차에는 나와 기사 두 사람뿐이었다.

'얼마나 멋진 일인가! 멀리 유럽에 와 있으면서도 내 나라에 도움을 줄 수 있다니.'

정말로 기분이 좋았다. 1930년대의 대공황보다 더 심각하고 나쁠 수도 있는 상황으로 치닫고 있는데 무엇을 해야 할지 아는 사람은 아무도 없었다. 크리스틴의 독촉으로 등이 떠밀리긴 했지만 나는 문제를 해결하는 데 참여하겠다고 자청했고, 행크도 시간을 내서 내 말에 귀를 기울였다. 나중에 행크는 이렇게 말했다.

"시장의 존경받는 다른 사람들도 그랬지만, 자네의 절박감과 확신이 우리가 당장 무슨 행동을 해야 하는지 판단하는 데 많은 도움이 되었다네."

나는 내가 미국을 도울 수 있었다는 사실에 무한한 자부심을 느꼈다. 그 자부심은 지금도 마찬가지다.

> ## 최악의 순간은
> ## 언제고 지나간다

자욱하던 연기는 2008년 말에 걷혔다. 최악의 순간은 이미 지나갔음을 나는 본능적으로 느꼈다. 그러나 경제를 회복시키기 위해 해야 할 일들은 아직도 많이 남아 있었다.

금융위기가 닥치기 여러 달 전에 나는 당시 알리안츠Allianz의 CEO이자 친구인 폴 아흘라이트너Paul Achleitner에게 그의 아내 앤-크리스틴이 교수로 있던 뮌헨 공과대학교에 가서 강연을 하겠다고 약속했다. 나는 10월 15일에 뮌헨에 도착했고 학생들과 기자들로 빽빽한 강당으로 들어섰다. 좌석이 다 차서 통로에까지 사람들이 앉아 있었다. 그들이 자기 앞에 서 있는 미국인 금융가에게 가지고 있는 궁금증은 딱 한 가지였다.

'과연 우리는 위기를 극복하고 살아남을 수 있을까?'

그 궁금증을 나는 한마디로 풀어주었다.

"금융위기는 끝났습니다. 여러분은 위기가 계속될 것이라고 생각하겠지만 위기를 끝내고자 하는 의사결정들은 이미 내려졌습니다."

다른 나라들도 미국의 정책 사례를 모범으로 삼아 은행들의 유상증자 준비를 하고 있으며 금융 시스템은 안전하다고 강조했다.

"리먼브라더스가 쓰러진 뒤 한 달이 지난 시점에서 이런 예측이 성급할지도 모른다는 건 저도 인정합니다. 그렇습니다. 현재의 시장 상황이 끔찍한 상태인 건 분명한 사실입니다. 그러나 걱정하지 않아도 됩니다. 앞으로의 시장 상황에 대해 저는 전혀 걱정하지 않습니다. 또 저는 앞으로 어떤 일이 전개될 것인지 알고 있기에 그만큼 더 유리한 고지에 서 있습니다. 그러니 여러분도 불안해할 필요가 없습니다."

나는 엄청나게 큰 박수를 받았고, 강당을 떠날 때까지 고맙다는 말을 수백 번 들었다. 그러나 공항으로 나를 데려다줄 자동차에 앉는 순간 갑자기 속이 메슥거리면서 헛구역질이 났다. 그러고 보니 금융위기가 끝났다는 말을 내가 공개적으로 하고 말았던 것이다.

'내 말이 맞아야 할 텐데….'

20

자기가 생각하는 옳고 그름의
판단 기준에서 벗어나지 마라.
별도 비용을 지출하지 않아도 되거나
결과에 따르는 고통을 감내하지 않아도
되는 경우에는 옳은 일을 하는 게 쉽다.
그러나 자기가 가졌거나 가질 수 있는 것을
포기하면서까지 옳은 일을 하기란 어렵다.
그러니 기꺼이 하겠다고 말한 것은 언제나 지켜라.
그리고 절대로 자기 이익만을 좇아서
다른 사람을 일부러 잘못된 길로 몰아가지 마라.

제2장
위기를
레버리지 삼아
기회로 바꿔라

현명하게 지출하면
더 큰 이익으로 돌아온다

글로벌 금융위기에 대비해 블랙스톤은 이런저런 조치를 취해왔다. 그러나 금융위기의 후폭풍이 몰고 온 피해까지 피할 수는 없었다. 기업공개 당시 31달러였던 주가는 2009년 2월 3.55달러까지 떨어졌다. 2008년 4/4분기에 우리는 사모펀드 포트폴리오의 평가액을 20퍼센트나 줄여서 보고했으며 부동산 포트폴리오 평가액도 30퍼센트 줄여서 보고했다.

주주들에게 보낸 2008년 편지에서 나는 블랙스톤은 대부분의 금융 서비스 회사들과 다르다는 점을 분명하게 밝혔다.

"우리는 장기 투자자이며 인내심을 가지고 있습니다. 즉 시장과 유동성이 지금보다 더 좋아질 때까지 우리의 보유 자산을 흔들리지 않고 보유할 것이라는 말입니다. 우리는 빠른 속도로 악화되는 시장 상황에서 우리의 투자를 손절매하지 않고 충분히 보상을 받을 때까지 기다릴 것입니다. 바로 이런 인식을 가지고 있기 때문에 지금처럼 침체된 환경에서 우리는 더 공격적으로 투자금을 운용할 수 있습니다. 지금이 우리 투자자들이 최대의 수익을 누릴 수 있도록 자금을 운용할 최적의 시점인 것입니다."

우리는 270억 달러를 언제든 사용할 수 있는 투자 자금으로 가지고 있었으며 모든 부문에서 기회를 포착할 수 있었다. 그러나 그 모든 부문의 시장은 다음 몇 주와 몇 달 이후를 내다볼 수 없었다. 그만큼 깊숙이 침체되어 있었다.

투자자들은 본질적인 가치와 아무런 관련이 없는 온갖 이유들을 근거 삼아 자산을 팔고 있었다. 현금이 필요했거나 마진콜margin call[14]에 응해야 했기 때문이었다. 어느 날 나는 한 투자자로부터 전화를 받았다. 그는 앞으로 아무리 크고 매력적인 투자라고 하더라도 새로운 투자에 돈을 쓰지 말라고 했다. 나는 그가 내게 신의성실의 의무[15]를 저버리라고 요구하는 게 아님을 깨달았다. 더할 나위 없이 좋은 투자 기회들이 없었기 때문이다. 그는 자기로서는 현금을 보유할 필요성이 있으므로 투자를 보류하라고 요구했던 것이다. 나는 모든 투자자가 우리

———— 14 선물계약의 예치 증거금이나 펀드의 투자 원금에 손실이 발생할 경우 이를 보전하라는 요구를 말한다. 증거금이 모자랄 경우 증거금의 부족분을 보전하라는 전화를 받는다는 뜻에서 이런 이름이 붙여졌다.

15 기관투자자는 투자자의 이익을 위해 최선의 주의를 기울여야 하고 투자자의 신뢰와 기대를 배반해선 안 된다는 원칙.

에게 맡긴 돈을 적절하게 투자하는 것은 우리가 지켜야 할 신의성실의 의무라고 그에게 말했다. 그가 단기 유동성 문제를 안고 있다고 해서 우리의 투자 전략을 이래라저래라 할 수는 없었다.

TARP가 진행되고 있었음에도 불구하고 대형 은행들은 여전히 힘든 시간을 보내고 있었다. JP모건은 우리의 리볼빙 크레디트 라인을 절반으로 줄여버렸다. 나로서는 도저히 믿을 수 없는 일이었다. 블랙스톤과 JP모건은 수백억 달러 규모의 거래를 오랜 세월 동안 성공적으로 함께 해온 사이였다. JP모건의 투자은행 사업부 책임자인 지미 리는 자기는 전혀 모르는 일이라고 했다. 나는 CEO인 제이미 다이먼Jamie Dimon에게 전화했다.

"지금 상황이 좋지 않습니다. 그래도 블랙스톤에는 신용한도대출을 주고 있잖아요."[16]

그의 대답에 나는 블랙스톤과 JP모건의 오랜 관계를 그에게 상기시켰다.

"우리는 한 몸이나 마찬가지 아닌가? 우리의 신용이 얼마나 좋은데! 우리는 40억 달러를 현금으로 가지고 있단 말이오."

"네, 신용이 좋다는 거 압니다. 그렇지 않으면 아예 신용한도대출을 주지도 않죠."

시티 은행은 얘기가 또 달랐다. TARP 법안이 의결된 직후 우리는 시티 은행에 8억 달러를 예치했다. 그리고 그들에게 우리 거래의 중심 은

행이 되는 일을 맡겼고 우리가 추진하는 사모펀드 거래의 일원으로 끼워 넣었다. 우리가 보기에는 시티 은행이 잘못될 가능성은 전혀 없었다. 정부와 기업들은 시티 은행이 제공하는 '글로벌 거래 서비스'를 이용해서 직원의 급료를 지불했으며 자금을 이동시켰다. 시티 은행이 없으면 전 세계 돈의 흐름이 막힐 정도였다.

그런데 시티 은행에 8억 달러를 예치한 직후 시티 은행의 CEO인 비크람 팬디트Vikram Pandit가 나를 찾아왔다. 시티 은행은 당시 엄청난 압박을 받고 있었는데, 비크람은 자기와 내가 자리를 바꾸면 좋겠다고 농담을 했다. 블랙스톤을 운영하는 일이 자기 일보다 훨씬 쉽게 보인 모양이었다. 그러나 그는 곧 진지하게 블랙스톤이 시티 은행을 지지해주어 무척 고맙다고 인사했다. 그러면서 자기가 도울 일이 없는지 물었다.

나는 JP모건이 우리에게 한 일을 얘기했고 JP모건이 하던 역할을 시티 은행이 해줄 수 있느냐고 물었다. 비크람은 두말없이 그러겠다고 했다. 자기들이 어려울 때 우리가 도왔으니 기꺼이 도움을 주겠다고 했다. 인생은 충분히 길다. 어려움을 겪는 사람을 도우면 나중에 언젠가 전혀 기대하지도 않았던 방식으로 되돌아온다. 어려울 때 도움을 준 친구를 절대로 잊어서는 안 된다.

2008년 가을, 수익이 계속 줄어들고 있던 터라 우리는 주주들에게 지급하는 배당금과 관련해 어떤 결심을 해야 했다. 기업공개를 준비하던 과정에서 우리를 돕던 주관회사들은 처음 2년 동안 배당금을 지급한다고 해야 청약자들을 많이 모을 수 있다고 주장했다. 청약자는 애초에 우리가 계획했던 것보다 15배나 몰려들었지만 어쨌거나 우리는 처음 2년 동안 배당금을 지급하겠다고 약속했다.

그러나 금융위기의 한가운데에서 우리의 수익만으로는 주주에게 배당금을 지급할 수 없었다. 배당금을 깎거나 약속한 전액을 지급하기 위해 돈을 빌려와야 했다. 그렇지만 나는 돈을 빌리고 싶지는 않았다. 변동성이 높은 시장에서 변동성이 높은 주식에 대한 배당금을 지불하기 위해 돈을 빌린다는 것이 기업 재무 차원에서 어쩐지 바람직하지 않은 것 같아서였다. 그렇지만 배당금을 깎아서 지급하면 투자자들이 좋아하지 않을 게 분명했다.

물론 우리는 장기 투자 관점을 가진 회사라는 사실을 강조해서 주장할 수 있었다. 사실 내가 최대 주주였으므로 배당금 삭감으로 가장 큰 피해를 볼 사람은 바로 나였다. 그러므로 그 누구도 회사의 돈을 개인적으로 이용한다고 나를 비난할 수 없었다. 우리에게 시간을 주면 주가는 반드시 회복될 것이고 모든 사람이 행복해질 것이다. 그렇게 주장해야 했다.

나는 이 문제를 다음번 이사회 안건으로 상정했다. 기업공개 직전에 30억 달러를 투자했으며 2년 동안은 투자금을 빼내갈 수 없었던 중국이 좋아하지 않을 것이라고 예상했다. 그러나 지금은 우리가 했던 약속을 지켜서 배당금을 지급하는 것보다 자금을 보존하는 것이 더 중요하다고 주장했다.

최근 공익위원 자격으로 이사회에 합류한 지 얼마 되지 않았던 딕 젠레트는 가장 먼저 반대 의견을 내놓았다. 그는 30억 달러라는 투자가 중국에게 얼마나 중요한 것인지 상기시켰다. 그 투자는 여러 개의 투자 중 단지 하나의 투자가 아니며 중국으로서는 최초의 국부펀드가 최초로 해외에 대규모 투자를 한 것이었다. 게다가 그들이 가진 주식의 가치는 폭락한 상태였다. 이런 상태에서 우리가 배당금을 깎아 지급한 다면 그들의 신뢰는 무너질 것이다. 당혹감을 넘어 실망감을 느낄 것이 다. 이런 주장의 끝에 딕은 다음과 같이 말했다.

"만일 사람들을 정말 화나게 만든다면 전례 없는 일이 일어날 겁니다. 제가 당신이라면 약속한 배당금을 모든 사람에게 지급할 겁니다. 다음 4/4분기를 위해서라도 말입니다."

"그건 5,000억 달러를 허공에 불태워버리는 거나 마찬가지입니다. 그냥 불태워버리는 거라고요."

"저도 이해합니다. 하지만 그렇게 하지 않으면 큰 실수를 하는 게 될 겁니다."

나를 가르쳤던 교수이자 당시 하버드 비즈니스스쿨의 학장이었던 제이 라이트가 딕의 이런 논리에 동의했다. 그렇잖아도 중국은 지금 우리 주식의 주가가 폭락해서 당황하고 있을 텐데 여기에 배당금까지 삭감당한다는 건 그들로서는 최악의 상황일 거라고 했다. 또 중국은 우리의 주식을 샀을 뿐만 아니라 우리의 여러 펀드에도 투자를 해왔다. 시간이 지나면 앞으로 수십억 달러의 투자금이 더 들어올 것이고 합작 사업도 얼마든지 많이 이뤄질 텐데, 단 한 분기의 현금유동성을 확보하려고 장기적인 관계를 위태롭게 만드는 것은 상식에도 어긋난다고 그는 주장했다.

1년 전 나는 베어스턴스 CEO 지미 케인에게 그 회사의 펀드에 투자했다가 손실을 입은 투자자들에게 비록 일부이긴 해도 일부를 보전해주는 것이 장기적으로는 회사에 이득이라고 조언했다. 그런데 이제 딕과 제이가 내게 그때와 똑같은 조언을 해주고 있었다. 고통스러울 수 있지만 때로는 현금을 지출하는 것이 오히려 더 큰 이익으로 돌아오기도 한다고 말이다.

기업공개 여부를 놓고 고심할 때 우리는 주주와 투자자 각각에 대한 의무가 균형을 이뤄야 함을 알았다. 딕과 제이가 블랙스톤이 장기적·단기적으로 슬기롭게 고려해야 할 사항들을 지적한 점은 금융적인 측면에서 빈틈이 없는 것이었다. 나는 나와 다른 의견을 제시한 두 사람을 높이 평가했다.

"이건 단순한 문제가 아닙니다. 하지만 두 분이 정말로 그렇게 생각한다면 배당금을 삭감하지 않겠습니다. 전 이 결정이 마음에 들지 않지만 선의를 다해 5,000억 달러를 지급하도록 합시다."

블랙스톤의 최대 주주로서 나는 소중한 상업적 관계가 어그러질 때의 비용을 고려하면 배당금을 삭감해서 지급하는 것이 회사의 장기적 이익에 도움이 되지 않는다는 것을 깨달았다. 그 후 여러 해가 흘러 우리는 중국에서 점점 더 많은 사업을 하게 되었고 내가 벌이는 자선 활동도 점점 더 커졌다. 그때 가서야 나는 당시 그 배당금 지급이 우리가 지출했던 현금 지출 중 가장 훌륭한 지출이었음을 절실하게 깨달았다.

손해를 회복하려면
신뢰부터 회복하라

2008년 말에 나는 베이징으로 날아갔다. 칭화 대학교의 경제경영대학 자문위원으로서 이사회에 참석하기 위해서였다. 중국은 벌써 여러 해째 미국의 여러 기업에 막대한 금액을 투자해오고 있었다. 패니메이와 프레디맥에만 1조 달러 넘게 투자하고 있었는데, 미국의 주택시장에 엄청난 규모의 투자를 하고 있었던 셈이다. 미국의 대출자들은 중국 돈을 쓰는 데 익숙해졌으며 중국은 쉽고 간편한 미국 투자에 맛이 들려 있었다. 그런데 패니메이와 프레디맥이 금융위기를 거치면서 연방정부의 소유가 되자 중국은 과연 미국 정부가 약속을 잘 지킬지 어떨지 전혀 감을 잡지 못했다.

중국은 또한 블랙스톤의 기업공개 때 지분 투자를 해서 약 15억 달러의 손실을 봤다. 우리는 미국 내 중국의 최대 투자처가 아니었지만 장차 그렇게 될 가능성이 높은 투자처들 중 하나였다. 블랙스톤은 빼어날 정도로 건전한 상태를 유지하고 있다고 나는 자신했지만 시장 환경에서는 주가를 올려줄 만한 요소가 아무것도 없었다. 그래서 중국은 블랙스톤 투자를 마뜩찮게 여기고 있었고, 나는 이런 분위기를 베이징 출장에서 알 수 있었다.

칭화 대학교 이사회 휴식 시간에 전직 총리인 주룽지朱鎔基가 내 이름을 부르며 다가왔다. 그는 중국 혁명 이후 여러 시대에 걸쳐 살아남은 유력한 정치인이었다.[17] 주룽지는 지적 수준이 높은 지주 집안에서 성장해 공복이 되었지만 마오쩌둥의 경제 정책을 비판한 일로 공산당에서 축출되었고, 문화혁명 때는 농장에 하방下放돼 5년 동안 육체노동을 하며 살았다.[18]

그러다 마오쩌둥이 죽고 덩샤오핑이 그 뒤를 잇자 복권되었다. 중국 경제가 빠르게 성장하면서 그도 학계와 정치계에서 사다리의 높은 계단으로 빠르게 올라갔다. 이후 칭화 대학교 경제경영대학 초대 총장 자리를 거쳐 상하이 시장이 되었고 나중에는 중국의 다섯 번째 총리가 되었다. 중국에서 총리의 서열은 주석 다음인 두 번째였다. 주룽지는 덩샤오핑의 경제개발 전망인 '중국식 자본주의'를 수립하는 데 핵심적인 역할을 했다. 여기서 중국식 자본주의란 공산당이 감독하는 시장경제를 말한다.

주룽지는 키가 크고 뼈가 앙상할 정도로 호리호리한 체격인데, 넘치는 에너지와 끈질긴 인내심으로 유명하다. 재무부 장관이었으며 하버드 대학교 총장이기도 했던 래리 서머스는 한때 주룽지의 지능지수를 200으로 추정하기도 했다. 시장으로 그리고 총리로 재직하는 동안 그는 목표를 달성하기 위해 정치적인 온갖 구조와 관료적 규정들을 기꺼이 깨부수면서 '일격의 주', '보스 주', 심지어 '미치광이 주'라는 별명까지 얻었다. 이런 별명만 보더라도 그의 추진력이 어느 정도였는지 짐작

---

17 주룽지는 1928년생이고 1998~2003년 중국 총리를 지냈다.
18 문화혁명 당시 당원이나 공무원의 관료화를 방지하기 위해 이들을 일정 기간 동안 농촌이나 공장에 보내서 노동에 종사하게 한 것을 '하방운동'이라고 한다.

할 수 있다. 심지어 그는 총리에서 물러나 5년이나 지난 시점에도 여전히 공직 세계에서 막강한 영향력을 행사하고 있었다.

주룽지는 나와 이야기를 나누다가 러우지웨이樓繼偉에게 손짓을 했다. 러우지웨이는 주룽지가 밀어주던 인물이었는데, 중국의 블랙스톤 투자 결정을 가능하게 만들었으며 2013년부터 2016년까지 재정부 장관직을 수행하게 될 사람이기도 했다.

"이리 와보게. 인사해. 여긴 슈워츠먼. 자네 돈을 까먹은 바로 그 양반이야."

농담 반 진담 반으로 한 말이었다. 우리는 그가 보여준 신뢰를 회복하기 위해 노력해야만 했다.

> ### 수확을 기다리는 농부처럼
> ### 인내하고 또 인내하라

12월에 있었던 일이다. 워싱턴에 있는 독일 대사관저에서 파티가 열렸는데 그 자리에서 우연히 연방준비제도이사회 의장인 벤 버냉키를 만났다. 우리는 사람들 사이에서 빠져나와 잠시 대화를 나누었다. 그는 요즘 금융가는 어떠냐고 물었다. 나는 증권거래위원회가 2006년에 도입한 시가평가제도 때문에 많은 금융기관들이 부채를 상환하느라 정신없다고 말했다. 금융기관들은 악성 자산들의 가치가 폭락하자 우량 자산들을 시장에 마구 쏟아내고 있었다. 그러나 시장에는 구매자가 없었다. 그러다 보니 모든 것의 가격이 추락에 추락을 거듭하고 있었다.

벤은 연방준비제도가 시장에 개입해서 구매자가 없는 자산들을 사들여야 할지 말지 고민하고 있었다. 나는 그런 자산을 매입하는 것이야말로 금융계에 신뢰를 불어넣을 수 있는 유일한 길이라고 말했다. 2009년 봄 연방준비제도는 은행 부채, 모기지 부채, 국채를 매입하면서 금융시장에 현금을 마구 부어넣었다.

그러나 연방준비제도의 이런 조치들은 정부의 지원이 필요한 것이었다. 나는 그해 1월에 취임한 버락 오바마 대통령이 경제를 낙관적으로 전망한다거나 신뢰와 자신감을 불어넣기에 충분할 정도로 잘 하지는 못할 것이라고 걱정했다. 2009년 3월 8일 일요일 저녁, 나는 케네디 예술센터에 공연을 보러 갔다가 오바마 대통령의 비서실장인 람 이매뉴얼Rahm Emanuel을 우연히 만났다. 공연 중간의 쉬는 시간에 우리는 좌석 가까운 곳의 방으로 들어가 대화를 나눴다. 나는 대통령이 좀 더 낙관적인 목소리를 낼 필요가 있지 않으냐고 그에게 제안했다. 주가는 1월에 있었던 취임식 이후로도 25퍼센트나 떨어졌지만 대통령은 오로지 건강보험에만 초점을 맞추고 있었다. 경제에 그나마 조금 남아있던 믿음마저도 갉아먹고 있었던 것이다. 람은 처음에는 정중한 태도를 보이다가 나중에는 고함을 질렀다.

"스티브, 당신은 우리가 증오하는 그 모든 것을 다 가진 사람입니다! 당신은 부자에다 공화당원에다 또 사업가니까요!"

나는 충격을 받았다. 내가 하고 싶었던 말은 오로지 금융 시스템이 튼튼하게 살아남는 데 보탬이 되는 조언이었다. 우리는 25분 동안 설전을 벌였다. 크리스틴이 두 번이나 문을 열고 고개를 내밀고는 대통령을 만나야 하지 않느냐고 말했다. 나는 손을 저어 거절했다. 그러다 나중에야 대통령과 악수를 하고 나머지 공연을 봐야 한다는 생각이 들어 자리에서 일어났다.

다음 날 람은 내게 전화해서 사과했다. 우리의 토론이 자기가 생각했던 것보다 더 과열되어버렸다고 했다. 정부가 새로 출범한 지 얼마 되지 않은 시점이라서 해야 할 일이 산더미처럼 쌓여 있는데 일요일 저녁 시간까지 그런 골치 아픈 문제에 시달리고 싶지 않은 마음이 앞선 나머지 무례하게 굴었다고 했다. 나는 그렇게 말해줘서 고맙고 그 심정을 충분히 이해한다고 말했다. 그러자 그는 그날 아침에 자기가 대통령을 포함한 고위 관료들이 텔레비전 연설을 통해 경제가 회복할 조짐이 보인다는 발언을 하도록 필요한 조정들을 했다고 말했다. 그 주에 미국 주식시장에서 주가는 최저점을 찍었다. 최저점을 찍었다는 것은 이제 오를 일만 남았다는 뜻이다.

블랙스톤에서는 우리가 해결해야 할 과제가 따로 있었다. 블랙스톤의 직원들, 특히 젊은 사람들이 공포에 질려 있었다. 해마다 우리는 사업부별로 야외 모임을 가진다. 이 모임에 토니가 직원들을 격려하도록 초대를 받았다. 이 모임을 준비한 사람의 의도로는 토니가 모든 것이 다 잘될 것이라고 얘기를 하면 되었다. 그러나 그건 토니의 스타일이 아니었다. 대신 그는 젊은 직원들에게 이렇게 말했다. 직장 생활의 첫 시작점에서부터 이 역사적인 멜트다운Meltdown[19]을 경험하고 이를 통해 배울 수 있으니 얼마나 행운아들이냐고. 만일 똑똑한 사람들이라면 여기서 배운 교훈으로 평생 덕을 볼 것이라고도 했다. 성공은 거만함과 무사안일주의를 낳으며 오로지 실수와 최악의 나쁜 일들을 통해서만 가치 있는 교훈을 배울 수 있다고 그는 말했다.

람과 거친 설전을 벌였던 그 무렵의 어느 날에 나는 친구이자 동료인 켄 휘트니와 함께 뉴욕에 있는 월도프 아스토리아 호텔로 걸어가고 있었다. 켄은 상황을 절망적으로 봤다. 그는 방금 부동산 팀이 소유한 모든 부동산의 현재 가치를 계산해봤는데 결과가 암담하다고 말했다. 힐튼 하나만 해도 이 회사의 수익과 매출이 급락하면서 투자금액 대비 70퍼센트의 손실을 기록하고 있었다. 나는 켄에게 걱정하지 말라고 했다.

"낮은 자산 평가 수치는 그저 일시적인 상태를 가리키는 숫자일 뿐이네. 곧 원래의 자기 가치를 찾아갈 걸세. 우리는 우리가 정리한 이론을 토대로 투자를 하는데, 만일 우리가 지금도 여전히 그 이론을 믿는다면 여태까지 해왔던 대로 끈기를 갖고 계속 밀고 나가면 된다네. 만일 금융계 전체가 붕괴되면 우리 모두 끝장나겠지만 금융계가 살아남는 한 우리도 살아남을 걸세."

나는 그렇게 켄을 위로하고 격려했다.

---

19 원래의 뜻은 원자로의 노심이 녹아내리는 것이지만, 비유적으로는 주식시장의 대폭락을 뜻한다.

얼마의 시간이 지나고 나자 어느 시점에선가 전체 경제가 자유낙하를 멈췄다는 느낌이 들었다. 우리는 전열을 정비하고 다시 업무에 복귀했다. 회사 전체가 기본으로 돌아갔다. 우리는 '우리가 하고자 하는 사업은 무엇인가? 우리가 몸담고 싶은 기업은 어떤 것인가?'라는 질문을 던졌다. 우리는 새로운 사업이나 새로운 도전은 삼갔다. 시도해봤자 자금을 조성하는 게 쉽지 않을 것이었다. 대신 핵심 사업에 초점을 맞추고 집중했다. 하나의 기업으로서 우리는 시장의 변동성에 휘둘리지 않는 튼튼한 대차대조표를 원했다.

그해 가을에 다시 칭화 대학교를 방문했을 때 블랙스톤의 주가는 전년도보다 나아지지 않았다.

"슈워츠먼, 블랙스톤은 좀 어때요?"

주룽지가 물었다. 어떤 대답이 나올지 잘 알면서도 그는 굳이 그렇게 물었다.

"잘될 것 같나요? 하하하!"

그가 농담 반 진담 반으로 아프게 찔러댔지만 우리는 끈기를 가지고 열심히 일했고, 마침내 금융위기가 전개되기 이전과 전개되는 사이에 우리가 내렸던 결정들이 결실을 맺기 시작했다. 많은 기업들이 도움을 필요로 하면서 우리가 제공하는 구조조정 자문 사업이 번창했다. 우리의 투자 팀들은 금융위기 이전에 자신의 모든 주의력을 소진해버리는 커다란 실수를 저지르지 않았다. 그랬기에 비록 세상은 성장과 기회에 대한 트라우마에 시달렸지만 우리는 예전과 다름없이 성장과 기회를 부지런히 지향했다.

영국에서 우리의 젊은 파트너인 조 바라타는(그는 모건스탠리에 있다가 블랙스톤에 합류했다) 기적을 행하는 기업가 니콜라스(닉) 바니 Nicholas Varney와 함께 팀을 구성해서 유럽 최대 테마파크 사업을 추진하고 있었다. 조가 맨 처음에 거대 수족관 20개와 지하 감옥 세 개(런던과 요크, 암스테르담에 있던 그 지하 감옥은 무섭고 기괴한 매력으로 사람들을 끌어들이는 명물이었다)를 포함한 바니의 부동산을 매수하는 게 좋겠다는 기획안을 냈을 때 뉴욕에서 그 사업을 마음에 들어 했던 사람은 아무도 없었다.

나도 런던 지하 감옥에 두 아이들과 함께 가본 적이 있었다. 아이들은 살인과 고문과 사형집행인 같은 이야기를 좋아했지만 나는 줄이 너무 길어서 오래 기다렸다는 기억뿐이었다. 수고는 엄청나게 들이고 보상은 매우 적은 경험이라는 인상이 강했다. 닉의 회사 멀린Merlin은 우리와 접촉하기 전에 이미 다른 두 곳의 사모펀드와 접촉했던 상태였다.

그러나 조는 닉의 재능과 야망을 확신했다. 테마파크를 소유하고 있으면서도 이 사업에 만족을 느끼지 못하는 소유자들이 널려 있었다. 레고는 기업 구조조정에 들어갈 자금을 마련하기 위해 자기가 가지고 있던 테마파크를 처분하고 싶어 했다. 다른 소규모 테마파크들도 가족 기업 소유거나 사모펀드 집단, 국부펀드의 소유였는데, 모두 테마파크를 어떻게 처리해야 할지 아무런 계획도 가지고 있지 않았다. 나는 긴가민가했지만 조가 워낙 세게 주장해서 결국 우리는 2005년에 멀린을 인수하는 대가로 1억 200만 파운드를 지불했다. 그것은 작은 규모의 거래였고 뉴욕에 있던 우리로서는 큰 기대를 하지 않았다.

조와 닉은 몇 달 뒤에 함께 움직이기 시작했다. 그들은 영국, 덴마크, 독일, 캘리포니아에 있는 레고랜드 테마파크들을 현금과 주식 3억 7,000만 유로를 지급하고 매입했다. 그다음 해는 이탈리아 최대의 테마파크인 가르다랜드Gardaland를 5억 유로에 매입했다. 2007년 봄에는 12억 파운드를 지급하고 투소 그룹Tussaud's Group의 인수 작업을 최종적으로 마쳤다. 투소 그룹에는 유명한 밀랍 인형관 여섯 곳, 영국에서 가장 큰 앨턴타워Alton Towers를 비롯한 테마파크 세 곳이 포함되어 있었다.

닉은 마케팅을 개선하고 새로운 볼거리들을 추가하면서 수익을 두 배로 늘렸다. 조와 닉은 함께 일하면서 5,000만 달러의 지분으로 작은 회사 하나를 인수한 다음 이것을 세계에서 디즈니 다음으로 가장 큰 테마파크 기업이 되도록 추진하는 사업을 진행했다. 이 사업은 우리의 자본과 위대한 기업가가 만나 폭발적인 시너지 효과를 냈다. 멀린은 경기침체기에도 꾸준히 성장했다. 2015년에 우리는 마지막으로 이 회사의 주식을 모두 팔았는데, 그때까지 우리는 수천 개의 일자리를 창출했으며 수백만 가족에게 즐거움을 주었고 투자자들에게는 투자금을 여섯 배 넘게 불려주었다.

우리가 2007년에 힐튼을 매수했던 거의 그 시점부터 우리를 비판하는 사람들은 시장 가격이 천장을 두드리고 있을 때 우리가 '겉만 번지르르한 자산'trophy asset을 샀다고 했다. 그러나 우리는 힐튼을 확장하고 개선한다는 애초의 계획을 굳세게 밀고 나갔다. 2008년과 2009년에 아시아, 이탈리아, 터키 등에서 한 해에 5만 개씩 새로운 객실을 프랜차이즈로 확보했는데 이로써 현금흐름 상황이 개선되었다. 우리는 비벌리 힐스에 있던 힐튼의 본사를 덜 비싼 곳인 버지니아로 이전했다. 그리고 존과 그의 팀이 인수 때 설정했던 대출 조건 덕분에 여행객이 급격하게 줄어들었던 기간에도 살아남을 수 있었다. 경제가 암울했지만 우리는 부채 상환을 해나가면서 잘 버텼다.

그럼에도 불구하고 2010년 봄에 우리는 우리에게 돈을 빌려준 은행들과 재협상을 했다. 많은 사람들이 2007년 힐튼 인수 때 발행했던 채권을 팔려고 애를 썼는데, 그래서 우리는 할인된 가격으로 우리가 직접 사려고 따로 마련해두었던 자금의 일부를 사용했다. 협상이 끝나갈 무렵 우리는 부채를 상당한 규모로 줄일 수 있었다. 비록 힐튼 거래를 흑자로 돌려놓기까지는 여전히 멀고 먼 길이긴 했지만 리스크를 상당한 폭으로 줄였을 뿐만 아니라 운신의 폭을 보다 넓힐 수 있었다.

그러다 사람들이 다시 여행을 하기 시작하면서 힐튼의 현금흐름은 2008년에 기록했던 최고치를 갱신했으며 우리의 자산 가치도 애초에 투자했던 금액을 훌쩍 상회했다. 그리고 운영을 개선하고 브랜드를 강화하며 지리적으로 확장했던 작업들이 결실을 맺어 수익 증대에 기여했다. 우리는 에너지 효율을 높이는 운동을 다양하게 벌였으며 종업원 복지도 개선했다. 그렇게 60만 명이 넘는 직원을(이 직원들 중에는 미국의 참전용사 1만 7,000명과 그들의 배우자들이 포함되어 있다) 거느린 이 회사를 예전의 모습과는 완전히 다르게 바꿔놓았으며 객실 수도 두 배로 늘렸다.

이런 경영 성과를 인정받아 힐튼은 2019년《포춘》이 선정한 미국에서 가장 일하고 싶은 직장 1위로 꼽혔다. 접객 산업에 속한 기업이 이 부문의 순위에 오른 것은 이때가 처음이었다. 우리 투자자들은 힐튼에서 최종적으로 140억 달러의 돈을 벌었다. 사모펀드 투자 역사상 가장 수익성이 높았던 사례다.

다시 2010년의 칭화 대학교로 돌아가자. 그날도 주룽지는 나를 발견하고 다가와서는 언제나처럼 놀렸다.

"슈워츠먼, 블랙스톤 주식을 내가 어떻게 생각해야 하겠소? 예전 수준을 회복할 수 있겠소? 어떻게 생각하시오?"

그 질문을 받는 게 3년째였다. 하지만 그때는 나도 할 말이 준비되어 있었다.

"총리님, 그 회사는 지금 잘 하고 있습니다. 주가는 전혀 걱정하지 않으셔도 됩니다."

"왜 걱정을 안 해요?"

"왜냐하면 말입니다. 우리는 농부거든요."

주룽지도 농부로 오랜 시간을 보냈다. 가족과 함께 농작물을 키웠으며 정치적인 탄압을 받고 숙청됐을 때는 농장에서 농부로 일했다.

"우리가 기업을 인수하고 부동산을 매입하는 것은 밭에 씨를 뿌리는 일과 같습니다. 씨를 뿌리고 물을 주면 싹이 나죠. 물론 아직은 농작물이 보이지 않습니다. 그러나 시간이 지나 이 싹이 자라 줄기를 올리고 잎이 커지고 마침내 나중에 작물이 영급니다. 그러면 농부는 매우 행복해지죠."

그러자 주룽지는 소리 내 웃으면서 러우지웨이를 불렀다.

"러우지웨이! 이리 와봐. 여기 농부가 계셔. 농부 블랙스톤!"

그때 이후로 나는 '농부 블랙스톤'이 되었다. 우리는 중국에 꾸준히 배당금을 지급했고 주가도 회복되었다. 중국은 점점 더 많은 금액을 우리에게 맡겼다. 주룽지가 나를 대하는 태도도 점점 더 온화해졌다.

"농부 블랙스톤, 당신을 보니 기쁘군요. 풍년이 우리를 기다리고 있어요. 당신이 훌륭한 농부라서 우리가 얼마나 기분이 좋은지 모릅니다. 내년에도 또 이렇게 칭화 대학교에서 만날 수 있겠죠?"

2012년 우리는 여섯 번째 사모펀드 투자금 모집을 완료했다. 151억 달러라는 돈이 모였다. 이 금액은 우리가 2007년에 모았던 204억 달러보다는 적었지만 역대 여섯 번째로 큰 규모였다. 이는 우리가 역대 최악의 상황을 성공적으로 돌파했으며 투자자들이 여전히 우리를 신뢰한다는 뜻이었다.

> ## 저점 다음에 올
> ## 반등을 노려라

금융위기 이후 미국의 단독 주택single-family home 시장은(이 시장은 세계에서 가장 규모가 큰 개인 자산 시장이다) 무너졌다. 주택을 담보로 돈을 빌린 사람들은 지급 불능 상태였고 은행들은 담보권을 행사해서 대출을 갚지 못하는 사람의 집을 빼앗았다. 이렇게 해서 주택시장에 매물이 넘쳐났다. 그러나 많은 사람들에게 끔찍한 현장이었던 이 부문에 투자해서 성공하려면 대담하고도 혁신적인 행동들이 필요했다.

금융위기를 평가하는 역사가들은 주택시장이 미쳐서 돌아갈 때는 정부 정책 두 가지가 두드러지게 나타난다고 말한다. 하나는 금융위기 이전에 주택 소유를 정치적으로 권장하는 것이다. 심지어 주택을 구매할 여유가 없는 사람들에게까지 대출을 끼고 집을 사라고 부추긴다.

위기 이전 정부는 대출 기준을 완화하고 세상 물정 모르고 나중에 대출을 갚을 가망이 거의 없는 사람들에게까지 주택담보대출을 마구 떠안겼다. 그러다 보니 주택 가격은 천정부지로 치솟았다. 수익을 만들어내는 이 구조에 은행들도 기꺼이 동참했다. 그러나 금융위기가 닥쳤을 때 우리가 생생하게 목격했듯이, 신용등급이 낮은 많은 대출자들은 매달 부채 상환을 할 수 없었다. 그럴 경제적인 여유가 없었기 때문이다. 결국 그들이 소유한 주택 가치는 떨어지고 그들은 어쩔 수 없이 집을 팔아야만 했다.

금융위기 여파 속에서 정부는 또 하나의 잘못된 정책을 펼쳤다. 대출 기준을 깐깐하게 지키도록 은행들을 엄격하게 단속하고 나선 것이다. 이는 마치 재앙과도 같은 행동이었다. 주택담보대출에 여전히 관심을 가지고 있던 은행들은 대출을 하러 온 사람들에게 한층 더 높은 금액의 계약금 및 신용 점수를 요구했다. 이 정책은 과열된 시장을 바로잡기에 적절하고도 조심스러운 대응으로 보였지만 실제로는 그나마 실낱같이 보이던 회복의 숨통을 완전히 막아버렸다.

금융위기 이전 주택시장이 한창 달아오를 때, 그 후 거품이 꺼졌을 때 정부가 실시한 정책들은 상황을 오히려 악화시켰다. 시장이 빠르게 달아오를 때는 액셀러레이터를 밟았고 시장이 빠르게 위축될 때는 브레이크를 밟은 셈이었다. 조수석에 앉은 가난한 미국 소비자들은 급격한 가속과 감속의 충격을 받고 목뼈를 다칠 수밖에 없었다.

미국 전역에서 주택 가격이 폭락했다. 남부 캘리포니아, 피닉스, 애틀랜타, 플로리다같이 최악의 충격을 입은 지역들에서는 주택 건설이 전면 중단되었다. 수백만 명이 주택을 사기보다는 임대하는 쪽으로 눈을 돌렸다.

역사적으로 보면 미국에서 주택을 구매해 수리한 다음에 임대하는 사업은 구멍가게 수준이었다. 전체 1,300만 개인 임대 주택 중 대부분이 개인이나 영세한 부동산 회사 소유였다. 많은 임대주들은 비거주자[20]였으며 자기 소유 주택의 상태를 전문적인 임대업자의 기준에 맞도록 유지하지 않았다. 우리의 부동산 팀은 바로 이런 점에 착안해 이 분야에서 통합 및 전문화를 수행한다면 수익 창출이 가능하다고 봤다.

그런데 과연 우리가 이런 사업을 하기에 적합했을까? 블랙스톤은 호텔 체인 기업이나 사무실 단지, 창고 등을 매매하는 수십억 달러 규모의 거대한 부동산 거래를 했다. 그야말로 부동산업계 최대 규모의 거래를 했다. 이런 우리가 굳이 푼돈 벌이밖에 되지 않는 임대수익형 부동

---

20 투자자나 별장용 주택 구입자 등을 일컫는 표현이다.

산buy-to-let 사업을 하겠다 하니 은행들은 우리의 기획안에 고개를 갸웃하면서 돈을 빌려주려 하지 않았다. 그 누구보다 부동산을 훤하게 꿰뚫고 있던 샘 젤도 절대로 안 된다고 말했다. 그러나 존 그레이와 그의 팀은 끈질겼다. 이 기회와 관련된 기본적인 셈법은 적어도 우리에게는 명백했다.

또한 그것은 유례없는 일이었다. 세계에서 가장 큰 자산시장이 바로 주택시장이었고 당시 주택 가격은 역사적인 저점에 형성되어 있었으며 모든 세상이 꽁꽁 얼어붙어 있었다. 그러니까 그 시점은 우리 같은 투자자들이 움직이기에는 경기 순환 주기상 최적이었다. 1990년대 초에도 그와 비슷한 상황을 나는 목격했었다. 그때 우리는 워싱턴DC 출신의 부동산 기업가 조 로버트와 함께 블랙스톤 최초의 부동산 투자를 했다. 당시 부동산시장은 공포와 비이성적인 군중심리에 그리고 얼마 전에 있었던 가격 폭락 때문에 대출자 및 은행들이 정신없이 우왕좌왕하는 바람에 엄청나게 왜곡되어 있었다.

그렇지만 1990년보다 이번 기회가 훨씬 더 컸다. 우리가 최대한 노력을 기울일 가치가 충분히 있었다. 또 우리는 그때보다 지식과 정보와 경험이 더 많았으며 금융위기 직전에 조성한 넉넉한 현금으로 잘 무장되어 있었다. 부동산들이 곧 헐값으로 처분되는 시점이 다가올 것이라고 우리는 믿었다. 설령 우리가 사들인 집을 쉽게 임대하지 못해서 애를 먹는다고 하더라도 손해 볼 일은 없다고 생각했다. 주택 가격이 정상으로 돌아가기만 해도 얼마든지 수익을 남길 수 있을 것이기 때문이었다.

2012년 봄 우리는 피닉스에서 우리의 첫 번째 주택을 10만 달러에 구입했다. 같은 달 미국의 주택 가격은 바닥을 찍고 반등했다. 우리는 미국 서부 지역에서 주택을 구입하기 시작해서 시애틀에서 라스베이거스로, 시카고로, 또 올랜도로 도시를 하나씩 차례대로 점령하듯 점차 동부 지역으로 이동했다.

지역 법원들은 압류된 부동산의 경매 목록을 발표했고 우리의 부동산 팀은 매물을 살피러 동네 구석구석을 찾아다녔다. 그러나 집 안으로는 들어갈 수 없었기에 자동차를 타고 주변을 살피고 학군을 조사했다. 이들은 얼마나 많은 주택을 사들일지 판단한 다음 필요한 현금을 챙겨서 법원으로 갔다. 거래 절차는 대개 하루 이틀이면 끝났고 불과 몇 달 만에 우리는 매주 1억 2,500만 달러 규모의 주택을 매입했다.

다음 단계는 개보수였다. 우리는 1만 명이 넘는 건축업자, 도장공, 전기기사, 목수, 배관공, 냉난방기 설치기사, 조경사 등을 작업에 투입했다. 이들 중 다수는 경기침체로 실업 상태에 있던 사람들이었다. 우리는 주택 하나당 약 2만 5,000달러를 개보수 작업에 투자했다.

마지막으로 이 주택을 임대하거나 유지 및 보수하는 일을 맡을 업체를 선정했다. 선정된 업체는 인비테이션홈즈Invitation Homes였다. 이 회사는 5,000채가 넘는 주택, 미국 최대의 주거용 부동산을 소유하면서 미국 경제의 결정적인 순간에 엄청나게 많은 일자리를 창출하는 회사가 되었다.

공적연금펀드로 우리에게 투자한 투자자들은 다른 투자운용회사들이 겁에 질려 있을 때 우리가 미국 경제의 회복력을 긍정적으로 본다는 사실을 무척 반가워했다. 우리는 버려진 주택들, 마당의 잔디가 무성하게 웃자란 동네로 들어갔다. 그리고 주택을 말끔하게 수선한 다음 사람들에게 임대했다. 동네에 활기가 돌고 마을 공동체도 살아났다.

지금 와서 돌아보면 우리가 맨 처음 했던 판단은 매우 단순했다. 사람들이 자기에게 필요한 것을 특별한 이유도 없이 더 이상 사지 않는다면 시스템이 잘못된 것이다. 따라서 시스템을 상황에 맞춰 새롭게 조정해야 했다. 이런 조정 작업이 제대로 되면 해당 상품의 가격은 다시 오르기 마련이다. 사람들은 집을 필요로 했지만 금융위기 이후 비이성적인 감독 당국자들과 공포에 휩싸인 은행들이 집을 사는 걸 방해했다. 경기 순환 주기 속에서 적절한 시점에 적절한 방식으로 구매가 이뤄지도록 하는 것, 이것이 관건이었다.

▶ 불확실성이 많을 때는 안전장치를 걸어라

금융위기 이후 드디어 우리는 만일의 사태에 대비해 주요 투자 사업들을 보호하기 위해 힘들게 모아둔 자원을 투입할 기회를 잡았다. 이 기회들은 많은 부문들에서 툭툭 튀어나오기 시작했는데, 가장 의미 있는 기회는 에너지 부문에 있었다.

우리는 그동안 우리만의 투자 프로세스를 통해 여러 거래를 처리함으로써 이 분야의 전문성을 느리지만 착실하게 쌓아왔다. 그 결과 우리가 얻은 통찰 중 하나는 주식시장에 상장된 대부분의 에너지 기업들이 만성적으로 고평가되어 있다는 사실이었다. 예를 들어 각 기업이 가지고 있는 정유 시설, 송유관 시설, 주유소 등의 개별 가치들을 따로 산정한 다음 이것을 모두 합산한 가치는 거의 대부분 해당 기업의 시가총액보다 적었다. 그러니까 에너지 산업의 인프라를 구축하는 각각의 시설들을 따로 인수하거나 건설한 다음에 이것을 전체로 뭉뚱그려서 시장 가격에 매각하면 그 차액으로 수익을 창출할 수 있었다.

2012년 이 인프라의 개별 시설로는 특히 규모가 큰 건설에 투자할 기회가 우리 앞에 나타났다. 바로 사빈패스Sabine Pass라는 루이지애나 소재 액화천연가스 수출 터미널이었다. 이 시설은 전형적인 에너지 산업의 모든 요소, 즉 빠르게 바뀌어가는 기술 변화와 변덕스러운 정치, 변동성이 높은 글로벌 시장의 한가운데서 대규모 복합 산업 플랜트를 건설하려는 과감한 기업가에 이르기까지 모든 요소를 가지고 있었다.

그전 2008년에 식당 경영 경력과 에너지 기업가의 경력이 있는 투자은행가 샤리프 수키Charif Souki는 멕시코만에서 가까운 텍사스와 루이지애나의 주 경계선에 있는 사빈패스 강어귀에 수입 천연가스를 받아들일 플랜트를 짓기 시작했다. 석유를 컨테이너선에 싣는 건 단순했지만 천연가스를 전용 운송선에 싣는 건 훨씬 어려웠다. 선적 과정에서는 우선 천연가스를 냉각시켜서 액체 상태로 만들어야 한다. 그리고 목적지에 도착하면 다시 기체 상태로 만들어야 한다. 이는 비용이 매우 많이 들어가는 과정으로, 당시 미국에서는 천연가스가 부족해서 가격이 마구 치솟고 있었다.

그런데 샤리프가 수입 시설을 짓고 있을 때 프래킹fracking(수압파쇄) 공법이 갑자기 발전하면서 미국에서 천연가스가 대량으로 생산되기 시작했다.[21] 이렇게 되자 그가 짓는 시설은 쓸모가 없어져버렸다. 순간 그는 아주 놀라운 사업 수완을 발휘했다.

'이 천연가스 수입 터미널을 수출 터미널로 전환하면 미국에서 남아도는 가스를 전 세계로 수출할 수 있지 않을까?'

가스가 흘러가는 방향을 바꾼다는 것은 말은 쉽지만 실제 현실에서는 결코 쉬운 일이 아니었다. 당시 샤리프의 회사인 셰니어에너지Cheniere Energy(이하 셰니어)의 기업 가치는 6억 달러였는데, 수입용 시설을 수출용 시설로 바꾸는 데는 무려 80억 달러가 필요했다. 은행들은 이 거금을 샤리프에게 쉽게 빌려줄 수 없었다. 그 이유로는 첫째, 샤리프가 원금 상환을 제때 하지 않아서 애를 먹인 적이 한두 번이 아니었기 때문이다. 둘째, 그가 추진하는 사업은 정부의 승인을 받아야만 가능했으며 미국 화석연료의 수출권을 그가 가지고 있어야만 가능했기 때문이다. 셋째, 그 시설을 짓는 것 자체가 워낙 거대한 건설 사업이다 보니 그 과정에 어떤 위험이 숨어 있는지 알 수 없었기 때문이다.

이런 불확실성을 해결하지 않는다면 샤리프는 천연가스 수입 플랜

---

21 모래와 진흙 등이 단단하게 굳어진 퇴적암 지층인 셰일층에 매장되어 있는 천연가스가 셰일가스인데, 프래킹 공법이 발전하면서 셰일가스의 상용화가 가능해졌다.

트를 짓는 사업의 첫발조차 뗄 수 없었다. 이 기회가 블랙스톤의 투자위원회 안건으로 올라왔을 때 우려의 목소리가 컸다. 우리는 어떤 거래가 최고의 원유 혹은 가스 거래든 신경 쓰지 않는다. 건강보험, 부동산, 미디어, 기술에 이르기까지 어떤 거래든 다른 부문 투자 건들과 비교해도 그 자체로 충분히 좋아야 한다.

우리는 80억 달러라는 전체 소요 자금 중 20억 달러는 지분으로 충당하고 나머지 60억 달러는 빚으로 끌어모으겠다는 계획을 세웠다. 그러나 이는 우리에게나 파트너들에게나 큰돈이었다. 그래서 채권을 통해 자금을 조달할 수 있을지 확실하게 해두고 싶었다. 다행히도 은행들은 이 거대한 프로젝트에 기꺼이 돈을 빌려주겠다고 했다. 이런 결정에는 그동안 우리에게 돈을 빌려준 은행에 언제나 수익을 안겨줬다는 우호적인 평판이 크게 작용했다.

관리감독 당국의 승인을 받는 과정에서도 우리는 비슷한 편의를 누렸다. 연방정부의 당국자들이 우리의 이름을 보고 사업의 신뢰성을 한층 높게 평가했던 것이다. 하지만 그럼에도 불구하고 만일 당국이 어떤 이유에서든 그 사업을 중단시킬 경우에는 우리가 손을 뗄 수 있다는 조항을 계약서에 명시해야만 했다. 우리는 투자자들의 자금이 영원히 끝나지 않는 승인-허가의 쳇바퀴에 인질로 잡히는 걸 원하지 않았기 때문이다.

또 다른 우려는 샤리프라는 인물에 대한 것이었다. 원래 창업자들은 자기만의 강력한 발상과 개성을 가지고 있다. 그래서 우리는 샤리프와 협의를 해나가는 과정에서 발생할 수 있는 리스크를 최소화하기 위해 그 사업에 대한 기대치와 목표를 명확하게 설정했다. 사업이 순조롭게 진행되는 동안에는 샤리프가 사업을 지휘하기로 했다. 그리고 우리는 셰니어가 에너지 기업들과 오프테이크 계약offtake agreement[22]을 체결해야 한다고 주장했다. 길게는 20년이라는 기간 동안 우리의 시설에서 나오는 일정량의 가스를 구매하겠다는 약속을 에너지 기업들로부터 미리 받아놓아야 한다고 주장했던 것이다.

이런 계약만 체결된다면 가스의 가격 변동과 상관없이 일정한 수익이 보장되었다. 물론 가스 가격이 올라갈 경우에는 크게 발생하는 이익 일부를 손해 볼 수도 있지만 반대로 가스 가격이 내려갈 경우에는 보호를 받을 수 있었다. 이는 엄청난 자금이 들어가는 사업에서는 반드시 필요한 안전장치였다.

마지막으로, 우리는 건설 과정에서의 리스크를 최소화해야 했다. 플랜트를 건설하는 과정은 길고 복잡하며 많은 돈이 들어가기 때문이다. 그래서 우리는 시공사인 벡텔Bechtel에 일괄도급계약 및 턴키turn key 발주 방식을 수용하도록 하면서 추가 수수료를 지급하기로 합의했다. 이런 계약 조건에서는 플랜트가 약속한 대로 완공되어 가동되지 않으면 벡텔이 우리에게 벌금을 물어야 했다. 또 우리는 예전에 벡텔에서 일했던 엔지니어를 고용해서 공사가 잘 진행되는지 꼼꼼하게 감시하는 일을 맡겼다.

---

22 자원 생산자와 구매자의 구매 계약의 일종으로, 구매자가 생산자의 미래 생산량 일부를 미리 구매하는 계약.

예상할 수 있는 모든 리스크에 대한 분석을 마친 뒤에 우리는 우리를 대신해서 그 거래를 진행하던 파트너였던 데이비드 폴리에게 이렇게 말했다.

"됐어. 이제 가서 가지고 오기만 하면 돼."

데이비드는 대통령의 날(매년 2월의 세 번째 월요일)로 이어지는 주말에 가족을 떠나 아스펜으로 날아갔다. 샤리프가 스키를 타고 있던 곳이었다. 샤리프 측 사람들과 우리 측 사람들은 리틀넬Little Nell 호텔의 지하층에서 사흘 동안 작업했다. 거래 내용을 발표하기 전까지 몇몇 경쟁자들이 끼어들긴 했지만 그 거래는 우리의 것이었고 장차 에너지 산업에 뚜렷한 흔적을 남길 거래이기도 했다.

> ## 위기 이후 등장하는
> ## 낯선 기회들을 주목하라

그해 토니는 블랙스톤 투자자 몇 명과 대화를 나눈 뒤 새로운 사업 아이디어를 떠올렸다. 우리의 모든 자산군에 걸쳐 있는 전략인 동시에 연간 12퍼센트의 수익률을(이는 우리의 통상적인 연간 수익률보다는 낮은 수준이다) 꾸준하게 보장하는 새로운 전략이었다.

나는 우리 회사의 여러 사업부 책임자들을 한자리에 모았다. 토니가 떠올린 아이디어를 바탕으로 뉴저지 주정부 연금펀드에 제시할 제안 내용을 정리하기 위해서였다. 금융위기의 여파 속에서 당국은 은행들에게 보유 자산을 팔라고 압력을 가하고 있었는데, 그 펀드의 운용자들이 은행들이 팔라고 압력을 받는 자산들에 투자하는 것을 우리가 살펴봐주길 바랐다.

이는 흥미로운 요청이었다. 그러나 기업가로서 나는 금융이 매우 단순한 사업임을 이미 깨우치고 있었다. 어떤 사람이 당신에게 뭔가 새로운 것을 알아봐달라고 요청할 때 그가 그것을 알고 있는 지구상의 유일한 사람일 가능성은 0이다. 즉 당신이 그런 요청을 받는다는 건 거대한 기회가 다가왔다는 말이다. 그런데 당신에게 그런 요청을 하는 사람은 그 사실을 모른다. 그들은 그저 자기에게 필요한 것만 바라볼 뿐이다.

만일 그런 필요성이 일리가 있고 당신이 그 필요성을 충족시킬 적절한 상품을 만든다면 당신은 그 상품을 보다 넓은 시장에 내놓을 수 있다. 당신의 경쟁자들은 도대체 당신이 어떻게 그런 생각을 하고 그런 상품을 만들었는지 어리둥절해할 것이다.

각각의 사업부 대표들이 자기가 가지고 있던 아이디어를 내놓을 때마다 먼저 나온 아이디어보다 더 좋아 보였다. 그런데 세 번째 사업부가 투자 기획안을 발표할 때 나는 깜짝 놀랐다. 이런 종류의 거래가 제시된 것을 그때까지 단 한 번도 본 적이 없었기 때문이다. 예전에는 골드만삭스에게만 갔던 거래 요청들이 이제는 우리에게 들어오고 있었다. 컨테이너선과 셀타워Cell Tower(기지국)가 있는 토지에서부터 광산과 극히 소수 집단에서만 이뤄지던 대여 제품들에 이르기까지 온갖 거래 요청들이 다 들어왔다. 이런 상황에서 관건은 이런 요청들이 기존의 우리 펀드 안에 자리를 잡도록 해주는 것이었다.

블랙스톤 초기에 있었던 일인데, 리먼브라더스 신입사원 시절부터 친구였던 스티브 펜스터가 마이클(마크) 블룸버그Michael Bloomberg 라는 전도유망한 기업가와의 만남을 주선했다. 마이크는 설립한 지 얼마 되지 않은 금융 데이터 회사에 필요한 자금을 찾고 있었다. 나는 그 회사가 크게 성공할 것임을 알았지만 당시 우리에게는 적절한 투자 대상이 아니었다.

우리는 블랙스톤에 투자한 투자자들에게 5년이나 7년 안에 투자 수익을 안겨주겠다고 약속했다. 마이크는 자기 회사를 절대로 팔지 않을 것이라고 말했다. 그는 평생 함께 갈 동업자를 원했고, 우리는 그가 선택한 첫 번째 동업자 후보였다. 그러나 그의 제안을 받아들이지 않은 것은 커다란 실수였다. 이 실수를 나는 그 뒤로 결코 잊지 못했다. 1억 달러가 80억 달러로 늘어날 수 있었는데 그 기회를 놓친 것이다.

언젠가 마이크 같은 기업가들에게 그리고 전통적인 사모펀드 모델에는 맞지 않는 기회들에 투자할 수 있을 정도의 유연함이 블랙스톤에도 생기길 기대했다. '택티컬 오퍼튜니티스'Tactical Opportunities(전술적 기회, 이하 택티컬)라고 이름을 붙인 우리의 새로운 펀드는 나의 이 오랜 바람이 실현된 결과였다.

우리는 신규 사업을 놓고 늘 하던 대로 세 개의 검증 테스트를 적용했다. 투자자들에게 거대한 보상을 안겨주어야 했고 블랙스톤의 지적 자본에 보탬이 되어야 했으며 그 사업을 책임질 완벽한 적임자가 있어야 했다. 그 모든 새로운 기회의 경제적 잠재력에 대해서는 의문의 여지가 없었다. 지적 자본에 대해서도 택티컬은 더할 나위 없이 좋은 기회였다. 금융위기 이후 마구 튀어나오는 비정상적인 기회들 속에서 새로운 패턴들을 포착하기 위해 우리 모두가 갖가지 새로운 방법으로 배우고 생각하기에도 매우 좋은 기회였다. 우리는 이 새로운 펀드의 투자위원회에 우리의 여러 주요 자산군 책임자들은 말할 것도 없고 나와 토니까지 포함시켰다. 우리는 우리의 전문성을 모아 투자회사들이 길게 줄을 선 이 낯선 거래들을 철저하게 분석하고 싶었던 것이다.

이 펀드를 이끌어갈 책임자로 그동안 런던 지사에서 일하다 막 뉴욕으로 돌아온 데이비드 블리처를 임명했다. 이 펀드는 워낙 특이했기에 회사 안팎에서 평범하지 않은 질문들을 하고 투자 설명을 할 수 있는 노련한 경험자가 필요했다. 그동안 블랙스톤의 유럽 지역 사업을 성공적으로 수행했던 데이비드는 결국 택티컬을 270억 달러가 넘는 사업으로 바꿔놓았다.

금융위기 이후 그렇게 5년이 지났을 때 우리는 경쟁자들을 멀리 따돌렸고 더 많은 투자금을 조성해서 더 많은 거래를 체결했다. 비록 금융위기 때 아무런 상처를 입지 않은 건 아니었지만(예를 들면 도이치텔레콤Deutsche Telekom에 지분 투자를 했다가 엄청난 손실을 기록했던 것) 새롭고 흥미로운 여러 방향으로 전진해나갔다. 비록 그동안 치러온 많은 경쟁 속에서, 경기 순환 주기의 정점에서 체결한 거래들의 설거지를 하느라 여전히 정신없이 바쁘긴 했지만 말이다.

21

걱정하는 것은 적극적이며
해방적인 행위다.
적절한 걱정은 당신이 어떤 상황에서도
부정적인 사항들을 명료하게 정리하고
이런 것들을 피할 수 있는
행동을 취할 수 있게 한다.

제3장

주변을 돌아보고
가진 것을 나눠라

> 기부와 자선 활동에
열정을 새로이 옮겨 담다

오랜 세월 동안 나는 블랙스톤을 튼튼하게 구축하는 데만 집중했다. 회사를 운영하는 것이 때로는 경쟁자들, 전·현직 직원들, 언론, 변덕스러운 대중 및 정치 집단들 그리고 종종 아무 이유도 없이 벌어지는 불운 등이 한데 뒤죽박죽 섞인 채 끊임없이 이어지는 스트레스 테스트처럼 느껴지기도 했다.

그러나 기업가로서의 경험과 관련해 깨우친 몇 가지 중요한 사실들 중 하나는 장기적인 차원에서 모든 일이 제대로 돌아가기만 한다면 인생이 점점 더 쉬워진다는 것이다. 회사에 연륜이 쌓이고 그만큼 회사가 성숙해지면 당신과 조직 안팎에 있는 사람들의 삶이 점점 더 나아지고 일관성을 갖게 된다. 당신은 리스크 관리도 더 올바르고 적절하게 진행하게 되며 후계자들이 관여하는 기구를 만든다. 당신의 명성은 점점 올라가고 덕분에 일은 한결 더 쉬워진다. 선순환은 점점 더 빠르게 돌아간다. 블랙스톤의 경우 고객들과 투자자들이 전보다 훨씬 더 많은 돈을 우리에게 맡겼다.

금융위기의 여파가 모두 사라지고 나자 비로소 주변을 둘러볼 여유가 생겼다. 내가 가지고 있었던 자원들과 인맥, 노하우를 가지고 그동안 할 수 있었지만 하지 않았던 것이 무엇인지 살펴볼 여유가 생긴 것이다. 소년 시절에 나는 할아버지가 (의족, 의안, 의치 같은) 인공기관, 휠체어, 옷가지, 책, 장난감 등을 모아 한 달에 한 번씩 이스라엘에 있는 아이들에게 보내는 것을 보았다. 또 아버지가 미국 땅을 밟은 지 얼마 되지 않은 이민자들이 가게를 찾아왔을 때 외상 거래를 터주는 것도 보았다. 아버지는 그들에게 필요한 게 있으면 가져가고 나중에 능력이 되면 갚으라고 했다.

아버지는 할아버지가 그랬던 것처럼 예루살렘에 있는 학교 보이스 타운Boys Town에 정기적으로 돈을 보내서 가난한 아이들이 교육을 받을 수 있도록 했다. 우리는 다른 중산층 유대인 가족들처럼 일주일에 10센트씩 모아서 이스라엘에 나무를 심는 데 보탰다. 기부는 우리 생활의 한 부분이었고 내가 누린 행운이 계속 이어지도록 허락해준 습관이기도 했다.

나는 관심을 가지고 지켜보던 이런저런 기관들 및 도움을 필요로 하는 개인들에게 돈을 기부했다. 내 도움을 받는 사람들은 평소에 알던 사람이기도 했고 뉴스를 통해서 알게 된 사람이기도 했는데, 그들은 모두 아무런 잘못을 저지르지 않았음에도 시련을 겪고 있었다.

케네디 예술센터의 이사장으로 있을 때는 인맥과 수완을 발휘해 센터 기금을 조성하고 센터의 기준을 한층 더 높이며 활동 범위를 확대했다. 미국의 위대한 예술가들을 기리는 케네디 예술센터상 시상식을 통해 우리는 뉴욕과 로스앤젤레스, 두 예술 중심지에서 케네디 예술센터의 위상을 높였다. 워싱턴의 케네디 예술센터에서 이사장으로 보냈던 시간 덕분에 정치와 정치인에 대한 이해도 깊어졌다.

시간이 흐르면서 내가 했던 많은 경험들은 정치적인 분야에서나 비영리기구 활동에서 자선 활동을 평가하는 데 중요한 여과지가 되어주었다. 예를 들면 나는 내가 받은 교육이 내 인생에 얼마나 큰 영향을 미쳤는지 잘 알게 되었다. 만일 우리 가족이 펜실베이니아로 이사하지 않았고 내가 애빙턴 고등학교에 다니지 않았더라면 나는 결코 예일 대학교나 하버드 비즈니스스쿨을 다니지 못했을 것이다. 그리고 내 안에 있던 그 많은 가능성들이 열리지도 않았을 것이다.

인생을 바꿀 수도 있는 이런 기회를 될 수 있으면 많은 사람들에게 제공하는 것에 그토록 열심인 이유도 바로 여기에 있다. 또 예비군 경험 역시 시민의 일상을 보호하기 위한 수많은 희생의 가치를 이해하는 데 도움이 되었다. 애버럴 해리먼을 만났을 때는 정치인의 적극적인 사회 활동 참여가 가져오는 거대한 충격이 세계의 평화와 번영은 말할 것도 없고 개인의 미래를 한층 더 밝게 해줄 수 있다고 확신했다.

2008년에 나는 1억 달러를 뉴욕 공립도서관에 기부했다. 42번가와 5번 애비뉴에 있는 본관 건물 및 몇몇 지역 도서관 건물들을 재단장하는 데 들어가는 비용을 지원하기 위해서였다. 내 기부가 도시 한가운데 아름답고 고요한 공간을 만들어내는 데 보탬이 되기를 바랐다. 그리고 그 기부가 도서관이 진행하는 문맹 퇴치 프로그램들을 확대하고 각 마을 공동체에 인터넷 접근성을 높이는 데 일조하기를 바랐다.

2009년 추수감사절 직전에 나는 이너시티 장학재단Inner City Scholarship Fund의 지원을 받는 뉴욕의 한 학교를 크리스틴과 함께 방문했다. 가톨릭 신자인 크리스틴은 학생의 90퍼센트가 소수 인종이며 70퍼센트가 빈곤층으로 살아가지만 98퍼센트가 대학교에 진학하는 가톨릭 학교들의 놀라운 시스템을 내게 소개했었다. 이 학교들은 학생들에게 학문적 기초를 제공하며 인생을 풍성하게 만들어줄 사회적·도덕적 토대를 마련해준다. 그러나 장학재단 사무총장인 수전 조지Susan George는 이곳 학생들의 많은 수가 자퇴한다고 말했다. 대부분이 부모가 실직해서 등록금을 낼 형편이 안 되며, 도시 전체의 다른 가톨릭 학교들도 사정은 마찬가지라고 했다.

나는 수전에게 자퇴를 결정한 모든 학생의 부모와 연락해서 사정이 허락하는 만큼만 내면 나머지는 내가 낼 테니 자퇴를 취소하게 하라고 했다. 아직 어린아이들이 그런 고통을 받고 있는지는 상상도 하지 못했다. 그 아이들과 아이들의 부모는 게으름뱅이가 아니었다. 그들은 영문도 모른 채 된서리를 맞았을 뿐이고, 그렇게 된 것은 그들 탓이 아니었다. 그 등록금은 아이들에게 준 크리스마스 선물이었다.

2013년에는 세계선수권대회와 올림픽에 대비해 훈련하고 있던, 전국에서 가장 유망한 체육 선수들의 활동 보조금 명목으로 미국육상재단USA Track & Field Foundation을 지원하기 시작했다. 젊고 기량이 뛰어난 미국의 육상 선수들이 경제적 어려움 없이 열심히 훈련하고 경쟁할 수 있게 해주고 싶었다. 경제적인 지원이 없다면 선수 생활을 계속 이어가기 위해 일과 훈련을 병행해야 하는데, 이렇게 하기란 애초에 불가능하다. 그러다 보면 결국 운동에서 멀어질 수밖에 없다. 젊은 선수들이 그런 경제적인 부담 없이 훈련에 열중할 때 어떤 결과를 만들어내는지 알게 되면 정말 놀라울 따름이다.

2016년 리우데자네이루 올림픽에서 미국육상재단의 지원을 받은 선수들이 금메달 네 개와 은메달 세 개 그리고 동메달 두 개를 땄다. 지금 나는 미국육상재단에 가장 많은 금액을 기부하고 있다. 엄청난 재능을 지닌 선수들이 자기의 잠재력을 깨달을 수 있도록 도움을 준다는 사실에 커다란 자부심을 느낀다.

2013년에 나는 비즈니스 라운드 테이블Business Round Table[23]의 한 행사장에 참석했다가 영부인 미셸 오바마가 미국의 전·현직 군인들과 그들의 가족이 특별히 필요로 하는 것을 주제로 연설하는 것을 들었다. 영부인은 퇴역 군인과 그들의 가족이 직면하는 온갖 장애 요소들, 그들의 높은 실업률을 강조했다. 또 하루에만도 20건씩이나 발생하는 높은 자살률을 비롯해 여러 가지 심각한 결과들을 언급했다. 그녀는 모든 기업이 퇴역 군인의 실업률을 낮추기 위해 자기가 전국적으로 펼치고 있는 운동에 적극적으로 동참하길 호소했다.

---

23 미국 200대 대기업의 CEO들로 구성된 협의체이자 이익단체다.

그날 저녁 나는 워싱턴을 떠나 집으로 가면서 그녀가 했던 말 한 마디, 한 마디를 나도 모르게 되새겼다. 우리는 그들에게 많은 빚을 지고 있었다. 적어도 그들이 별다른 어려움을 느끼지 않고 사회에 적응할 수 있게 해주는 것은 당연한 의무였다. 그날 집에 도착하기 전에 블랙스톤 및 우리가 보유한 기업들이 앞으로 5년에 걸쳐 퇴역 군인과 그들의 가족을 5만 명 고용하겠다는 뜻을 영부인에게 전달했다.

이런 결정은 경영위원회에서 먼저 논의해야 했지만 나는 당연히 해야 할 도덕적인 의무라고 확신했으며 회사 역시 내가 한 약속이 알맹이 없는 흰소리로 끝나지 않도록 해줄 것이라 믿었다. 우리는 이 약속을 4년 만에 지켰고, 2017년에는 추가로 5만 명을 더 채용하겠다고 약속했다. 이는 규모가 커지고 범위가 넓어지면서 블랙스톤의 영향력이 그만큼 커졌다는 증거이기도 했다.

시간이 흐르고 더 많은 대의와 명분에 관여하면서 돈을 기부하는 것 말고 무엇을 더 할 수 있을까 하는 고민을 점점 더 많이 하게 되었다.

'만일 내가 기업가로서의 열정과 블랙스톤을 키우면서 습득한 수완들을 블랙스톤과 비슷한 야망을 가진 자선 활동의 여러 과제에 쏟으면 어떨까?'

중국의 성장을
목격하다

2005년 케네디 예술센터에서 중국의 한 축제를 주관했다. 축제 첫날 밤 나는 중국의 문화부 장관 옆자리에 앉아서 중국의 기예단이 펼치는 공연을 지켜봤다. 공연 중에 사람이 사람 위로 점점 더 높이 탑을 쌓아 올라가는 인간 피라미드가 펼쳐졌는데 각각의 동작은 오케스트라 연주 음악에 맞춰 진행되었다. 피라미드가 한 층씩 올라갈 때마다 무용수 한 명이 무대를 가로질러 달려와 그 피라미드를 뛰어넘었다. 관객 모두 이 놀라운 기예가 얼마나 더 오래 지속될지 경이로운 눈빛으로 지켜봤다.

그다음 무용수가 무대를 빙빙 돌다가 드디어 속도를 내 피라미드로 향해 달려가 뛰어올랐지만, 실패하고 말았다. 피라미드가 무너지고 사람들이 무대 위에 널브러졌다. 만일 이것이 발레나 아이스스케이팅이었다면 공연자들은 툭툭 털고 일어나서 아무 일도 없었다는 듯이 다시 공연을 이어갔을 것이다. 그러나 중국 문화에서는 그렇지 않았다. 음악이 중단되고 모든 공연자가 자기 자리로 돌아갔다. 피라미드 쌓기가 처음부터 다시 시작되었다. 조금 전에 실패했던 무용수가 다시 자리를 잡았고 피라미드를 향해 마지막 도움닫기를 했다. 그 순간 우리는 모두 눈을 감았다. 그러나 그 무용수는 성공했다. 아주 가까스로.

그때 나는 중국의 문화부 장관의 얼굴을 쳐다봤다. 그의 얼굴은 무표정했다. 나는 왜 아무런 감흥도 느끼지 못하느냐고 물었다. 그러자 이런 대답이 돌아왔다.

"중국에서는 사람들이 위대함을 추구합니다. 처음에 해내지 못한다고 해도 포기하지 않습니다. 결국 해낼 때까지 계속 시도합니다."

중국이 2007년에 블랙스톤의 기업공개에 투자하기로 한 결정의 전략적인 성격은 그로부터 얼마 후 투자를 해줘서 고맙다는 인사를 하러 중국에 갔을 때 한층 선명하게 느낄 수 있었다. 연이어 잡힌 회의와 만남의 일정들을 바쁘게 소화하던 중이었는데, 중국 국영방송국 소속의 카메라맨 한 사람이 나를 계속 따라다녔다. 중국 정부는 블랙스톤에 엄청나게 큰 규모의 투자를 감행했고 놀랍게도 나는 거기에서 제법 중요한 존재였다. 내가 연설을 하는 동안에도 사람들이 계속 들어와서 통로까지 메웠다. 내가 한 말과 행동은 모두 뉴스로 보도되었다. 그러나 나는 여전히 배우고 알아야 할 게 많았다.

운이 좋게도 나는 칭화 대학교 경제경영대학 자문위원이 되었고 덕분에 훌륭한 선생들과 어렵지 않게 접촉할 수 있었다. 칭화 대학교는 미국식 기부금 출연 방식으로 처음 출발한 학교였다. 1901년에 중국은 의화단 사건[24]을 진압하는 데 도움을 준 것에 미국에 보상을 하기로 합의했다. 그때 시어도어 루스벨트 대통령은 그 보상금을 중국인 미국 유학생의 장학금으로 쓰라고 양보했고 이것으로 그 유학생들을 위한 예

---

24 의화단은 외국인 배척을 위한 비밀결사단이었다. 1900년 서태후의 묵인 아래 45명의 외국 신부, 9명의 수녀, 수천 명의 신자가 학살당했다. 의화단은 국제연합군에 의해 진압되었고 중국 정부가 배상금을 지불했다.

비학교가 설립되었다. 이 학교가 칭화 대학교로 발전했고 지금은 중국 전역에서 수재들이 몰려든다.

현재 중국 주석인 시진핑과 그의 전임자인 후진타오 그리고 강력한 기관인 국무원의 많은 구성원들이 칭화 대학교 졸업생이다. 2015년 이후로 이 학교는 MIT를 제치고 《US 뉴스 앤드 월드 리포트》가 선정한 세계 최고의 공학 및 컴퓨터과학 대학교가 되었다. 경제경영대학원은 미국식 비즈니스스쿨에 자극을 받아 1984년에 설립되었다. 미국 기업과의 깊은 관계를 마련하기 위한 최초의 중국 기관이기에 월스트리트 및 실리콘밸리의 고위 인사들이 중국을 방문할 때면 반드시 들르는 곳이 되었다. 이곳의 이사 및 자문위원 자리는 중국인뿐만 아니라 전 세계에서 내로라하는 인물들로 채워져 있다.

1980년 중국의 국내총생산GDP은 미국에 비해 11퍼센트밖에 되지 않았지만 2019년에는 67퍼센트까지 따라잡았다. 비록 1인당 GDP의 절대적인 금액으로 비교하자면 여전히 큰 차이가 나긴 하지만 2019년 기준으로 1인당 GDP는 중국이 1만 달러이고 미국이 6만 5,000달러다.[25] 중국의 1인당 GDP는 1980년 이후 30배로 증가했다. 같은 기간 미국의 다섯 배와 뚜렷하게 대조된다. 또 수출액도 미국의 6퍼센트밖에 되지 않던 것이 100퍼센트를 초과했을 정도다.

중국은 네덜란드보다 적은 경제 규모였지만 지금은 독일 경제를 해

───────── 25 미국 달러화의 현재 환율로 환산한 비율이다(International Monetary Fund, World Economic Outlook database; April 2019). (원주)

마다 하나씩 추가할 정도로 규모가 커졌다. 블랙스톤에 처음 투자했던 2007년 이후 중국은 경제성장의 여러 주요 지표들 및 혁신에서 미국을 따라잡고 심지어 추월까지 했다. 중국은 거대한 제조업 국가이고 수출국이며 예금국이고 에너지 소비국이다. 또한 중국은 사치품에서 스마트폰에 이르는 모든 상품에서 거대한 시장이다. 2007~2015년에 세계의 전체 경제성장 중 40퍼센트가 중국에서 일어났다. 2019년 중국의 성장 속도는 비록 과거에 비해서 느려졌다고는 해도 여전히 미국에 비하면 두 배가 넘는다.

싱가포르의 수상이었으며 중국을 누구보다도 기민하게 관찰했던 리콴유李光耀는 2015년 3월 사망하기 직전에 중국이 결국에는 아시아의 지배자로 미국을 대체할 것이냐는 질문을 받고 다음과 같이 말했다.

"당연히 그렇게 되겠죠. 못 될 이유가 없지 않나요? 아시아에서 1위 국가, 세계에서 1위 국가의 자리에 올라서지 않으려 할 이유가 없죠."

리콴유는 만일 그런 일이 일어나면 서구의 방식이 아니라 중국의 방식에 따라 일어날 것이라고 덧붙였다.

하버드 대학교의 역사학자인 그레이엄 앨리슨Graham Allison은 국제 권력의 무게중심이 재조정되면 서구에서 아시아로 이동하는 이 과정에 함정이 하나 놓여 있다고 경고해왔다. 미국이 물러나고 중국이 올라설 때 두 강대국 및 이들에게 종속되어 있는 국가들은 그 현상이 수십 년 동안의 역사 추세에서 벗어나는 것이기에 심한 울렁증을 느낄 것이다. 따라서 아주 사소한 오해나 분노 혹은 공격 행위가 모든 사람을 전쟁의 참화 속으로 몰아넣을 수도 있을 것이라고 주장했다.

아닌 게 아니라 기원전 5세기 아테네의 융성이 스파르타를 위협했을 때 이런 일이 실제로 일어났다. 그래서 앨리슨은 장차 일어날 수도 있는 그 위험을 펠로폰네소스 전쟁사를 썼던 그리스 역사학자의 이름을 따서 '투키디데스의 함정'이라고 불렀다. 20세기에 들어와서도 독일이 기존의 유럽 질서를 위협하면서 두 차례의 전쟁을 일으켰다. 경제력에서의 변동이 반영될 수밖에 없는 정치력에서의 변동이 나타날 것이다. 만일 이 변동을 관리할 수 있는 방법, 협력과 신뢰로 나아가는 길을 중국과 미국이 찾지 못한다면 그런 비극은 언제든 일어날 수 있다.

❯ 신뢰와 협력 관계의 시작, 장학재단을 만들다

칭화 대학교가 100주년을 맞았을 때 천지닝陳吉宁 총장은 나더러 파리에서 보자고 했다. 그때 나는 크리스틴과 함께 파리에서 8개월째 살고 있었다. 나를 보자고 한 이유가 칭화 대학교에 기부금을 내달라고 부탁하려는 것임은 충분히 예상할 수 있었다. 그러나 이미 그전부터 나는 기부금을 내는 것과는 다르게 내가 가지고 있는 여러 자원 및 인맥을 활용해서 무엇을 할 수 있을지 줄곧 고민하던 중이었다.

나는 칭화 대학교와 역사적인 고리도 없었고 정서적인 매개물도 없었다. 그 대학교는 내가 사는 곳에서는 수천 마일이나 멀리 떨어진 곳에 있었고 중국의 문화는 여전히 낯설기만 했다. 그래서 천지닝 총장이 파리에 오기로 한 날을 기다리며 준비하는 동안 이것저것 폭넓게 알아봤다. 무엇이 되었든 간에 어떤 계기가 될 아이디어가 떠오르면(이 아이디어가 내게든, 내 주변에 있는 사람들에게든 간에 반드시 떠오를 거라는 걸 알았다) 이를 반드시 실현해야겠다는 생각을 했다.

19세기 영국의 아프리카 식민지 정치가 세실 로즈Cecil Rhodes는 스물세 살 때 아프리카에서 자기 운명을 개척하러 나섰다. 그는 '인생에서 정말 소중한 것'은 '자신을 조국에 유용하도록 만드는 것'이라고 썼다. 로즈는 1902년에 사망했고 그의 유언장에는 영국과 과거 영국의 식민지들, 독일의 청년들이 영국의 대학에서 함께 공부하도록 해서 '그들의 시야가 넓어져 인생의 가르침이 한층 더 풍성해지도록 하고, 영국뿐만 아니라 과거 식민지였던 나라들에게도 도움이 되는 것들을 그들의 마음속에 불어넣고자 하는' 장학제도에 대한 계획이 자세하게 담겨 있었다.

그가 염원했던 꿈은 마침내 옥스퍼드 대학교의 로즈 장학제도Rhodes Scholarship로 결실을 맺었다. 로즈는 정복자였고 잔인한 고용주였으며 남아프리카공화국에 인종차별제도를 심은 사람이기도 하다. 그러나 그의 장학제도는 전 세계의 청년들 중에서도 가장 성취도가 높은 몇몇 인재들이 인생에서 가장 중요한 시기에 생활과 학업을 병행할 수 있도록 해주는 명망 높은 장학제도로 남아 있다.

'천지닝 총장에게 중국에 이와 비슷한 장학제도를 만들자고 제안하

면 어떨까?'

세계 각국에서 온 학생들 중에서 가장 똑똑한 학생들이 칭화 대학교에 모여서 함께 공부하도록 지원하는 제도를 떠올렸다. 그래서 나는 이 제도의 좋은 점들을 천지닝 총장에게 다음과 같이 설명했다. 학생들은 중국의 이곳저곳을 여행할 수도 있고 중국의 행정 조직이나 기업에서 인턴 경험을 할 수 있다. 또 중국인 교수들과 서양인 교수들의 지도 아래 공부하면서 각 문화권 사이의 연결점들을 찾아낼 수도 있다. 이런 다양한 활동을 통해 경험을 풍성하게 쌓고 각자의 나라로 흩어져서 훗날 영향력을 행사할 수 있는 지위에 오른다면 이들은 서로의 야망과 목표를 잘 이해하고 우정과 합리적 이성에 따라 행동하게 될 것이다. 평온하던 나라들을 투키디데스의 함정으로 몰아넣을 의심과 불신에 휘둘릴 일은 없을 것이다. 천지닝 총장은 내 말을 듣고 나서 고개를 끄덕였다. 그러나 다음 말을 덧붙였다.

"돈이 참 많이 들겠네요."

나는 우선 1억 달러를 기부하고 나중에 추가로 더 내겠다고 약속했다. 이렇게 해서 슈워츠먼 장학제도Schwarzman Scholars[26]가 탄생했다.

그런데 한 가지 문제가 있었다. 나는 교육자가 아니었으며 1972년 이후로는 강의실 책상에 앉아본 적이 없었다. 없던 대학을 하나 새로 만들어야 하는데(게다가 그것도 중국에서!) 대학을 설립하는 일에 대해

─────── 26 글로벌 리더 육성을 위해 매년 전 세계에서 대학생을 선발해 중국 칭화 대학교에서 1년 석사과정을 이수하게 하는 제도로 학비와 생활비가 전액 장학금으로 지급된다. 제1기는 110명을 선발했지만 지금은 200명을 선발한다.

아무것도 아는 게 없었다.

하버드 비즈니스스쿨의 학장을 역임했으며 블랙스톤 이사회의 구성원이기도 했던 제이 라이트가 하버드 대학교의 중국학과 학장을 역임했고 인문과학학부 학장으로 있던 빌 커비Bill Kirby 교수를 소개해주었다. 하버드 비즈니스스쿨의 학장인 니틴 노리아는 워런 맥팔란Warren McFarlan 교수와 상의를 해보라고 했다. 맥팔란 교수는 오랜 세월 하버드 비즈니스스쿨의 교수진으로 있었으며 칭화 대학교에서 강의했기에 그곳의 모든 사람을 다 안다고 했다. 빌과 워런은 교수 자문단을 구성하고 우리와 함께 새로운 모험에 나섰다. 두 사람은 우리가 갖고 있던 다음과 같은 질문들에 적절한 답을 찾을 수 있도록 도와주었다.

'학생들의 적정 연령대는 어떻게 설정하는 게 옳을까? 학과목 구성은 어떻게 해야 할까? 학생들이 졸업할 때 진학과 관련된 조언은 어떤 방식으로 제공해야 할까? 숙소, 강의, 베이징으로의 왕복 비행 등을 모두 포함해 학생 한 명의 학업을 지원하는 데 들어가는 비용은 모두 얼마나 될까?'

이런 문제들을 해결한다고 해서 끝나는 게 아니었다. 학교생활과 관련된 쟁점들도 해결해야 했다. 양질의 교육은 그저 돈을 뿌려대기만 한다고 되는 건 아니기 때문이다.

이런 고민들을 하며 대학의 구체적인 프로그램을 만들다 문득 나의 청년 시절이 떠올랐다. 열심히 노력하긴 했지만 보상은 별로 받지 못했던 학창 시절, 월스트리트에서 처음 몇 달 동안 아무런 훈련도 받지 못하고 어떤 멘토도 없는 상황에서 막막하기만 했던 사회 초년생 시절.

그 경험 덕분에 나는 첫 일자리가 가지는 의미보다는 기술을 익히느라 놓쳐버렸던 기회들이 훨씬 중요하다는 사실을 깨달았다. 그러다 리먼 브라더스에서 내게 필요한 것을 찾았고, 이는 나이를 한 살씩 더 먹으면서 그 나이에서 할 수 있는 가장 높은 수준의 성과를 낼 수 있는 능력의 토대가 되었다.

그래서 나는 이 과정을 가속화할 수 있는 프로그램을 머릿속에 그렸다. 이 프로그램은 청년들에게 위대한 학문적 경험을 제공하고 동료들과 평생 동안 이어지는 인간관계를 강화하도록 도움을 주며, 멘토들로부터 좋은 조언을 얻도록 해주고 일을 통해 실용적인 경험을 습득하도록 한다는 목표 아래 정교하게 설계된 것이어야 했다. 맨 먼저 우리는 이 프로그램의 기간을 얼마로 할지 정해야 했다.

'1년이나 2년으로 해야 할까?'

우리가 염두에 두고 있던 이상적인 지원자들의 마음으로 생각해봤다. 그 지원자들 중 많은 수는 블랙스톤의 신입 직원들과 비슷할 게 분명했다. 야심을 품은 23세 청년들의 인생에서 2년은 너무 길다고 생각했다. 만일 우리가 세상에서 가장 유능한 청년을 원한다면 그들에게서 너무 많은 시간을 빼앗지 않으면서도 가장 소중한 경험을 주어야 했다. 그렇게 보자면 1년이 딱 맞았다.

기간을 설정한 다음에는 학생들을 가르칠 교수진을 칭화 대학교의 중국인 교수진으로 할 것인지, 중국인 이외의 외국인 교수진으로 할 것인지, 아니면 둘을 섞어서 구성할 것인지 결정해야 했다. 나는 칭화 대학교에서 교수들이 하는 강의를 여러 차례 들어봤다. 우선 언어도 너무 어려웠지만 아무리 규모가 작은 강의라고 하더라도 중국인 교수들은 대부분의 강의 시간을 말로 메웠다. 대형 강의실에서는 거의 모두 말로만 강의했다. 그렇기 때문에 서구의 대학 강의실보다 강의가 길게 느껴졌고, 슈워츠먼 장학제도의 수혜 학생들도 그런 강의를 지루하게 느낄 게 분명했다.

나는 모든 교수진이 중국인이 아닌 외국인으로 채워지길 바라지는 않았다. 학생들은 미국과 유럽 및 전 세계에서 내로라하는 훌륭한 대학교 출신일 것이다. 국내에서 받을 수 있는 것과 똑같은 학문적 경험을 하기 위해 군이 베이징까지 갈 학생들도 없을 테고 그렇게 학생들을 보낼 이유도 없었다. 그래서 교수진을 중국인 교수를 절반으로 하고 나머지 절반을 외국인 교수로 채우기로 했다. 그러면서 때로는 양쪽의 교수가 동일한 과목의 절반을 강의하도록 해서 동서양의 문화가 한 교실에서 공존하도록 했다.

세 번째로, 중국을 깊이 알도록 프로그램을 만들어야 한다는 문제가 있었다. 여기에는 다음 세 가지 요소가 포함된다. 첫째, 기업이나 시민 단체, 정부 기관에 몸담고 있는 저명한 중국인 지도자들을 멘토로 설정한다. 둘째, 중국 전역을 여행함으로써 베이징 이외의 지역까지 포함해 중국을 온전하게 이해하도록 한다. 셋째, 중국의 이런저런 조직에서 일함으로써 조직이 어떻게 작동하는지 실질적으로 경험하게 한다.

중국인에게 우리 계획이 담고 있는 좋은 점을 설득하는 게 처음에는 무척 힘들었다. 그들은 강의를 섞지도 않았고 멘토-멘티의 도제식 교육을 하지도 않았다. 또 우리가 '심해 잠수'deep dive라고 불렀던, 중국 각지를 돌아다니는 여행 심화 프로그램도 시행하고 있지 않았다. 그러나 칭화 대학교의 고위직에 있는 우리의 지지자들은 이런 제안을 받아들 였다.

또 우리가 관료들의 반대에 부딪혔을 때 다행히도 시진핑 주석의 포 부가 우리를 밀어주는 순풍이 되어주었다. 시진핑은 중국에서 제일 잘 나가는 대학들이 전 세계 대학교의 순위에서 높은 자리에 오르길 바랐 고, 20년 안에 중국 대학교 두 곳이 전 세계 상위 10개 대학교 안에 들 어야 한다는 목표를 제시했다. 그리고 서구에서 가장 좋은 대학교들이 시행하고 있는 가장 앞서가는 교육방법론을 도입하라고 지시했다.

블랙스톤 재단의 이사장이자 나중에 슈워츠먼 장학제도의 사무총장 이 된 에이미 스터스버그Amy Stursberg와 나는 칭화 대학교 전도사가 되었다. 우리는 그야말로 신생 기업 하나를 만드는 체제로 들어갔다. 무엇보다 우선적으로 해야 할 일은 지금 계획하는 그 일이 성공할 수 밖에 없다는 확신과 추진력을 구축하는 것이었다.

그래서 우리는 미국과 유럽의 모든 주요 대학교 총장들을 만났다. 옥 스퍼드 대학교, 케임브리지 대학교, 런던 정경대학교, 영국의 임페리얼 칼리지, 미국의 아이비리그 대학교들과 스탠퍼드 대학교, 시카고 대학 교 그리고 전 세계 250개 대학교가 그 대상이었다. 우리는 이 학교들 에 최우수 학생들이 우리 프로그램에 참가할 수 있도록 추천해달라고 했다. 주요 대학교의 모든 총장과 장학제도 책임자에게 슈워츠먼 장학 제도를 소개했다.

이 사업에 들어가는 비용은 결코 만만치 않을 터였다. 내가 처음 약속했던 1억 달러의 기부금만으로는 충분하지 않을 게 분명했다. 우리가 하는 일은 집을 한 채 짓는 것과 마찬가지였다. 애초에 예상했던 것보다 기간은 두 배로 늘어났고 비용도 두 배로 늘어났다. 늘어나는 비용을 충당하려면 모금 작업을 시작해야만 했다. 피트와 내가 1986년에 블랙스톤의 제1호 펀드를 만들어 투자금 모집에 나섰을 때 우리는 맨땅에 박치기를 하듯이 투자자와 기관을 찾아다녔었다. 그 후 블랙스톤은 위대한 업적들을 기록했고 모든 것이 점점 더 쉬워졌다. 나는 미리 명단을 추려놓은 투자자들 앞에서 투자 설명을 하곤 했는데, 그때 그들의 90~100퍼센트가 투자 약정을 할 것이라는 걸 알았다.

그러나 슈워츠먼 장학제도는 그 방식이 통하지 않았다. 중국이 전 세계 성장률의 40퍼센트를 담당하는 가장 흥미로운 나라라는 사실은 그다지 중요하지 않았다. 우리가 중국에서 영향력이 가장 막강한 사람들을 등에 업고 있다는 사실도 마찬가지였다. 그렇게 나는 다시 예전처럼 전혀 입증되지도 않았고 전례도 없으며 많은 사람들의 눈에 불가능하게 보이는 일을 추진하고 있었다.

비즈니스 라운드 테이블에서 결혼식장에 이르기까지, 다보스 포럼에서 뉴욕의 파티장에 이르기까지 가는 곳마다 슈워츠먼 장학제도 이야기를 하면서 기부금을 모집했다. 이야기를 나누는 상대가 중국이나 교육에 조금이라도 관심이 있다는 생각이 들면 슈워츠먼 장학제도 이야기를 했다. 기부할 돈을 가지고 있는 사람은 누구나 접촉 대상이었다. 당시 나는 어느 자리에서든 인사를 나누기만 하면 처음에 들었던 반가운 마음이 빠르게 사라지도록 만드는, 그래서 나중에는 전혀 반갑지 않은 사람이었다.

우리는 5년에 걸쳐 2,000통 가까운 편지를 썼다. 잠재적인 기부자 개개인에게 공을 들였고 이 사업이야말로 기부금이 정말 훌륭하게 사용될 수밖에 없는 사업임을 설명했다. 조금이라도 관심을 보이는 사람에게는 더 많은 편지와 대화로 적극적으로 다가갔다. 거절의 의사 표시를 한 사람들이어도 메일을 보낼 명단에서 지우지 않았다. 마이크 블룸버그는 기부금을 보내면서 자기가 죽을 때까지 메일을 보낼 것 같아 무서워서 기부금을 낸다고 말했다.

❯ 슈워츠먼 장학제도를 위해 힘을 모은 사람들

2012년 12월 12일 나는 〈뉴욕 타임스〉가 주최하는 딜북DealBook 컨퍼런스[27]에 토론자로 초대를 받았다. 그런데 출연자 대기실에서 세계 최대의 헤지펀드 회사인 브리지워터Bridgewater의 창업자 레이 달리오Ray Dalio를 봤다. 레이 역시 토론자로 초대받았던 것이다. 그는 멀리 구석 자리에 앉아 있었는데 내가 다가가서 먼저 내 소개를 했다. 그리고

─────── 27 혁신적 사고를 가진 사람과 경영자들이 모여 토론을 진행하는 행사.

무대 위의 토론장에 올라가기까지 시간이 얼마 남지 않았기 때문에 나는 곧바로 본론으로 들어갔다.

슈워츠먼 장학제도의 창설 파트너가 되어 2,500만 달러를 기부해주면 좋겠다고 제안하자, 레이는 난처하다는 얼굴로 나를 바라보더니 자기는 이미 1984년부터 중국에서 활동했다고 말했다. 자기는 중국에 깊이 매료되었고 심지어 아들을 중국의 고등학교에 1년 동안 보냈다고 했다. 그렇지만 중국을 몹시 사랑하긴 해도 내가 진행하는 그 사업은 성공할 것 같지 않다고, 내가 하는 일이 무슨 의미를 가지고 있는지 내가 전혀 모른다고 했다. 그러나 나는 계속 그를 압박했고 결국 그는 항복했다. 1,000만 달러를 내기로 했고 나중에 사업이 정상 궤도에 올라서면 추가로 1,500만 달러를 내겠다고 했다.

"서로 계속 연락을 주고받읍시다. 진행 상황을 알려주세요."

레이는 그렇게 말했다. 토론이 시작되어 우리는 무대 위로 올라갔다. 아무래도 그는 추가로 1,500만 달러를 낼 일은 없을 것이라고 확신하는 눈치였다.

그 일이 얼마나 어려운지 레이가 굳이 말해줄 필요는 없었다. 그때 우리는 이미 그 사실을 깨닫고 있었기 때문이다. 우리는 맨해튼에서 지구 반대편에 있으며 여전히 아는 게 거의 없다시피 한 나라에 1년 기간의 엘리트 교육 시스템 및 장학제도를 만들겠다고 이리 뛰고 저리 뛰고 있었다.

뉴욕과 베이징의 시차가 12시간이었기에 우리는 밤마다 중국에 있는 사람들과 논의하고 아침에 해가 뜨면 본업에 열중해야 했다. 우리는 우리가 안고 있는 문제들을 해결해주겠다고 약속했던 자문자들이 몇 명인지 깜박깜박 잊어버렸고 자주 틀렸다. 나는 이 사업이 시작과 동시에 탄력을 받아서 추진되지 않으면 성공에 필요한 동력과 명망을 확보하지 못할 것임을 잘 알고 있었다. 우리 팀을 빼고는 그 누구도 우리가 성공할 것이라고 생각하지 않았다. 큰일이든 작은 일이든 그 사업과 관련된 업무가 다른 일보다 다섯 배나 더 많은 시간을 잡아먹을 때가 있었는데, 이럴 때는 심지어 우리조차도 회의감에 사로잡히곤 했다.

기부금을 모으는 일이 지지부진하자 우리는 잠재적 기부자들에게 자기가 내는 기부금으로 건물의 한 부분을, 그다음에는 교수들이 그러는 것처럼 특정 학생을 후원할 기회를 제공하기 시작했다. 후원금 250만 달러는 15년 동안 한 학생의 1년 교육비를 지원하는 금액이었고, 15년이 지나면 동일한 권리를 다른 기부자에게 팔아서 또 다른 250만 달러를 모집하는 제도를 마련했다. 이 과정에서 우리는 사람들이 자기 나라 출신이나 자기와 동문인 학생들에게는 기꺼이 장학금을 내놓는다는 사실을 발견했다.

많은 기업들이 이미 중국에서 자선 활동을 진행하고 있었다. 우리는 그 기업들이 우리의 사업에 참여할 수 있는 길을 찾았다. 펩시의 CEO 인드라 누이Indra Nooyi는 두 개의 장학재단을 후원하고 있었는데, 하나는 펩시 펠로Pepsi Fellow였고 다른 하나는 헨리 폴슨 펠로Henry Paulson Fellow였다. 헨리 키신저와 행크 그린버그를 예외로 한다면 행크 폴슨보다 미중 관계에 기여를 많이 한 사람은 없을 것이다. 명예가 그에게 큰 기쁨을 안겨주었다. 종종 기업가들은 자기가 어울리는 주변 사람들 덕분에 성공하곤 한다. 기부자들이나 기업들이 유명하면 유명할수록 우리가 추진하는 장학제도도 사람들에게 그만큼 더 매력적으로 보일 게 분명했다. 디즈니와 JP모건이 우리 사업을 지지하겠다고 약속한 경우가 그랬다.

슈워츠먼 장학 재단의 기부금을 모집하는 과정에서 몰랐던 사람과 가까워져서 우정을 나누게 된 경우도 있었다. 소프트뱅크의 설립자이자 일본에서 가장 부자인 손 마사요시ₜₕₙₘₐₛₐyₒₛₕᵢ(손정의)를 사업차 만나러 일본에 갔는데, 사업 이야기를 나눈 끝에 나는 슈워츠먼 장학제도를 소개했다. 탁월한 영업사원이었던 나는 사전에 어떤 식으로 이야기를 풀어나갈지 미리 생각해두고 있었고, 그 내용을 줄줄이 읊었다. 역사적으로 일본은 중국과 사이가 좋지 않으며 수십 년 동안 일본은 중국보다 훨씬 강력한 경제대국으로 성장했다. 그러나 지금 중국은 점점 부유해지고 있으며 일본은 인구가 점점 줄어들고 있어서 어쩌면 지금이 중국과의 관계를 개선해야 할 적절한 시점일지 모른다고 나는 말했다.

손정의의 재산은 당시 150억 달러쯤 되었다. 나이는 50대 후반이었고 10년쯤 더 활발하게 일한다면 재산은 두 배로 늘어날 수 있었다. 말끝에 나는 그 정도로 많은 재산을 가지고 있으니 이제 슬슬 재산을 사회에 되돌려줄 계획이 필요하지 않겠느냐고 슬쩍 운을 뗐다. 그리고 슈워츠먼 장학재단에 기부금으로 250만 달러를 내는 것이 그 계획의 좋은 출발점이 되지 않겠느냐고 했다. 그는 일본인 학생 네 명에 대한 기부금으로 총 1,000만 달러를 내겠다고 했다. 최초의 1,000만 달러를 낸 이후 지금까지 그는 기부금 총액을 2,500만 달러로 늘렸다. 그리고

그와 나는 좋은 친구 사이가 되었다.[28]

중국 사람들은 또 다른 어려운 과제였다. 그들은 우리가 추진하는 대학이 설립되고 학생들이 나타나기 전에는 돈을 한 푼도 내놓으려 하지 않았다. 그들은 구체적인 실물로 드러나지 않은 아이디어는 신뢰하지 않는다. 나는 건물을 짓고 전 세계의 엘리트 학생들을 불러오겠다고 약속했지만, 그들은 건물이든 학생이든 자기 눈으로 직접 보기 전에는 기부금을 입금하려 하지 않았다. 우리는 슈워츠먼 칼리지Schwarzman College가 2016년에 문을 열고 제1기 학생들이 등록을 마칠 때까지 기다리기로 했다.

실제로 학교가 문을 열고 학생들이 들어오자 그들의 태도는 완전히 달라졌다. 첫 번째 파도로 몰려온 중국 기부자들은 부동산으로 재산을 불린 사람들이었다. 그 뒤로 주요 대기업들과 기술 기업들이 나섰고, 마지막으로 인공지능 분야의 개별 기업가들이 줄을 서며 우리 사업에 동참하고자 했다. 현재 우리는 중국 최대의 기부금을 확보해두고 있다. 외국에서 들어온 돈과 중국에서 조성된 돈을 합치면 5억 8,000만 달러가 넘는다.

───── 28 손 마사요시는 1957년생으로 슈워츠먼보다 열 살 아래다.

젊은 인재들을 하나로 모은 슈워츠먼 칼리지

슈워츠먼 칼리지라는 기관과 프로그램, 인적 네트워크는 순전히 슈워츠먼 장학제도를 꼭 성공시키고야 말겠다는 나의 필사적인 의지의 산물이었다. 나는 이 일을 추진하면서 중국에서 인맥이 얼마나 중요한지 깨달았다.

뭔가를 이뤄내려고 할 때 그 일의 성사 여부는 그 사람이 가지고 있는 인간관계의 힘에 따라 결정되었다. 우리가 한 일은 중국인들과의 강력한 인간관계만을 가지고서도 얼마든지 할 수 있었다. 처음 시작할 때 우리는 천지닝이라는 칭화 대학교의 젊은 총장과 함께 일했다. 그는 용기가 넘치고 유연했으며 우리가 추진하는 일이 잘못되면 자기 경력에 오점으로 남아 정적들이 자기를 공격할 것임을 잘 알고 있었다.

2015년 천지닝은 국무원 환경보호부 장관이 되었고 그 뒤에는 베이징 시장이 되었다. 천지닝의 뒤를 이은 칭화 대학교 총장은 추용邱勇이었다. 추용이 취임하기 전에 나는 칭화 대학교를 방문해 나의 친구이자 당 서기로 칭화 대학교를 감독하는 첸수 부인을 만났다. 예전에는 그녀를 그녀의 개인 사무실에서 만나곤 했었다. 그러나 이번에는 대형 회의실로 안내되었고 방문자에겐 가장 영광스러운 자리인 첸수의 오른쪽에 있는 의자에 앉았다. 이런 자리 배치를 통해 그녀는 자기 왼쪽에 있는 의자에 앉은 신임 총장에게 슈워츠먼 장학제도가 칭화 대학교의 무조건적인 지지를 받는다는 메시지를 명확하게 전달했다. 아닌 게 아니라 우리에게는 그런 지지가 필요했다. 다행히도 신임 총장은 그런 지지를 우리에게 보냈다. 지금 우리는 일주일에 한 번씩 추용 총장과 연락을 하고 있다.

다시 과거로 돌아가서, 2012년 슈워츠먼 장학제도를 추진하기로 의기투합했을 때 천지닝은 나를 버스에 태워 칭화 대학교 교정을 돌아다니며 구경시켜주었다. 일종의 버스 투어인 셈이었다. 그때 그는 우리가 계획하는 프로그램의 중심지가 될 건물이 들어설 후보지 세 곳을 보여주었다. 로즈 장학생들은 옥스퍼드의 여러 단과대학에 흩어져서 강의를 들었지만 로즈 하우스Rhodes House라는 중심 건물이 있었고, 여기서 학생들은 공부를 하고 친교를 나누었다.

나는 학생들이 베이징 유학 시간을 조금이라도 더 알차게 보낼 수 있도록 한 지붕 아래에서 함께 살며 강의를 들으면 좋겠다고 생각했다. 학생들이 복도나 휴게실에서 쉽게 만나 이야기를 나누고 계단에서도 쉽게 마주치며 식사도 함께 하면 좋겠다고 생각했다. 우리 프로그램은 지식 습득 자체에 초점이 맞춰져서는 안 되었다. 함께 생활하고 공부하는 동안 쌓을 수 있는 인간관계에 초점이 맞춰져야 했다. 나는 블랙스톤의 사무실을 설계할 때 들였던 것만큼 세심한 배려가 그 건물 설계에 반영되면 좋겠다고 생각했다.

우리는 건축가 10명을 초빙해서 건물의 건축을 놓고 경쟁하게 했다. 그런데 그들이 제안하는 내용은 실망스러웠다. 댈러스에서 두바이에 이르기까지 어디에서나 흔히 볼 수 있는 유리 상자 같은 것들이 대부분이었다. 심지어 한 곳은 우리가 새로운 세상 속으로 도약한다는 의미를 담아낸다면서, 모형 로켓들이 우리의 주 건물을 둘러싸고 있는 형태의 설계안을 냈다. 결국 나는 당시 예일 대학교 건축학과 학장 밥 스턴Bob Stern에게 우리가 전 세계의 청년들을 중국으로 데려오려고 하는데 우리 건물이 중국처럼 느껴질 필요가 있다고 말했다. 건물을 보는 사람은 누구나 중국의 과거와 현재 그리고 변함없이 이어지는 중국의 문명을 떠올리게 만드는 그런 건물이어야 했다.

유리 상자 발상을 던져버린 후 나는 밥에게 중국의 전통적인 시골 주택을 현대적으로 해석한 설계안을 요청했고 그는 장엄한 설계안으로 화답했다. 교정의 부산한 도로에서 벗어나 건물 입구를 통해 안으로 들어서면 중정中庭(집 안의 건물과 건물 사이에 있는 마당)이 나오는데, 이 중정은 고전적인 대학교 안뜰의 중국식 버전인 셈이었다. 밥이 설계한 건물은 이 중정을 바깥에서 감싸고 있는 형상이었다. 움푹 들어간 안뜰을 통해서 햇볕이 교실과 강당으로 들어가게 되어 있었고, 학생들에게 무척이나 소중한 경험이 될 우연한 만남과 대화를 권장하기 위한 사교와 친목의 공간들이 건물 곳곳에 마련되어 있었다. 역사가 깊으면서도 새롭고, 동양적이면서 서양적인 우리 프로그램에 딱 맞는 독특한 설정이었다.

건물을 짓는 공사가 진행되는 동안 우리는 학생들의 일상생활이 어떻게 이뤄질 것인지 미리 볼 수 있는 기숙사의 모델하우스를 지었다. 이 모델하우스에 방문객을 들이기 전에 나는 모든 것이 계획대로인지 확인하기 위해 직접 침대에 누워보고 독서 의자에 앉아보고 책상 앞에도 앉아봤다. 슈워츠먼 칼리지 건물이 완성되었을 때《아키텍처럴 다이제스트》Architectural Digest는 이 건물을 세계 9대 대학교 건물 중 하나로 선정했는데, 아시아 대학교가 이름을 올린 것은 처음이었다.

그렇지만 이 건물을 짓는 공사 자체가 또 하나의 전투였다. 칭화 대학교는 밥이 설계한 도안의 풍수風水에 대해 강경한 반대를 표명했다. 그리고 우리는 중국인 시공업자들과 일일이 육탄전을 벌여야 했다. 그들은 이미 중국의 전통적인 건축술에 대한 감각을 잃어버린 상태였다. 우리는 나무로 만든 마룻바닥이 200년은 거뜬히 버텨내길 바랐지만 12년마다 한 번씩 새것으로 바꿔줘야 하는 인공 목재를 써야만 한다는 말을 들었다. 또 벽에도 목재 패널을 원했지만 도급업자가 제시하는 것들 중 우리가 선택할 수 있는 유일한 대안은 나무 무늬가 들어간 플라스틱 패널밖에 없었다. 우리는 벽돌을 사용하길 원했지만 도급업자는 붙임벽돌(골조벽에 붙이는 벽돌 모양의 붙임판)을 내놓았다.

그런 싸구려 편법을 나는 상상도 할 수 없었고 그들이 특정 업체의 자재들만 사용하도록 유도하는 게 아닌지 의심했다. 우리는 마룻바닥과 목재 패널을 만들어줄 업체를 직접 찾아 나섰다. 슈워츠먼 칼리지의 목제 정문 제작은 인민대회당에 있는 문들을 보수한 경력이 있는 업체에 맡겼다. 그리고 벽돌은 지역의 건축업자들에게 고전적인 방식으로 제작해달라고 의뢰해서 조달했다.

처음에 우리는 건축 책임을 중국인 도급업자들에게 맡겼다. 그러나 시간이 흐르면서 온갖 문제들이 생겨나고 핑곗거리들이 쌓였다. 우리는 결국 미국인 감독자를 현장에 배치했다. 그제야 그런 식으로 공사가 진행되다가는 제1기 슈워츠먼 장학생들이 절반밖에 완성되지 않은 건물에서 숙식과 학업을 하게 될 것임이 분명해졌다. 1년이라는 시간이 남은 시점에서 나는 현장을 살펴본 뒤 예정대로 슈워츠먼 칼리지의 문을 열려면, 또 모든 게 내가 기대하는 수준에 맞춰지려면 어떤 것들이 필요한지 목록으로 정리하라고 지시했다. 단순히 모조 나무나 모조 벽돌의 문제가 아니었다. 공사 현장은 밤에 불도 제대로 켜지 않았고 자칫 노동자들이 작업 도중에 다칠 수도 있었다. 나는 모든 것이 48시간 안에 정상적으로 돌아갈 수 있도록 하라고 지시했다.

다음 날 아침 현장소장과 도급업자들을 모두 소집해서 그들에게 너무도 크게 실망했다고 말했다. 통역가가 내가 한 말을 망설이면서 곧이곧대로 통역하지 않는다는 걸 알아차릴 수 있었다. 그러나 그들의 굳은 표정을 보니 내가 얼마나 화가 많이 났는지는 알아들은 것 같았다. 나는 그 공사가 중국의 최고위층이 관심을 가지고 지켜보는 공사라고 했다. 공사가 끝날 때까지 6주마다 와서 점검할 것이며 만일 공사 일정이 조금이라도 지연된다거나 잘못된 부분이 조금이라도 있을 경우 책임자는 분노한 정부의 불호령을 고스란히 맞고 엄중한 책임을 져야 할 것이라고 강조했다. 그러자 공사가 빠르게 진행되기 시작했다.

슈워츠먼 칼리지를 세우면서 나는 중국인은 권력자를 존중하지만 동시에 끊임없이 시험한다는 사실을 알았다. 그들은 지시의 주체가 누구인지, 누가 영향력을 행사하는지 알고 싶어 한다. 우리는 우리의 계획을 실현하는 과정에서 위계가 주석에서 부주석으로, 교육부 장관으로, 당 서기로, 대학교 총장으로 순차적으로 내려가는 것을 봤다. 이 모든 것을 다 가진 사람이라면 그 사람이 바로 중국이며 누구도 그가 하는 일을 방해하거나 지시를 거부할 수 없다.

건물 공사를 맡은 팀이 우리가 원하는 대로 일하지 않았을 때 나는 그 권력을 휘둘러 그들이 정상적으로 일할 수 있도록 만들어야 했다. 그 모든 일이 다 끝날 때까지 중국에 족히 서른 번은 다녀왔던 것 같다. 나는 심지어 세부적인 사항들까지 모두 완벽하게 이뤄지도록 팀 인원도 두 배로 늘렸다.

▶ 대의를 위한 일을 하면 행운이 따른다

모든 기업가에게는 행운이 필요하다. 2012년 말 백악관의 어떤 행사에서 그 행운이 내게 찾아왔다. 오바마 대통령이 내게 와서 이렇게 말한 것이다.

"스티브, 요즘 어떻습니까? 요즘에는 무슨 일을 하고 계시죠? 어떤 일에 관심을 가지고 있나요?"

나는 슈워츠먼 장학제도 프로그램을 이야기했고, 대통령은 내 얘기에 강한 흥미를 느끼고는 자기가 도울 일이 있으면 알려달라고 했다. 그래서 중국에서 예정되어 있던 공식 오찬 일정이 다가올 때 나는 백악관에 연락해서 대통령이 슈워츠먼 장학제도에 대해 공식적인 지지 메시지를 보내줄 수 있을지 물었다. 대통령은 약속을 지켜주었다.

오히려 우리가 기대하지 않았던 쪽은 중국이었다. 프로그램을 공식적으로 발표하기로 되어 있던 전날, 우리 팀은 행사의 마지막 세부 사항들을 확인하고 정리하느라 완전히 녹초가 되어 있었다. 백악관에서는 베이징에 있는 미국 대사관으로 지지 편지를 보내놓은 상황이었다. 나는 미국 대통령의 지지를 받으며 인민대회당에서 열리는 행사에 시진핑 주석도 성명을 발표하고 싶을 거라고 생각했다. 시진핑이 우리 프로그램을 지지한다는 말을 해준다면 그 내용은 중국의 각급 단위로 메아리처럼 울려 퍼질 것이다. 이는 우리 대학에 대한 그의 공식적인 입장이 될 것이고 앞으로 커다란 도움이 될 수 있었다.

그러나 우리가 접촉을 시도했을 때 그들은 오바마 대통령의 편지 원본을 봐야겠다고 했다. 누군가가 백악관에서 보낸 것처럼 편지를 위조했을 수도 있지 않느냐는 것이었다. 그들은 이메일이나 복사본은 진짜로 인정하려 들지 않았다. 미국 대사와 부대표 두 명은 부재중이었다. 사무실에 남아 있는 사람은 대통령의 편지는 배포될 수 없으며 오로지 직접 보거나 큰 소리로 읽을 수밖에 없다는 규정을 무시할 정도의 고위직 외교관이 아니었다. 미국 대사관에서는 대통령의 편지를 대사관 밖으로 내보내려 하지 않았고, 중국에서는 그 편지를 보러 일부러 미국 대사관으로 오려 하지 않았다. 우리는 이러지도 저러지도 못 하는 난처한 상황에 놓여 있었다.

그런데 우리의 자문위원 중 한 명이 이 상황을 타개했다. 전직 투자

은행가로 미중관계전국위원회NCUSCR 위원장인 스티븐 올린스Stephen Orlins가 대사관으로 달려가 시진핑 주석에게 편지를 보여줘야 한다고 대사관 측과 실랑이를 벌였다. 우리 발표식의 위상이 하룻밤 사이에 격상되었다. 원래는 교육부 장관이 주재하기로 예정되어 있었는데, 새로 임명된 류옌둥劉延東 부총리가 주재하기로 바뀐 것이다. 이 행사는 그녀가 부총리 자격으로는 처음으로 공식적인 자리에 모습을 드러내는 무대가 되었다.

우리가 인민대회당으로 들어섰을 때 수백 명이 빽빽하게 자리를 잡고 앉아 있었다. 무대에는 곧 완공될 우리의 건물 그림 위에 황금색 글자로 '슈워츠먼 장학제도'라는 쓴 거대한 알림판이 준비되어 있었다. 교육부 장관이 시진핑 주석의 지지 성명을 큰 소리로 낭독했다.

"우리는 평화와 인류 발전을 염원하는 지혜와 힘을 키우는 데 기여하겠다는 원대한 포부를 품고서, 세계 각국 학생들 사이의 상호 이해 증진을 격려하고 글로벌 비전의 뿌리를 심으며 혁신을 권장합니다. 칭화 대학교의 슈워츠먼 장학제도 프로그램이 튼튼하게 뿌리내리고 성공하길 기원합니다."

오바마 대통령은 편지에서 이렇게 썼다.

"역사를 통해 볼 때 교육의 변화는 학생들을 바꿔놓았으며 국가들이 서로 보다 깊이 이해하고 존중하는 쪽으로 나아가게 만들었습니다. 슈워츠먼 장학생들이 여러 프로그램 및 직접적인 문화 경험을 통해 중국에서 지식을 쌓고 나라와 나라 사이의 다리를 놓음으로써 자랑스러운 유산으로 굳건히 자리 잡길 기원합니다."

내 이름을 단 프로그램을 중국과 미국의 지도자가 지지하는 모습을 지켜본다는 것은 믿기 어려운 기쁨이었다. 우리는 그야말로 무無에서 유有를 창조했다. 천지닝 총장이 나를 만나러 파리로 온다고 했을 때 난 그저 평범하지 않은 뭔가를 제안하고 싶었을 뿐이었다. 그런데 바로 거기서 모든 게 시작되었다. 그날 있었던 그 모든 것, 그동안 우리가 했던 모든 작업과 창의성과 인내는 결코 잊을 수 없을 것이다.

❯ 미래 세대에게 정말로 필요한 것은 무엇인가

제1기 장학생 정원은 110명이었지만 지원자는 3,000명이 넘었다. 우리는 장학생 선발 기준을 꼼꼼하게 정리해두었다. 에이미와 나는 '리더십'이라는 표현으로 우리가 담으려고 하는 내용을 규정하느라 노동절이 있는 주말의 일요일 저녁 시간을 몽땅 쓰기도 했다. 우리는 창의적이고 위험을 감수하며 사람들을 이끌 수 있는 학생들을 원했다. 그야말로 특출난 인물들이어야 했다. 블랙스톤에서 말하는 10점 만점에 10점인 학생들이어야 했다.

우리가 선발한 제1기 장학생들의 97퍼센트는 하버드 대학교나 예일 대학교, 스탠퍼드 대학교 입학 허가 기준보다 성적이 더 높았다. 우리가 대학들을 상대로 홍보를 많이 한 덕분이기도 했지만 어쨌거나 이는 우연이 아니었다. 나는 우리가 일관된 메시지와 강력한 브랜드를 전달한다는 사실을 확실하게 해두려고 슈워츠먼 장학제도를 홍보하는 전 세계의 모든 행사에 참석했다. 싱가포르에서는 막 연단으로 올라가려고 할 때 입학처장인 롭 개리스가 슈워츠먼 장학생이 맬 자주색 넥타이를(이 넥타이는 아내 크리스틴이 디자인한 것이다) 매지 않았다는 사실을 지적하면서 얼른 예비 넥타이를 건넸고, 나는 부랴부랴 넥타이를 바꾼 다음 비로소 연단에 올라 발언을 했다.

우리는 런던, 뉴욕, 베이징, 방콕에서 3,000명의 지원자를 면접했다. 런던과 뉴욕에서 모든 지원자를 만나보고 면접장에서 악수를 나눴으며 그들에게 행운을 빌어주었다. 우리 제안을 놓고 망설이는 지원자들이 있다는 얘기를 들으면 내가 직접 그 지원자에게 전화해서 설득하기도 했다. 그 지원자가 망설이며 입학을 거부할 때 내가 인정할 수 있는 근거는 건강이 좋지 않은 경우와 로즈 장학생으로 선발된 경우 딱 두 가지뿐이었다. 그렇지 않은 경우에는 지원자가 입학 허가를 받아들일 때까지 전화기를 내려놓지 않았다. 아닌 게 아니라 몇 시간이 걸린 경우도 있었다.

제1기 장학생들은 학과 공부와 인턴 활동, 여행 외에도 칭화 대학교의 대학 생활에 푹 젖어들었다. 뉴욕의 집에서 느긋하게 앉아 텔레비전을 보고 있을 때였는데, 휴대폰이 띵 소리를 내며 울렸다. 또 하나의 우수한 업적이 달성되었음을 알려주는 소리였다. 칭화 대학교의 전체 학생은 4만 4,000명이었지만 그중 110명밖에 되지 않는 우리 장학생들이 교내에서 벌어진 체육대회에서 육상과 여자 축구, 남자 농구 종목 우승을 차지했던 것이다. 그리고 2017년 베이징 펜싱 경기에서 우리 학생이 금메달을 땄다. 이 학생들이 교정에 처음 발을 디딘 이후 11개월 만에 그들은 아무것도 없던 상태에서 활기찬 대학 생활을 일궈냈다. 그들은 스스로 서약서를 썼고 학생 자치회를 구성했으며, 문학잡지를 출간했고 슈워츠먼 칼리지 무도회를 조직했다. 얼마 지나지 않으면 내가 예일 대학교에서 그랬던 것처럼 누군가가 유명한 발레공연단을 교정에 초청할지도 모른다.

레이 달리오는 불가능하다고 생각했던 것이 성사되었다는 사실을 알고는 1,500만 달러를 기꺼이 기부했고 슈워츠먼 칼리지 강당에 그의 이름을 올렸다. 중국인 기부자들은 견문을 넓히려면 해외여행을 해야 한다고 생각했는데 슈워츠먼 장학재단이 거꾸로 세계 최고의 학생들을 중국으로 불러들였다는 사실이 자랑스럽다고 말했다. 이 모두가 중국이 수천 년 동안 지배했던 세계를 다시 회복하는 과정이라고 그들은 받아들였다.

미래 세대에게 중국은 이제 더 이상 선택 과목이 아니라고 나는 확신한다. 중국은 필수 과목이며 핵심 과목이다. 이런 점에서 볼 때 슈워츠먼 장학제도는 우리가 만들어낼 수 있는 최고의 커리큘럼이다.

22

좋은 사람이라고 생각하는 사람이 있다면
다른 이들이 모두 그를 떠난다고 해도
당신은 그의 곁을 지켜주어라.
누구든 힘든 상황에 놓일 수 있다.
도움을 절실히 필요로 할 때
친절을 베푼다면 그 친절은
그의 인생 행로를 바꿔놓을 수 있다.
또한 그와의 우정이나 신의가
기대하지 않았던 순간 당신에게 돌아와
큰 힘이 될 때가 있다.

제4장

국가가 부를 때는
응답하라

❯ 기업가적 협상 기술로
대통령을 돕다

2012년 12월 15일 회의를 하던 중이었다. 비서가 급히 와서 쪽지를 하나 내밀었다. '프레지던트'가 전화했으니 받으라는 것이었다.

"프레지던트? 무슨 프레지던트?"[29]

그러자 비서는 다시 쪽지에 휘갈겨 썼다.

'US.'

미국 대통령이었다. 대통령이 부르면 당연히 응답해야 한다. 나는 사무실로 돌아와 전화를 받았다. 그날은 코네티컷의 샌디후크 초등학교

───── 29 '프레지던트'는 대통령일 수도 있지만 대학교 총장일 수도, 위원회 위원장일 수도 있다.

에서 총기 난사 사건이 일어난 다음 날이었다. 오바마 대통령은 크게 충격을 받고 상심한 듯했다. 이 사건과 그에 따른 결과를 놓고 15분 동안 의논한 뒤에 대통령은 내게 전화한 이유를 밝혔다. 세금 인상 혹은 정부 예산 지출 삭감이라는 쟁점 때문에 예산을 놓고 벌이는 공화당원들과의 논의가 지지부진하다는 것이었다. 그러면서 대통령은 이렇게 말했다.

"당신의 도움을 받을 수 있다면 정말 좋겠습니다."

만일 민주당과 공화당이 1월 1일까지 예산안에 합의하지 못하면 지난번 예산 합의에서 명시되었던 정부 예산 지출 삭감과 세금 인상이라는 일련의 조치들이 자동적으로 진행된다. 그러면 국가는 이른바 '재정 절벽'[30] 상태에 직면할 수 있었다.

"그러니까, 저를 공짜로 고용하시겠다는 말씀인가요?"

내 말에 대통령은 껄껄 웃으면서 개인 전화번호를 일러주며 밤이든 낮이든 언제든 전화하라고 했다. 그래도 될 수 있으면 밤 11시 이전이면 좋겠다고 했다. 나는 꼬여 있는 정국을 풀어보려고 정치계 바깥에 있는 사람에게까지 의견을 구해주어 고맙다고 인사했다.

그 후 열흘 동안 나는 대통령이 요청한 문제를 해결하려고 뛰었다. 나는 공화당 고위 인사들을 잘 알고 있었기에 그들과 함께 다양한 선택지들을 놓고 논의했다. 그리고 그 기간 동안 주로 낮 시간에 대통령

---

30 세금이 인상되고 정부의 재정 지출이 갑자기 줄거나 중단되어서 실물 경제에 타격을 주는 현상.

과 전화 통화를 했다. 한번은 친구의 집에서 크리스마스를 축하하는 저녁 식사를 하고 있었는데 대통령이 전화를 해서 불렀다. 디저트를 먹다가 부랴부랴 일어나야 했는데, 나를 초대한 친구는 도대체 누가 나를 불러내는지 궁금해했지만 얼버무릴 수밖에 없었다.

공화당이 제안했고 또 내가 정당하다고 생각한 것은 10년에 걸쳐 1조 달러, 즉 1년에 1,000억 달러 수준으로 예산을 줄이자는 것으로 민주당이 원하는 세금 인상안보다 1년에 100억 달러 부족한 것이었다. 그런데 대통령은 이 제안을 받아들이려 하지 않았다. 그래서 나는 1년에 100억 달러는 연방정부의 연간 4조 달러 예산에서는 반올림으로 처리되는 수준밖에 되지 않는 것 아니냐고 대통령에게 간청했다.

공화당은 세금 인상 자체를 거부하던 상태에서 협상을 시작했지만 한발 물러나 세금을 인상하고 세금이 낭비되는 허점을 제거하고 세금 공제 혜택을 철폐해서 1조 달러의 예산을 추가하는 것까지 받아들이겠다고 했다. 협상의 여지가 있긴 했지만 그 여지가 그다지 크지는 않았다. 그리고 민주당이 계속해서 공화당의 제안을 거부하면 대화의 창 자체가 닫혀버릴 수도 있었다.

협상이 어떤 것인지 잘 알 것 아니냐고 대통령은 말했다. 그러나 그는 정치를 알고 있었다. 재임에 성공한 직후의 대통령으로서 가질 수 있는 당연한 의견이었다. 그로서는 자기가 속한 정당으로부터 지지를 받지 못할(이 사실을 대통령 본인도 알고 있었다) 거래를 밀어붙여 정치적 자산을 낭비하면서까지 두 번째 임기를 시작하고 싶은 마음이 없었다. 그래서 나는 이렇게 말했다. 대통령과 공화당의 하원의장 존 베이너가 대통령 집무실에서 승리의 기쁨을 만끽하며 함께 손을 번쩍 들어올리고, 반대했던 사람들은 바퀴벌레처럼 사방으로 흩어지는(바퀴벌레들은 밝은 빛 아래에서는 늘 그렇게 달아난다) 모습을 상상할 수 있다고 말이다.

나는 온 나라가 두 사람을 사랑할 것이라고 말했다. 정치적 자산도 따지고 보면 머리카락 같은 것이라서, 특별히 잘못하지 않는 한 잘라도 금방 다시 자라지 않느냐고도 했다. 대통령은 품위가 있었다. 내가 할 수 있는 일은 충분히 다 했다고 인정하면서 고맙다고 했다. 협상은 계속 지지부진하다가 조 바이든 부통령과 미치 매코널 공화당 상원 원내 대표가 길고 긴 흥정 끝에 마침내 1월 1일 이른 시각에 협상이 타결되었다. 이 협상은 완벽함과는 거리가 멀긴 했지만 미국이 절벽 아래로 떨어지는 것을 가까스로 막았다.

의견이 정반대인 정치인들이라고 해도 각각 자기 나름대로 해답을 구하려고 애쓰는 사람들이다. 그러므로 이들을 도울 수 있다면 누구나 그렇게 해야 한다. 1990년대 초 나는 백악관의 한 디너파티에 초대받았다. 당시 이혼한 상태였기에 뉴욕 출신의 잡지사 기자와 동행했다. 파티 도중에 나는 조지 허버트 워커 부시 대통령에게 다가갔다. 오래전 예일 대학교 학생인 아들 조지 워커 부시를 만나러 학교로 찾아온 그를 본 적이 있었다. 우리는 한적한 곳으로 자리를 옮겨 10분쯤 집중해서 대화를 나누었다.

다시 내 자리로 돌아왔을 때 동행했던 기자가 무슨 이야기를 나눴느냐고 물었다. 나는 대통령이 당시 골머리를 앓고 있던 경제 문제와 관련해서 경제를 진작시킬 몇 가지 방안을 아이디어 차원에서 말했다고 대답했다. 누구든 고민하고 있는 것에 대해 말하거나 어떤 것을 제안할 때 상대방은 귀를 기울이기 마련이다. 상대방이 민주당원이든 공화당원이든, 왕자든 총리든 간에 말이다.

➤ 경제 회복을 위해
뜻있는 기업인들을 모으다

2016년 11월이었다. 이런저런 일로 정치에 관여한 경력 덕분에 나는 최근 미국 역사에서 가장 별난 대통령 당선자를 만나러 트럼프 타워[31]의 26층에 올라가게 되었다. 도널드 트럼프와는 오랜 세월에 걸쳐 뉴욕과 플로리다에서 여러 차례 사교적인 차원에서 만났다.[32] 그는 많은 사람의 예상을 깨고 선거에서 이겼으며 이제 자기 내각을 구성할 사람들을 찾고 있었다. 사무실 주변의 방들은 보안요원들이 철통같이 지키고 있었다. 그는 보호막에 싸여 있었고 그의 변화는 초현실적으로 느껴졌다.

그와 얘기를 나눌 시간은 별로 없었다. 그러나 일주일 뒤에 그가 다

---

31 68층의 고층 건물로 1983년에 도널드 트럼프가 지었다.
32 트럼프는 1946년생으로 슈워츠먼보다 한 살 많다.

시 전화해서 자기 팀에 합류할 수 있느냐고 물었다. 나는 무척 고맙긴 하지만 현재의 생활에 너무나 만족하고 행복하므로 이 생활을 바꾸고 싶지 않다고 대답했다. 그는 내가 그렇게 대답할 줄 알았다고 하면서도, 경제를 진작시키기 위한 조치를 차례대로 밟아나갈 때 미국 기업가들이 하는 말을 직접 들을 필요가 있지 않겠느냐고 했다.

"진실을 솔직하게 말해줄 사람들이 필요합니다. 이런 사람들을 모으고 대표가 돼주지 않겠습니까?"

대통령 당선자는 25명을 넘지 않는 규모의 소집단을 원했다. 공화당원이든 민주당원이든 따지지 않겠다고 했다. 대통령이 내게 바라는 것은 정치 차원의 문제가 아니라 재능과 지식 차원의 문제였다. 이 집단은 대통령의 말이나 행동을 모두 잘했다고 인정할 필요가 없었다. 그저 논의에 참여함으로써 특정한 상황에 대해 목소리를 내고 미국에 도움을 줄 수 있으면 되었다. 미국의 경제성장률은 2009년 금융위기에 따른 대침체 이후로 연간 약 1.8퍼센트에 묶여 있었다. 일자리를 창출하고 생산성을 증진시켜 미국의 경제 건전성을 회복할 필요가 있었다.

예외적일 정도로 높은 수준의 불확실성과 불안정을 야기했던 선거 이후 성장과 안정에 대한 확신을 이 집단이 불어넣을 수 있을 것이라고 나는 생각했다. 만일 대통령 당선자가 선거에 나설 때 이 문제에 대해 정말 진심이었다면, 대통령 당선자로부터 소집단 구성 제안을 받았던 나도 역시 진심이었다. 정부에서 맡긴 어떤 과제를 자기의 과제로 받아들일 때는 과연 그것을 성공적으로 수행할 것인지 여부는 그 누구도 확신하지 못한다. 그러나 성공하든 실패하든 간에 그 일의 목표가 나라에 보탬이 되는 것이라면 그 이유 하나만으로도 그 일을 떠맡을 가치는 충분하다.

일주일 뒤에 나는 대통령의 전략정책포럼Strategic and Policy Forum에 참가할 사람들의 명단을 완성했다. 면면을 소개하면 다음과 같다. GE의 전 CEO인 잭 웰치, JP모건체이스의 제이미 다이먼, 블랙록의 래리 핑크, GM의 메리 바라Mary Barra, 클리블랜드클리닉Cleveland Clinic의 토비 코스그로브Toby Cosgrove, 월트디즈니의 로버트 아이거, 월마트의 더그 맥밀런, 보잉의 제임스 맥너니James McNerney, IBM의 지니 로메티 Ginni Rometty, 테슬라의 엘론 머스크, 펩시의 인드라 누이, 글로벌 인프라스트럭처 파트너스의 바요 오군레시Bayo Ogunlesi, 파토맥 글로벌 파트너스Patomak Global Partners의 폴 앳킨스Paul Atkins, 케임브리지 에너지 리서치 어소시에이츠Cambridge Energy Research Associates의 대니얼 예긴 Daniel Yergin, 보스턴 컨설팅 그룹의 리치 레서Rich Lesser, 스탠퍼드 대학교와 후버 연구소의 케빈 워시Kevin Warsh, 언스트 앤드 영Ernst & Young 의 마크 와인버거Mark Weinberger. 미국 경제를 폭넓게 아우르는 그야말로 올스타 팀이었다.

이 명단을 대통령에게 제출하자 대통령은 두 가지를 요청했다. 우선한 가지는 보다 세계적인 관점을 확보할 필요가 있다고 판단해서 내가 포함시켰던 외교 정책 전문가를 제외하라는 것이었다. 외교 정책에 관해서는 다른 데서 자문을 얻을 수 있다고 했다. 다른 하나는 빌 게이츠와 팀 쿡에게 함께해줄 것을 요청해달라는 것이었다. 그렇지 않아도 나는 두 사람에게 부탁했지만 모두 거부했다. 빌은 게이츠재단 일로, 팀은 애플 운영으로 여유가 없다고 했다. 그래도 대통령은 어쨌거나 그 두 사람을 포함시키라고 요구했다. 빌은 자기는 결정적으로 중요한 회의에 참석하거나 직접적인 도움은 줄 수 있지만 소집단 모임에는 참석하지 않겠다는 내용을 담은 정중한 메일을 보내왔고, 쿡 역시 품위 있는 거부 의사를 다시 한번 밝혔다.

우리는 2월에 첫 번째 토론 자리를 가졌다. 여기에는 대통령과 비서실장도 참석했다. 내각에서 들려오는 소음은 귀가 먹먹할 정도로 시끄러웠다. 자칫하다가는 정치적인 얘기와 개인적인 차원의 얘기 때문에 회의에서 초점이 잘 맞춰지지 않기 십상이었다. 그래서 나는 우리 포럼의 구성원들에게 각자 당면한 가장 골치 아픈 일이 무엇인지, CEO로서 그 문제를 어떻게 해결할 것인지 방안을 정리해서 오라고 요구했다. 각자 논의하고 싶은 내용을 미리 충분히 검토해달라고 했고, 해당 문제들의 본질 및 성격을 놓고 따지느라 시간을 낭비하지 않도록 조심하자고 당부했다.

나는 그렇게 모이는 자리가 생산적인 논의가 될 수 있도록 쟁점들의 틀을 정확하게 설정하고 싶었다. 실제로 포럼의 구성원들은 모두 진지하고 솔직했으며 서로의 이야기를 경청했다. 우리는 모임을 가지기 전에 행정부와 의회로부터 피드백을 받았고, 이 피드백을 토대로 다음번 만남에서 다루는 쟁점들을 한층 깊게 파고들었다. 대통령은 정보가 그렇게 여과되지 않은 채로 흐르는 것이 무척 마음에 드는 눈치였다. 포럼은 점차 탄력을 받고 본궤도로 올라서기 시작했다.

2017년 8월, 나는 아무리 제대로 된 노력을 기울인다고 하더라도 정치와 기업은 얼마든지 충돌할 수 있다는 사실을 직접 확인했다. 신新 나치주의와 반反 파시즘을 각각 표방하는 두 집단이 버지니아의 샬러 츠빌에서 부딪혔고, 결과는 비극이었다.[33]

대통령은 양쪽을 모두 비난했다. 대통령의 반대자들뿐 아니라 그의 지지자 다수까지 (충분한 비난이 되지 못한다고 혹은 자기들까지 비난을 받을 수 없다는 이유로) 대통령을 비판하고 나섰다. 대통령은 이 상황을 진정시킬 수 없었다. 분노가 점점 격화되자 포럼의 구성원들이 압박을 받았다. 설령 우리가 당파를 초월한 순수한 애국심으로 최선을 다한다고 하더라도, 대통령과 그렇게 엮이는 것 자체가 많은 사람들의 눈에는 용인될 수 없는 일이었다.

직업이 투자자이기에 나는 위기에 익숙했다. 리먼브라더스에서 투자은행가로 시작해 블랙스톤을 만들고 회사를 만들어가는 여러 과정을 거치면서 성장과 변화를 이어가기까지, 나는 위기를 돌파하는 방법을 익혔을 뿐만 아니라 새로운 기회를 창조할 목적으로 변화를 일으키기 위해 위기를 조장하는 방법도 익혔다. 그러나 기업을 이끌어가는 사람들은 정반대다. 그들에게는 질서를 추구하고 질서를 유지하는 게 우선이다. 그들은 특히 자기나 회사를 비판하는 목소리가 높아지거나 고객의 압력이 거세지면 쉽게 동요한다. 그들은 세상 사람들이 다 아는 사건이나 드라마의 한가운데 서는 것을 무척 싫어한다.

---

33 8월 12일 신 나치주의 백인우월주의자 한 사람이 반대 집회 현장에 차를 몰고 돌진해서 사망자와 부상자를 발생시켰다.

특히 샬러츠빌에서 일어난 폭동과 같은 격앙된 분위기의 사건인 경우에는 더욱더 그랬다. 만일 우리가 포럼을 깨고자 한다면 전체 차원에서 의결을 해야지, 한 사람씩 빠져나가게 해서는 안 되었다. 구성원들 사이에 불편한 동요가 일어나는 것을 감지한 나는 영상회의를 마련했다. 우리가 선택할 수 있는 방안은 세 가지였다. 포럼을 계속 유지하는 것, 포럼을 보류하는 것, 포럼을 깨는 것.

구성원 다수가 포럼을 깨길 원했다. 나는 미리 준비해둔 보도자료 초안을 회람시켰다. 구성원 두 명이 내용을 살펴보고 수정 제안을 할 수 있느냐고 물었다. 나는 안 된다고 했다. 그 자료가 그 자리에서 벗어나는 순간 내용이 외부로 새나갈 것은 불을 보듯 뻔했기 때문이다. 만일 우리가 어떤 발표를 하고자 한다면 내부에서 내용을 판단하고 결정하는 게 옳았다. 또 대통령에게 그 사실을 미리 알려야 한다고 했다. 포럼을 깨기로 결정한다면 이 사실을 알리는 것이 대통령에 대한 기본적인 예의였다.

포럼을 해체하기로 의견을 모았다는 사실을 백악관 비서실에 전하고 얼마 지나지 않아서 대통령이 선수를 쳤다. 우리가 해체 발표를 하기 전에 대통령이 먼저 포럼을 해산한다고 발표했던 것이다. 이 일을 겪으면서 내가 느꼈던 가장 큰 안타까움은, 미국 기업계를 대표하는 이 헌신적인 소집단이 정부와 국가를 돕는 데 많은 일을 할 수 있었음에도 불구하고 결과적으로는 그렇게 하지 못했다는 사실이다. 그러나 휘발성이 높은 정치적 분위기 속에서 일어난 작은 불꽃들이 이차적인 피해로 확산될 수 있었다. 우리는 모두 특정한 상황에 적극적으로 개입해서 모든 미국인의 삶을 개선하는 방안을 논의하고 생산적인 목소리를 내고자 했지만 더 이상은 불가능했다.

➤ 모두에게 공정한 협상은 대화에서 시작된다

그 일로 상당히 실망하긴 했지만 그래도 나는 미국에 보탬이 되려는 노력을 계속 이어가야 한다고 생각했다. 도널드 트럼프가 대통령으로 당선된 그 순간부터 나는 줄곧 그를 어떻게 이해해야 할지 모르겠다는 사람들로부터 많은 전화를 받았다. 그들은 선거 기간 동안 그가 하는 말을 주의 깊게 들었으며 그가 어떤 행동을 하고 나설지 몰라 조마조마해했다.

대통령이 되겠다고 나서기 오래전에 그는 미국의 제조업은 자유무역에 의해 파괴되고 말았다고 확신했다. 미국에 있던 일자리들은 모두 가장 싼 노동력을 찾아서 멕시코나 아시아로 떠나버렸다. 무역 적자와 러스트 벨트(미국 북부의 사양화된 공업 지대)에서의 경기 하락은 그런 내부의 문제를 보여주는 증상이었다. 이런 맥락에서 트럼프는 자유무역협정FTA을 재협상할 때 비로소 미국에서 사라진 일자리를 다시 불러들일 수 있다고 믿었다. 그랬기에 그는 선거운동을 하면서 '미국을 다시 위대하게'Make America Great Again라는 구호를 내걸었다. 이 주장에 동의하든 하지 않든 간에 그의 발상과 전술들은 경제의 전반적인 상태를 뒤흔드는 것이었다. 그는 도대체 어떻게 하려는 것이었을까?

트럼프 대통령은 전임자들과는 완전히 다른 국정 운영 방식을 선택했다. 그는 전통적인 외교 채널이나 관료 채널을 통하기보다는 결속력이 높은 핵심 중추 세력을 끼고 일을 했다. 우리의 가장 가까운 동맹국들조차도 트럼프 대통령과 어떻게 소통하면 좋을지 확신하지 못했다. 20곳이 넘는 국가의 수반이나 장관들이 내게 연락해서 트럼프를 이해할 수 있는 방법을 알려달라고 요청했을 정도다.

나는 대통령의 지지를 받아 미국-중국 무역협정 및 미국-캐나다-멕시코 무역협정에 관여하게 되었는데, 이렇게 된 이유는 딱 하나였다. 내가 양쪽에 있는 사람들을 모두 다 알고, 그들이 모두 나를 신뢰했기 때문이었다. 대통령을 제외하고 다른 사람들과는 이미 오래전부터 알던 사이였다. 재무부 장관인 스티븐 므누신과는 뉴욕에 있는 같은 아파트 건물에 살고 있으며 개인적으로도 친한 사이다. 통상부 장관인 윌버 로스와도 오래전부터 알고 지낸 사이다.

나는 처음에는 블랙스톤, 나중에는 슈워츠먼 장학제도를 통해 중국에도 튼튼한 인맥을 가지고 있었다. 2007년에는 당 서기 직함을 가지고 있던 시진핑을 만났으며 전국인민대표회의와 국무원 인사들도 많이 알고 있었다. 엔리케 페냐 니에토 멕시코 대통령은 2015년에 만났다. 그는 멕시코 유학생 두 명에게 돌아갈 장학금을 슈워츠먼 장학재단에 기부하기도 했다. 그의 내각에서 재무부 장관을 맡고 있는 루이스

비데가이 카소Luis Videgaray Caso는 뉴욕에 올 때마다 내게 전화하거나 사무실로 찾아와서 얘기를 나누다 가곤 했다. 캐나다의 외무부 장관인 크리스티아 프리랜드와는 그녀가 〈파이낸셜 타임스〉에서 기자로 있을 때부터 알던 사이였다. 블랙스톤을 표지 기사로 다뤘던 그녀는 매우 똑똑하며 선의로 가득 차 있는 인물이다.

대통령 취임식 후 이틀 뒤에 나는 크리스티아의 초대를 받아 캐나다의 캘거리로 날아갔다. 쥐스탱 트뤼도 총리가 내각을 위해 마련한 자리에서 강연을 하기 위해서였다. 캐나다 사람들도 멕시코 사람들과 마찬가지로 트럼프의 여러 발언에 불안해했으며 미국이 북아메리카자유무역협정(이하 NAFTA)에 대해 어떤 계획을 가지고 있는지 초조해했다.

나는 캐나다 총리 및 그의 비서진과 한 시간 동안 따로 만났다. 그 뒤에 총리는 두 시간 동안이나 이것저것을 물었고 장관들로부터도 미국의 입장과 관련된 여러 질문들을 받았다. 그때 나는 내가 알고 있던 사실을 토대로, 비록 양국 관계에 변화가 있긴 하겠지만 트럼프 대통령의 주된 관심사는 기본적으로 미국의 경제성장임을 확신시켰다. 미국과 캐나다의 관계는 튼튼하게 이어질 것이라고 했다. 이런 나의 발언이 캐나다에서 대서특필되기도 했다.

NAFTA는 규모로만 보면 세계 최대의 무역협정이지만 관계국인 세 나라에게는 제각기 다른 함의를 담고 있다. 캐나다의 경제 규모는 미국에 비해 10퍼센트밖에 되지 않지만 미국과 경제적 · 정치적 · 문화적으로 깊이 연결되어 있다. 멕시코는 새롭게 떠오르는 신흥 경제국이며 이 나라의 경제성장은 미국의 국경과 가까운 여러 지역에 집중되어 있었다. 미국과 캐나다는 상당히 공정한 무역관계를 가지고 있으며 양국의 수출과 수입은 대체로 균형을 갖추고 있다. 그러나 미국은 멕시코에 대해서는 상당한 규모의 무역 적자를 기록하고 있다. 수출하는 것보다 훨씬 많은 규모의 수입을 하고 있다는 말이다.

멕시코나 캐나다 모두 NAFTA가 파기되길 바라지 않았다. 두 나라 모두 미국과 맺고 있는 특별한 관계를 중요하게 여긴다. 미국이 없으면 경제가 무너져버릴 것이기 때문이다. 그러나 두 나라가 미국과 맺고 있는 관계의 특수성은 서로 완전히 달랐다.

미국의 내각 구성원들과 논의한 내용을 토대로 판단하면, 캐나다와의 관계에서 주된 쟁점은 정부로부터 많은 보조금을 받는 캐나다 낙농업자들에게 초점이 맞춰져 있었다. 이들이 생산한 값싼 유제품이 미국에 대량으로 유입되는 바람에 미국 중서부 지역의 낙농업자들이 큰 피해를 입고 있다는 것이었다. 게다가 캐나다 사람들은 미국에서 미디어 자산을 매입할 수 있지만 미국 기업은 캐나다의 미디어 자산을 매입할 수 없게 규정한 캐나다의 '문화 분야 예외 설정' 같은 몇몇 불평등한 요소들이 있었다.

그러나 백악관이 중요하게 여긴 실질적인 쟁점들은 멕시코와의 관계에 있었다. 이런 사실은 협상이 진행되면서 점점 분명하게 드러났다. 미국은 대對 멕시코 무역 적자의 거대한 규모를 심각한 문제로 여기고 어떻게든 이 문제를 해결하려고 했다. 쟁점은 많은 미국 기업이 미국 노동자에 비해 훨씬 싼 멕시코의 숙련 노동자들을 이용하려고 국경이 가까운 멕시코 땅에 공장을 지었다는 점이다. 특히 자동차 산업 부문에서 이런 현상이 두드러졌다. 멕시코에서 생산되어 미국 시장으로 나가는 자동차들은 멕시코에서 미국으로 수입되는 제품으로 분류되고 있었다.

국제무역의 복잡성 때문에 이처럼 온갖 터무니없는 일들이 일어난다. 예를 들어 자동차 부품들은 완성차 조립을 위해 멕시코와 미국 사이의 국경선을 오고가는 동안 몇 번씩 수출과 수입으로 분류되고, 면세 가격으로 술을 산 사람들은 이 술을 가지고서 미국-캐나다의 국경선을 넘어 자기 집으로 돌아가며, 미니애폴리스에서 송출되는 텔레비전 전파가 도둑질당해서 온타리오의 텔레비전에서 방송된다.

이 모든 경제 활동에 대해 일일이 규정을 만들고 관련된 모든 사람이 지키게 만들려면 수많은 변호사들이 평생 이 일에 매달려도 모자랄 지경이다. 게다가 여기에 단호하긴 하지만 어디로 튈지 모르는 미국 대통령이라는 변수까지 더해지면 그야말로 혼돈이 펼쳐질 준비가 다 갖춰진 셈이다.

복잡한 쟁점들이 놓여 있고 미국이 설정한 우선순위가 있는 상황에서 나는 블랙스톤의 투자위원회에서 일상적으로 하던 방식을 그대로 적용하려고 시도했다. 즉 문제를 깊이 파고들어 연구한 다음 뒤로 물러나 거래의 핵심 요소들을 결정할 수 있는 몇 가지 변수들을 찾는 것이었다.

'공정함을 과연 어디에서 어떻게 확보해야 할까?'

루이스와 크리스티아는 미국 정부 측 협상단에 자신의 카드를 제시하기 전에 내 반응이 어떤지를 보려고 자주 이메일을 보내거나 전화를 했다. 그러나 2018년 여름이 되면서 세 나라의 협상은 교착상태에 빠져 헤어나지 못했다. 대통령은 중국과 유럽을 향해서도 기습 공격을 감행했다. 심지어 백악관 내에서도 행정부가 너무 많이 나선다는 우려가 나오고 있었다.

대통령의 요청을 받고 나는 백악관으로 갔다. 대통령과 나는 백악관 내의 사적인 공간에서 만났다. 대통령에게 나는 내가 보고 느낀 대로 말했다.

"지금 미국은 아시아와 유럽 그리고 남북의 아메리카를 상대로 여러 개의 전선에서 무역 전쟁을 하고 있습니다. 미국의 상황은 이미 노출돼버렸는데, 미국이 세계 경제에서 중요한 존재이긴 하지만 세계 경제의 23퍼센트밖에 담당하고 있지 않습니다. 그런데 나머지 77퍼센트가 힘을 합쳐 반격할 방법을 찾아내면 우리는 매우 곤란해질 겁니다."

나는 대통령이 초점을 맞추고 있는 계획을 진전시킬 방안을 생각한 끝에, 미국으로서는 몇 개의 협상을 타결하는 방향으로 풀어나가야 하는 게 옳다고 조언했다. 그중에서도 맨 먼저 타결해야 할 것은 NAFTA였다. 규모가 가장 클 뿐 아니라 국경을 맞대고 있는 나라를 상대로 하는 협상이기 때문이었다.

나는 지난 몇 달 동안 무슨 이야기가 오가고 무슨 조치가 있었든지 간에 우리의 이웃 국가들은 언제나 우리의 이웃으로 남아야 하고 또 그렇게 될 것이라고 했다. 우리가 협상을 타결하는 모습을 보일 때 세계가 미국이 괜히 엄포만 놓는 게 아니라 실제로 무역협정의 재협상을 진지하게 생각한다고 판단할 것이라고 했다. 또 중간선거가 다가오고 있으므로, 대통령이 선거 기간 동안 내걸었던 공약을 지키려고 최선을 다하고 있음을 보여주는 증거로 협상 타결이라는 소재를 활용할 수 있었다. 그 효과는 선거의 결과를 좌우할 중서부 지역의 여러 경합주들에서 특히 클 것이었다.

협상의 발걸음이 다시 바쁘게 움직이기 시작했다. 정부는 특정 쟁점들에 따라 멕시코와 캐나다에 각각 다르게 접근하기로 결정했다. 아닌 게 아니라 성격이 다른 경제 관계에 동일한 조건을 적용할 수는 없었다. 이렇게 해서 2018년 8월에 멕시코를 상대로 자동차 산업을 다루는 예비 협상이 시작되었다. 이로써 북아메리카에서 제조되어야 하는 자동차 부품의 비율이 높아졌고 노동자들에 대한 노동조건이 한층 높아졌다. 그리고 미국과 멕시코는 협정의 유효 기간을 16년으로 설정하고 6년마다 협정 내용을 재검토하기로 했다. 이제 남은 건 캐나다였다. 캐나다는 의회에서 국방부와 국무부에 이르기까지 미국 정가 전반에 걸쳐 동맹을 구축함으로써 백악관에 압박을 가하려고 했다.

두 나라와의 협상 타결을 위해 나는 다양한 집단들의 우려와 반대에 대해 정부가 분명한 입장을 취할 수 있도록 도움을 주었다. NAFTA 아래에서는 어느 한 나라가 다른 나라의 제품이 자기 시장으로 너무 많이 쏟아진다고 느낄 때는 공정위원회에 제소할 수 있었다. 이른바 '제19장'으로 알려진 조항이었다. 캐나다는 이 조항이 삭제되는 것을 거부했다. 나는 캐나다 협상단에 속한 사람에게 캐나다가 왜 그렇게 강경하게 나오는지 물었다. 그리고 그 협상이 단지 무역이나 경제 차원의 문제가 아니라 정치 차원의 문제임을 깨달았다.

캐나다는 건축과 가구 제작에 사용되는 연목 목재의 주요 수출국인데, 이 연목 목재를 미국으로 덤핑 수출함으로써 미국의 생산자들이 피해를 입었다는 것이 미국 측의 주장이었다. 하지만 공정위원회는 반복해서 캐나다의 손을 들어주었다.

쟁점은 그것만이 아니었다. 캐나다 연목 목재의 대부분은 브리티시콜롬비아에서 생산된다. 만일 캐나다 정부가 이 제19장 조항을 포기하면 다음 선거에서 브리티시콜롬비아를 잃을 것이고, 브리티시콜롬비아를 잃으면 자유당은 정권을 내줄 수밖에 없었다. 그러니 트뤼도 총리로서는 제19장 조항을 포기한다는 것은 정치적인 자살 행위나 마찬가지였다. 캐나다의 협상단이 이런 사실을 미국에 알렸고, 협상 타결을 위해 무엇을 할 것인지 미국의 입장이 바뀌었다.

9월 마지막 주에 전 세계의 지도자들이 UN 총회에 참석하려고 뉴욕에 왔을 때, 트뤼도 총리는 내게 와서 미국의 기업 리더들과의 만남을 주선해달라고 요청했다. 무역협상이 다시 한번 교착상태에 빠져 있던 때였다. 트뤼도는 더 이상 양보는 없으며 협상을 포기할 수도 있다고 말했고, 트럼프는 UN 총회에서 트뤼도와의 개인적인 만남은 갖지 않겠다고 선언한 상태였다. 이런 상황에서 트뤼도는 미국의 CEO들과 만남으로써 미국의 기업계가 설정하고 있는 우선순위를 이해하고 협상을 진전시킬 새로운 아이디어를 얻기 위해 그런 요청을 했던 것이다. 만남은 블랙스톤의 회의장에서 이뤄졌다.

만남이 끝난 뒤에 나는 트뤼도를 개인적으로 만나 이야기를 나누었다. 나는 행정부 고위 관료들과의 대화를 통해 모든 쟁점에 대한 미국의 우선순위와 입장을 잘 알고 있었다. 트뤼도에게 협상의 성공적 타결에 필요한 것에 대한 내 의견을 들려주었고 미국은 캐나다가 협상과 관련된 제안을 문서로 제시하기 바란다는 말을 해주었다. 이에 트뤼도는 만일 문서를 제시할 경우 미국이 이 내용을 언론에 흘리는 등 언론 플레이를 해서 거꾸로 자기가 공격당할 수도 있다고 걱정했다. 나는 협상을 평생 밥벌이로 하고 살아와서 잘 알지만 지금은 그런 걱정을 할 때가 아니라고 했다. 만일 미국의 협상 요구에 맞춰주지 않으면 캐나다는 경제에 심각한 타격을 입고 경기가 후퇴하고 말 텐데, 경기가 나빠졌을 때 선거에서 이긴 정치인은 여태 없었다는 말도 보탰다. 어쨌거나 이 협상을 마무리하면 적어도 정치적 생존의 가능성은 남아 있지 않겠느냐고 했다. 협상의 요구 조건을 문서로 정리하라고, 나는 강력하게 권고했다.

"당신의 주머니 안에 들어 있는 카드를 꺼내서 보이십시오. 할 수 있는 최대한의 양보를 하고, 제19장 및 문화적 예외 조항의 한도를 정하세요. 외국 자본이 캐나다 언론사를 소유하지 못하게 금지한 법률도 최대한 손을 봐야 합니다. 지지부진한 이차적인 쟁점들은 맨 뒤로 미루더라도 이 쟁점들에 대해 당신이 준비되어 있는 것과 준비되어 있지 않은 것을 간결하게 밝히도록 하세요. 그리고 이 문서를 미국 정부에 보내세요."

나는 그에게 그날 저녁 5시 30분에 트럼프를 만날 예정이며 어떤 내용의 협상이든 간에 일요일 자정까지는 타결될 필요가 있다고, 이런 점을 모든 정당이 잘 알고 있다는 사실도 알려주었다.

트뤼도 총리는 소파에 앉아 나를 지그시 바라봤다. 그리고 쉽지 않 겠지만 그렇게 하겠다고 말했다. 그날 저녁 트럼프 대통령은 내가 캐나 다 사람들과 나눈 대화에서 미국이 수용할 수 있는 조건들을 정확하게 반영했음을 확인해주었다. 나는 곧바로 캐나다 측에 전화해서 트럼프 의 이런 발언 내용을 알려주었다. 다시 48시간의 기다림과 간청의 물 밑 작업이 이어졌다. 마침내 금요일 오전 10시에 미국은 캐나다가 문 서로 정리한 요구 사항을 받았다. 주말 동안 미국과 캐나다 사이에 세 부 사항을 조정하는 작업이 진행되었고, 월요일인 2018년 10월 1일에 트럼프 대통령은 NAFTA의 개정안인 미국-멕시코-캐나다협정United States-Mexico-Canada Agreement, USMCA을 발표했다.

❯ 중국과 무역협상의 다리를 놓다

중국 역시 힘든 상황이었다. 미국이 중국과 맺은 관세협정의 기본적인 틀은 수십 년 전에 마련되었다. 그때만 하더라도 중국은 자국에서 막 발생하기 시작한 자유시장 경제를 보호할 필요가 있었고 미국은 그 누 구도 부인할 수 없는 세계 최고의 경제대국이었다. 그러나 그사이 세상 이 바뀌었으며, 트럼프 대통령과 보좌관들은 중국이 이제 보호무역주의 정책을 더 이상 필요로 하지 않을 정도로 부자 나라가 되었다고 여겼다.

새로운 정부의 눈에는 미국의 대중 수출이 중국의 대미 수출에 대해 세 배나 더 많은 관세를 물어야 하는 것이 정당해 보이지 않았다. 중국은 기술 분야에서 미국을 넘어 세계 최고가 되겠다는 야심을 가지고 있음을 이미 분명히 밝혔다. 만일 기술 분야에서 미국과 중국의 싸움이 공정할 수 있으려면 오랜 세월 갈등의 원천이었던 중국의 지적재산권 도둑질에 대해 미국이 문제를 제기하는 것이 정당하게 받아들여져야 한다고 미국 정부는 믿었다. 또 미국의 지적재산권 관련 법률에 대한 중국의 태도와 조치를 수용할 수 없다는 입장이 미국 기업계에 폭넓게 퍼져 있었다.

2017년 1월 나는 다보스에 갔다가 세계경제포럼의 창설자인 클라우스 슈밥Klaus Schwab의 주선으로 마련된 오찬 자리에서 시진핑 주석을 만났다. 슈밥이 초대한 사람은 나를 포함해 34명이었다. 그중 17명은 시진핑을 비롯한 중국 정부 관료들이었고 나머지 17명은 비중국인 저명인사들이었다. 그 자리에서 시진핑은 내게 트럼프 대통령과 중국에 대한 관점 및 그가 힐러리 클린턴을 이길 수 있었던 이유를 설명해달라고 했다. 나는 트럼프가 다루려고 하는 문제들, 즉 미국의 중산층 및 노동 계층이 세계화 때문에 고통을 받는 경제적 혼란을 다음과 같이 설명해주었다.

"연방준비제도에서 나온 한 연구보고서에 따르면 미국인의 절반 가까운 사람들이 그달 벌어 그달 먹고살고 있으며, 비상금은 400달러도 없는 형편이라고 합니다. 미국 역사상 최초로 수백만 명이 부모보다 더 가난하게 살아야 할지도 모른다는 공포에 떨고 있습니다. 이런 사람들의 다수가 선거의 승패를 좌우하는 중서부 지역에서 당시 트럼프 후보에게 표를 주었습니다. 무역 적자 때문에 중국이 눈에 잘 띄는 타깃이 되었으며 중국에 대한 강력한 비판은 앞으로도 점점 심화될 전망입니다."

그러자 시진핑은 만일 그렇다면 미국과의 경제 관계를 대폭적으로 재조정할 준비를 하겠다고 말했다. 내가 트럼프 대통령과 무역을 포함한 폭넓은 쟁점들을 놓고 대화를 한다는 사실을 그가 알고 있었고, 그랬기에 그는 우리가 대화를 나누었다는 사실을 트럼프에게 말해주고 자기가 한 말도 함께 전해달라고 했다. 시진핑은 정부의 입장을 대변해서 그 오찬에 참석해줘서 고맙다는 말을 다른 모든 사람들 앞에서 했다.

나로서는 중국이 보여주는 신뢰가 무척 기분 좋았다. 그리고 슈워츠먼 장학생들이 장차 짊어져야 할 과제가 내게 주어졌음을 깨달았다. 세계적인 차원의 권력이 아시아로 이동하는 정세 속에서 미국이 '투키디데스의 함정'을 피할 수 있도록 도와야 하는데, 이 과제를 얼마나 잘 수행할 수 있을까 하는 것이 문제였다.

나는 트럼프 대통령에게 전화해서 시진핑과 나누었던 대화를 전했다. 그러자 대통령은 플로리다 팜비치에 있는 마라라고Mar-A-Lagoh(도널드 트럼프 소유의 회원 전용 호화 리조트)로 시진핑을 초대하라고 했다. 대통령의 선임고문이자 사위인 재러드 쿠슈너와 워싱턴 주재 중국 대사인 추이텐카이가 그 만남을 준비했다. 2017년 4월에 열린 마라라고에서의 두 정상 간 만남은 미국과 중국 사이에 길게 이어질 격렬한 대화의 서막을 열었다.

▶ 전쟁은 누구도 원하지 않는다

2017년 7월 나는 워싱턴DC에 있는 미국 상무부 건물에서 미국과 중국의 기업인들이 한자리에 모이는 자리를 알리바바의 마윈馬雲과 함께 주선했다. 나중에 중국 대표단을 이끌던 국무원 경제 담당 부주석이던 왕양汪洋을 만나 두 나라 사이에 이뤄진 논의의 실질적인 내용에 대해 이야기를 나누었다. 그 자리에 가기 전에 상무부 장관이던 윌버 로스의 요청을 받았기에, 나는 중국이 철강 생산 규모를 15~20퍼센트 정도 줄일 것을 고려하고 있느냐고 물었다. 그런데 놀랍게도 그는 그렇다고 대답했다. 이 말을 전해들은 윌버는 뛸 듯이 좋아했다. 그러나 트럼프 대통령은 전혀 반기지 않았다. 그래도 중국이 현재 철강 생산을 너무 많이 한다는 것이었다.[34]

─────── 34 중국은 세계 최대 철강 생산국으로 중국 철강은 미국 시장의 70퍼센트를 차지했다.

한편 백악관은 중국을 공격하는 표현의 강도를 한층 높여가면서 중국 수입품에 대한 관세를 높일 것이며 중국의 불공정한 무역 관행을 수사하겠다고 위협했다. 무역 전쟁에 대한 중국의 우려가 점점 커지기 시작했다. 그 와중에 대통령은 나를 신뢰하면서 미국의 입장을 중국 측에 솔직하게 계속 전달해달라고 요청했다.

나는 미국 정부를 대표해 중국의 고위 관료들에게 트럼프 대통령이 무역 전쟁을 원하지 않는다는 걸 확인시켜주려고 2018년에만 여덟 번이나 중국에 갔다. 미국은 중국의 성장을 억제할 마음이 없었다. 오히려 무역 관계를 새롭게 조정해서 두 나라의 무역을 한층 더 공정하게 만들고 이 무역으로 양국이 세계 경제 속에서 각각 차지하는 위상이 보다 분명해지길 바랐다. 나는 중국에 한 번씩 다녀올 때마다 나의 이런 노력이 미국이 중국과 성공적으로 협상을 체결하는 데 도움이 되면 좋겠다는 기대를 가지고서, 중국에서 나누었던 얘기들을 정부의 당국자들에게 설명했다.

그러나 중국이 경제를 현대화하고 국제법의 기준에 맞추라는 미국의 요구를 중국은 미국을 닮아가라는 요구로 받아들였다. 중국은 미국처럼 되는 걸 원하지 않았다. 중국 사람들은 매우 실용적이며 언제든 변화에 몸을 맡기려는 의지가 있다. 또 중국이 무역협정을 어길 때 미국이 얼마나 분통을 터트리는지도 잘 알고 있었다. 그러나 그들은 중국에서 통하는 모든 것, 즉 오랜 기간 동안 중국의 빠른 성장을 가능하게 해주었던 모든 것을 포기하라는 말은 듣기 싫어했다. 그들이 듣고 싶어 했던 말은 미국이 중국에게서 양보를 받아내고 싶은 바로 그것 그리고 그 양보가 이뤄지는 순서였다. 그들은 무역 거래가 공정하다고 인정받을 수 있는 범위가 어디서 어디까지인지 이해하려고 노력했다.

2018년 4월에 나는 하이난에서 열린 아시아 보아오 포럼Boao Forum for Asia, BFA에 비중국인 CEO로 참석했다. 그곳에서 시진핑은 중국 경제에 주요한 여러 변화들을 도입할 준비가 되어 있다고 말했다. 그는 자동차 산업과 금융 산업에 대한 시장접근[35]을 확대해서 보다 많은 외국 투자를 끌어들이고 지적 재산 보호를 강화하며, 수출 주도 경제에서 탈피해 외국 수입품에 대한 국내 수요를 강화하는 경제로 전환하고 싶어 했다.

나는 그가 미국이 원하는 내용을 정확하게 그대로 말하는 것을 보고 믿을 수 없다는 생각이 들기까지 했다. 나중에 나는 그의 요청에 따라 경제 담당 수석보좌관이자 국무원 경제 담당 부총리인 류허劉鶴와 이야기를 나누었다. 그는 그 밖에 중국이 협상 테이블에 올려야 할 것이 무엇인지 알고 싶어 했다. 그는 미국과 긍정적이고도 참신한 대화를 나눌 용의로 마음이 열려 있었다.

미국으로 돌아오자마자 나는 중국이 수용할 것 같은 미국의 제안뿐만 아니라 중국이 미국의 요구를 충족하기 위해 필요한 것을 미국 정부 담당자들과 공유했다. 전혀 공식적인 것이 아니었고, 양측이 중요하게 여기는 쟁점들을 충분히 이해하는 개인의 충정 어린 의견이었다.

---

35 외국 제품이나 서비스 및 공급자가 국내 시장에서 국내 제품 및 제품 공급자와 동등한 대우를 받을 수 있도록 보장하는 원칙.

그러나 그달 말 또 다른 쟁점이 튀어나왔다. 중국에서 두 번째로 큰 통신설비 제조업체인 중흥통신 제품에 사용될 부품에 대해 미국이 수출 허가를 취소한 것이다. 상무부는 이 회사가 이란 및 북한과 거래를 한다는 이유로 이미 제재를 내렸었고, 미국 정보부는 중흥통신의 휴대폰에는 미국 시민의 동향을 캐는 하드웨어가 설치되어 있어 우려된다는 발표를 했다.

중흥통신으로서는 휴대폰에 들어갈 부품을 미국이 수출하지 않으면 살아남을 수 없었다. 부품이 조달되지 않자 한 달 가깝게 조업을 중단해야 했다. 중국으로서는 많은 일자리를 창출하고 있는 이 거대 기업이 죽어가는 것을 막아야 했기에 그 후 다시 한 달 동안 수출 허가 취소를 번복해달라고 미국에 필사적으로 간청했다.

6월에 류허가 무역협상을 위해 워싱턴에 왔지만 대화의 물꼬는 끝내 트이지 않았다. 그 후 두 달 동안 중국은 손을 놓고 있었다. 지치기도 했고 혼란스럽기도 했다. 여름이 끝나갈 때까지 중국에 대한 미국의 태도는 점점 적대적으로 치달았다. 중국 사람들은 여태까지 친구라고 생각했던 기업계 리더들이 왜 자기를 공격하는지 도무지 이해할 수 없었다.

나는 9월 초 제3기 슈워츠먼 장학생의 학위 수여식 참석차 베이징에 가 있을 예정이었는데, 그때 중국의 정부 관료들을 몇 차례 만나 그들이 무슨 생각을 하고 있는지 좀 더 정확하게 이해할 수 있으면 좋겠다고 생각했다. 그리고 그 만남을 위해 몇 가지 준비를 했다.

중국으로 가기 전인 8월에 뉴욕에 있는 중국 관료들 몇 명이 나를 찾아왔다. 그들은 기술과 무역, 사이버 보안, 몇몇 군사적 쟁점들에서 미국이 필요로 하는 것에 대해 내가 어떻게 생각하는지 물었다. 나는 미국의 입장을 설명한 다음 미국과 중국 사이의 이견이 갈수록 더 악화될 것이라고 전망했다. 그들은 우리가 나눈 대화를 녹음해서 중국으로 가지고 갔다.

9월 6일 아침에 나는 베이징에 있는 중국의 최고위층 거주지인 중난하이에 위치한 쯔광거의 내외빈 공식 접견실에서 왕치산王岐山 부주석을 만났다. 그는 평상복 차림이었고 (배석해서 기록하는 사람 10명을 제외하고는) 우리 두 사람뿐이었다. 그는 뉴욕에서 내가 했던 대화 녹음을 들었다고 했다.

"사람들을 그렇게 겁에 질리게 만들면 어쩝니까?"

몇 주 전에 내 사무실로 찾아왔던 중국 관료들에 대한 얘기였다. 왕치산이 알고 싶어 했던 것은 미국의 인식과 태도가 그렇게 갑자기 바뀐 이유였다. 나는 두 시간 동안 내 생각을 얘기했고, 그 외에도 우리는 다양한 범위의 주제들을 놓고 의견을 나누었다.

그날 오후에는 류허를 만났다. 우리는 미국과 중국 앞에 놓인 여러 과제들에 대해 상세하게 이야기를 나누었고 공식적인 무역협상을 새로 시작할 돌파구를 찾는 데 대화의 초점을 맞췄다. 류허는 트럼프 대통령에게 전달되면 좋겠다고 바라는 몇 가지 구체적인 쟁점들을 가지고 있었다. 그와 이야기를 나누다 보니 어쩌면 또 다른 돌파구가 나타날지도 모르겠다는 희망이 생겼다. 그리고 이 내용을 트럼프 대통령에게 전하자 대통령은 류허와 워싱턴에서 만날 약속을 잡으라고 했다.

모든 준비가 완료되었고 류허는 9월 말에 워싱턴에 오도록 예정되어 있었다. 그러나 약속된 날 사흘 전에 트럼프 대통령은 2,000억 달러 규모의 중국 상품에 대한 새로운 관세를 발표했다. 중국은 약속 장소에 나타나지 않았다. 또 한 차례의 거대한 시련이었다. 중국 측은 굴욕감을 느꼈다. 그들은 이제 무엇을 어떻게 해야 할지, 더 이상 누구를 믿을 수 있을지 모르겠다고 내게 말했다.

10월 중순에 칭화 대학교 경제경영학부 이사회에서 다시 왕양을 만났다. 그때 우리는 단독 면담 일정이 잡혀 있지 않았지만 우연히 중국의 국가 지도자들과 함께 하는 만찬 자리에서 귀빈 자격으로 만나게 되었다. 우리는 약 20분쯤 이야기를 나누었는데, 나는 11월 말에 예정된 부에노스아이레스에서의 G20 정상회담에서 트럼프 대통령과 시진핑 주석이 만나 무역협상을 다시 정상 궤도에 올려놓을 얘기를 하지 않겠느냐고 말했다. 두 정상은 서로 친밀감을 갖고 있었고 그때가 그들로서는 공식적인 양자 회담의 틀에 얽매이지 않고 만날 수 있는 기회였다.

나는 미국 정부 내에서도 중국을 바라보는 시각이 다양하게 존재하니까 미국이 확정된 요구 사항의 목록을 가지고 시진핑을 만나려 할 것이라고 예단하지 말라고 했다. 오히려 나는 시진핑이 요구 사항들을 가지고 와서 대여섯 가지의 실질적인 제안을 하면서 회담을 이끌어나가야 하지 않겠느냐고 생각했다. 만일 그 제안을 트럼프가 매력적이고 의미 있게 생각한다면 반드시 받아들일 것이다. 그렇게만 보면 어려울 것도 없고 단순했다.

그렇게 하는 게 비록 중국의 방식이 아니긴 하지만 마음에는 든다고 왕양은 말했다. 양측 모두 자기 목적을 달성할 기회를 가질 수 있으니 협상의 돌파구가 열릴 수도 있었다.

중국인들을 상대로 일할 때는 그들이 해당 사안을 깊이 생각하고 자기들 내부에서 충분히 공유할 시간을 주어야 한다는 것을 배웠다. 중국 측이 내가 제시한 것에 대해 어떤 조치를 하기까지는 5주가 남아 있었다.

시진핑은 부에노스아이레스에 미국 측이 반색할 수 있는 짧은 목록의 제안 내용을 가지고 왔다. 또 미국 오피오이드 위기를 초래한 근본적인 원인 약제들 가운데 하나인 펜타닐 수출을 엄격하게 단속하겠다는 약속을 함으로써 트럼프에게 중요한 외교적 승리를 안겨주는 똑똑한 조치를 취했다.[36] 부에노스아이레스에서의 만남은 양국 사이의 긴장 고조를 누그러뜨렸다는 점에서 성공적이었고, 이 만남을 계기로 양측 대표단이 직접 만나 대화를 하기 시작했다.

아르헨티나에서 있었던 양자 회담 이후로 협상이 새로 시작되었다. 중국 측의 류허 부총리와 미국 측의 로버트 라이트하이저 통상 대표 및 스티븐 므누신 재무부 장관 사이에 직접적인 만남과 전화 통화와 영상 통화가 이어졌다. 이번에야말로 성공적인 결론으로까지 이어질 것이라는 기대를 양측 모두 가지고 있었다.

---

36 오피오이드는 마약성 진통제의 통칭으로 오피오이드의 과다 복용으로 2017년에만 미국에서 4만 7,000여 명이 사망했다. 이 사건은 미국에서 심각한 사회 문제로 대두되었다.

그러나 2019년 5월 중국은 중요한 다수의 사항에 대해 자기들이 가지고 있던 예비적인 견해를 바꾸었고 협상은 보류되었다. 미국과 중국은 국가주의적인 태도로 상대를 험악하게 공격하는 설전을 이어갔고 긴장은 다시 고조되었다. 양국 사이에 심각하고 오래가는 무역 전쟁이 발발할 가능성도 한층 높아졌다.

그러나 다행히도 트럼프 대통령과 시진핑 주석은 2019년 6월 말 일본 오사카에서 열린 G20 정상회담 때 다시 만났다. 그 자리에서 두 사람은 다시 회담의 불씨를 살렸고 이 회담은 장차 희망적인 결과를 내놓을 것으로 기대된다.

무역과 관련된 이상의 여러 논의들은 내가 여태껏 경험했던 그 어떤 협상보다 복잡하고 어려웠다. 그 결과가 어떨지는 오로지 시간만이 알고 있을 것이다.

23

당신 개인의 문제 혹은 필요보다
더 크고 위대한 것에 믿음을 가지라.
그것은 당신의 회사, 조국 아니면
어떤 봉사에 대한 의무일 수도 있다.
분명한 것은 당신이 가진 믿음이나
가치관 때문에 씨름하는 과제 또는 시련은
성공 여부에 상관없이
그 자체로 충분히 가치가 있다는 사실이다.

제5장

선순환을 만들어라

> ## 규모는 강력한 우위의
> ## 원천이다

피트와 내가 블랙스톤을 설립할 때는 대체자산 운용사들이 기관투자자들의 투자 전략에 없어서는 안 되는 존재라고 믿었다. 그러나 우리는 투자 활동을 보완할 목적으로 투자자문회사도 만들었다. 그랬기에 시장 주기의 등락 속에서도 크게 흔들리지 않고 버텨나갈 수 있었다.

우리는 회사의 문화와 조직을 장기적인 관점을 가지고 설계했다. 블랙스톤이 여느 금융회사들처럼 사라지지 않고 존속되는 회사가 되길 바랐기 때문이다. 투자 성과가 좋으면 투자자들은 그만큼 더 많은 돈을 우리에게 맡기기 마련이었다. 또 더 많은 자금을 운용하면 혁신도 더 많이 수행할 수 있었다. 즉 규모가 더 큰 거래를 할 수 있고 새로운 사업부들을 구축할 수 있으며 이 모든 일을 수행할 유능한 인재를 끌어들일 수 있었다.

우리의 성장은 몇 가지 중요한 결과를 낳았다. 첫째, 그 누구도 하지 못했던 거대한 규모의 거래를 성사시켰다. 특정한 규모를 넘어서는 거대한 거래는 오로지 우리만이 할 수 있었다. 2015년 GE는 금융 계열사인 GE캐피탈을 단계적으로 축소하겠다는 결정을 내렸다. GE캐피탈은 오랜 기간 중요한 수익 원천이었지만 금융위기를 거치면서 애물단지로 전락하고 말았다. GE는 금융 부문에서는 발을 빼고 핵심 사업들에 집중하려고 했다. 그렇게 하려면 우선 여태까지 모회사가 성공하고 성장하는 데 결정적으로 중요한 역할을 했던 회사의 매각을 진지하게 고려하고 있다는 신호를 시장에 보낼 필요가 있었다.

GE는 부동산 포트폴리오를 매각하는 것부터 시작하기로 했다. 이 포트폴리오에는 미국 내 26건과 14개국(주로 프랑스와 영국과 스페인)에 흩어져 있는 229건, 모기지 사업부가 가지고 있는 대부분의 부동산이 포함되어 있었다. 나는 이 거래를 신속하고 깨끗하게 완료한 다음에 GE캐피탈의 나머지 자산에 대한 입찰자들을 찾는 훨씬 더 중요한 일로 넘어가고 싶었다. GE 측에서는 단 한 차례 전화를 걸었다.

그토록 짧은 시간 안에 GE캐피탈의 부동산 포트폴리오 같은 복잡한 포트폴리오를 분석한다는 건 엄청나게 힘든 일이었다. 그러나 우리는 끝내 해냈고 그들이 원하는 가격을 제시했다. 단 한 차례로 해치운 그 거래의 규모는 무려 230억 달러나 되었다. 각각의 부동산 자산을 하나씩 놓고 다른 입찰자들과 경쟁해가면서 부동산들을 모두 매수했을 때에 비하면 훨씬 낮은 가격에 부동산 포트폴리오를 통째로 소유할 수 있는 기회였다. 거래를 이런 식으로 바라보고 실행함으로써 우리는 금융위기에서 벗어나 강력하게 부상하는 회사만 누릴 수 있는 예상치 못한 이득을 챙겼다.

주식시장에서는 규모가 큰 거래가 때로 투자 성과에는 마이너스 효과를 부르기도 한다. 만일 당신이 S&P 500[37] 종목을 100만 달러어치 사려고 한다면 가격을 바꾸지 않고 살 수 있다. 그런데 10억 달러 상당의 주식을 사려고 한다면 시장은 원하는 종목들의 구매를 완료하기 전에 가격을 올릴 것이다.

그런데 세상에서는 그와 반대 현상도 일어난다는 것을 우리는 발견했다. 즉 우리의 펀드 규모가 커지고 경쟁자들이 힘들어 할수록 우리의 규모는 중요하고도 강력한 우위의 원천이 된다. 팔려는 쪽이나 사려는 쪽 모두 우리와만 거래하려 한다는 사실을 알았다. 우리는 이제 다른 사모펀드 회사들과 경쟁해야 하는 경매 방식에서 벗어나 팔려는 쪽과 사려는 쪽의 가치에 더 구체적으로 초점을 맞추고, 경쟁 입찰자들은 덜 신경 쓸 수 있게 됐다.

---

37 신용평가회사 스탠더드 앤드 푸어스Standard & Poors가 선정한 주식시장의 대표적인 500개 종목으로 구성된 지수.

톰슨로이터와 협력해
대박을 터트리다

톰슨로이터Thomson Reuters는 2007년 캐나다의 미디어 대기업 톰슨이 뉴스 제공업체 로이터를 인수해서 만들어진 회사다. 이 회사의 금융 및 리스크 사업부는 은행과 기업들이 금융 상품을 거래할 때 도움이 되는 뉴스, 데이터, 분석 도구들, 여러 서비스들을 팔았다. 그러나 이 사업부는 블룸버그라는 경쟁자와 힘겹게 경쟁해야 했다.

2013년에 우리는 이 회사의 금융 및 리스크 사업부를 매수할 수도 있지 않을까 하는 가능성에 주목했다. 당시 그 거래는 무척 흥미롭긴 했지만 우리에게 딱 맞는 것은 아니었다. 그러다 2016년에 다시 이 거래가 우리의 레이더에 포착되었다. 사모펀드 사업부의 파트너인 마틴 브랜드Martin Brand는 아직 금융계에서 신참이었을 때 외환 파생상품들을 거래했었다. 그는 톰슨로이터의 서비스를 이용했는데 이 회사를 인수할 수 있다는 가능성이 그를 설레게 했다.

마틴과 그의 팀이 보기에 시장은 톰슨로이터의 진정한 가치를 제대로 알지 못하고 블룸버그의 아류 정도로만 여기고 있었다. 톰슨로이터는 겉보기에는 수수하지만 실제로는 국채와 외환을 거래하고 기업과 은행, 투자자들에게 금융 데이터를 제공하는 분야에서는 시장을 이끄는 엄청나게 대단한 회사였다. 그렇지만 이 회사에는 개선할 부분이 많았다. 비용이 너무 높았고 관료주의가 팽배했으며 영업과 마케팅은 전반적으로 정비가 필요했다. 또한 이 회사의 특정 부분들은 따로 떼어내 성장시키면 성공할 수도 있었다. 특히 외환 및 파생상품 거래 플랫폼인 트레이드웹Tradeweb이 그랬는데, 우리는 이것이 독자적인 회사로도 충분히 성공할 수 있다고 봤다.

금융 및 리스크 사업부의 관리자들은 (우리가 판단하는 것과 마찬가지로) 자기 사업부가 독립적인 회사가 되면 더 잘 운영될 것이라고 믿었다. 그러나 2007년 당시만 하더라도 톰슨에게 로이터는 중요한 인수 대상이었다. 비록 로이터가 그들이 기대했던 대로 썩 잘 되지는 않았지만, 톰슨로이터와 이사회는 매각을 절실하게 생각하지 않았다. 그 거래가 가능하려면 가격이 적정해야 했고 조건도 매력적이어야만 했다.

양측이 자산 실사 작업을 끝내고 200억 달러 규모의 거래 조건 초안을 정리하기까지는 여섯 달이 걸렸다. 우리는 그 거래를 단독으로 유지했고 공매 절차를 회피했다.

우리의 평판과 규모 덕분에 톰슨로이터의 이사회는 우리를 크게 신뢰했다. 우리는 금융 및 리스크 사업부의 지분 55퍼센트를 갖는 대가로 현재 가격의 85퍼센트를 지급하겠다는 제안을 하기로 결정했다. 톰슨로이터로서는 회사 전체의 가치에 육박하는 현금을 챙기면서도 절반에 가까운 회사 지분을 여전히 소유함으로써 미래의 성장에 따른 보상을 받을 수 있었고, 우리와 공동 투자자들인 캐나다국민연금투자위원회Canada Pension Plan Investment Board와 싱가포르의 국부펀드인 GIC가 새로운 최대 주주가 되며 회사의 운영권은 블랙스톤이 갖는 조건이었다. 이런 거래 조건은 전격적인 매각이 아니라 일종의 전략적인 동업이었고, 따라서 주주 투표를 하지 않아도 되었다.

톰슨로이터 이사회는 이 제안을 마음에 들어 했다. 다만 우리에게 숙제 하나를 내주었다. 로이터뉴스Reuters News와 관련된 까다로운 문제를 해결해야 한다는 것이었다. 로이터뉴스는 로이터 사업부에서도 뉴스를 수집하는 저널리즘 관련 심장부였다. 그런데 제2차 세계대전이 진행되고 있던 1941년에 로이터는 외부의 압력이나 선전에 흔들리지 않고 저널리즘의 독립성을 지키자는 취지에서 기자들이 취재 과정에서 지켜야 하는 '신뢰의 원칙'Trust Principles 초안을 작성했다. 다섯 개로 이뤄진 그 원칙의 첫 번째는 '로이터가 어느 한 곳의 이익이나 집단이나 분파의 소유가 되는 일은 없어야 한다'였다.

그런데 로이터가 주식시장에 상장되었던 1984년에 신뢰의 원칙을 지킨다는 목적 아래 판사들, 외교관들, 정치인들, 언론인들, 사업가들로 구성된 특별이사회가 만들어졌다. 그리고 인수합병이 완료된 톰슨로이터가 이 이사회를 그대로 존치해왔다. 이 원칙이 여전히 로이터뉴스에서 유효한 한, 우리가 인수하고자 하는 금융 및 리스크 사업부의 분리는 그 원칙에 위배되는 것이었다.

우리는 금융 및 리스크 사업부가 향후 30년 동안 로이터 단말기로 뉴스 서비스를 수행하는 조건으로 로이터뉴스에 1년에 3억 달러 넘게 추가로 지급한다는 내용의 합의에 도달했다. 이렇게 되면 로이터뉴스는 앞으로 수십 년 동안 재정적 불안정성에 휘둘릴 일은 없는데, 이는 현대의 미디어 회사에서 찾아보기 어려운 조건이다. 그리고 여기에 대한 보답으로 금융 및 리스크 사업부는 독립적인 운영권을 행사할 수 있게 되었다. 모든 거래가 완료된 뒤에 독립적인 회사로 출범하는 금융 및 리스크 사업부는 리피니티브Refinitiv라는 회사명을 달았다.

마침내 우리는 2018년 초에 거래를 발표했다. 2019년 4월에는 트레이드웹을 독립적인 회사로 나스닥에 상장했다. 그런데 상장 첫날 종가 기준으로 트레이드웹의 시가총액이 80억 달러로 치솟았다. 이는 트레이드웹이 엄청난 가치가 있음을 드러내 보였으며 우리 투자가 얼마나 성공적인지 보여주는 또 하나의 업적이자 증거가 되었다. 우리는 지금도 여전히 리피니티브의 나머지 부분을 소유하고 있고 자산관리의 노력을 기울이고 있다.[38]

❯ 최고의 경지에 오르면 후계를 준비하라

2018년은 블랙스톤이 또 한 차례 커다란 도약의 발판을 마련한 해이기도 했다. 토니 제임스의 은퇴 및 후계자 승계 문제가 매끄럽게 정리된 것이다. 토니가 2002년 블랙스톤에 합류할 때 그는 일흔 살에 가까

---

38 리피니티브는 트레이드웹, 에프엑스올, 매칭플랫폼 등을 운영하는 거대 정보업체로 2019년 9월 말 기준 연간 매출은 60억 달러 이상이며 전 세계 고객은 4만 명이 넘는다.

워지면 물러나겠다고 했다. 2016년에 그는 65세였지만 늘 그랬던 것처럼 블랙스톤의 모든 중요한 일에 관여했으며 회사 안에 새로운 바람을 불러일으켰고 젊은 직원들을 가르치고 이끌었다.

토니가 지금까지 회사에 기여해온 몫은 사실 계산을 할 수 없을 정도다. 그러나 그는 자기가 했던 말을 지키기 위해 승계에 대한 이야기를 하기 시작했다. 나는 회장 겸 CEO로 남고 토니 역시 예전처럼 부회장으로 남겠지만, 블랙스톤의 일상적인 업무를 지휘하고 회사를 운영할 사장 겸 최고운영책임자가 우리에게 필요했던 것이다.

자산운용회사들은 특정한 인물의 개성에 의존하는 정도가 워낙 심해서 최고경영진의 승계 문제가 종종 그 회사의 아킬레스건으로 작용하기도 한다. 한 세대가 너무 오래 자리를 차지하고 있으면 다음 세대는 기다림에 지치고 회사는 성장 동력을 상실한다. 한번 잃어버린 성장 동력을 회복하기란 기존의 성장 동력을 유지하는 것보다 훨씬 더 어렵다. 따라서 조직이 지치지 않고 지속적으로 성장하려면 리더는 자신의 열정과 지성과 경쟁력이 최고에 도달했을 때부터 승계 작업을 준비해야 한다.

2013년부터 토니는 전체 회사의 운영과 관련된 문제를 논의하는 자리에 존 그레이를 참석시키기 시작했다. 존은 시카고에서 성장했으며 그의 아버지는 소규모 자동차 부품업체를 운영했고 어머니는 급식업체를 운영했다. 존은 공립학교에 다녔고 야구에 푹 빠져 살았다. 얼마나 야구를 좋아했던지, 고등학교 시절의 어떤 시즌에는 자기 팀이 1 대 23으로 질 때도 자리에서 움직이지도 않고 지켜봤단다. 그런 경험을 통해 그는 헌신과 겸손 그리고 유머 감각이 얼마나 중요한지 배웠다.

1992년 그는 펜실베이니아 대학교를 졸업하고 블랙스톤에 입사했다. 대학교 때는 영어 학사 학위를 받았고 와튼스쿨에서는 재무 분야 학위를 받았다. 대학 마지막 학년 때 블랙스톤으로부터 합격 통지를 받았으며 낭만주의 시를 가르치던 강의실에서 장차 아내가 될 민디를 만났다. 그 뒤로는 줄곧 우리와 함께 있었다.

중서부 지역의 중산층 가정에서 성장하면서 형성된 그의 가치관과 성격은 신입사원 시절에도 눈에 띌 정도였다. 한번은 우리 회사가 체결했던 어떤 거래와 관련해 함께 일한 법률가들과 중개인들에게 지급해야 할 수수료를 놓고 수석 파트너들 사이에 격렬한 언쟁이 벌어졌는데, 신입사원이었던 그가 불쑥 언쟁에 끼어들어서 이렇게 물었다.

"왜 우리가 그 사람들을 이기겠다고 기를 써야 합니까? 우리는 그 사람들과 함께 일합니다. 앞으로도 계속 그들과 일할 가능성이 지금으로 봐서는 매우 높습니다. 그들에게 보상을 오히려 넉넉하게 해줘야 하는 것 아닙니까?"

월스트리트의 오랜 관행이 그랬다고 해서 앞으로도 계속 그래야 한다는 뜻은 아니라고 했다. 존은 자신의 인간관계와 회사의 평판을 장기적인 관점에서 바라봤다.

그는 부동산 자산만이 가지고 있는 독특한 특성을 무척 좋아했으며 존 슈라이버라는 위대한 멘토의 가르침을 받았다. 그가 2005년에 부동산 사업부 책임자가 되었을 때 이 사업부에서 맡아서 관리하던 자산의 규모는 50억 달러였다. 그런데 그 후 몇 년 동안 (2007년의 에쿼티 오피스 그리고 힐튼과 인비테이션홈즈 등) 일련의 거래를 성공적으로 체결하면서 그는 자산 규모를 한층 더 늘렸다.

2015년에는 뉴욕에 있는 스튜이버선트 타운Stuyvesant Town을 매입했다. 이 건물은 약 10만 평의 주거용 건물이었고 이 건물을 매입하는 데는 채권자들과 세입자들, 뉴욕시와도 복잡한 협상을 거쳐야만 했다. 그 거래는 뉴욕시뿐만 아니라 뉴욕 주정부 차원에서도 중요한 것이었다. 우리는 5,000가구가 싼 주택에 장기적으로 머물 수 있게 하겠다는 조건을 제시함으로써 값싼 주택을 보존하겠다는 뉴욕시의 주택 정책을 지지했다.

존은 평소 어떤 가설이 확실하다고 느끼면 이런 사실에 대한 의사표시를 분명하게 하고 목표를 정한 다음에는 곧바로 그 목표를 향해 있는 힘껏 달려간다. 한 예로 그는 온라인 쇼핑이 활발해지면서 물류창고에 대한 수요가 불붙을 것이라고 확신하고서는 여러 해 동안 노력을 기울여 블랙스톤을 세계에서 두 번째로 물류창고 자산을 많이 보유한 회사로 만들어놓았다.

2018년까지 존의 부동산 팀은 830억 달러를 투자자들에게 돌려주었으며 1,360억 달러의 투자금을 갖고 2,500억 달러 가치의 건물 및 부동산운용사로 성장시켰다. 지금 부동산 사업부는 블랙스톤에서 가장 규모가 큰 사업부다. 존은 손해를 전혀 보지 않으면서 예외적일 정도로 훌륭한 성과를 거두는 투자자였는데, 이런 점이 그가 회사 안에서 성장하는 토대였다. 그러나 이런 사실은 우리 회사의 운영을 그에게 맡기기로 결정한 이유의 작은 부분에 지나지 않는다.

존은 블랙스톤의 경영위원회 위원으로 오랜 세월 활동했다. 그래서 나는 회사의 여러 복잡한 쟁점들을 두고 그가 어떻게 생각하고 판단하는지 지켜볼 수 있었다. 존은 정서적으로 안정되어 있었고 새로운 사실들을 알려고 열심이었다. 또 자신이 내리는 판단에 확신을 가졌다. 경기가 후퇴했을 때는 나를 찾아와서 힐튼의 지분에 보다 더 많이 투자하자고 제안했다. 불경기의 폭과 깊이를 고려할 때 추가로 8억 달러를 투입하는 게 그로서는 지나치게 소심하게 비쳤던 것이다. 그는 장기적인 관점에서 거래 및 회사를 보호하려고 했다.

나는 이미 투입된 자금의 규모를 보고 충분히 많이 투자를 했다고 봤다. 곧 여행 시장이 회복될 것이고, 그러면 빚을 갚아나갈 현금도 충분할 터였다. 더 많은 지분에 투자를 하면 우리의 투자수익률이 내려갈 테니 추가 투자가 필요하지 않다고 생각했다. 비록 우리는 의견이 달랐지만 그가 제안한 대로 실행했다. 나는 여러 이해관계들의 틈바구니 속에서 균형을 잡아나가는 그의 모습을 높이 평가했다. 이런 덕목이야말로 가장 높은 자리에 앉을 사람에게 필요한 것이다.

수많은 위기를 돌파해나가는 그를 지켜보면서, 맞닥뜨린 시련의 과제가 어려울수록 그는 오히려 차분해진다는 사실을 알았다. 그는 모든 사람이 '네'라고 할 때 '아니요'라고 말하는 사람이며 사람들이 공포에 질려 있을 때 투자를 할 수 있는 사람이었다. 그는 무거운 압박을 받으면서도 의연하게 실천했다. 날마다 아파트에서 회사까지 걸어서 출근했으며 시장 상황이 어려울 때에도 늘 팀원들의 사기를 높은 수준으로 유지했다. 그는 성실했고 겸손했다. 그가 이처럼 매력적이었기 때문에 경쟁과 압박으로 늘 긴장할 수밖에 없는 우리 업계에서도 모든 이들의 사랑과 존경을 받았다.

존 그레이를 토니의 후계자로 삼기로 결정한 다음에 우리는 제각기 다른 사업 분야들과 관련된 전략적 쟁점들부터 시작해서 보상이나 인사 문제와 관련된 쟁점들에 이르기까지 회사의 가장 민감한 부분을 논의하는 자리에 그를 동참시키기 시작했다. 존은 토니의 옆자리에 앉아 회사의 직원 한 명 한 명이 봉급으로 얼마를 받는지, 왜 그렇게 받아야 하는지 보고 익혔다. 존은 토니의 지도를 받으면서 회사를 관리하려면 어떻게 해야 하는지, 회사가 보유하고 있는 인적 자산 및 지적 자산을 미래의 여러 기회에 어떻게 배치하고 운용해야 하는지 배웠다.

2018년 2월에 우리는 블랙스톤 지도부 구성에 변화가 생겼다는 사실을 발표했다. 그때까지 존은 1년 동안 토니와 함께 블랙스톤이라는 커다란 배의 키를 함께 잡으며 경험을 쌓았다. 토니는 오랜 시간 질질 끌어왔던 조직의 온갖 쟁점들을 그동안 자기 손으로 말끔하게 정리하고 모든 것이 깨끗한 상태에서 존이 사장 겸 최고운영책임자로 출발할 수 있도록 해주었다. 우리는 존이 토니를 이어받는 승계가 세상에서 가장 자연스러운 일이라는 인식을 이미 오래전에 심어두었다. 온갖 암시와 무언의 공감이 있었기에 여기에 대해서는 아무도 불만을 품거나 불평하지 않았다. 그 승계는 유기적이고도 필연적으로 받아들여졌는데, 이런 일은 우리 업계에서는 매우 드문 것이다.

어떤 조직에서 새로운 리더가 임명되면 여기에 따라 많은 사람이 자리를 바꾸기 마련이다. 블랙스톤의 기업 문화를 전승하는 상속자는 존

한 사람뿐만이 아니었다. 존은 그런 역할을 하도록 성장한 회사 내 젊은 세대들 가운데 한 명일 뿐이었다. 여러 해 전에도 사모펀드 사업부를 이끌어갈 새로운 수장이 필요했을 때 우리는 파트너들에게 누가 적임자일지 물었다. 대부분은 자기가 적임자라고 했지만 두 번째 선택지로는 거의 모든 사람이 조 바라타를 꼽았다.

조가 블랙스톤에 입사한 것은 1997년이었지만 내 눈에 확실하게 도장을 찍은 것은 2004년이었다. 런던에 출장 가 있을 때 그가 면담 요청을 했다. 그때 나는 그가 파트너가 되길 원한다는 사실을 알았다. 그의 사무실로 찾아갔는데 사무실이 얼마나 작았던지 방문객이 자기가 앉은 의자를 조금만 뒤로 밀어도 벽에 닿을 정도였다. 그때 그의 나이는 서른네 살이었고 나는 그가 승진을 하기에는 너무 이르다고 생각했다. 그랬지만 어쨌거나 그의 말을 들어보기로 했다. 그는 자기가 했던 여러 건의 거래들을 설명했고 자기가 수행한 일의 양과 다른 동료들이 수행한 일의 양을 비교했다. 그러면서 이렇게 말했다.

"전 회사를 사랑합니다. 잘 아시겠지만, 저는 아무것도 없는 상태에서 우리 사업부를 이렇게 키워왔습니다."

애초에 그의 사무실을 찾아갔을 때 그를 승진시키겠다는 마음은 조금도 없었다. 나이가 많은 직원들 사이에서 반발이 일어날 게 분명했기 때문이다. 그렇지만 면담 요청을 매정하게 뿌리칠 수 없어 그의 사무실까지 간 것이다. 그러나 그가 객관적이고 명쾌하게, 열정을 다해서 하는 말을 듣자 마음이 흔들리기 시작했다. 그는 자기가 파트너로 승진하는 것이 얼마나 당연한 일인지 설명하면서 나를 설득했다.

그가 하는 말을 듣고 있자니 리먼브라더스 시절 내가 힘들어 했던 일이 떠올랐다. 그때 나는 당연히 파트너로 승진했어야 했지만 승진은 1년 연기되었다. 승진 탈락의 쓰라린 마음이 어떤 것인지, 그 시점의 내 경력에서 파트너라는 위치가 얼마나 중요했는지 생생하게 떠올랐다. 아닌 게 아니라 블랙스톤을 창업할 때 우리가 만드는 회사는 반드시 달라져야 한다고 다짐했다. 재능이 있는 인재는 재능을 마음껏 꽃피울 수 있도록 하겠다고 굳게 마음먹었다.

조는 결국 나를 설득했다. 이후 그가 체결했던 거래들은 우리의 모든 사모펀드의 핵심 중의 핵심으로 기여했다. 조는 캘리포니아에서 아버지가 소규모 체육관 체인 사업을 창업하고 관리하는 걸 지켜보면서 성장했다. 그랬기 때문에 우리가 인수한 회사들에서 관리자로 일하는 사람들에게 거의 본능적일 정도로 공감을 잘했다. 또한 그는 우리 회사에 투자하는 전문 투자자들로부터도 신뢰를 쌓았고, 냉혹하기 짝이 없는 경쟁자들로부터도 존중을 받았다. 회사에서도 직위가 높은 사람에서 낮은 사람에 이르기까지 누구나 조언이 필요할 때면 달려가는 스승이자 멘토와 같은 존재였다.

조가 좁은 사무실에서 자기 마음속에 있던 말을 내게 털어놓은 지 15년이 되던 해인 2019년에 그는 세계 최대 규모의 사모펀드를 조성했다. '블랙스톤 캐피털 파트너스 Ⅷ'라는 사모펀드인데 투자 약정액은 260억 달러로 업계의 기록을 갱신했다. 이 규모는 피트와 내가 1987년 발바닥에 불이 나도록 뛰어다니면서 투자금을 모았던 블랙스톤 1호 펀드에 비하면 30배가 넘는다. 조와 우리의 환상적인 팀이 모든 것을 알아서 잘 처리했기 때문에 나는 단 한 차례도 투자자들 앞에서 투자 설명을 할 필요가 없었다. 블랙스톤 캐피털 파트너스 Ⅷ의 성공은 정말 자랑스러운 순간이었다.

❯ 개방성이 조직 전체에 퍼지게 하라

존이 승진하면서 우리는 켄 캐플런Ken Caplan과 캐슬린 매카시Kathleen McCarthy를 각각 투자 결정과 펀드 조성 및 운영이라는 임무를 맡겨 글로벌 부동산 사업부를 운영하게 했다. 켄은 1997년부터 존과 함께 우리의 최대 부동산 거래 작업들을 수행했다. 캐슬린은 골드만삭스에 있다가 2010년에 블랙스톤에 합류했으며, 이후 지금까지 아무리 어려운 과제라도 언제든지 떠맡을 준비가 되어 있는 관리자이자 동료임을 입증해왔다.

블랙스톤에서 고위관리자로 승진하는 사람이 있을 때마다 나는 개인적으로 축하를 해주며 당사자들이 새로 짊어진 책임을 놓고 대화를 나누고는 한다. 캐슬린과도 승진을 축하하며 대화를 나누었는데, 그녀는 블랙스톤에서 기업가정신을 어떻게 계속 유지해갈 것인지 물었다. 나는 멋진 인재를 계속 발견하고 동시에 그들에게 최고가 될 수 있는 기회를 주는 것이 관건이라고 대답했다. 블랙스톤은 일을 더 잘하기 위해 모든 것을 새로운 발상으로 새롭게 접근함으로써 경쟁우위를 지켜나간다고 말이다.

우리는 존이 토니를 승계한 일과 관련해서 직원들이 느끼는 감정에 대해서도 얘기를 나누었다. 회사 내에서 승진이 있을 때는 고려해야 할 감정들이 많이 있다. 승진한 사람들은 자부심을 갖기도 하지만 동시에 새로 짊어져야 할 역할에 부담을 갖기도 한다. 어떤 사람은 자기가 승진할 수 있었는데 못 했다고 생각할 수도 있다. 새로운 상사를 만나 좋아하는 사람도 있지만, 갑작스러운 변화에 당황하고 불안한 모습을 보이는 사람도 있다. 이런 여러 감정에 따른 영향은 여러 가지 이례적인 방식으로 또 이상한 시간대에 나타나기도 한다. 이런 영향을 간파하고 이해하며 관리하는 것이야말로 리더가 반드시 해야 하는 일이다. 이것은 오로지 경험을 통해서만 배울 수 있는 경영 관련 교훈이다.

내가 승진한 사람들에게 반드시 상기시키는 메시지가 있다. 바로 해마다 블랙스톤의 신입사원들에게 그들의 첫 근무일에 주는 메시지에 들어 있는 상급자의 역할에 대한 내용이다.

"당신은 회사에서 혼자가 아닙니다. 그러니 세상의 무게를 다 짊어지지 않아도 됩니다. 블랙스톤에서 어렵고 힘든 의사결정은 모두 이미 누군가 내려왔습니다. 당신에게 새롭게 보이는 것일지라도 조직 내에서는 새로운 것이 아닙니다. 모르면 물어보세요. 우리는 하나의 팀으로서 의사결정을 내리며, 그에 따른 책임도 팀이 집니다."

이 원칙은 대부분의 일반 직원에게 적용되지만 아무리 규모가 큰 사업부를 이끌어나가는 리더라고 해도 똑같이 적용된다.

마지막으로 나는 캐슬린에게 본인이 일을 잘했기 때문에 승진했다는 사실을 상기시켰다. 그녀가 한 인간으로서나 자기 분야의 전문가로서 성공할 수 있는 재능이 있다는 건 우리 모두가 다 알았다. 그녀도 나를 믿었다. 당신이 직원들을 얼마나 높이 인정하는지 잘 알도록 하는 것, 그들이 자부심을 가지게 하는 것은 정말 중요하다. 이런 자신감이야말로 위대한 성과를 올릴 수 있는 토대다.

좋은 관리자가 되려면 마음이 열려 있어야 하고, 좋은 것이든 나쁜 것이든 가리지 않고 모든 것에 솔직해야 한다. 블랙스톤에서 우리가 다음 기수의 파트너를 어떤 사람들로 할 것인지 고민할 때 나는 모든 후보자와 면담을 하면서 그들이 지금까지 성취한 업적에 대해 이야기한다. 거기에 대해서 각자 어떻게 느끼는지 이야기하며 서로에게 궁금한 사항들을 묻는다. 그리고 결정이 내려지고 나면 파트너로 임명된 사람과 탈락한 사람 모두에게 전화해서 그가 갖고 있는 능력과 잠재력, 우리가 블랙스톤에서 함께 만들어나갈 수 있다고 생각하는 것들에 대해 나의 느낌을 솔직하게 말한다. 이런 개방성이 블랙스톤의 응집력을 한층 강화한다. 이렇게 하지 않고 회사를 만들고 키워나가는 것을 나는 상상도 할 수 없다.

2018년 우리는 GSO 캐피털 파트너스와 BAAM이라는 블랙스톤 헤지펀드 자회사의 대표직도 변화를 줬다. 드와이트 스콧Dwight Scott이 GSO의 수장으로 임명되었고 존 매코믹John McCormick이 BAAM의 수장으로 임명되어 각 사업부의 성장을 지휘하게 되었다. 지금은 이

사회를 구성하고 있는 인물들도 중요한 사업부를 책임지고 있는 젊은 이사들로 인상적인 성과를 쌓아온 이들이 장차 수십 년 동안 블랙스톤의 위대한 업적을 쌓아나갈 것이다.

❯ 최고의 자리는 최고의 사람들이 만든다

지금까지 우리는 블랙스톤을 업계 최고의 회사로 만들기 위해, 우리의 예외적인 성과가 법을 어긴다거나 평판에 먹칠을 하지 않도록 노력해 왔다. 다행히도 우리는 오랜 세월 우리의 힘이 되어주었던 법률회사인 심슨 대처 앤드 바틀렛에 있던 존 핀리John Finley를 영입해 전반적인 법률 자문을 받고 있다. 그는 우리의 일상적인 의사결정에 깊이 관여하고 있으며 무엇보다도 중요한 법률적인 기술, 즉 위대한 판단의 기술을 갖고 있다.

마이클 채Michael Chae[39]는 사회생활을 시작한 초기에 블랙스톤에 입사했다. 그는 최고의 사모펀트 파트너들 중 한 명으로 아시아를 책임지고 있다가 블랙스톤의 최고재무책임자가 되었다. 재무 분야에 정통한

———— **39** 미국에서 태어났으며, 그의 한국인 부모는 1950년대에 미국으로 이민을 갔다.

그 덕분에 우리는 강력한 재무 계획 및 통제력을 가질 수 있었다. 또한 닐슨홀딩스Nielsen Holdings의 CEO였으며 GE의 부회장이었던 데이비드 캘훈David Calhoun을 영입해서 우리의 포트폴리오 운영 그룹을 이끌어 우리가 소유한 기업들이 가치를 창출하게 하는 일을 맡겼다.

모든 상장회사는 회사의 가치가 주가에 건전하게 반영될 수 있도록 해야 한다. 따라서 회사 내부 활동뿐만 아니라 외부 활동도 소홀히 할 수 없다. 이를 고려해 토니가 주주들과의 관계를 매끄럽게 하는 일을 맡아줄 사람으로 DLJ의 파트너였던 조앤 솔로타Joan Solotar를 영입했다. 조앤은 개인투자자들을 위한 사업 부문을 이끌어가는 책임도 맡아서 수행하고 있다.

마지막으로 크리스틴 앤더슨Christine Anderson은 회사의 대외 관계, 브랜드 관리, 마케팅, 조직 내부의 소통을 전반적으로 감독한다. 그녀는 회사의 입장을 밝히는 대변인으로서 언론이나 대중이 우리가 하는 일, 우리의 목표와 지향, 우리가 사회에 기여하는 내용 등을 온전하게 이해하도록 하는 일을 맡고 있다.

블랙스톤 경영위원회의 구성원들의 평균 근속 연수는 18년이며 고위경영진의 평균 재임 기간은 10년이다. 금융업계에서 이처럼 장기적으로 한 회사에, 한 직무에 오래 머무는 일은 드물다. 오랜 기간 지도부에 몸담아온 이들은 지금의 블랙스톤을 튼튼하게 쌓아올렸을 뿐만 아니라 앞으로도 가장 믿음직한 수호자로 남아줄 것이다.

24

아무리 똑똑한 사람이라 해도
모든 문제를 혼자 해결할 순 없다.
그러나 여러 명의 똑똑한 사람들이
머리를 맞대고 열린 논의를 하면
어떤 문제든 다 해결할 수 있다.

제6장

탁월함을 추구하는 사람들과 함께하라

다음 세대를 위한 혁신에 투자하라

예일 대학교에서의 경험이 없었더라면 내 인생은 지금처럼 풀리지 않았을 것이다. 내 인생에서 가장 중요했던 기관 중 하나로 꼽을 수 있는 이 학교에 무엇으로 보답할지 고민하면서 오랫동안 예일 대학교의 전·현직 총장들과 가깝게 지내왔다.

처음에는 1997년에 릭 레빈 총장과 커먼스 식당 건물을 개보수하는 일을 상의했다. 커먼스는 교정 한가운데 자리를 잡고 있는 휑뎅그렁한 벽돌 건물이었고 1학년 때는 날마다 거기서 식사를 했다. 그곳의 축축하고 차가운 공기, 수백 명이 한꺼번에 식사를 하면서 나누는 말소리, 식판과 포크가 부딪는 금속성 소리가 거대한 공간에서 울려 퍼지는 소리. 이 모든 것을 나는 지금도 선명하게 기억하고 있다.

2014년 레빈의 후임인 피터 샐러베이 총장은 대학 생활에서 보다 강력한 중심지가 될 뭔가가 긴급하게 필요하다고 말했다. 학생들의 생활이 원자화되고 있으며 특히 남학생들 사이에서 음주 및 그에 따른 일탈 행동들이 점점 더 심각해지고 있다고 했다. 학생 자치기관 세 곳에서 '교정 전체를 아울러 학부생들과 대학원생들, 전문대학원 학생들 사이에 다리를 놓아주는 … 대학교 안에서 활발하고 의미가 있으며 포괄적인 사회적인 교류를 촉진하는 어떤 센터'가 필요하다는 의견이 들어왔다고 했다.

나는 커먼스가 단순한 식당이 아니라 그 이상의 의미를 가진 공간이 될 수 있지 않을까 하는 생각은 늘 했었다. 이 건물은 예일 대학교의 심장부에 자리하고 있었기 때문이다.

'이 공간에 학생들이 뭐든 할 수 있는 공간과 온갖 모임방들을 마련해두고 거의 24시간 가깝게 개방한다면 어떻게 될까? 나아가 이 건물의 시설들을 현대화하고 학생들이 학교 밖이 아닌 안에서 공연예술을 즐기며 교류할 수 있다면 어떻게 될까?'

내가 대학생이었던 그 시절에 그런 건물이 있었다면 그 공간을 정말 좋아했을 것이다.

커먼스를 개보수하면서 나는 이를 계기로 예일 대학교 교정이 남녀 혼성의 자치회와 문화공연예술센터의 새로운 모델로 탈바꿈하길 기대했다. 2020년에 이 공간이 문을 열면 예일 대학교의 슈워츠먼 센터는 대학교 생활 및 예일 대학교에서의 학생 활동 기준을 완전히 바꿔놓을 것이다. 최첨단 시설을 갖춘 공연장 다섯 곳이 있는 이 시설로 예일 대학교의 학생들은 과거 캠퍼스에서 절대로 할 수 없었던 다양한 영역의 문화 활동들을 접할 것이고, 이런 풍부한 경험을 통해 새로운 발상과 창의적인 가능성을 펼칠 수 있을 것이다.

커먼스 건물을 새로 단장하면서 알게 된 교훈이 하나 있다. 아무리 유서가 깊고 오래된 기관이라고 하더라도 시대가 바뀌면서 교육이 할 수 있는 것, 교육의 바람직한 모습을 새롭게 바라보는 시각에서 뭔가 유익한 도움을 받을 수 있다는 것이다. MIT의 17대 총장인 라파엘 리프Rafael Rief를 만난 것은 행운이었다. 나는 슈워츠먼 장학재단을 설립하려고 이리저리 바쁘게 뛰어다니던 2016년 다보스포럼에서 그를 처음 만났다.

"MIT에 대해서는 아는 게 별로 없습니다."

나는 그렇게 말했다. 블랙스톤 설립 직후 MIT에 투자금을 모으려고 갔었던 때를 기준으로 보면 30년이나 지났다. 그때 학교 연기금 운용팀 관계자가 우리에게 바람을 맞혔고 그 뒤로는 그곳을 찾아갈 이유가 단 한 번도 없었다.

"그럴 수밖에 없을 겁니다. 우리는 레이더를 피해 그 아래로 날아다니는 걸 좋아하거든요."

"그렇군요. 전 레이더 위로 다니는 걸 좋아합니다."

그런 차이에도 불구하고 우리는 친구가 되었다. 라파엘은 베네수엘라에서 태어났으며 전기공학 박사 학위를 스탠퍼드 대학교에서 받았고 이후 대부분을 MIT에서 보냈다. 그는 다양한 분야에 걸쳐 폭넓은 지식을 가지고 있으며 천성적으로 타고난 리더였다. 첫 만남 이후로 우리는 많은 대화를 나누었는데, 기술과 경제와 정치뿐 아니라 인류가 지금 어디로 나아가고 있는지까지 그의 심오한 통찰에 나는 완전히 사로잡히고 말았다. 인공지능과 첨단기술 분야의 발전이 인류와 미국의 경쟁력에 미치는 의미가 얼마나 큰지 주장하는 그의 긴급한 어조에 나는 깜짝 놀랐다.

우리는 중국의 강력한 대두에 대해서도 이야기를 나누었고, 연구 분야에서 위대한 위치를 차지하고 있는 미국의 여러 대학들이 수행해온 역할, 즉 경제 발전과 국가 안보에 결정적으로 중요한 혁신을 지속적으로 이끌어온 역할에 대해서도 이야기를 나누었다. MIT는 1861년에 설립되었는데, 그때 이후로 MIT의 교수진과 연구진, 졸업생들은 노벨상을 93회나 받았으며 컴퓨터공학 분야에 기여한 사람에게 주는 튜링상Turing Award도 스물다섯 차례나 받았다. 그들은 오랜 세월 동안 미사일 방어 체계에서 인간 게놈 분석에 이르는 과학 혁신의 모든 분야에서 글로벌 리더로 군림해왔던 것이다. MIT를 둘러싸고 빽빽하게 자리를 잡은 공·사립 연구소, 신생 기업, 기업의 연구소는 세계에서 가장 혁신적인 장소들이다.

그러나 라파엘은 MIT 학생의 40퍼센트가 컴퓨터공학을 전공하지만 MIT 교수 중 컴퓨터공학을 전공하는 교수의 비율은 7퍼센트밖에 되지 않는다고 했다. 미국 내 다른 대학교 사정들은 이와 같거나 더 나쁘다고 했다. 컴퓨터공학에 더 많은 투자가 절실하다는 것은 모두가 알지만 과감하게 투자하겠다는 사람은 거의 찾아볼 수 없다고 했다. 과학, 기술, 공학, 수학 분야에서의 미국 인재 풀은 매우 훌륭한 편이지만 이들이 가지고 있는 잠재력을 극대화할 자원은 적절하게 마련되어 있지 않다는 게 문제라고 그는 지적했다.

나는 미국이 강한 경쟁력을 갖추려면 수요와 공급의 불균형을 바로 잡는 기본적인 문제부터 해결해야 하는 것 아니냐고 라파엘에게 말했다. MIT에서 컴퓨터공학을 내용적으로나 형식적으로 강화해야 한다는 그의 제안은 실용적이긴 했지만 충격적이지는 않았다. 그래서 나는 더 크게 생각해보라고 했다.

한 달 뒤 우리는 다시 만났다. 그는 MIT가 새로운 단과대학을 만들기로 했다고 말했다. 1951년 이후로 처음 있는 일이었다. 그의 말에 따르면 이 단과대학은 인공지능과 컴퓨터공학 연구에 집중하는 한편 MIT 내의 다른 대학들과도 연계할 것이라고 했다. MIT는 절반은 컴퓨터공학 전공이고 절반은 다른 대학들과 연계를 가지는 분야로 50개의 새로운 교수직을 만듦으로써 컴퓨터과학자의 수를 두 배로 늘릴 것이라고 했다. MIT에 신설되는 대학은 모든 교수와 연구자와 학생들이(전공이 공학이든 도시학이든 정치학이든 철학이든 상관없이) 인공지능 언어를 배우고 실행하고 말하는 방법을 배우게 된다. 바로 이들이 인공지능과 자신의 전공 두 영역에 모두 능통한, 이른바 '미래의 이중언어 사용자'bilinguals of the future가 될 것이라고 라파엘은 말했다.

혁신이 이 대학의 유일한 목표는 아니었다. 미래에 인공지능 및 컴퓨터 기술들의 발전과 응용을 담당할 학생들을 교육하고 새로운 교육 과정과 연구 기회들을 제공할 계획이다. 아울러 기업계, 정부, 학계, 언론계의 국가적인 지도자들이 인공지능과 기계학습 발전에 동반될 결과

를 연구하고 인공지능과 관련된 윤리 문제에 대한 정책들을 만들어나
갈 다양한 포럼들을 마련할 계획도 가지고 있다. 이렇게 함으로써 미래
의 획기적인 기술들이 더 큰 공익을 충실하게 보완해나갈 수 있는 구
조를 만들 수 있다.

이런 변화들은 MIT를 세계 최초의 인공지능 기반 대학으로 바꿔놓
을 것이다. 다른 대학교들도 여기에 자극을 받아 이 분야에 투자를 늘
릴 전략을 마련할 것이다. 더 많은 대학들이 이 분야의 연구와 조사에
투자할수록, 미국은 기술 혁신과 노하우의 최첨단 지위를 보다 확실히
지키고 미래의 기술자들을 잘 훈련시키며 미국인의 이해와 복지를 더
확실하게 보장할 것이다.

라파엘은 대학 설립에 들어가는 예산을 11억 달러로 잡았다. 어마어
마한 규모이긴 하지만 우리가 품은 야망을 생각하면 적절한 금액이었
다. 나는 상당한 금액의 기부를 약속했고(이 기부는 지금까지 내가 한 기
부 중 가장 큰 금액이다. 슈워츠먼 장학재단을 설립하기 위해 내가 내놓은 돈
의 세 배가 넘는 금액이다) MIT 측에서도 여기에 걸맞은 금액을 내놓으
라고 요구했다. 이렇게 해서 우리는 2018년 10월 15일에 MIT에 단
과대학을 설립할 것이라는 사실을 세상에 발표했다. 이 대학의 이름
은 MIT 슈워츠먼 컴퓨터 전문대학MIT Stephen A. Schwarzman College of
Computing이다.

MIT의 이 계획은 곧 미국 전역과 세계에 반향을 불러일으켰다. 내
가 개인적으로 연락받은 반응만 해도 엄청났는데, 이것을 보고 나는 우
리의 실천이 옳고 시의적절함을 확신했다. 모든 분야의 사람들이 힘을

보태겠다고 팔을 걷고 나섰다. 이들은 인공지능과 미국의 경쟁력이라는 화두를 늘 머릿속에 담아두고 있긴 했지만 무엇이 가능할지, 무엇을 어떻게 해야 할지 확신이 서지 않았다고 했다. 대학 총장들은 나를 만나서 자기 대학의 인공지능 활용 여부 및 인공지능과 관련된 윤리적인 쟁점들에 대한 얘기를 나누고 싶어 했다. 나는 심지어 인공지능을 전면에 내세우는 국가적인 차원의 사업을 위한 자금을 마련하는 것과 관련해 논의를 하고 싶다는 요청을 민주당과 공화당 모두로부터 받았다.

구글의 전 CEO이자 알파벳의 현직 회장인 에릭 슈미트는 나의 기부금이 계기가 되어 다른 사람들이 수십억 달러를 컴퓨터공학 분야에 기부하게 되었다며, 우리 시대의 가장 중요한 기부 중 하나로 평가될 것이라고 말했다. 아닌 게 아니라 우리의 발표가 있은 뒤로 다른 대학들에서도 비슷한 움직임이 나타나고 있다. 이런 총체적인 노력들은 인공지능이라는 주제에 대한 논의와 동력, 가시성을 한층 높여주고 있다. 나로서는 지금의 이런 현상이 끝이 아니라 더 거대한 운동의 시작이기를 바라는 마음뿐이다.

한국의 IT 설비업체인 대덕전자의 창업자이자 회장인 김정식도 인공지능 연구 분야의 발전을 위해 모교인 서울대학교에 한화로 500억 원을 기부했다고 전해왔다. 그의 아들인 김영재는 내게 보낸 메일에 이렇게 썼다.

"인공지능과 같은 기술들의 새로운 전환에 대해, 이 기술들이 인류와 사회에 주는 충격에 대해 당신과 의견이 같은 사람들이 지구 반대편에도 있다는 사실을 알면 당신은 깜짝 놀랄지도 모르겠습니다."

옥스퍼드에
1억 5,000만 파운드를 기부하며

라파엘과 함께 MIT에 신설할 대학에 대한 논의를 매듭지어갈 무렵 나는 옥스퍼드 대학교에 기부금을 제공하는 작업도 함께 진행하기 시작했다. 이 기부금은 옥스퍼드 측으로서는 르네상스 이후로 가장 큰 규모라고 했다.

나는 옥스퍼드에서 공부한 적은 없지만 10대 시절에 이곳을 방문한 적이 있다. 먼저 대학의 역사에 놀랐고, 수백 년 역사를 자랑하는 대학 건물들의 황금색 사암砂巖과 초록색의 잔디가 빚어낸 대비에 놀랐다.

옥스퍼드는 1,000년 가까운 세월 동안 서구 문명의 심장이었다. 그래서 옥스퍼드의 부총장 루이스 리처드슨이 현재 캠퍼스 여기저기에 흩어져 있는 모든 인문학 관련 대학들을 단일한 공간 속으로 통합하겠다는 새로운 프로젝트를 들고 왔을 때, 나는 그 제안에 흥미로움을 느낄 수밖에 없었다. 지금 예일 대학교나 MIT에서 하고 있는 일, 즉 단일 학문의 경계선을 넘나드는 연구와 통찰을 장려하는 환경을 조성하고 미래를 대비해 인문 교육과정을 마련하는 것과 비슷한 일을 할 수도 있겠다 싶었다.

루이스와 수많은 대화를 나눈 뒤에 우리는 신설될 슈워츠먼 인문학 센터Schwarzman Centre for the Humanities의 규모와 야망을 더 확대하기로 했다. 이 센터는 옥스퍼드의 최근 200년 역사에서 가장 중요한 위치인 래드클리프 천문대 자리Radcliffe Observatory Quarter에 연구와 전시, 새로운 공연예술센터를 위한 최첨단 시설을 갖춘 건물을 새로 지을 예정이었다. 또한 건물에 방문자들을 위한 새로운 센터들을 포함해서 학습 및 문화 프로그램들을 마련해 지역과 전 세계 공동체에 문을 활짝 여는 데 기여할 예정이다.

옥스퍼드는 지금까지 오랜 세월 동안 인문학 분야에서는 세계 최고의 자리를 지켜왔다. 그러나 과학과 기술 분야의 발전이 가속화되면서 인간 지능을 복제하도록 설계된 기계의 여러 개념들이 도입됨에 따라 인간으로 존재한다는 것이 무엇을 의미하는지, 기술이 어떤 가치관을 반영해야 하는지 같은 새로운 도덕적·철학적·윤리적 의문들이 많이 생겨나고 있다. 인공지능과 기술 분야 발전을 추구하는 운동의 한 부분으로 인공지능의 윤리 문제를 집중적으로 깊이 연구하는 기관이 반드시 필요하다고 판단한 이유다. 서구 문명 자원의 가장 풍성한 원천인 옥스퍼드야말로 인문학 관련 학문들에 대한 연구와 진화, 응용을 선도하며 미래의 가장 중요한 사회적 과제들에 대한 논쟁들을 이끌어가기에 가장 완벽한 기관이다.

우리가 옥스퍼드에 기부하겠다는 발표를 2019년 6월에 했을 때 영국의 정치 환경은 극단적으로 불안정했다. 영국이 유럽연합에서 탈퇴할 것인지 말 것인지 확실한 결과도 나오지 않았으며 보수당의 당대표 선거가 진행되고 있었다. 예측할 수 없는 정치 상황과 일정 속에서 우리의 발표가 얼마나 큰 반향을 불러일으킬지는 미지수였다.

발표 하루 전날 나는 엠바고를 전제로 여러 시간에 걸쳐서 많은 기자들과 차례대로 인터뷰를 진행하면서 기부금을 낸 동기를 설명했다. 그러면서 정부, 언론, 기업 및 모든 조직이 인공지능의 책임성 있는 도입을 뒷받침할 프레임을 개발하는 데 옥스퍼드가 인문학 연구를 활용해 도움을 주는 것이 얼마나 중요한지 강조했다. 계속되는 인터뷰에 나는 지칠 대로 지쳤다. 그러나 기자들은 모두 우호적이었으며 특히 지금까지 영국에서는 이 정도의 대규모 자선 활동을 찾아볼 수 없었다는 사실에 초점을 맞춰 질문했다.

발표 하루 전날 밤 11시 무렵 나는 우리 팀으로부터 이메일을 받았다. 〈파이낸셜 타임스〉가 다음 날 1면 기사를 트위터에 올렸다는 것이다. 링크를 타고 들어갔더니 옥스퍼드의 교정을 배경으로 한 내 얼굴 사진이 나왔고 '1억 5,000만 파운드의 기부금, 옥스퍼드의 기록을 깨다'라는 기사 제목이 보였다. 우리가 할 발표 내용이 그 신문의 인터넷판 1면 상단부에 실려 있었던 것이다.

다음 날에는 그야말로 난리가 났다. 영국의 모든 주요 언론 매체들이 그 소식을 1면과 유명인의 칼럼에 실었다. 나는 BBC, 블룸버그 CNBC, CNN, 폭스 등 여러 주요 방송국들과 텔레비전 인터뷰를 했다. 그날 나는 옥스퍼드에 낸 기부금이 2017~2018년 동안 영국에서 예술 및 문화 분야에 개인 기부자가 낸 기부금의 합계액인 3억 1,000만 파운드의 절반 가까이 된다는 사실을 알았다. 내 기부금을 두고 모든 언론이 그 난리를 칠 만했다. 기부금 금액이 많은 영국인의 관심을 끌면서, 영국에서 교육 및 문화 관련 학과들을 대상으로 한 정부 재정 지원으로서의 기부가 수행할 수 있는 역할에 대한 논의가 촉발되었다.

MIT 때와 마찬가지로 나는 전 세계의 친구들과 지인들로부터 그 기부의 중요성을 인정하고 칭찬하는 격려의 메시지를 받았다. 많은 이들이 그 기부가 가져올 반향과 영국의 미래에 대한 밝은 전망을 얘기했고, 어떤 이들은 기술과 과학 분야에만 많은 투자가 이뤄지는 시대에 인문학을 향한 대중의 재인식에 박수를 보냈다.

나는 옥스퍼드 대학교의 위대한 학자들이 MIT, 칭화 대학교, 예일 대학교, 그 밖의 많은 대학의 학자들과 협력하면서 서로의 지식을 공유하고 여러 학문의 경계를 넘나드는 통섭의 통찰력을 제공할 때 과연 어떤 일이 벌어질지 상상하곤 한다. 요즘처럼 빠르게 바뀌는 세상에서는 기관과 기관이 서로 넘나드는 이런 유형의 협력이야말로 안전과 번영을 가져다주는 미래를 보장받을 수 있는 유일한 대안이다.

교육이야말로 보다 나은 삶을 보장해준다는 믿음을 나는 오래전부터 가지고 있다. 좋은 교육은 누구에게든 더 나은 일이 일어나도록 해줄 수 있는 힘을 가지고 있다. 우리 모두는 우리에게 전승되는 지식을 단순히 보존만 하는 게 아니라 미래 세대에게도 유익하도록 개발할 의무가 있다. 대학 교육, 가톨릭 학교 제도, 필라델피아에 있는 내가 졸업한 고등학교, 육상 선수들에게 내가 기부한 돈이 다음 세대들이(그들이 어떤 사람들이든) 더 높은 목표를 설정하고 탁월함을 추구하며 성과를 쌓아나가는 데 도움이 되기를 소망할 뿐이다.

25

모든 사람은 꿈을 가지고 있다.
사람들이 꿈을 이루는 데
도움이 되는 일이라면
당신이 할 수 있는 범위 안에서
무엇이든 다 하라.

> ## 평생 배우고
> ## 탁월함을 추구하는 사람은
> ## 무한히 성장한다

MIT 캠퍼스를 향해 보스턴에 있는 호텔을 빠져나가는 자동차 안에서 바깥을 바라봤다. 오전 5시 30분. 깜깜한 어둠 속에서도 잔뜩 흐린 겨울 하늘을 배경으로 눈이 내리는 게 보였다. 나는 혼자 슬며시 미소를 지으며 생각했다.

'다행이야. 적어도 비가 오는 건 아니니까.'

라파엘과 나는 30분 뒤인 6시에 CNBC의 경제-기업 분야 토크쇼 프로그램 〈스쿼크 박스〉Squawk Box에 함께 출연해서 인터뷰를 하기로 예정되어 있었다. 그 인터뷰는 사흘에 걸쳐서 진행되던 슈워츠먼 컴퓨터 전문대학 설립 기념행사의 마지막 날 첫 일정이었다. 그날 하루의 모든 일정은 CNBC 방송을 통해 전 세계에 생중계될 예정이었다. 2018년 10월에 기부 발표를 한 뒤로 넉 달이 지났지만 MIT의 새로운 대학 설립에 대한 전 세계의 관심은 식기는커녕 점점 더 뜨겁게 달아오르는 것 같았다.

인터뷰를 마친 뒤 나는 교내의 크레지 강당으로 갔다. 강당에서는 축제 행사가 막 시작되고 있었다. 아내 크리스틴과 아이들 부부까지 모두 MIT의 대학 신설을 축하하려고 달려와 주었다. 30명이 넘는 기술 전문가들과 저명인사들이 짧은 소감을 밝힐 예정이었고 그 대학의 설립으로까지 이어졌던 발상의 폭과 대학이 추구하고자 하는 목표를 함께 짚어볼 패널들도 자리를 잡고 있었다.

매사추세츠 주지사인 찰리 베이커가 책임감 있는 혁신이 사회의 건전성에 얼마나 중요한 요소인지 강조하면서 첫 테이프를 끊었다. 월드와이드웹www의 발명가 팀 버너스 리Tim Berners Lee는 초기 인터넷이 약속했던 장밋빛 유토피아 및 그 뒤를 이은 실망에 대해서 얘기했으며, 전직 국무부 장관인 헨리 키신저는 인공지능이 통제 불능 상태에 놓일 때의 위험을 경고했다. 뒤이어 여러 연사들이 장차 우리에게 나타날 다양하고 심오하며 일상을 파고드는 변화들을 이야기했다.

다른 청중들과 마찬가지로 나는 그들이 펼쳐내는 다양하고도 끝이 없는 지적 호기심에 깜짝 놀랐다. 이 새로운 대학이 MIT와 전 세계를 위해 하고자 하는 것에 거의 모든 과학자들이 감사의 마음을 표현했고 나는 그저 경이로울 뿐이었다. 그 강당에서 보낸 시간 중 장차 다가올 미래에 대한 희망과 손에 잡힐 듯한 역동성으로 떨리지 않았던 시간은 단 1분도 없었다. 놀라운 광경이었고 경험이었다.

그 대단한 날의 마지막을 장식하기 위해 라파엘과 나는 〈스퀴크 박스〉와 〈온 더 머니〉On the Money의 공동 진행자인 레베카(베키) 퀵과 함께 무대로 올랐다. 베키는 미래의 컴퓨터에 대해 우리가 가지고 있는 전망을 주제로 이야기를 이끌었다. 무척 즐겁고 재미있었으며, 거기까지 오는 과정의 뒷이야기와 그 대학이 장차 어떤 일들을 이룰 것인지 이야기할 때는 객석에서 여러 차례 웃음이 터져 나오기도 했다. 아닌 게 아니라 라파엘과 내가 함께 그 자리에 앉아 토크쇼를 한다는 사실 자체가 그 대학이 추구하고자 하는 과제를 완벽하게 반영하는 것이기도 했다. 전문적인 과학자와 과학자가 아닌 사람 둘이 의기투합해서 세상을 좀 더 나은 방향으로 전진시키기 위한 대담한 해법을 찾아냈으니 말이다.

토크쇼가 끝나고 함께 무대에서 내려올 때 라파엘이 내 쪽으로 몸을 살짝 구부리면서 속삭였다.

"와우! MIT에서 30년 가까이 있었지만 저건 오늘 처음 보네요."

"뭘요?"

"기립박수요!"

그랬다. 그때의 그 대우는 1987년에 피트와 내가 처음 MIT에 갔을 때와는 전혀 달랐다.

연결된 세상에선 끊임없이 관계를 맺어야 한다

블랙스톤을 시작하고 처음 MIT를 방문하기 1년 전이었던 서른여덟 살 이후로 나는 하루도 더 늙지 않은 것 같다. 그때와 똑같이 하루에 다섯 시간을 자며 그때와 똑같은 열정이 넘친다. 나는 새로운 경험과 새로운 도전을 하고 싶은 늘 똑같은 충동에 사로잡혀 살아가고 있다. 부모님이 돌아가셨을 때는 새로운 것을 만들고 싶고 더 많은 것을 성취하고 싶은 마음이 오히려 더 강렬해졌다. 그러나 지금 나는 멋진 두 아이와 양녀, 일곱 명이나 되는 아름다운 손자 손녀를 곁에 둔 행운아다. 이들과 함께 시간을 보내는 것이 그렇게 좋을 수 없다.

필라델피아의 유대인 마을이라고 할 수 있는 옥스퍼드 서클에서 시작된 기나긴 여행이었다. 나를 포함해 그 누구도 그 여행이 지금 여기까지 이어지리라고는 생각도 하지 못했다. 나는 성공과 실패를 통해 리더십, 인간관계 그리고 목적을 갖고 영향을 미치는 삶에 대해 많은 것을 배웠다.

지금 블랙스톤은 제3세대 리더들의 손에서 성공을 구가하고 있다. 블랙스톤의 기업 문화는 과거 그 어느 때보다도 강력하다. 우리가 채용했던 완벽한 인재들은 또 다른 완벽한 인재들을 채용했고, 우리가 내세운 능력주의는 블랙스톤을 전 세계 금융계에서 가장 유명하고 많은 이들이 선망하는 회사로 만들어냈다. 우리는 1985년 40만 달러로 시작해서 2019년 5,000억 달러가 넘는 자산을 보유하게 되었다. 창업 이후 연평균 50퍼센트라는 놀라운 성장을 꾸준히 해왔던 셈이다.

블랙스톤의 규모는 믿을 수 없을 정도다. 우리는 대략 200개의 기업을 소유하면서 50만 명이 넘는 사람을 고용하고 총 1,000억 달러가 넘는 수익을 기록하며 2,500억 달러가 넘는 부동산을 소유하고 있다. 그

뿐만 아니라 우리는 레버리지 크레디트leveraged credit(차입신용)과 헤지펀드, 그 밖의 사업 분야에서 시장을 선도하는 활동을 하고 있다. 우리는 우리의 포트폴리오에 투자하는 거의 모든 주요 기관투자자들로부터 신뢰를 받고 있는데, 이는 강력한 글로벌 브랜드를 구축하고 주주에 대한 의무를 다하며 30년이 넘는 세월 동안 매력적이고 일관적인 투자 성과를 낸 것에 대한 보상이다.

그러나 내가 그토록 열심히 불어넣고자 했던 핵심 가치들을 블랙스톤이 선명하게 반영하고 있다는 사실이야말로 우리의 규모와 우리의 성장, 심지어 외부에서 쏟아지는 칭찬보다 더 소중하다고 생각한다. 강력한 기업 문화를 구축하고 확산하는 것은 기업가나 창업자가 수행할 수 있는 가장 어렵고 위대한 과제지만 제대로 수행할 경우 가장 만족스러운 업적이 되기도 한다. 나는 우리가 지금까지 키워온 회사에 무한한 자부심을 느낀다. 평생 학습, 탁월함 그리고 끊임없는 혁신이라는 우리의 기업 문화를 매일 실현하는 직원들이 있기에 앞으로 블랙스톤은 최고의 날을 맞이할 것이다.

나는 정치 활동과 자선 활동도 똑같이 신이 나서 열심히 했다. 새로운 패러다임을 창조하는 데 기꺼이 몸을 던졌고, 그 덕분에 미국과 다른 나라들에서 전개된 역동적이고 흥미로운 많은 변화들의 한가운데 있을 수 있었다. 최근에는 멕시코 및 캐나다와의 무역협정 재협상에 관여하면서, 2년 반에 걸쳐 중국과의 중요한 무역협상에서 다리 역할을 하면서 조국에 봉사하는 특별한 경험을 했다. 나는 양측이 내게 가지고 있는 신뢰를 바탕으로 수많은 전화 통화 및 회의를 통해 미국의

견해를 협상 상대국에게 이해시키려 노력했다. 이런 노력의 결과 미국과 멕시코, 캐나다 사이에 새로운 협정이 체결되었으며 미국과 중국의 협상에서는 격렬하고도 예측할 수 없었던 결과들이 나왔다.

내가 관여하는 각각의 세상들이 넓어지면 넓어질수록 그 세상들은 서로 더 많이 겹쳐지는 것 같다. 평생 남의 말을 경청하고 인간관계를 강화하며 내가 도울 수 있는 게 무엇인지 끊임없이 물었는데, 그러다 보니 어느 사이엔가 수많은 거대한 도전 과제들과 최고의 아이디어들이 스스로 나를 찾아 내 앞으로 다가왔다. 정치 활동과 자선 활동을 하면서 두드러진 여러 프로젝트들을 생각하고 탄생시킨 것, 앞으로 다가올 다음 세대를 위해 여러 교육기관들을 만든 것은 나의 가장 소중한 자랑이자 특권이었다.

더 큰 성공으로 나아가는 길

해마다 여름이면 나는 베이징에 가서 슈워츠먼 장학생들이 졸업하는 행사에 참석해 연설을 한다. 연설 준비를 할 때면 내가 그 졸업생들 중 한 명이 되어 그 자리에 앉아 있다면 꼭 알고 싶은 것이 무엇인지 생각하려고 노력한다.

> 여러분이 경력을 어느 곳에서 어떻게 시작하느냐는 전혀 상관이 없습니다. 여러분의 인생이 반드시 직선으로만 진행되지 않는다는 걸 깨닫는 것이 중요합니다. 세상이 도저히 예측할 수 없는 곳임을 알아야 합니다. 때로는 여러분처럼 재능이 넘쳐나는 사람들조차도 실패

의 쓰라림을 맛보며 무릎을 꿇을 때가 있습니다. 여러분은 살아가는 동안 많은 어려움과 시련을 겪을 것입니다. 이것은 피할 수 없는 진리입니다. 어려움과 시련에 무릎이 꺾일 때라도 여러분은 계속 앞으로 나아가려고 노력하고 또 앞으로 나아가야 합니다. 역경과 맞닥뜨렸을 때 역경 그 자체보다도 거기에 맞서 여러분이 보여주는 끈기가 여러분이 어떤 사람이 될지를 결정할 것입니다.

실패가 어떤 성공보다도 많은 것을 가르쳐줄 수 있다는 사실을 졸업생들이 꼭 알면 좋겠다.

여러분이 가진 시간과 정력을 여러분이 즐기는 대상에 쏟아부어야 합니다. 탁월하려면 열정을 다해야 합니다. 어떤 특권을 누리겠다는 마음만 가지고 추구한다면 성공하기 어렵습니다. 여러분이 마음속에 품고 있는 꿈을 추구할 열정을 가지고 있다면, 여러분이 인내와 끈기를 가지고 있다면, 여러분이 다른 사람을 돕겠다는 헌신적인 마음을 가지고 있다면 반드시 풍성하고 보람찬 인생을 살 것이며 위대한 사람이 될 수 있는 기회가 언제나 여러분과 함께할 겁니다. 그리고 여러분이 가지고 있는 그 엄청난 재능에 따른 보상이 여러분과 여러분이 사랑하는 사람들에게, 사회 전체에 주어질 겁니다.

슈워츠먼 장학생들의 졸업식에서 하는 연설은 내가 가장 좋아하는 연례행사다. 나는 졸업생들을 한 명씩 바라보면서 미래의 리더가 될 비범한 청년들의 의욕에 찬 얼굴과 그들이 매고 있는 밝은 자주색 넥타이, 미래를 향한 반짝이는 눈동자를 바라보는 것이 참 좋다. 졸업식이 진행되는 강당은 그들이 품고 있는 무한한 야망과 그들의 부모가 기대와 자부심으로 짓는 흐뭇한 미소를 담아내기에는 너무 좁다. 정말이지 뭐라 표현할 수 없는 기쁨과 만족이 내 몸에 차오르는 것을 느낀다.

졸업생 한 명 한 명에게 졸업증서를 건네고 악수를 나눌 때 내 머리에는 정말 단순한 질문 하나가 떠오른다.

'다음에는 뭘 하지?'

나는 이제 또 무엇을 하게 될까?

감사의 말

행크 폴슨이 처음 이 책을 쓰라고 내게 제안했고, 그로부터 이 책은 사실상 10년이 넘는 세월 동안 준비되었다. 먼저 매트 멀론에게 고맙다는 말을 하고 싶다. 매트는 2009~2016년까지 정기적으로 나와 함께 다니면서 기록을 하고 원고를 쓰는 일을 했다. 그는 나의 성장 배경과 리먼브라더스에서의 직장 생활, 블랙스톤을 설립하게 된 과정 등을 질문한 다음 내가 대답한 내용을 토대로 원고를 썼다.

2017년에 나는 이 책을 내기 위해 여러 출판기획자들을 만났고 ICM파트너스의 젠 조엘을 선택했다. 정말 멋진 선택이었다. 젠은 내게 출판사들과의 인터뷰에 대해 조언을 해주었다. 우리는 사이먼 앤드 슈스터Simon & Schuster 출판사를 선택했는데 이 역시 탁월한 결정이었다. 내 책을 맡아줄 편집자는 벤 뢰넌이었고 그는 멋지게 잘 해냈다. 그는 대단한 판단력과 무시무시한 편집 역량을 가지고 있다.

또한 블랙스톤의 홍보 책임자인 크리스틴 앤더슨은 모든 인터뷰에서 나를 도와주었으며 책의 콘셉트를 다듬는 데 도움을 주었다. 그녀는 모든 초고를 다 읽으면서 마케팅 계획의 큰 틀을 잡아주기도 했다. 이 책의 출판 프로젝트가 처음 제안될 때부터 지금까지 그녀는 오랜 세월 동안 작업에 관여해왔다.

우리는 이 책을 맡아서 함께 작업할 작가들을 많이 만났으며, 최종적으로는 나의 모교인 하버드 비즈니스스쿨에 관한 멋진 책을 썼던 필립 델베스 브로튼을 선택했다. 필립은 나와 함께 전 세계를 돌아다니고, 내 사무실과 집에서 엄청나게 많은 시간을 함께 보냈다. 그는 온갖 메모와 원고, 내가 개인적으로 했던 인터뷰, 여러 매체에 널려 있는 자료들을 모아 가독성이 높은 초고를 완성했다. 그리고 우리는 이것을 2년이라는 세월에 걸쳐 다듬어서 마침내 완성된 책으로 내놓았다. 나는 그가 해놓은 결과물을 한 줄씩 꼼꼼하게 읽으면서 내 목소리의 원고로 바꿔놓았다. 필립에게는 큰 빚을 졌고 그만큼 고마운 마음을 가지고 있다.

비서실장으로 내 곁을 지켜주는 실파 나이어는 이 책이 나오는 데 없어서는 안 되는 역할을 수행했다. 그녀는 필립 및 나와 협력해서 특정 부분의 초고를 직접 쓰기도 했고, 여러 버전의 초고를 읽은 사람들이 보내준 피드백들을 정리하는 작업을 했다. 그녀는 또 한 명의 작가로서, 이 책을 완성시킨 프로젝트 관리자로서 믿을 수 없을 정도로 훌륭하게 자기 역할을 했다.

이 책의 초고를 읽고 상세하게 논평을 해준 친구들 및 동료들에게도 고마운 마음을 전하고 싶다. 그들 덕분에 이 책의 많은 부분이 개선되었다. 그들의 이름은 다음과 같다. 존 그레이, 토니 제임스, 존 핀리, 페이지 로스, 에이미 스터스버그, 웨인 버먼, 네이트 로즌, 존 베른바흐, 나의 오랜 친구인 바이램 카라수 박사, 제프리 로즌, 내 아이들인 지비 오웬스와 테디 슈워츠먼, 아내 크리스틴, 우리 팀 구성원인 젠, 벤, 크리스틴, 실파. 이들 한 사람 한 사람의 수고 덕분에 최종 원고는 수없이 많은 부분에서 한결 좋아졌다.

에이미 스터스버그에게는 블랙스톤 재단의 책임자로서, 스티브 슈워츠먼 장학재단과 스티브 슈워츠먼 재단의 사무총장으로서 열정적으로 일해줘서 고맙다는 말을 따로 하고 싶다. 에이미와 나는 거의 날마다 붙어 있다시피 하면서 함께 일한다. 에이미의 판단이나 프로젝트 관리가 없었더라면 이 책에서 묘사하고 있는 자선 활동을 도저히 해낼 수 없었을 것이다. 그녀는 내가 실천했던 그 많은 자선 관련 아이디어들이 세상에서 빛을 볼 수 있도록 도와준 대단한 사람이다.

웨인 버먼의 기여에도 박수를 보내고 싶다. 웨인은 블랙스톤에서 정부와의 관계를 총괄하는 책임자다. 나와는 날마다, 심지어 주말에도 대화를 나눈다. 미국의 연방정부와 주정부, 도시적 차원과 세계적인 차원에서 블랙스톤이 처리해야 할 쟁점들은 언제나 끝도 없이 제기되었기 때문이다. 그러다 보니 웨인은 신뢰할 수 있는 소중한 고문일 뿐만 아니라 없어서는 안 되는 친구가 되었다.

아울러 블랙스톤의 주요 사업부 책임자들의 노고에도 박수를 보내고 싶다. 사모펀드 사업부의 수장 조 바라타, 블랙스톤에서 규모가 가장 큰 부동산 사업부를 이끄는 쌍두마차 켄 캐플런과 캐슬린 매카시, 택티컬 오퍼튜니티스 사업부의 수장 데이비드 블리처, 블랙스톤 인프라 파트너스의 수장 숀 클림잭, BAAM의 수장 존 매코믹, 크레디트 사업부 GSO의 수장인 드와이트 스콧, 우리의 세컨더리 사업부인 스트레지틱 파트너스의 수장 번 페리, 블랙스톤 라이프 사이언스의 수장인 닉 갈라카토스, 블랙스톤 그로스 에쿼티의 수장 존 콘골드, 최고재무책임자 마이클 채, 법률자문위원 존 핀리, 개인투자자 관리 사업부를 책임지고 있는 조앤 솔로타, 인적자원부의 수장 페이지 로스, 주주 관계를 책임지고 있는 웨스턴 터커, 블랙스톤의 정보 기술을 책임지고 있는 빌 머피.

1980년대에 블랙스톤이 처음 시작할 때 일했으며 블랙스톤의 초기 시절에 엄청나게 많은 기여를 해준 켄 휘트니에게도 고마운 마음을 전하고 싶다. 켄 덕분에 우리의 부동산 사업부를 출범시킨 존 슈라이버와 크레디트 사업부를 출범시킨 하워드 젤리스를 채용할 수 있었다. 또한 켄은 1990년대에 우리가 시도했던 모든 사모펀드 및 부동산 펀드의 투자금 조성에 힘을 보탰으며 투자자들과의 소통 및 관계를 총괄하는 일을 맡아서 했다.

지금은 고인이 된 공동 창업자인 피트 피터슨과 그의 아내 조앤 쿠니 및 그의 아이들에게 고마운 마음을 전한다. 블랙스톤이 자리를 잡아가던 초기에 피트가 활발하게 활동하지 않았더라면 지금의 블랙스톤은 존재하지도 않았을 것이다.

또 나를 도와 내 인생의 복잡한 문제들을 깔끔하게 정리해주는 패밀리오피스의 존 매그리아노와 폴 화이트에게도 고맙다는 인사를 보낸다.

과거의 파트너였던 앤터니 룽과 현직 파트너인 리핑 장 두 사람에게도 고마운 마음을 전하고 싶다. 이들은 블랙스톤 그레이터 차이나의 대표직을 맡아주었다. 앤터니가 없었다면 2007년에 블랙스톤이 기업공개를 할 때 중국 정부의 투자를 이끌어내지 못했을 것이다. 중국이 이 투자를 해준 덕분에 우리 회사의 운명이 완전히 바뀔 수 있었다. 덕분에 내 인생도 함께 바뀌었음은 말할 것도 없다. 또한 슈워츠먼 장학재단의 설립 및 중국의 고위 지도자들과의 인맥 구축도 한결 쉽게 이뤄졌다.

리핑이 없었다면 중국에서 벌어지고 있는 일들에 완전히 까막눈이 되고 말았을 것이다. 리핑과 나는 중국 정부의 주요 인사들, 중국인 투자자들, 중국 기업계 리더들을 방문하면서 함께 많은 시간을 보냈다. 리핑은 지금 내게 소중한 통찰의 원천이며 좋은 친구다.

슈워츠먼 장학제도가 지금처럼 성공을 거둘 수 있게 해주었던 장학재단의 많은 관계자들에게도 고맙다는 말을 하고 싶다. 이 사람들은 너무도 많아서 한 명씩 호명하기 어려울 정도다. 하지만 칭화 대학교의 전직 총장으로 현재 베이징 시장인 천지닝은 빼놓을 수 없다. 만일 그가 나를 적극적으로 끌어당겨서 설득하지 않았다면 슈워츠먼 장학재단은 존재하지도 않을 것이다. 그는 이 장학재단이 칭화 대학교 및 중국 정부의 승인을 받을 때 결정적인 도움을 주었다. 그는 나와 평생 친구가 되었으며 중국 정부의 환경부 장관으로도 많은 기여를 했다.

천지닝의 뒤를 이은 추용 총장은 슈워츠먼 장학재단의 발전을 나와 함께 이끌어왔다. 그의 지원과 열정이 없었더라면 일찍이 유례가 없는 이 재단이 지금처럼 완벽하게 존재하지 않을 것이다. 이 점에 대해 나는 마음 깊이 감사한다. 칭화 대학교의 당비서 첸수 역시 슈워츠먼 장학제도의 위상에 커다란 기여를 했다. 그녀와 추용 총장은 중국 정부 내에서 슈워츠먼 장학제도에 대한 폭넓은 지지를 이끌어내는 데 중요한 기여를 했다. 나는 베이징을 방문할 때마다 이 두 사람을 만날 생각에 마음이 설렌다.

랜슈 교수를 슈워츠먼 장학제도의 학장으로 모신 것도 우리에게는 행운이다. 원래 칭화 대학교 공공정책관리대학원의 학장이었던 랜슈는 제도가 끊임없이 개선되도록 감독하는 일을 도왔으며 슈워츠먼 장학제도가 규모 면에서나 질적으로 계속 성장을 이어나가게 해줄 매우 중요한 쟁점들을 매우 훌륭하게 처리해왔다.

그리고 2013년 처음 이 제도의 청사진이 발표된 뒤로 꾸준하게 이 제도와 관련된 일을 해온 사람들이 있다. 설립 학장인 데이비드 리와 실행 학장인 데이비드 팬, 이 두 사람은 2013년 계획을 발표하던 시점부터 2017년의 제1기 장학생의 졸업식을 함께했으며 데이비드 팬은 지금도 함께하고 있다. 칭화 대학교 부총장인 양빈 역시 이 제도를 꾸준하게 개선하고 이사회에서도 힘을 보태주고 있다.

아울러 에이미 스터스버그가 이끄는 뉴욕의 슈워츠먼 장학제도 스태프에 소속된 여러 사람들에게도 고맙다는 말을 꼭 하고 싶다. 전직 입학처장인 롭 개리스, 줄리아 요르겐센과 함께 졸업생과의 소통을 맡고 있는 데비 골드버그, 강좌 담당 책임자인 조앤 코프먼, 재무 담당 책임자인 헬렌 샌탈론, 행정실장인 린제이 바바로에게 감사한다. 베이징에서 일하는 사람들에게도 역시 고맙다는 말을 하고 싶은데 학생생활 담당 부학장인 멜라니 코엔더먼, 경력 개발 담당자인 줄리아 주프코, 학사 담당 부학장인 준치안이다.

블랙스톤 부동산 사업부의 빌 스타인과 팀 왕은 슈워츠먼 칼리지의 설계를 맡았던 회사인 로버트 스턴 아키텍츠Robert Stern Architects의 미시 델벡치오와 조너스 골드버그와 함께 건물 시공을 감독했다. 미시와 조너스는 베이징에 1년 동안이나 머물면서 마지막 완공까지 감독했다. 베이징과 뉴욕의 이 헌신적인 관계자들이 없었다면 슈워츠먼 장학제도는 결코 결실을 맺지 못했을 것이다.

하버드 대학교의 빌 커비 교수와 워런 맥팔란 교수에게도 고마운 마음을 전하고 싶다. 두 사람은 슈워츠먼 장학제도의 초대 이사회 이사로 봉사했으며 학생들의 교육과정을 계획하는 학문자문위원회Academic Advisory Board를 도와 학생과 교수를 선발하고 학문적 관점에서 슈워츠먼 장학제도를 전반적으로 감독하는 일을 했다. 이들의 도움은 값어치를 매길 수 없을 정도로 소중하다.

로즈트러스트Rhodes Trust의 전직 이사장인 존 후드와 실무 책임자인 엘리자베스 키스에게도 고마웠다는 인사를 하고 싶다. 이 두 사람은 로즈 장학제도와 슈워츠먼 장학제도 사이에 강력한 소통 창구를 만들었다. 존은 로즈 장학생들을 선발한 면접관들을 우리에게 보내 제1기 슈워츠먼 장학생을 선발하는 작업을 돕도록 해주었다.

나는 중국 정부에 친구와 동료를 많이 두고 있다. 이들은 내가 베이징에 갈 때마다 고맙게도 시간을 쪼개서 나를 만나주었다. 정말 고맙게 생각하고 있다. 시진핑 주석, 리커창 총리, 왕치산 부주석, 류허 부총리, 중국인민은행 총재를 역임했던 저우샤오촨, 현재의 중국인민은행 총재인 이강, 중국인민은행 부총재인 판궁성, 전직 IMF 특별고문인 쭈민, 전직 재무부 차관인 주광야오, 중앙정치국 상무위원인 왕양, 전직 부총리인 류옌둥(그녀는 슈워츠먼 장학제도에 대한 직접적인 관할권을 가지고 있었으며 나와는 특별한 친구 사이다), 현재 슈워츠먼 장학제도에 대한 직접적인 관할권을 가지고 있는 쑨춘란 등이다.

그리고 물론 전직 재정부 장관이었으며 중국투자공사中國投資公司의 초대 사장을 역임했던 러우지웨이에게도 고마운 마음을 전한다. 왕젠시에게도 감사의 말을 전한다. 워싱턴에 있는 중국인으로는 미국에서 중국을 훌륭하게 대변하고 있는 추이톈카이 대사와 가까운 사이로 지내며 도움을 받고 있는데 그에게도 감사를 전한다.

나는 중국 칭화 대학교 경제경영대학 자문위원이라는 직책을 가지고 있는데 여기서도 정말 멋진 사람들을 많이 만났다. 알리바바 창업자 마윈, 텐센트 창업자 마화텅, 바이두 창업자 리옌훙, 애플의 CEO 팀쿡, 페이스북의 창업자 마크 저커버그가 바로 그들이다. 이 다섯 사람은 전직 총리 주룽지와 당시 골드만삭스의 회장이던 행크 폴슨이 처음 구성했던 자문위원회 가운데서 기술 기업 출신의 자문위원들이었다. 이 자문위원회는 세계에서 가장 똑똑하고 뛰어난 사람들을 아우르고 있었다. 이들은 경제경영대학 학장과 함께 만났는데, 전직 학장은 바이중언이고 현직 학장은 첸잉이다.

슈워츠먼 장학제도에 기부금을 낸 125명 기부자들을 여기서 모두 호명하며 일일이 고맙다는 말을 할 수는 없다. 그래서 가장 많은 금액인 2,500만 달러씩 기부한 곳만 언급하려고 하니 양해해주기 바란다. 첫 번째 기부자였던 영국석유BP를 비롯해 화샤싱푸華夏幸福基業, 중국 판하이泛海 홀딩스 그룹, 달리오 재단Dalio Foundation, 하이난 항공 그룹 HNA Group, 손 마사요시 재단Masayoshi Son Foundation, 스타 재단Starr Foundation이다.

레이 달리오는 두 번째 기부자였으며 우리 둘은 그 뒤로 절친한 사이가 되었다. 손 마사요시는 슈워츠먼 장학제도에 기여했을 뿐만 아니라 이 사례를 활용해서 일본에서 독자적으로 새로운 자선 활동 프로그램을 개발했다. 그 역시 뉴욕을 방문할 때마다 나를 찾아주는 좋은 친구로 우리는 세계 여기저기서 가끔씩 마주치기도 한다. 마지막으로 스타 재단의 행크 그린버그는 AIG의 전직 회장이기도 한데, 그는 대중국 거래를 하는 미국인 중에서는 가장 뛰어난 인물이다. 1998년에는 블랙스톤 최초의 외부 투자자 기록을 세우기도 했다.

나는 운이 좋게도 미국의 대통령들인 도널드 트럼프, 버락 오바마, 조지 워커 부시, 빌 클린턴, 조지 허버트 워커 부시가 재임 중이던 시절에 이들을 모두 만났다. 아버지 부시 대통령을 만난 것은 1967년 예일 대학교의 기숙사 데이븐포트에서 열린 어버이날 행사 때였다. 그때 대통령은 나보다 한 학년 선배였던 아들 부시를 만나러 그곳을 방문했다. 아들 부시 대통령과 영부인 로라는 재임 중에 나를 크게 환영해주었다. 나와 아내는 두 사람을 백악관에서, 나중에는 조지 부시 대통령 기념관과 그의 목장에서 자주 봤다.

버락 오바마는 2008년 대통령 선거 기간 중에 만났으며 그 뒤로는 내가 케네디 예술센터 이사장이었기 때문에(임명장을 받은 건 조지 워커 부시 대통령으로부터였다) 여러 차례 만나고 의견을 나누었다. 오바마 대통령 재임 기간 동안에는 밸러리 제럿Valerie Jarrett을 알게 되었는데, 그녀는 내가 전화할 때마다 지나치다 싶을 정도로 열심히 응대해주었으며 다양한 방면의 중요한 쟁점들을 해결하는 데 도움을 주었다.

도널드 트럼프 대통령을 안 지는 30년이 넘는데 그는 대통령에 당선된 뒤에 나를 전략정책포럼 의장으로 임명했다. 또 영광스럽게도 스티븐 므누신 재무부 장관과는 수십 년 동안 친구로 지내온 사이이며, 로버트 라이트하이저 미국 무역대표부 대표는 역시 30년 넘게 알고 지낸 윌버 로스 상무부 장관을 통해서 만났다. 재러드 쿠슈너와 이방카 트럼프에게는 수많은 쟁점들을 함께 논의하던 과정에서 보여준 협력 및 공무 수행 노력에 감사를 드린다. 교통부 장관인 일레인 차오와 공화당 상원 원내대표인 미치 매코널 역시 수십 년 동안 친구로 지냈다.

아울러 내가 서른한 살이었고 그가 막 의원으로 선출되었던 때 리먼 브라더스의 내 사무실로 찾아왔던 민주당 상원 원내대표인 척 슈머와도 오랜 세월 우정을 나누었다. 하원 의장인 낸시 펠로시와도 15년 동안 알고 지냈으며 우연히도 낸시의 딸이 블랙스톤의 포트폴리오 기업들 중 한 곳에서 일하고 있다는 걸 나중에 알았다. 나는 낸시와 함께 이야기를 나누면 어떤 쟁점을 놓고 토론을 해도 언제나 마음이 가볍다. 전직 하원 의장인 존 베이너와도 줄곧 관계를 유지해왔으며 역시 전직 하원의장인 폴 라이언, 하원 민주당 원내대표인 케빈 매카시와도 자주 함께 일했다.

또한 오바마 대통령을 도우면서 재정 절벽 관련 협상을 할 때 많은 도움을 준 전직 하원 원내대표 에릭 캔터에게도 고맙다는 인사를 하고 싶다. 나를 자기 사무실로 초대해 멋진 점심을 먹으며 미국의 역사를 함께 이야기했던 로이 블런트 상원의원에게도 고맙다는 인사를 하고 싶다. 마지막으로 케네디 예술센터 이사장으로 있을 때 내가 하는 모든 일을 지지했던 테드 케네디 상원의원의 우정에도 감사한다. 테드는 뉴욕으로 나를 찾아와 이 중요한 직책을 맡아달라고 부탁했으며 그와 그의 아내 비키는 워싱턴에 있는 집으로 나를 초대하기도 했다. 두 사람 덕분에 나는 케네디 예술센터와 워싱턴 정가에서 큰 실수 없이 내 몫을 다했던 것 같다.

슈워츠먼 장학제도를 지지하며 오랜 세월 우정을 나눈 존 케리 전직 국무부 장관에게도 고마운 마음을 전하고 싶다. 1965년에 나는 예일 대학교 축구부에 입단하려고 지원했는데 그때 그는 축구부 선배였다. 이후 우리는 인생 여정에서 자주 만났고 나는 그가 보여준 국가에 대한 헌신과 그의 개인적인 열정, 목표의식을 깊이 존경했다.

내가 케네디 예술센터에 있을 때를 포함해 매우 오랜 세월 동안 나를 지지해준 전직 국무부 장관 힐러리 클린턴에게도 고맙다는 인사를 하고 싶다. 전직 국무부 장관인 콘돌리자 라이스도 부시 정부 때부터 오랜 세월 동안 친구 사이로 지내고 있다. 그녀는 놀라운 매력과 눈부신 재능을 가지고 있으며 스탠퍼드 대학교에 있을 때는 학장으로서 탁월한 능력을 보였다. 그녀의 전임자인 콜린 파월은 1984년에 레이건 대통령 취임식 행사 이후에 워싱턴에 있는 어떤 피자집에서 만났는데, 그는 정말이지 비범한 인물이다. 그의 합동참모본부 의장 활동과 걸프전 기여는 국가에 큰 힘이 되었다. 원래 뉴욕 출신인 콜린은 위대한 춤꾼이자 구형 자동차를 무척 좋아하지만 사람들에게 큰 영감을 주는 리더이기도 하다.

나는 운이 좋게도 멕시코의 전임 대통령 엔리케 페나 니에토와 그의 재무부 장관(나중에는 외무부 장관이 되는) 루이스 비데가이 카소를 알게 되었다. 캐나다의 트뤼도 총리, 케이티 텔포드, 게리 버츠, 외무부 장관 크리스티아 프리랜드로 구성된 비서진과 매우 좋은 관계를 맺게 된 것 역시 행운이다. 크리스티아와는 그녀가 〈파이낸셜 타임스〉와 〈로이터〉의 기자로 있을 때부터 수십 년 동안 알고 지내는 사이다.

블랙스톤의 외부 이사들에게도 그들의 인내와 통찰, 블랙스톤의 미래에 대해 그들이 가졌던 믿음에 고맙다는 인사를 하고 싶다. 짐 브라이어, 존 후드, 셸리 라자러스, 제이 라이트, 브라이언 멀러니, 빌 패렛에게 감사한다. 슈워츠먼 교육재단의 이사들에게도 고마운 마음을 전한다. 제인 에드워즈, 마이클 에번스, 니틴 노리아, 스티븐 올린스, 조슈아 라모, 제프리 로즌, 케빈 러드, 테디 슈워츠먼, '해리 슘'으로 통하는 홍 융 슘, 에이미 스터스버그, 나이르 우즈가 그들이다.

지금은 고인이 된 애빙턴 고등학교 시절의 친구 바비 브라이언트와 그의 아내 선디와 나눴던 우정을 기억하고 싶다. 바비는 200미터 달리기 주 챔피언이었으며 우리 육상 팀이 400미터씩 네 명이 달려야 하는 계주 주 챔피언을 겨루는 결승전에서 마지막 주자로 뛰어 팀을 우승으로 이끌었다. 또한 그 육상 팀의 다른 동료인 고故 빌리 윌슨과 그의 아내 루비와 나누었던 우정도 기억하고 싶다.

애빙턴 고등학교의 역사 교사였으며 배운다는 행위가 기쁨이 될 수 있음을 알려주었던 노먼 슈미트를 포함해서 멋진 선생님들을 기억한다. 내가 졸업반이던 해에 필라델피아의 도심 지역에서 4등 안에 들던 학생들 중 두 명이 슈미트의 미국사 강좌를 들었다. 그는 내게 특별 과제를 내주면서 글을 쓰는 법, 생각하는 법을 가르쳤다. 그리고 앨리스테어 우드의 적극적인 격려와 지도가 없었더라면 아마도 내 인생은 지금 이 모습으로 전개되지 않았을 것이다. 마지막으로 하버드 비즈니스 스쿨의 크리스 롤런드 크리스텐슨 교수를 언급하고 싶다. 지금은 고인이 된 교수님은 기업 전략을 강의했는데, 얼마나 강의를 흥미롭게 진행했던지 시간이 가는 줄도 몰랐다. 당시 그런 식으로 강의를 한 분은 정말 드물었다.

고인이 된 에드워드 이건 추기경과 그의 후임자인 티모시 돌란 추기경에게 고마운 마음을 전한다. 두 분은 가톨릭 신앙을 가진 학생과 그렇지 않은 학생을 모두 최고 수준으로 끌어올리는 일을 멋지게 해냄으로써 가톨릭 학교들을 성공적으로 발전시켰다. 두 분이 내게 나눠 준 우정을 나는 진심으로 고맙게 여긴다. 또한 가톨릭 학교들을 지원하는 이너시티 장학재단의 수전 조지는 될 수 있으면 많은 가정에서 아이들을 이 멋진 초등학교 및 중고등학교에 보낼 수 있도록 기부금을 모으는 일을 정말 훌륭하게 해내고 있다.

프랑스의 에마뉘엘 마크롱 대통령이 나눠 준 우정에 감사하며, 자크

시라크 전임 대통령이 내게 최고의 훈장인 레지옹 도뇌르를 준 것은 정말 고맙게 생각한다. 그의 후임자인 니콜라스 사르코지 대통령은 한 등급 더 높은 레지옹 도뇌르를 주었다. 하지만 이보다 더 중요한 점은 그와 내가 무척 가까운 친구가 되었다는 사실이다. 그는 나와 아내를 엘리제궁으로 여러 차례 초대했으며 남프랑스의 저택에도 여러 차례 초대했다.

또 레지옹 도뇌르의 등급을 다시 한 차례 더 높여준 프랑수아 올랑드 대통령과 세골렌 루아얄 총리에게도 고맙다. 세골렌은 루아르 계곡에 있는 샹보르 마을의 프랑수아 1세가 지은 장엄한 대저택으로 우리를 초대해서 멋진 점심을 함께 했다. 주미 프랑스 대사를 역임했던 두 사람, 장 다비드 레비트와 프랑수아 델라트르에게도 우정을 나눠 주어 고맙게 생각한다. 아울러 블랙스톤의 프랑스 대표인 제라드 에레라에게도 고맙다. 그는 프랑스에 관한 모든 것을 자문해준다.

또 오랜 세월의 재임 기간 동안 우정과 협력을 아끼지 않았던 예일 대학교의 전직 총장 릭 레빈에게 고마운 마음을 전한다. 그는 예일 대학교가 탁월한 일류의 위대한 길로 나아가도록 올려놓았다. 또 그의 후임인 피터 샐러베이 총장은 2020년 9월 학생들의 삶을 몰라보게 바꿔놓을 슈워츠먼 센터의 개념을 잡고 사업을 실행할 때 적극적으로 호응해주었다.

MIT의 라파엘 리프 총장에게는 특별히 고마운 마음을 전한다. 그와는 특히 가까운 사이가 되었는데 인공지능 분야와 컴퓨터 기술 분야에서 미국의 리더십을 개발하는 일이 중요하다는 점에 대해 공감하고 있다. 그의 호기심과 끈기가 없었다면 MIT에 슈워츠먼 컴퓨터 전문대학이 설립될 수 없었을 것이다. 그는 내 눈을 뜨게 해주었고 최고 수준의 과학에 초점을 맞추고 있는 새로운 사람들을 만나게 해주었다. 그 덕분에 나는 이 분야의 세계적인 전문가들과 우정을 나눌 수 있었다. 그는 또 내 인생의 초점을 바꿔놓았는데 이 점도 나는 진심으로 고마워하고 있다.

MIT의 학과장인 마티 슈미트는 놀라운 판단력을 갖춘 유능한 인물이다. 그는 나를 도와 슈워츠먼 컴퓨터 전문대학이 MIT에 녹아들게 할 뿐만 아니라 어엿한 전문대학으로 굴러갈 수 있도록 일하고 있다.

옥스퍼드 대학교에 슈워츠먼 인문학센터를 건립한다는 발상을 하게 해준 루이스 리처드슨 부총장에게 고맙다는 인사를 하고 싶다. 그녀가 뉴욕에 있던 내게 전화해서 그 아이디어를 내놓지 않았더라면 그 일에 관여하지 못했을 것이다. 그녀는 이 프로젝트가 처음 시작될 때부터 끝날 때까지 수없이 나타났던 온갖 문제를 꼼꼼하게 해결하면서 그 모든 과정을 감독했다. 존 후드 전직 부총장, 나이르 우즈 블라바트닉 정부학교 학장, 존 벨 의과대학 교수 등도 슈워츠먼 인문학센터 사업에 대해 조언을 주었다.

미국육상재단의 밥 그리필드와 톰 잭코빗도 고마운 분들이다. 밥의 끈기 덕분에 나는 성인 육상계에 관심을 갖고 우리나라 최고의 선수들을 후원하는 일에 낄 수 있었다. 이 일은 해당 선수들의 편익을 증진시키기도 했지만 내 인생의 흥미로움도 계속 연장시켰다.

케네디 예술센터의 전직 대표인 마이클 카이저가 보여준 탁월한 운영 능력도 높이 평가하고 싶다. 또 내가 추진한 여러 사업들 중에서도 특히 공연예술 요소들이 포함되어 있던 사업들에 조언을 주며 힘을 보태준 점에 대해 고맙게 생각한다.

내가 모건스탠리의 회장 제임스 고먼과 함께 초대 공동 의장을 맡았고 그다음에는 시티 그룹의 CEO 마이크 코뱃과 공동의장을 맡았던 파트너십 포 뉴욕시티Partnership for New York City(뉴욕시 소재 대기업 CEO들의 모임)의 사무총장으로 있으면서 완벽한 일 처리 능력을 가지고 있는 캐시 와일드에게도 고마운 마음을 전한다.

자기가 살아가는 삶 속에 즐거움과 풍성함을 선물해주는 친구가 없다면 인생은 결코 풍성할 수도, 기쁠 수도 없다. 이런 점에서 보면 나는 전 세계에 친구들이 많이 있으므로 행운아인 셈이다. 삶의 기쁨과 우정을 내 인생에 가져다준 사람들, 그래서 특히 고마운 사람들이 무척 많다. 여기에는 내가 열여섯 살 때 학생회장전국연합에서 만났던 나의 가장 오랜 친구 제프리 로즌이 포함되어 있다. 그리고 피에르 다렌버그 왕자, 도릿 무사이프, 더그 브래프, 존 베른바흐, 프랑수아 라퐁, 롤프 삭스, 안드레 데스마라이스와 프랑스 데스마라이스, 수전 말로이와 팀 말로이가 모두 그런 친구들이다.

나의 멘토였던 두 사람에게도 고마운 마음을 가지고 있다. 두 사람 모두 범접할 수 없는 경력을 가진 분들이다. 한 사람은 1970년대와 1980년대에 가장 유명한 금융인이었던 펠릭스 로하틴이고 다른 한 사람은 국무부 장관을 역임했던 헨리 키신저다.

헨리는 내가 만나본 사람들 중 가장 놀라운 인물이었다. 그는 90대의 나이에도 여전히 우아하고 통찰력이 넘치는 책을 쓰고 있다. 1960년대 이후로 줄곧 여행을 다니며 세계를 무대로 소중한 조언을 주고 있다. 또 90대 중반까지 지적인 예리함을 유지하는 지극히 놀라운 사례를 보여주고 있다. 그와 함께 시간을 보낼 수 있다는 건 내게 소중한 특권이다. 슈워츠먼 장학제도의 국제자문위원회 일까지 봐주고 있으니 그저 고마울 따름이다.

나이가 점점 들어가면서 의사들의 도움이 점점 소중하고 고마워진다. 하비 클라인과 이미 고인이 된 마크 브라워, 리처드 코헨은 모두 자기 분야의 대가들로서 나를 건강하게 보살펴준 내과 전문의들이다. 이들은 내가 뭔가를 청할 때마다 즉각적으로 관심을 기울여준다. 또 데이비드 블러멘털은 내게는 선물과도 같은 심장병 전문의다.

사실상 모든 것에 대해 탁월한 조언을 해주는 정신과 의사 바이램 카라수도 빼놓을 수 없이 고마운 사람이다. 날마다 나와 만나서 내 체형을 지도해주는 트레이너 랜드 브라이젤랙과 주기적으로 내 신체의 잘못된 부분을 교정해주는 물리치료사 에블린 에르니도 있다. 마지막으로 내가 사외이사로 이름을 올려두고 있는 뉴욕 프레스비테리언New York-Presbyterian의 CEO 스티븐 코윈 박사에게도 감사한다. 그는 미국에서도 내로라하는 최고 등급으로 꼽히는 병원을 운영하고 있다.

내 사무실에 있는 비서진의 막강한 지원을 받지 않는다면 나는 지금처럼 왕성한 활동을 하지 못할 것이다. 서맨사 디크로코와 에이미 래브윈은 지난 10년 동안 나의 비서진을 이끌어왔다. 이들은 시간이 흘러 네 명으로 늘어났는데, 이들은 내가 하는 말을 받아 적고 내 일정을 조정하고 국내외 여행을 준비하는 등 끝도 없이 많은 일을 처리하고 있다. 내 사무실은 24시간 돌아가고 있으며 서맨사와 에이미는 놀라울 정도로 효과적으로 일하면서도 늘 쾌활하고 열정적이다. 이들은 어떤 까다로운 일이 일어나더라도 효과적으로 대처한다. 전임 비서였던 바네사 게이츠-엘스턴도 책의 초고를 검토하고 통찰력이 넘치는 논평을 달아줬다.

나와 함께한 지 20년이 넘는 운전기사인 리처드 토로를 빼놓을 수 없다. 우리는 아침 일찍 하루 일과를 시작해서 일이 끝나고 저녁에 잡혀 있는 행사까지 참석하고 나면 어느새 늦은 밤이 되어 있다. 리처드는 더할 나위 없이 유능하고 헌신적이며 어디로든 나를 데려다준다. 아무리 어려운 일이 있더라도 내가 가기로 예정되어 있는 시간 안에 목적지에 도착할 수 있도록 그가 쏟는 노력과 희생을 나는 늘 고맙게 여긴다.

돌아가신 부모님이 내게 소중한 가치들과 동기 그리고 올바른 유전자 조합을 가르치고 물려주었기에 지금의 내 모습과 나의 생활, 내 업적이 가능했다. 부모님이 내게 준 심오한 충격과 지혜를 올바르게 바라보는 건 성인이 되고 나서야 가능했다. 그 고마움에 따른 보답을 온전하게 할 방법은 없지만 그래도 나는 두 분이 살아 계실 때 최대한 그렇게 하려고 노력했다. 두 분에게 내가 살아가는 모습과 내가 얼마나 두 분을 사랑하는지 들려주고 싶은 마음이 간절하다. 그러나 인생의 주기라는 게 있으니 그렇게 할 수 없고 그저 안타까울 뿐이다. 그래도 나는 여전히 두 분을 자주 떠올리곤 한다.

아울러 나는 인생에서 웃음과 충성심과 상호 존중이 얼마나 소중한 것인지 보여준 나의 쌍둥이 동생들인 마크와 워런에게 늘 고마운 마음을 가지고 있다. 남들 눈엔 가족 사이에 완벽한 인간관계를 유지하는 우리가 어쩌면 특이하게 비칠지도 모른다. 형제들과 나는 예외다. 나는 그들과 그들의 멋진 가족을 존경하고 그들이 보여주는 지지와 열정과 충성심을 고마워한다. 나에게 그런 형제들이 있다는 사실은 정말 행운이다.

내 인생의 기쁨이자 자부심인 나의 아이들 지비 오웬스와 테디 슈워츠먼에게 사랑하는 마음을 가득 보내주고 싶다. 아이를 갖고, 아이가 성인으로 성장하는 모습을 지켜보는 것만큼 놀라운 경험은 어디에도 없다. 두 아이 모두 내게 할아버지가 되는 기쁨을 안겨주었다. 지비의 아이는 오웬, 피비, 세이디, 그레이엄이고 테디의 아이는 루시, 윌리엄, 메리다. 나는 이 아이들과 함께 보내는 시간이 정말 즐겁다. 내 아이들이 벌써 40대에 접어들었고 각각 멋진 배우자들인 카일과 엘런과 함께 아이를 낳아 부모가 되었다는 사실이 믿어지지 않는다. 또 양녀인 메건에게도 사랑을 듬뿍 담아 보낸다. 나는 이 아이가 혈기왕성하던 다섯 살 나이에 처음 봤다. 메건은 일찍 동물에 대한 열정을 발휘해 관련 직업을 가졌다. 메건은 우리 부부가 세 마리의 잭 러셀 테리어 베일리와 파이퍼와 도미노를 훈련시키는 것을 돕고 있는데, 이 녀석들은 우리의 삶에 커다란 만족과 기쁨을 안겨주고 있다.

마지막으로 25년이 넘는 세월 동안 놀라운 사랑의 관계를 함께 이끌어온 아내 크리스틴에게 고맙다는 말을 하고 싶다. 나는 중년의 나이에 5년째 혼자 살던 중에 크리스틴을 만났다. 아내는 내 인생을 바꿔놓았다. 아내 덕분에 내 인생은 내가 상상하던 것보다 훨씬 더 재미있고 더 행복해졌다. 크리스틴이 내 인생에 가져다준 기쁨을 뭐라고 규정하기는 어렵다. 날마다 모험이다. 아내는 끊임없이 창의적이고 열정적이고 사랑스럽고 흥분시키고 지적이고 아름답다. 아내는 결코 나이를 먹지 않는다.

또 크리스틴은 내가 글을 쓰는 동안에 생긴 온갖 일들을 묵묵히 견뎌줬으며 모든 초고를 읽어주었고 말로써, 눈빛으로써 내가 했던 모든 질문에 일일이 상냥하게 대답해주었다. 아내는 우리가 세계의 어디에가 있든 여러 명의 작가들이 수시로 찾아와서 우리의 사적인 시간을 방해해도 여주인으로서 손님을 접대하는 일에 허술함이 없었다. 아이들에게는 완벽한 엄마였고 손자 손녀들에게도 마찬가지였다. 그녀를 아내로 맞아들인 나는 정말, 정말 행운아다.

25 RULES FOR
WORK AND LIFE